普通高等学校旅游管理教材

第2版

旅游管理信息系统

Tourism Management Information System

宫小全　裴劲松　武贯兰　编著

清華大學出版社
北京

内 容 简 介

本书以利用结构化方法进行旅游管理信息系统的分析与设计为主线，介绍旅游管理信息系统建设的相关概念、方法、技术和工具。本书从信息管理的理论视角，深入解析旅游信息化建设的背景、需求与实践，全面介绍相关各类旅游管理信息系统（酒店管理信息系统、旅行社管理信息系统、旅游交通信息系统、旅游目的地营销系统、旅游汽车公司管理信息系统、旅游电子商务系统、旅游电子政务系统）的规划、分析、设计与实现。

本书按照教育部关于旅游管理专业的培养目标、培养计划的要求，由浅入深，循序渐进，既注重基础理论知识的传授，又面向实际应用，内容充实。本书既可以作为高等院校旅游管理、地理信息系统专业的高年级本科生及研究生的教材，也可以作为旅游从业人员的培训教材，并可供各级旅游主管部门、各类旅游企业管理人员、职业院校旅游类专业师生参考。

图书在版编目（CIP）数据

旅游管理信息系统/宫小全，裴劲松，武贯兰编著．—2版．—北京：清华大学出版社，2013（2023.8重印）

普通高等学校旅游管理教材

ISBN 978-7-302-32939-8

I. 旅… II. ①宫… ②裴… ③武… III. ①旅游业-管理信息系统-高等学校-教材 IV. ①F590.6

中国版本图书馆 CIP 数据核字（2013）第 148127 号

责任编辑：杜春杰
封面设计：康飞龙
版式设计：文森时代
责任校对：王　云
责任印制：丛怀宇
出版发行：清华大学出版社
网　　址：http://www.tup.com.cn，http://www.wqbook.com
地　　址：北京清华大学学研大厦 A 座　　邮　　编：100084
社 总 机：010-83470000　　邮　　购：010-62786544
投稿与读者服务：010-62776969，c-service@tup.tsinghua.edu.cn
质量反馈：010-62772015，zhiliang@tup.tsinghua.edu.cn
印 装 者：三河市君旺印务有限公司
经　　销：全国新华书店
开　　本：185mm×230mm　**印　　张：**24.75　**字　　数：**536 千字
版　　次：2010 年 11 月第 1 版　2014 年 1 月第 2 版　**印　　次：**2023 年 8 月第 7 次印刷
定　　价：65.00 元

产品编号：049356-03

第2版前言

以互联网为核心的信息技术深刻改变着旅游业的经营、管理和运作模式，对旅游业的发展与繁荣起着越来越重要的作用，成为推动旅游经济发展的重要力量。我国的旅游信息管理教育始于 20 世纪 90 年代，进入 21 世纪以后，“旅游管理信息系统”、“旅游信息系统分析与设计”等课程在高校旅游管理、地理信息系统等相关专业本科生及研究生中的开设日益普遍。旅游管理信息系统是一门培养学生旅游管理信息系统规划、分析、设计、开发能力的理论课程，同时强调培养较强的实践能力，在教学内容方面着重讲解旅游管理信息系统的基本理论、基本知识和基本方法，在实践能力方面着重讲解旅游管理信息系统的规划、分析、设计和实现能力的培养和训练。该课程涉及的知识点很多，内容非常丰富，授课内容涵盖了旅游管理信息系统分析与设计的思想、方法及与此密切相关的技术、开发工具等多方面的内容，是一门综合性很强的课程。

近几年来，本人先后为北京交通大学经济管理学院旅游管理专业本科生讲授“计算机综合设计”课程，为研究生讲授“旅游信息系统分析与设计”课程，在教学实践中切身体会到，该课程虽有一些较好的教材，但从总体而言，现有教材多是将管理信息系统的方法与技术简单移植过来，缺乏信息科学、旅游管理等学科的有效整合。该课程的教学难点是课程内容覆盖面宽，课程学时相对较少，要在有限的学时中让学生掌握课程学习内容，有必要在借鉴现有教材优点的基础上，结合当前旅游管理信息系统开发的实践，尽快编写并出版一本起点高、内容丰富、全面的教材，满足教学的迫切需求。

本书在编写上既重视基本理论、基本知识和基本方法的系统介绍，又着眼于对学生实践能力的科学训练。本书全面介绍基于结构化方法的旅游管理信息系统分析与设计方法，突出实践特色，以酒店管理信息系统、旅行社管理信息系统、旅游交通信息系统、旅游目的地营销系统、旅游汽车公司管理信息系统、旅游电子商务系统、旅游电子政务系统为研究对象，详细介绍上述系统的规划、分析、设计等内容，贴近实际，方便旅游管理、地理信息系统等相关专业本科生、研究生学习与借鉴。本书每章的综合练习题型丰富多样，并对各章习题都配有参考答案。通过本书的学习，学生可了解旅游管理信息系统产生的背景、需求与实践，了解旅游管理信息系统开发的技术基础，掌握基于结构化方法的旅游管理信息系统分析与设计的方法，了解旅游管理信息系统的建设方式与技术选择。

鉴于本书第 1 版出版产生的积极影响，又由于近几年来旅游管理信息系统的迅猛发展，编者决定对本书第 1 版进行修订，由清华大学出版社出版本书的第 2 版。第 2 版每章增加了案例讨论题，对各章习题都配有答案，改写了第 3～9 章。改写后的第 3～9 章基于结构化方法，以酒店管理信息系统、旅行社管理信息系统、旅游交通信息系统、旅游目的地营销系统、旅游汽车公司管理信息系统、旅游电子商务系统、旅游电子政务系统为研究对象，详细介绍上述 7 个系统的规划、分析、设计等内容，贴近实际，方便旅游管理、地理信息系统等相关专业本科生、研究生学习与借鉴。为增强本书的实用性，本书第 2 版增加的附录 A 详细介绍了使用 Access 的表、查询、窗体、报表等工具开发一个旅行社管理信息系统的主要方法，可供旅游管理、地理信息系统等相关专业本科生、研究生学习如何在八个学时（四个实验）下，完成一个用 Access 开发的小型旅游管理信息系统。

本书由宫小全编写提纲及统稿，并撰写了第 1 章，第 10 章由裴劲松撰写，第 3、6 章由武贯兰撰写，第 4 章及附录由李冰撰写，第 8、9 章由马海疆撰写，第 2 章由宫昕撰写，第 5 章由倪今朝撰写，第 7 章由路冬冬撰写。杜春杰编辑在本书的规划和撰写过程中提出了很多宝贵建议。此外，本书在编著过程中参考并引用了众多文献，在此一并致以衷心的谢意！

本书在全面介绍基于结构化方法的旅游管理信息系统分析与设计方法上作了一些初步的探索，但由于旅游管理信息系统的理论与技术处在快速发展之中，并且由于作者学识有限，书中不足之处在所难免，在此竭诚希望广大读者提出宝贵意见，敬请有关专家、学者批评指正，以期不断改进。

宫小全

2013 年 8 月

目　录

第1章 概　论

学习目标

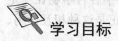

- 了解什么是旅游信息
- 掌握旅游管理信息系统的功能和结构
- 能够分析旅游管理信息系统的开发过程

导言

旅游业如日中天的发展，各种各样的旅游信息充斥着人们的日常生活，为了获取有用的旅游信息，就要对旅游信息进行有效的管理。本章通过阐述旅游信息的含义以及详细介绍旅游管理信息系统的开发过程，给人们提供了一种用信息系统来管理旅游信息的方法，使人们认识到开发旅游管理信息系统的可能性及必要性。

1.1　旅游信息与信息管理

信息时代的到来，使得信息技术在旅游业及相关行业中应用的深度和广度都有较大的拓展。围绕着旅游这项广泛而复杂的社会活动也有着庞大而复杂的信息流和信息量，它们在现代旅游活动中发挥着重要作用。正确地把握旅游信息的含义是更好地获取、处理和利用旅游信息，并对其实行有效管理的前提。

1.1.1　旅游信息的概念

1. 信息

1）信息的定义

信息是经过加工的，能对接收者的行为和决策产生影响的数据。

数据是一组表示数量、行动和目标的非随机的可鉴别的符号。数据是根据检测给出的事实，是未经组织的数字、词语、声音、图像。如果将数据比喻为原料，那么信息就是数据经过加工而生产的产品，是有价值的数据。与原料和产品的概念相似，一个系统的产品可能是另一个系统的原料，那么一个系统的信息也可能成为另一个系统的数据。

信息的定义包括以下几个要点。

（1）信息是客观世界各种事物变化和特征的反映。客观世界中任何事物都在不停地运动，呈现出不同的状态和特征，即事物的状态和特征在不停地变化，因而作为客观事物特征和变化的反映的信息，也总在不断地生成着和传递着。

（2）信息是客观事物之间相互作用、相互联系的表征。客观世界中各种事物在一定条件下相互联系、相互作用，引起事物的物质结构和量度的变化，信息正是这种相互作用、相互联系的表征。

（3）信息的范围极其广泛。万千世界，任何运动着的事物都生成着信息。

（4）这里所说的信息是指人类能够接收和使用的那部分信息。由于科学技术发展水平等因素的限制，人类只能理解和接收无限丰富的信息中的一部分，还有许多信息至今尚未被人们认识。

（5）接收信息和利用信息是一个过程。研究信息的目的是为了利用它，而接收信息和利用信息的过程就是我们对外界环境偶然事件进行调节，并能在该环境中有效生活的过程。

2）信息的特点

（1）信息来源于物质，又不是物质本身；它从物质的运动中产生出来，又可以脱离源物质而相对独立地存在。例如，一个物体的运动状态和状态的改变方式可以被高速摄影机拍摄下来，经过一定的处理，就可以把它重现出来。产生这种运动状态和方式的那个物体（源物体）虽然已经离开了观察者，但它的信息却被记录并保留。当然，保留下来的仅仅是信息而不是源物质本身。信息来源于物质的运动，信息的产生、传输、存储、处理都离不开物质，没有物质也就没有信息。

（2）信息也来源于精神世界，但又不仅限于精神的领域。按照认识论层次的信息定义，信息是认识主体所感知或表述的事物运动的状态和方式，主体所表述的东西当然是精神领域的东西，如人的思想状态、情绪、意志、方针、政策、命令、指令等。同客观物体所产生的信息一样，精神世界的信息也具有相对独立性，可以被记录下来加以保存、复制或重现。

（3）信息与能量息息相关，但又有本质的区别。信息是事物运动的状态和方式，能量是事物做功的本领，因此，信息与能量都与事物的运动相关联。在一定意义上可以说，信息与能量有着不可分离的联系，一方面，信息的传递和存储要借助于物质和能量，信息的获取与传递也要消耗能量；另一方面，控制和驾驭能量，使它发挥高的效用也离不开信息。信息和能量的关系虽然非常密切，但二者之间却有着本质的区别：作为事物做功的本领，能量提供的是动力；作为事物运动的状态和方式，信息提供的是知识和智慧。

（4）信息具有知识的本性，但它比知识的内涵更广泛。知识就是认识论层次的信息，但是信息不一定是知识。如学校上课铃声响了，它给出了一种信息：上课的时间到了。显然，这种信息只能看作一种常识，而不能叫做知识。然而，信息确实具有知识的秉性，它可以改变人们的知识状态，使人们由“不知”变为“知”，或由“知之较少”变为“知之较多”。

（5）信息是具体的，可以被人（或生物、机器等）所感知、提取、识别，也可以被传递、存储、处理、检索和利用。

（6）信息可以被众多用户所共享。由于信息可以脱离源事物相对独立地存在并负载于其他载体，因此，可以被无限制地进行复制、传播或分配给众多的用户，为大家所共享。信息的这一特性，使它对人类具有特别重要的意义。由于物质和能量不具有相对独立性，物质和能量就不能被共享，而信息资源确实是人类可以共享的精神财富。

3）信息的性质

根据信息的基本定义、特征，可以导出信息的一些重要性质。

（1）普遍性。信息是事物运动和状态改变的方式，因此，只要有事物存在，只要有事物的运动，就存在着信息。无论在自然界、人类社会，还是在人的思维领域，绝对的“真空”是没有的，绝对不运动的事物也是没有的。因此，信息是普遍存在的。

（2）相对性。对于同一个事物，不同的观察者获得的信息量并不相同。正所谓横看成岭侧成峰，远近高低各不同。

（3）转移性。由于信息具有脱离事物而相对独立的特性，因而可以通过一定的方法使之在时间上或空间上进行转移。在时间上的转移称为存储；在空间上的转移称为通信。

（4）变换性。信息是可变换的，它可以由不同的载体和不同的方法来载荷。信息的转移和变换两个性质十分重要，这使得它可以用一种形式存储起来，用另一种形式再发出，从而对人类知识的积累、传播和交流发挥巨大的作用，并使人与其所处环境之间能够保持信息的联系，从而能够更好地改造环境。

（5）有序性。信息可以用来消除系统的不稳定性，增加系统的有序性。例如，我国的经济存在“一放就乱，一管就死”的问题。这实际主要是由于决策层得到的信息不全面、不及时，从而使控制的度不能符合实际情况。

（6）动态性。事物本身是在不断发展变化的，因此信息也会随之变化。信息也是有时效、有“寿命”的。例如，“种大蒜可以赚钱”这条信息就具有极强的实效性。

（7）可转化性。从潜在的意义上讲，信息在一定的条件下可以转化为物质、能量、时间及其他，其中最主要的条件就是信息被人们有效地利用。

了解信息的性质和特点，一方面有助于对信息概念的进一步理解，另一方面也有助于人们更有效地掌握和利用信息，为人类服务。

2. 旅游信息

1）定义

旅游信息是对旅游活动的运动、变化、发展状况、特征、本质与规律的反映。

（1）旅游信息是对旅游活动状况的一种客观的最新描绘。旅游活动的构成要素有旅游者、旅游资源、旅游业等，这些要素又分为很多种类，各构成要素的属性各异。不同属性的构成要素在旅游活动中所处的地位与所起的作用是各不相同的。旅游信息必须是对旅游活动各构成要素状况的描述，而且这种描述又必须是旅游活动的最新描述。只有如此，才能体现出其价值与功能。

（2）旅游信息是对旅游活动的运动、变化、发展的客观描述。旅游信息对于旅游活动的运动、变化、发展进行客观描述，从时间上说，有过去的、现在的与未来的旅游信息；从内容上讲，有旅游者、旅游资源、旅游业等各方面的旅游信息等。

（3）旅游信息是对旅游活动的本质和规律的真实反映。旅游信息不但要对旅游活动的状况进行真实的描述，而且要对其本质与规律进行真实的反映。“旅游活动本质”是指旅游活动本身所固有的，决定事物性质、面貌和发展的根本属性；“旅游活动规律”是指旅游活动各构成要素之间的内在联系，这种联系不断重复出现，在一定的条件下经常起作用，并且决定着旅游活动必然发展的趋势。旅游活动具有一定的规律性，如旅游淡季、旺季的时间，旅游交通工具的选取，旅游方式的需求，旅游目的地的客流量等都呈现出一定的规律性。旅游信息不仅要反映旅游活动的运动、变化、发展的状态，还必须揭示出旅游活动的本质和规律，这样信息用户才能根据旅游信息作出正确的、科学的旅游决策，从而对旅游活动起导向作用。

2）构成要素

构成旅游信息的要素主要有：反映旅游活动的运动、变化、发展的内容（包括其状况、特征、本质与规律等），语言（包括自然语言、人工语言），依附的载体，信息的传递，信息的反馈，用户的特定信息需求等。

旅游信息所具有的内容，是旅游信息能起导向作用的本质所在。它所反映的内容，要被人们感知、认识、传递与利用，就必须通过一定的语言表达出来。表达旅游信息的语言分为自然语言和人工语言。自然语言包括口头语言、文字、符号（如电码、手势、灯号、旗语等）等。人工语言包括数学上的各种符号、计算机语言等。语言的结构有文件结构和数据结构。旅游信息就是这种内容与形式的统一体。旅游信息要进行整理分工、存储、检索和传递，必须依附在一定的物质载体上，没有物质载体的旅游信息是难以被人们所认识和利用的。旅游信息的载体多种多样，有印刷品、缩微品、光盘、声、光、电波、计算机等。旅游信息还要不断地产生反馈信息。反馈信息是人的行为作用于客观旅游信息的反映，是旅游信息不可分割的一个要素。没有旅游信息的反馈，就不会有旅游活动。旅游信息离不开人们的特定需求，如果没有了人们的特定需求，也就没有旅游信息工作，旅游信息也就失去了价值。

1.1.2 旅游信息的特征、内容和类型

1. 特征

（1）时效性。旅游信息的时效性一方面是由信息的生命周期所决定，另一方面是由旅游活动的暂时性决定的。

（2）广泛性。由于旅游活动的构成广泛复杂，因而由旅游活动产生的旅游信息也具有广泛复杂性。

（3）动态性。旅游活动的各要素都处于不断地发展变化之中，因而反映旅游活动的运动、变化、发展的状况、特性、本质与规律的旅游信息也是动态的。旅游活动的异地性特性也在很大程度上影响着旅游信息。

（4）规律性。一般而言，在旅游旺季，旅游信息量的增长比较大，因而对于旅游信息的需求量也很大。在旅游淡季却相反，旅游信息量的增长与旅游信息的需求量相对要小一些。

（5）商品性。旅游信息是旅游工作人员整理、加工而成的劳动产品，是可以用来交换的信息商品。但是，旅游信息商品与一般物质商品具有诸多不同之处，主要表现在利用的重复性、传递的便捷性、生产的一次性、存在的动态性、使用价值的不定性等方面。

（6）层次性。旅游信息的结构是有层次的，主要有语法信息、语义信息、语用信息。

（7）准确性。准确性要求旅游信息必须真实、准确，只有正确的信息才能指导出正确的决策。但旅游信息的准确性如何，信息接收者往往不易知道，这就要求信息系统的设计和管理者必须尽量减少不正确信息发生的可能性。

（8）完整性。完整性是指信息应能尽量地满足接收者的需要。当然，要求十分完整的信息，几乎是不可能的。但信息系统设计者应广泛征求用户意见，尽量满足他们的要求，使其得到比较完整的信息。

（9）经济性。旅游信息的经济性是指得到该信息所花费的代价。经济性要求以尽可能小的代价取得信息。但是怎样的代价才算是经济的，这就需要确定信息的价值。然而，信息价值是很难予以准确估算的。所以，目前经济性的基本要求就是尽量减少搜集、处理和提供信息工作的成本，以保证旅游信息有较好的经济性。

2. 内容

旅游业是一个综合性极强的产业，涉及的信息纷繁复杂、范围很广，而旅游信息大致可分为旅游者信息、旅游目的地信息、旅游介体信息、旅游管理信息。在表现形式上，这些信息除了传统的文字形式、表格形式、图表形式外，还有图形形式，如旅游地图、行政图、交通图、景点分布图、商业网点图、导游图、餐饮饭店分布图等。

（1）旅游者信息。旅游者信息具体包括姓名、性别、年龄、职业、爱好、经济状况、旅游历史、旅游信息反馈等内容。

（2）旅游目的地信息。旅游目的地信息涉及旅游活动中“食、住、行、娱、购、游”六要素中的每个环节。具体包括旅游景区（景点）信息、旅游饭店信息、旅游交通信息、休闲娱乐信息、旅游商品信息等。其中，旅游景区（景点）信息包括旅游景区（景点）简介、旅游路线、旅游项目等；旅游饭店信息包括饭店简介、餐饮、客房信息等；旅游交通信息包括航空运输、铁路运输、公路运输、水路运输以及特种方式运输的时间、线路、价格等信息；休闲娱乐信息包括场所、项目、价格等信息；旅游商品信息包括生产地、特色、商店等信息。

（3）旅游介体信息。旅游介体信息包括旅游企业状况、产品、价格信息，导游及其他信息。

（4）旅游管理信息。旅游管理信息包括宏观的旅游资源信息、各种统计信息、政策法规信息等。

3. 类型

1）从本身特征角度分

（1）从旅游信息的内容分，有直接旅游信息与间接旅游信息。直接旅游信息是指对旅游活动进行直接描述的信息，它包括旅游者信息、旅游目的地信息、旅行社信息等旅游信息。间接旅游信息是指那些与旅游活动有密切联系的相关描述信息，如政治环境信息、经济环境信息、文化环境信息、法律环境信息、科技环境信息等，它们制约着旅游活动的发展。

（2）按旅游信息的时态分，有过去旅游信息、现在旅游信息与未来旅游信息。过去旅游信息是指表征已经发生的旅游活动的状况与过程的信息，常以资料库的形式进行存储，形成旅游档案信息等。现在的旅游信息是指表征正在发生的旅游活动的状况与过程的信息，又称即时性旅游信息。未来旅游信息是指揭示、预测未来旅游活动的运动、变化、发展趋向的信息，又称预测性旅游信息。

（3）按旅游信息形式分，有有形旅游信息和无形旅游信息。有形旅游信息是指用文字图像记载与传递的旅游信息，又称文件式旅游信息。而无形旅游信息则是指用口头语言进行传递的旅游信息，又称非文件式旅游信息。

（4）按旅游信息的特征分，有定性旅游信息与定量旅游信息。定性旅游信息是以非计量的形式描述旅游活动的状况，分析旅游活动的过程与特征，揭示旅游活动的本质，总结旅游活动的规律的信息。而定量旅游信息是以计量的形式来描述旅游活动的信息。两者是相辅相成的。

2）从组织角度分

（1）按旅游信息加工的程度分，有一次旅游信息、二次旅游信息和三次旅游信息。一次旅游信息又称原始旅游信息，是对旅游活动所作的最初的直接记载。二次旅游信息是指在原始旅游信息整理加工后所形成的信息。三次旅游信息是在一次、二次旅游信息的基础上经过分析研究、核算产生的新的旅游信息。

（2）按旅游信息反映面分，有宏观旅游信息、微观旅游信息与中观旅游信息。宏观旅游信息是从全面的角度反映旅游活动的状况、特征、本质与规律的旅游信息。微观旅游信息是指从局部的角度反映。而中观旅游信息是介于宏观旅游信息与微观旅游信息之间的一类旅游信息。

（3）按旅游信息传递范围分，有公开旅游信息、内部旅游信息和保密旅游信息。公开旅游信息是指不受任何条件限制，只要具备技术上的可行性，可以任选传递工具向任何地方传递的旅游信息。内部旅游信息是指只在一定的范围内进行传递，不在范围外公布的旅游信息。保密旅游信息则是严格在明确的范围内进行传递，并且拒绝范围之外的信息用户。

（4）按旅游信息组织管理划分，有经常性旅游信息和偶发性旅游信息。经常性旅游信息是指按照各项规定、制度、方向、传递间隔或期限、制定形式所产生和传递的旅游信息。偶发性旅游信息是指那些完全地或部分地按照规定或模式产生或传递的旅游信息，随机性和可变性较大。

1.1.3　旅游信息管理界定

1．旅游信息管理的概念

旅游信息管理是信息人员以信息技术为手段，对旅游信息资源实施计划、组织、指挥、协调和控制的过程，从微观上说，包括对旅游信息内容的管理；从宏观上说，包括对旅游信息机构和旅游信息系统的管理。

2．旅游信息管理的基本原理

在旅游信息管理活动中包含着一些内在的、具有普通意义的规律，称之为旅游信息管理的基本原理。

（1）旅游信息的增值原理。通过对旅游信息的采集、整理、加工、存储、检索、传输、应用，可实现信息内容的增加或信息效率的提高。从零散的旅游信息或孤立的旅游信息系统中很难查找到需要的有用信息，但如果将这些信息有序化，集成为不同层次的信息资源体系，则不仅大大方便了查询和利用，而且也易于从中开发出新的信息与知识资源。

（2）旅游信息的增效原理。旅游信息管理通过信息提供和信息开发，充分发掘信息的使用价值，可以达到节约资源、提高效率、创造效益的社会效果。

（3）旅游信息的服务原理。较之一般的管理过程，旅游信息管理具有强烈的服务性。这是因为基于旅游信息自身的价值特性，旅游信息只有针对用户的特定需求才能实现它的使用价值，其价值体现取决于用户使用，也就是说，旅游信息管理必须通过服务用户来发挥作用，因此其管理方法和手段的采用、信息系统的设计与开发等应以提高服务能力与水平为宗旨。

（4）旅游信息的市场调节原理。市场规律对旅游信息管理的调节作用，一是表现在旅游信息产品的价格受市场规律的调节；二是表现在信息人员、信息服务机构、技术设备等信息资源要素的配置受市场规律调节。

3．旅游信息与决策

1）旅游决策的含义与构成

旅游决策是指旅游活动各要素为了达到一定的目标，在掌握必要的旅游信息及在对所掌握的信息分析的基础上，用科学的方法拟定和评估相关行动方案，最终选定合理方案的过程。

旅游决策由以下两个基本要素组成。

（1）决策者。决策者是决策系统主观能力的体现者，可以是个人，也可以是团体。

（2）决策对象。决策对象对于旅游活动的不同要素而言各不相同，这是由他们在旅游活动中所处的地位及扮演的角色决定的。

2）旅游信息在旅游决策中的作用

旅游信息是旅游决策的依据。决策者只有快速准确地获得信息、有效地利用信息、适时地把握决策时机，才能作出科学的决策，并获得较好的决策效益。进行旅游决策的过程，实际上是一个旅游信息的输入、处理、输出、反馈的过程。旅游决策过程中的信息流动图如图 1-1 所示。

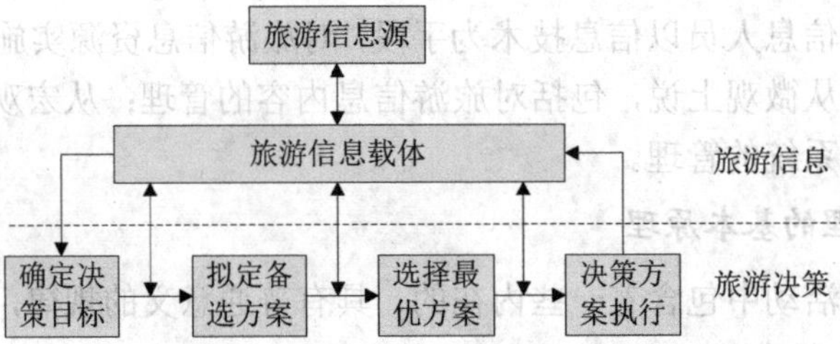

图 1-1　旅游决策过程中的信息流动图

旅游信息在旅游决策中的作用体现如下。

（1）旅游信息是旅游决策的基础。旅游者、旅游企业、旅游管理者等在旅游过程中充当不同角色的任何类型的旅游决策，都必须以旅游信息为基础，都必须首先了解相关的旅游信息，才能根据掌握的旅游信息进行分析、判断和目标选择，从而进行旅游决策。以旅游者为例，一方面要了解目的地的旅游信息，如著名景点、地方特色等；另一方面要了解不同旅行社的旅游服务信息，包括旅游价格、线路设计、住宿、餐饮、交通工具、导游等情况。只有充分了解这些信息，才能作出满意的旅游决策。

（2）旅游信息是进行科学决策的依据。出于社会分工等原因，旅游活动的各要素之间不可能占有完全的市场信息，往往形成信息不对称现象，即一方比另一方拥有更多的信息。旅游活动作为包括食、住、行、游、购、娱等在内的综合性活动，产品的供给由众多的旅游企业和相关部门来提供，其运作的复杂性和多样性更加深了旅游活动中信息的不对称。另外，旅游信息化的程度不高也严重影响着旅游决策。任何旅游决策的主体，要作出科学的决策，必须在所掌握的旅游信息中进行鉴别与选择，并以正确有效的旅游信息作为决策依据。

（3）旅游信息反馈是完善旅游决策的手段。旅游决策是一个从决策方案确定、实施到产生结果的全过程，旅游信息贯穿于旅游决策实施的整个过程中。在制定旅游决策前，尽量采集大量的旅游信息，并采用科学的决策方法，但由于各种因素的影响，如掌握的信息不全面、旅游信息本身的失真、旅游信息对旅游活动反映的滞后等，所作出的旅游决策并不完全与旅游活动的实际发展状况和进展情况相符；再加上旅游活动的脆弱性与依赖性较强，容易受到外界情况的影响，因而在旅游决策的全过程中，作为决策依据的旅游信息随时可能会发生变化。因此，决策者需要根据反馈信息及时调整自己的决策。旅游决策的过程也是旅游信息不断传递与反馈的过程，针对实际中反映出的新情况、新问题进行综合分析研究，以及时、准确地修订与完善旅游决策。

1.2　旅游管理信息系统概述

1.2.1　旅游管理信息系统的概念

1. 相关概念

管理信息系统是一个由人、机（计算机）组成的能进行管理信息的收集、传递、存储、加工、维护和使用的系统。它能实测企业（或组织）的各种运行情况，利用过去的数据预测未来；从全局出发辅助进行决策，利用信息控制企业（或组织）的行为，帮助其实现长远的规划目标。

旅游管理信息系统是用系统思想建立起来的，以电子计算机为基本信息处理手段，以现代通信设备为基本传输工具，且能为旅游管理决策提供信息服务的人机系统。

2. 系统的一般特征

（1）集合性。系统是由多要素构成的集合体，这个集合体作为整体完成某种功能。而整体的功能要比组成它的所有要素的总和还要大。

（2）关联性。系统中的各部分之间不是彼此完全独立地、静止地处在系统中，而是以一定方式相互联系、相互制约的，整个系统的目标是通过一定的逻辑关系，让各要素的功能得以实现。

（3）目的性。系统必须具有控制、调节和管理的功能，以实现系统的目标。

（4）边界性。系统的组成要素确定了系统的边界，边界之内称系统，边界之外称环境。系统与环境之间有信息和物质的交流。事实上，环境并不受系统控制，但对系统的运行起着很重要的作用。系统的边界是根据不同条件和需要来定的。

（5）整体性。整体性是指系统的整体效果大于局部效果之和的特性。在一个系统中，即使每个要素并不都很完善，它们也可以协调、综合成为具有良好功能的系统。协调工作的总效果大大优于各部分独立工作的效果。

（6）层次性。系统的概念是相对的，有大有小，一个大系统是由若干个子系统组成的，子系统包括若干个更小的系统，这就是系统的层次性表现。系统的层次性为人们对它的认识与了解提供了方便。从较高的层次进行分析，可以了解一个系统的全貌；从较低层次进行分析，则可以了解一个系统各组成要素的细节。图 1-2 为系统的层次性示意图。

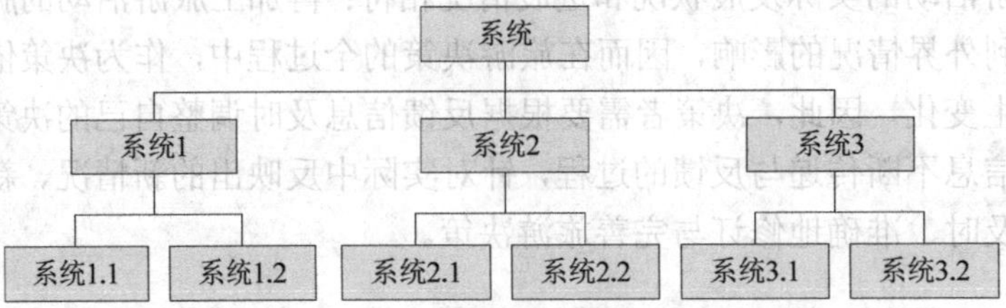

图 1-2　系统的层次性示意图

（7）动态性。任何系统内部都有物质、能量和信息的流通，一般表现为人员、资金、物质和机器的有组织的运动，这种流通和运动便是系统的动态性特性。

3. 旅游管理信息系统的特定特征

旅游管理信息系统不仅具有管理信息系统的一般特征，而且具有本身特定的特征。

（1）高度集中统一，将企业各部门数据和信息集中起来，进行快速处理，统一使用。

（2）有预测和控制能力。管理信息系统使用数学模型，如运用运筹学模型和数理统计模型来分析数据和信息，以便预测未来，提供决策支持。

（3）有特有的开发软件、一个中心数据库及网络系统，这是旅游管理信息系统的重要标志。

1.2.2　旅游管理信息系统的功能

旅游管理信息系统的功能有如下几个方面。

（1）数据处理功能。包括对各种形式的原始数据的收集、输入、传输、存储、加工处理和输出，这是旅游管理信息系统的基本功能。

（2）预测功能。即运用数学、统计或模拟等方法，根据过去的数据预测未来的情况。

（3）计划功能。即合理安排各职能部门的计划，并按照不同的管理层提供相应的计划报告。

（4）控制功能。根据各职能部门提供的数据，对计划的执行情况进行监测、检查，比较执行与计划的差异，并分析其原因，辅助管理人员及时用各种方法加以控制。

（5）辅助决策功能。即运用数学模型，及时推导出有关问题的最优解，辅助各级管理人员进行决策。

1.2.3　旅游管理信息系统的结构

旅游管理信息系统的结构是指旅游管理信息系统各个组成部分所构成的框架结构。由于存在对各个组成部分的不同理解，于是就形成了不同的结构方式，其中最主要的有概念结构、层次结构、功能结构和软件结构。

1. 旅游管理信息系统的概念结构

旅游管理信息系统从概念上由四大部件组成，即信息源、信息处理器、信息用户和信息管理者，它们之间的关系如图1-3所示。

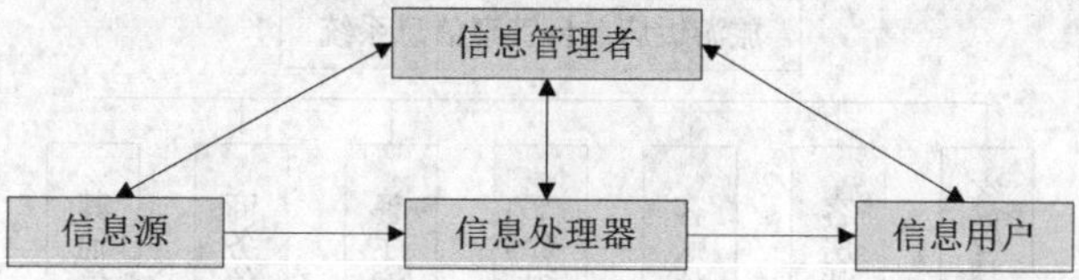

图1-3 旅游管理信息系统部件之间的关系

在图1-3中，信息源是信息的产生地；信息处理器是完成信息的传输、加工、保存等任务的设备；信息用户是信息的使用者，它应用信息进行决策；信息管理者负责信息系统的设计实现，并在实现以后负责信息系统的运行和协调。

2. 旅游管理信息系统的层次结构

旅游管理信息系统是为管理决策服务的。管理是分层次的，纵向可以分为基层（执行控制）、中层（管理控制）和高层（战略计划）三个管理层次，因此旅游管理信息系统也可以按纵向相应分解为三个层次。另外，管理又可按职能进行横向划分，因而在每个层次上又可按横向分为市场销售子系统、财务管理子系统、人事管理子系统、信息管理子系统和其他子系统等。每个子系统都支持从基层管理到高层管理的不同层次的管理需求。基层的数据处理量大、加工方法固定，高层的处理量小、加工方法灵活，但比较复杂，所以就组成了纵横交织的金字塔结构，如图1-4所示。

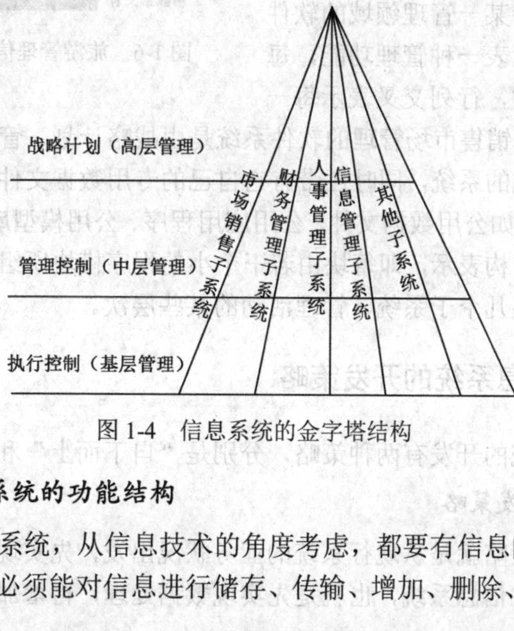

图1-4 信息系统的金字塔结构

3. 旅游管理信息系统的功能结构

任何一种管理信息系统，从信息技术的角度考虑，都要有信息的输入、处理和输出等功能。在功能设计方面必须能对信息进行储存、传输、增加、删除、修改、统计、检索等。

从业务角度来看，旅游管理信息系统应该具有一个目标，支持整个组织在不同层次上的各种功能，各种功能之间又有各种信息联系，构成一个有机的整体，形成一个功能结构。例如，图 1-5 列举了某旅游饭店前台管理信息系统，该系统可划分为七个职能子系统。

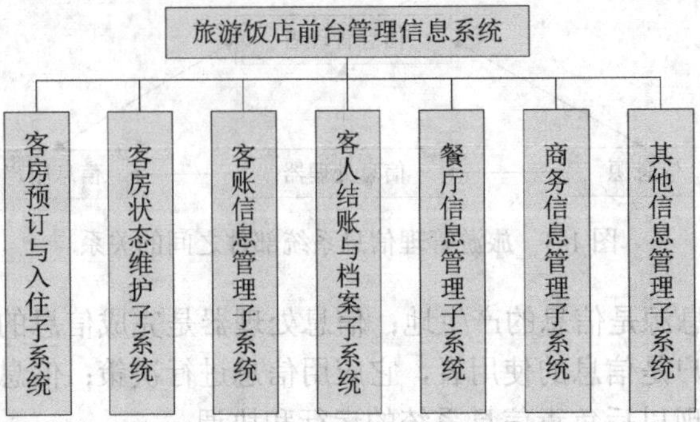

图 1-5　旅游饭店前台管理信息系统功能模块结构示意图

4. 旅游管理信息系统的软件结构

不同的旅游管理信息系统适应不同的管理要求。支持旅游管理信息系统各种功能的软件系统或软件模块所组成的系统结构，是旅游管理信息系统的软件结构。图 1-6 描述了一个完整的旅游管理信息系统的概念框架，图中每一长方块是一段程序块或一个文件，每一个纵行是支持某一管理领域的软件系统。即图中每一列代表一种管理功能，每一行表示一个管理层次，行列交叉表示每一种功能子系统。例如，销售市场管理的软件系统是由战略计划、管理控制、运行控制以及业务处理的模块所组成的系统，同时还带有它自己的专用数据文件。整个系统包括全系统所共享的数据和程序，如公用数据文件、公用应用程序、公用模型库及数据库管理系统等。图中每块还可用树形结构表示，即每块由若干个小的程序模块所组成。在实际工作中开发的信息系统可能涉及某几个子系统、管理活动的某些层次。

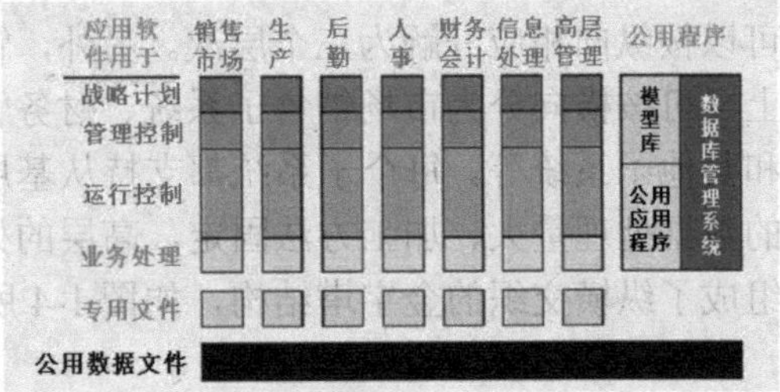

图 1-6　旅游管理信息系统软件结构示意图

1.2.4　旅游管理信息系统的开发策略

旅游管理信息系统的开发有两种策略，分别是“自下而上”和“自上而下”。

1. 自下而上的开发策略

自下而上的开发策略就是从现行系统的业务状况出发，先实现一个个具体的功能，逐步地由低级到高级建立信息系统，也就是先实现数据处理，再增加管理控制。一些小型旅游企业，当还处在诺兰阶段模型的初装和蔓延阶段时，常常采用这种开发策略。

这种开发策略可以避免大规模系统运行不协调、不周密的危险，但是由于缺乏从整个系统出发考虑问题，随着系统的进展，往往要做许多重大修改，甚至需要重新规划、设计。

2. 自上而下的开发策略

自上而下的开发策略从整体上协调和规划，由全面到局部，由长远到近期，从探索合理的信息流来设计信息系统。这种开发策略要求很强的逻辑性，因而难度较大，但它是一种重要的策略，是信息系统走向集成和成熟的要求。因为整体性是系统的基本特性，虽然一个系统由许多子系统组成，但它们又是一个不可分割的整体。

通常，自下而上的策略用于小型系统的设计，适用于对开发工作缺乏经验的情况。在开发实践中，对于大型系统往往把这两种方法结合起来使用，即先自上而下地做好信息系统的战略规划，再自下而上地逐步实现各系统的开发应用。

1.2.5 旅游管理信息系统的开发方式

旅游管理信息系统的开发方式很多，不同的旅游企业应该根据自己的实际情况，选择适合自己的方式。

1. 自行开发

自行开发就是旅游企业靠自己的力量独立完成系统开发的各项任务。比较适合那些有较强的规划、分析、设计、维护人员队伍的大型旅游企业。

这种方式的优点是开发费用少，容易开发出适合本单位需要的系统，方便维护和扩展，有利于培养自己的系统开发人员。当然，这种方法也存在一些缺点，表现为：容易受业务工作的限制，系统整体优化不够，开发水平较低；系统开发时间长，开发人员调动后，系统维护工作没有保障。

采用这种方式时，需要大力加强领导，切实实行“一把手”原则；同时要向专业开发人士或公司进行必要的咨询，或聘请他们作为开发顾问。

2. 委托开发

委托开发就是旅游企业委托有丰富经验的专业软件开发商，按照自己的需求进行系统开发。它适合那些技术人才队伍力量较弱而资金较为充足的旅游企业。这种方法是目前多数旅游企业采用的方式，目前国内外已经有许多软件开发商开始涉足旅游信息化软件的开发，如国外的IBM、HP、SAP、Oracle，国内的浪潮、联想、华仪、西湖等。

这种方法的优点是省时省事，开发的系统技术水平高，开发的系统是为本企业“量身定做”的，能够很好地适应本单位业务管理流程的实际需要。其缺点是费用高、系统维护与扩展需要开发单位的长期支持，不利于本单位的人才培养。

采用这种方式时，旅游企业的业务骨干必须参与系统的论证工作，开发过程中需要软件开发商和旅游企业双方及时沟通，进行协调与检查。

3. 利用现成软件包开发

利用现成软件包开发MIS可购买现成的应用软件包或开发平台，如财务管理系统、小型旅游企业业务管理系统、旅游饭店通用信息系统等。应用软件包是预先编制好的、能完成一定功能的、供出售或出租的成套软件系统。

这种方式对于功能单一的小系统的开发颇为有效，但不太适用于规模较大、功能复杂、需求量的不确定性程度比较高的系统的开发。其优点是缩短开发时间，节约开发费用，技术水平较高，系统可以得到较好的维护。但是，这种系统往往功能比较简单，通用软件的专用性比较差，难以满足特殊要求，需要有一定的技术力量根据使用者的要求做软件改善和编制必要的接口软件等二次开发的工作。

对于一些比较成熟的功能模块，如财务管理软件，可以考虑采用购买现成软件包的方式，如用友、金蝶、浪潮等财务管理软件，它们可以很好地实现与其他模块的无缝连接。

1.3 旅游管理信息系统开发技术基础

旅游管理信息系统软件的开发需要一定的硬件和软件环境的支撑。在进行旅游管理信息系统设计时，应依据现在的软件和硬件资源，设置合理的物理配置以满足用户的要求，良好的软件和硬件支持是所开发的旅游管理信息系统正常运行的重要保证。

1.3.1 支持旅游管理信息系统开发的软件、硬件平台

1. 支持旅游管理信息系统开发的硬件平台

计算机的硬件是组成计算机系统的物理设备，即一个计算机系统中实际使用的机器。当前的计算机系统硬件可以被制造成各种形状和大小来满足组织的各种需要。

1）支持软件开发组织的硬件环境

组织中的计算机系统应能支持用户的信息处理要求。如果用户在工作上是独立的、互不相关的，该系统应将主要资源集中在个人任务的处理上；如果用户需要在工作上相互合作，该系统应能方便地实现数据信息等资源的共享。开发旅游管理信息系统时首先应明确用什么样的方式处理信息。

（1）大型共享系统。允许多个用户同时共享一个中央计算机资源。

（2）个人计算机处理系统。每个用户都独享一台计算机，很少与其他用户共享数据或其他资源。个人计算机处理系统主要由以下几部分组成：主机、输入设备、输出设备和辅助存储设备等。个人计算机可以相互连接组成计算机网络，也可以单独使用，独立完成事务的处理。

（3）计算机网络。可以实现软件、硬件资源的共享，提高计算机的可靠性和可用性。用户不仅可以使用自己的计算机，同时也可以共享其他用户的资源。计算机网络主要由主

计算机、终端、通信处理机、通信设备等网络单元经通信线路连接组成。

① 主计算机。这是计算机网络中承担数据处理的计算机系统，可以是单机系统，也可以是多机系统，应具有完成批处理能力的硬件和操作系统，并有相应的接口。

② 终端。它直接面对用户实现人机对话。终端可以是键盘、显示器、智能终端等。

③ 通信处理机。又称结点机或前端机，位于主机和通信线路单元之间负责通信控制和通信处理工作。它可以连接多台主机，也可以将多个终端接入网内。

④ 通信设备。这是数据传输设备，包括集中器、信号变换器和多路复用器等。

2）输入设备与技术

数据的收集和录入是旅游管理信息系统中的一项重要工作。采取什么样的数据录入方式，采用什么样的输入设备，也直接影响到旅游管理信息系统应用软件的工作质量。下面是几种常用的输入设备。

输入设备可分为一般输入设备与专用输入设备和技术两大类。

（1）一般输入设备

① 键盘与鼠标器。键盘是最主要的数据输入设备，它分为数字式键盘、电话键盘、字母数字键盘及专用键盘四类。

② 图形数字化设备。该类输入设备包括数字化板、图形扫描仪等，主要功能是把图形、照片、地图等图像数字化，转化成计算机能够接受的形式，对于图形中的字符（如地图上的地名等）可以由键盘等其他设备输入。

③ 语音输入设备。语音输入设备主要用于识别人的声音。

（2）专用输入设备和技术

专用输入设备主要是针对大型事务处理系统的数据录入的，目的是提高终端操作的效率，减少错误，提高组织的工作效率。

① 自动数据源。即从生成数据的地方自动地采集数据的设备。这样用户能很方便地获得所需要的数据，减少了费用，降低了出错率，数据完整性和精确性得到了加强。数据被采集到之后，可以立即用到实时系统中去。例如在飞机售票系统中，售出的机票等数据应能及时正确地得到更新。

② 光符识别。即采用光学手段对特殊字符式代码进行识别的技术。有些字符必须服从一定的标准，由专门的扫描器来完成。有些光符识别器带有智能的特点，当字符字体有所变化时，也能进行识别。条形码是常用的一种光符，在许多商品上都可以看到，在仓库管理系统及销售管理系统都有较广泛的应用。

3）数据处理中心计算机系统

（1）系统单元

个人计算机系统中，数据处理设备又叫系统单元。主机一般包括中央处理器和内存两部分。主机箱中还包括辅助存储设备。

① 中央处理器。中央处理器由两个主要部件——控制器和算术逻辑运算单元组成。在

数据处理过程中，这两部分与内存密切合作共同完成任务。控制器是计算机的指挥部分，它控制着整机部件协调一致地工作。

② 内存。内存的主要功能是存储即将用到的数据和指令。内存是易失性的，大小也是有限的。它的大小和访问速度直接影响计算机的运行速度。

（2）服务器

用作服务器的计算机可以是超级微型计算机、小型计算机或大型计算机。它们具有较强的运算能力和较大的存储能力，在各种类型的网络上为终端用户提供服务。它们一般运行 UNIX 和 Windows NT 操作系统。

（3）辅助存储设备

内存主要是对即将用到的数据进行暂时存储。辅助存储器则是对重复使用的数据进行存储。辅助存储器速度较内存慢，价格较低，是非易失性的，一般由存储介质和辅助存储驱动器两部分组成。存储介质存储程序和数据，辅助存储驱动器负责向介质上写数据或从介质上读数据。一般来说，辅助存储介质是可移动的，但也有些辅助存储介质是不可移动的。在微机上常用的存储介质有软盘、硬盘、盒式磁盘、光盘和磁带等。

（4）输出设备

常见的输出设备有显示设备、打印机及专用输出设备，如绘图仪等。

2. 旅游管理信息系统应用软件开发的软件基础

这些软件可以分为系统软件和应用软件两大类。

1）系统软件

（1）操作系统。在以计算机为基础的信息系统中，操作系统的主要功能就是管理信息系统的软件、硬件资源，提高资源的利用率，方便系统的开发。操作系统有许多种，如 Windows XP、Vista 等，要以不同硬件环境要求确定选用。

（2）数据库管理系统。旅游管理信息系统涉及大量的数据处理。数据处理的中心问题是数据管理。数据库管理系统（DBMS）是为数据库的建立、使用和维护而配置的软件。它建立在操作系统的基础上，对数据库进行统一的管理和控制，其中的关系数据库管理系统（RDBMS）由于提供了严格简明的数据模型、高度非过程化的数据操纵语言，而把基于数据库的应用程序设计提高到了一个新的水平，大大提高了用户生产率，从而使自身获得了很大的生命力。

2）应用软件

应用软件中要用到的主要是程序设计语言，它是编写程序的工具，是人与计算机进行信息交流的工具。程序设计是要在一定的语言环境下进行的。程序设计语言可分为两类：第一类称为低级语言，包括机器语言、汇编语言及其他面向机器的程序设计语言。这类语言直接同机器打交道，对计算机的依赖性强，编写程序的工作量大。第二类语言称为高级语言，如 Basic、Fortran、Pascal、Cobol 和 C 等。高级语言无论在对解题算法的描述能力上，还是在编写和调试程序的效率上，都比低级语言优越。

软件开发工具有以下几个。

（1）面向过程的开发工具。在 TMIS 开发中的关键问题之一是对开发工具的选择，而且开发工具往往与整个系统维护、系统运行过程紧密关联。早期的 MIS 软件主要使用高级语言编写，例如用商用语言 Cobol 或 C 语言等。在使用高级语言设计程序时需要详细规定每一个问题处理的过程，因此又称之为面向过程的语言（Procedure-Oriented Language）。

（2）4GL——第 4 代语言。在 20 世纪 80 年代以后，开发管理信息系统开始使用面向知识处理的非过程化语言，又称第 4 代语言（4GL）。由于 4GL 语言具有非过程化的特点，同时具有友好的界面，可极大地提高系统开发的效率，因此成为目前应用领域软件开发的主流工具。人们也称第 4 代语言是面向对象的语言。目前最为流行的面向对象程序设计语言有 Visual C、Visual Basic、PowerBuilder、Delphi 及 Java 语言等。

（3）目前在 MIS 开发中还广泛使用关系数据库。对于开发小型 MIS 来说，用微机上的数据库语言来进行开发是一种方便的方案。大型关系数据库不仅是存储数据的软件，还配有全套的 4GL 开发工具、调试工具、系统分析工具、报告做成辅助程序等，可以在基于主机结构或基于微机、工作站、小型机上，非常有效地生成各种应用系统。目前，使用数据库及相应的开发工具已成为 MIS 开发工具的主流。

（4）基于 C/S 模式的 GUI 开发工具。目前常用的 MIS 开发工具主要是基于客户/服务器模式，并采用图形化用户界面的可视化开发工具。基于客户/服务器模式的开发工具是将客户方的开发工具和关系数据库结合起来的一种方案。基于客户/服务器模式的开发工具通常包含两个基本部分：前端开发工具和后端服务器。前端开发工具或客户方软件提供用户界面，使得开发者可以容易地指定处理应用的表示逻辑部分，同时将用户对于数据的请求用标准的 SQL 语句表示，发送到服务器方，并对其处理结果进行加工和表示。后端服务器或数据库专门处理来自客户机的 SQL 请求，并将处理结果返回给客户方。后端服务器还提供一些在客户/服务器数据库系统中对数据的高级操作功能，例如对并发控制的管理、安全审计及对数据库系统的备份、恢复、监控等功能，因此人们也称之为数据库核心或数据库引擎等。

1.3.2 计算机网络技术

1. 计算机网络的基本概念

一般认为，将处于不同地理位置并具有独立功能的多个计算机系统，通过通信设备和通信线路连接起来，以功能完善的网络软件（包括网络通信协议、数据交换方式及网络操作系统等）实现网络资源共享的系统，可称为计算机网络系统。计算机网络系统由主计算机系统、终端设备、通信设备和通信线路四大部分构成，主计算机系统是网络的资源，通信设备和通信线路是网络进行数据通信的手段和途径，终端设备是用户应用网络的窗口。

计算机网络可以划分成资源子网和通信子网两级子网。资源子网由主机和终端设备组成，负责数据处理，向网络提供可供选用的硬件资源、软件资源和数据资源；通信子网负责整个网络的通信管理与控制，如数据交换、路由选择、差错控制和协议管理等，通信控制与处理设备（如程控交换机）和通信线路属于通信子网。

2. 网络体系结构与协议

在计算机网络中，通常按层或级的方式来组织，每一层建立在它的下层之上。不同的网络，层的名字、数量、内容和功能都不尽相同，但每一层的目的都是向它的上一层提供服务。层和协议的集合被称为网络体系结构。所谓协议指计算机之间在通信过程中必须遵循的规则或规程（Protocol）。协议是网络通信中最重要的基础，各种厂商生产的不同型号的计算机、终端设备或其他网络通信设备，只有遵从相同的协议，才能彼此通信。

作为具体的网络体系结构，当前重要的和使用广泛的是 OSI 参考模型和 TCP/IP 参考模型。OSI 参考模型基于国际标准化组织（ISO）而建设，其全称是 ISO 的 OSI 开放系统互联参考模型。因为它是关于如何把开放式系统连接起来的，所以通常简称为 OSI 模型。

OSI 模型分为七层，如图 1-7 所示。

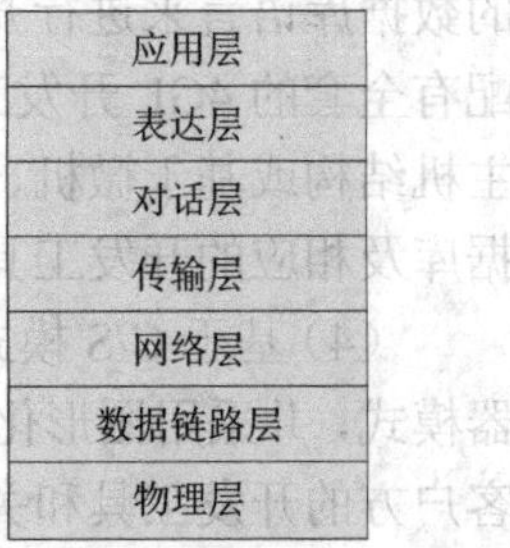

图 1-7 OSI 模型的分层

（1）物理层。物理层是 OSI 的第一层，是整个开放系统的基础。它为设备之间的数据通信提供传输媒体及互联设备，通过物理介质传送和接收原始的二进制电脉冲信号序列（位流）。

（2）数据链路层。将位流以报文分组为单位分解为数据包，附加上报头、报尾等信息，向网络层提供报文分组的发送和接收服务。

（3）网络层。根据报文分组中的地址，提供连接和路径选择。

（4）传输层。提供计算机之间的通信联系。它是整个 OSI 模型的核心层，可提供实体间的一种高效透明的数据传送，它从上一层接受信息，必要时，将信息划分为较小的信息或组合成一个单元，并把处理后的信息传递到网络层。

（5）对话层。负责建立、管理和拆除进程之间的连接。

（6）表示层。负责处理不同数据表达方式的差异，并提供相互转换。

（7）应用层。直接和用户交互作用，具体取决于通信应用软件的特征。

ISO/OSI 参考模型只是为开放系统互连提供了一个概念上的功能性结构，模型中反映了通信结构多层次之间的基本逻辑关系，目的在于为计算机之间的互连提供一个标准框架。

3. 通信网络的分类

1）网络的拓扑结构

根据通信信道的类型，网络拓扑结构常分为两类：点—点信道网络和共享信道网络。

（1）点—点信道网络。这种网络结构又被称为存储转发通信子网。其结构形式是网络中每一条信道都连接到一对节点上。点—点信道的通信网络有星形、环形、树形等几种拓扑结构，如图 1-8 所示。

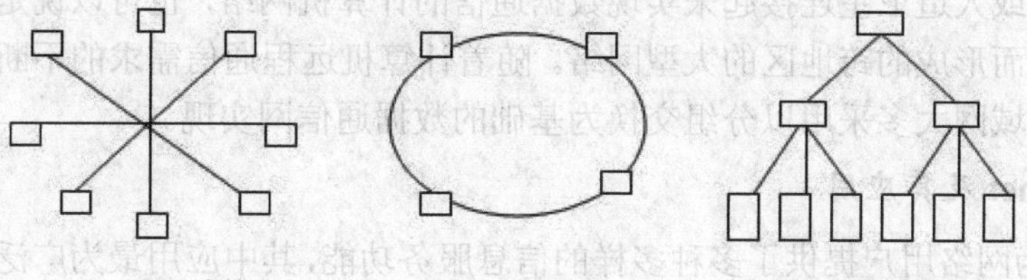

（a）星形结构　（b）环形结构　（c）树形结构

图 1-8 点—点信道的网络拓扑结构

（2）共享信道网络。这种网络拓扑结构又称广播式拓扑结构，即在共享信道网络中，所有节点共享一条通信通道，每个节点发送的信息可由所有节点检测，但只有目的地址指定的节点能够接收。其优点是不同的通信可以使用同一通信信道，从而可以最大限度地利用信道的通信能力；缺点是当所有节点同时通信时，容易出现通信阻塞，并且一旦信道出现故障，将影响所有相关信道的通信。共享信道网络结构有总线式、卫星无线电式几种拓扑结构，如图 1-9 所示。

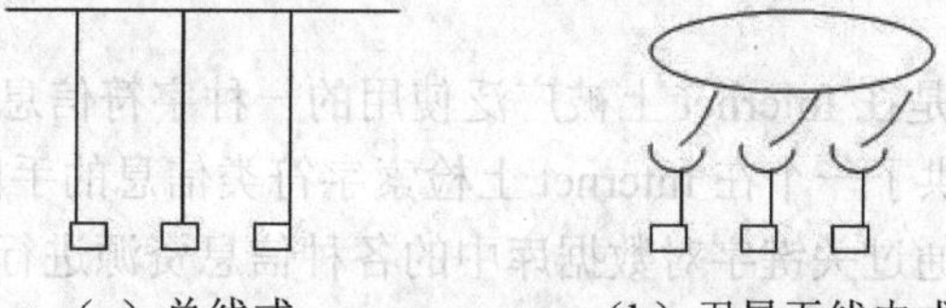

（a）总线式　（b）卫星无线电式

图 1-9 共享信道网络拓扑结构

不同的网络结构各有其特点，在系统建设中必须根据系统的响应时间、信息量、系统投资、可靠性要求等进行综合分析。例如，在点—点信道网络结构中往往采用星形结构和总线式混合形。这种结构具有较高的系统性能，例如系统运行效率高和维护方便等。

2）局域网

局域网（Local Area Network，LAN）是在小范围内将许多数据通信设备以高速线路互连，进行数据通信的计算机网络。局域网络一般由传输介质、网络适配器、网络服务器、用户工作站和网络软件等组成。

3）城域网

城域网（Metropolitan Area Network，MAN）通常使用与 LAN 相似的技术，可以覆盖一组邻近的公司、办公室或一个城市，它可以支持数据和声音，还可能涉及当地的有线电视。它的传输仅使用一条或两条电缆，不包含交换单元，即把分组分流到几条可能引出电缆的设备。

4）广域网

所谓广域网（Wide Area Network，WAN）是能够将地理位置相距较远的多个计算机系统通过电缆线或人造卫星连接起来实现数据通信的计算机网络，也可以说是将分散于各地的局域网互联而形成的跨地区的大型网络。随着计算机远程通信需求的不断提高和通信技术的发展，广域网大多采用以分组交换为基础的数据通信网实现。

4. Internet及其应用

Internet为网络用户提供了多种多样的信息服务功能，其中应用最为广泛的主要有以下几种。

1）通信交流

（1）电子邮件（E-mail）。

（2）网上专题组或新闻组（Usenet Newsgroup or Network Forums）。

（3）网上会谈（Chatting）。

2）远程主机登录（Telnet）

Telnet 提供了网络上任何两台计算机设备之间的快速、方便的联接，从而使得网络用户通过自己的计算机可以访问网络上的任何一台主机，在该主机上进行相应的数据处理任务，共享其硬件、软件和信息资源。

3）信息检索

Gopher 检索工具就是在Internet上被广泛使用的一种字符信息检索工具，它通过简便的多层次菜单为用户提供了一个在Internet上检索字符类信息的手段。

Archie 工具主要是通过关键字对数据库中的各种信息资源进行检索，对于检索到的资料，用户可以方便地下载到自己的计算机上。

WAIS（Wide Area Information Servers）检索工具可以对已知数据库进行基于关键字的比较详尽彻底的检索，也在Internet上得到较多应用。

4）WWW多媒体信息服务

网络用户只要在自己的计算机或工作站上配置一种WWW浏览器（Web Browser）软件，就可以应用因特网上的WWW信息服务了。

5）网络在线服务

网络在线服务是对以Internet为基础发展起来的交互式网络服务的总称。

除以上介绍的，网络用户还可以获得数据文件传输、可视电话、电视会议、电子购物、股票交易、机票预订、网上教学、网上游戏等多方面的实时或非实时的交互式服务功能。

5. Intranet及其应用

Intranet称为内部网，是将Internet技术应用于企业或组织内部信息网络的产物，其主要特点是企业信息管理以Internet技术为基础。Intranet就是建立在企业内部的Internet网。它综合应用了Internet的技术，实现企业内部信息的交流。从技术上说，Intranet在通信机制上是基于TCP/IP；从网络结构上说，它是基于C/S计算模式之上的WWW服务器与浏览器构成的网络系统。由于基于 Internet 技术的企业内部网在信息管理与服务方面比传统的数据管理有更加突出的优越性，用户的操作十分简单，信息系统的维护与管理相对方便得多，因此 Intranet 成为管理信息系统的一个十分重要的技术基础和发展趋势。

此外还有 Extranet（企业外部网或外联网），是指一个可为外部相关用户提供选择性服务的 Intranet。Extranet 将 Intranet 扩展到内部网之外，使得可以完成一些合作性的商务应用。对于 Internet 在企业业务中的应用，可按照对内和对外分成 Intranet 和 Extranet。

Extranet 是将 Internet 构建技术应用于企业之间的系统，它使企业与其他客户、其他企业相连来完成其共同目标并组成交互合作网络。通常向一些主要贸易伙伴（还包括合作对象、供应商、消费者和客户等）添加外部链接来扩充 Intranet。

其中 Internet 是网络基础，是包括 Intranet 和 Extranet 在内的各种应用的集合；Intranet 强调企业内部各部门的联系，业务范围限于企业内；Extranet 强调企业之间的联系，业务范围包括贸易伙伴、合作对象、零售商、消费者和认证机构。从业务范围来说，Internet 最大，Extranet 次之，Intranet 最小。

6. 网络技术在旅游景区经营中的应用

1）旅游景区旅游产品采购的网络管理

旅游网络采购是指一个企业把自己与供应商、经销商等关联企业的业务模式，转变为以互联网为基础的电子商务模式。旅游网络采购模式由两部分构成：一个是旅游产品交易场，另一个是作为景区 ERP 子系统的景区网络采购系统。

2）旅游景区旅游产品营销的网络技术管理

区域化、国际化是旅游发展的重要趋势，因此旅游景区经营中利用现代的信息化手段，从日益激烈的旅游目的地竞争中树立符合中国区域和地方特色的目的地形象至关重要。在旅游景区经营中应用网络技术促进景区营销，很重要的一点便是将景区网站办成景区旅游产品的最佳信息展示台。

3）旅游景区旅游产品付款方式的网络技术管理

网络销售的另一个重点在于付款方式。因此，要真正实现网络自身的盈利，方便于消费者的付款结算方式便显得尤为重要。

4）旅游景区售后服务反馈信息的网络技术管理

对于旅游者而言，旅游经历的结束意味着本次旅游消费的结束。但是对于旅游景区而言，为了最大限度地引起旅游者的重复消费行为或口碑宣传，良好的售后服务，即旅游反馈信息的收集与分析必不可少。而由于网络技术具有快捷方便、高度智能化的特点，通过网络技术完成上述工作显然可以最有效地节约劳动成本，提高工作效率。

5）旅游景区人力资源的网络技术管理

（1）可以通过网络广泛招聘人才。

（2）网络培训是旅游景点经营管理的必然趋势。

（3）薪酬福利管理的网络化使效率明显提高。

1.3.3 数据资源管理技术

1. 数据处理的内容

1）数据的采集

数据的采集就是按照用户的需要和系统的要求收集必要的原始数据。

2）数据的加工处理

信息系统的数据加工处理是将输入的原始数据，根据系统的要求，通过一定的方式和方法转换为信息的过程。旅游管理信息系统中典型的数据加工处理方式有以下几种。

（1）检测。检测是指对数据的准确性进行检验，主要在数据的输入过程中完成。数据检测一般由手工和计算机共同完成，常见的方式是，在数据中加入校验位，然后使用计算机程序自动完成数据的检测工作。

（2）转换。转换是指将数据和信息的格式转换为另一种格式。这种处理主要在不同的系统之间进行数据交换时发生，例如，企业在向税务部门提交相关数据时，就必须按照税务部门的格式要求进行数据的转换。

（3）更新。数据的更新有插入、删除和修改三种基本操作。

（4）计算。根据给定的数据和算法生成新的数据。

（5）分组。分组是在一个数据文件中按指定的数据项将所有数据进行分类。例如，职工工资数据文件，一般都是按部门分组。

（6）排序。在一个数据文件中按某个数据项或组合数据项的值递增或递减排列。例如，学生成绩单按几门课的平均成绩从高分到低分排列。

（7）查询。从一个或数个相关联的数据文件中查找所需要的数据。查询是数据处理中应用最广泛的操作，按查询的条件可分为简单条件查询、复合条件查询和模糊查询；按查询的方式又可分为顺序查询、对半查询等。

（8）投影。只输出数据文件中部分数据项的内容，它与查询处理的区别在于，查询结果的数据个数应小于原数据文件的数据个数，而每个数据的数据项数不变。

3）数据的传输

数据的传输有两层含义：一是指实现数据资源的共享与交换，例如，利用网络和通信技术共享各网点的数据资源；二是数据处理结果的输出，常以报告、文件、图表等形式输出给各用户，并传送到各部门。

4）数据的存储

数据的存储就是对原始待加工的数据及已加工的各种信息的储存。数据存储涉及物理存储和逻辑组织两个问题。物理存储是指将数据存储在适当的介质上。逻辑组织是指按数据逻辑内在联系和使用方式，把数据组成合理的结构。

5）数据的管理

数据的管理是指对原文件中的记录或数据项进行修改、插入（增加）、删除及数据存储的调整，数据正确性的检验和安全性的保证等。

6）数据的检索

数据的检索即为从计算机存储数据中查找和选取所需要的数据。采用何种方式检索，取决于数据存储的形式。例如，在第 5 章介绍的旅行社管理信息系统上，选择“旅游线路”，即可显示详细的旅游线路信息。

2. 数据模型的相关知识

1）数据描述

数据描述是数据处理中的一个重要环节，从事物的特性到计算机中的具体表示，实际上经历了三个领域：现实世界、信息世界和机器世界。信息世界的数据描述的主要工具是 E-R 图，如图 1-10 所示。

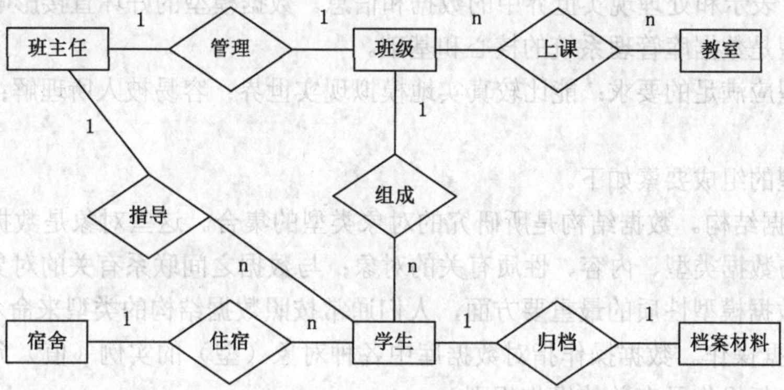

图 1-10　学籍管理局部应用的分 E-R 图

2）E-R 图的基本术语

（1）实体（Entity）是指明客观存在并相互区别的事物。实体可以是具体对象，如一本书、一个工厂、一种材料等；也可以是抽象的概念和联系，如学生的一次选课、一次借书等。

（2）实体集（Entity Set）是具有相同性质的同类实体的集合。例如所有教师、所有选课等。

（3）属性（Attribute）是实体的每一个特性。每个属性有一个取值范围，即值域。如学生的实体可由学号、姓名、性别、年龄、系别等属性组成。性别的取值范围是“男”或“女”。

（4）主键（Key）是唯一标识实体的属性集。如学生实体的学号可作为学生实体的主键。

（5）实体间的联系：现实世界中，事物是相互联系的。这种联系必然在信息世界中体现出来，即实体是相互关联的。

3）模型

（1）模型（Model）是指对于某个实际问题或客观事物、规律进行抽象后的一种形式化表达方式。

（2）建立模型的一般步骤：客观、正确地调查和分析所要解决的问题；在明确问题的性质和关键所在后，根据知识进行归纳和总结；抽象地建立起求解问题的模型；考察和证实模型是否准确地反映了实际问题运行的规律。

4）数据模型

数据模型是从计算机系统的观点对数据建模，主要用于数据库管理系统的实现，它主要包括层次模型、网状模型和关系模型。数据库管理系统的分类是依据数据模型进行的，如基于关系模型的数据库管理系统称为关系数据库管理系统。在数据库中用数据模型这个工具来抽象、表示和处理现实世界中的数据和信息。数据模型的好坏直接影响数据库的性能。数据模型是数据库管理系统的核心和基础。

数据模型应满足的要求：能比较真实地模拟现实世界；容易被人所理解；便于在计算机上实现。

数据模型的组成要素如下。

（1）数据结构。数据结构是所研究的对象类型的集合。这些对象是数据库的组成部分，包括：与数据类型、内容、性质有关的对象；与数据之间联系有关的对象；数据结构是刻画一个数据模型性质的最重要方面，人们通常按照数据结构的类型来命名数据模型。

（2）数据操作。数据操作指对数据库中各种对象（型）的实例（值）允许执行的操作的集合，包括操作及有关的操作规则。

（3）数据的约束条件。数据的约束条件是一组完整性规则的集合。完整性规则是给定的数据模型中数据及其联系所具有的制约和依存规则，用以限定符合数据模型的数据库状态及其状态的变化，以保证数据的正确、有效、相容。

5）层次模型

（1）定义。用树结构（层次）表示实体之间联系的模型。

（2）节点。表示实体集。

（3）连线。表示相连两实体之间的联系。

（4）特点。① 除根节点外，任何节点只有一个父节点而且都与一个并且只与一个父节点相连；② 树的最高位置上的节点为根，只有一个；③ 只能表示1:n，1:1联系，不能直接表示m:n联系；④ 记录间联系通过指针来实现。

6）网状模型

（1）定义。用网络结构来表示实体之间联系的模型。

（2）节点。表示实体集。

（3）连线。表示实体间的联系。

（4）特点。① 取消了两个限制；② 可以直接表示m:n联系（1:1是特例）；③ 层次模型是网状模型的特殊形式，网状模型是层次模型的一般形式；④ 记录间联系也是通过指针实现的，但数据结构更加复杂。

7）关系模型

（1）定义。用表格结构来表示实体间联系（用一张二维表，即关系）。

（2）表的行。一个记录，即实体（行也叫元组）。

（3）表的列。一个数据项，即属性。

（4）特点。前两者是格式化模型，关系模型是数学模型；前两者用指针来表示实体间的联系，而关系模型是通过存放两个实体的关键字来实现。

（5）关系模型的组成。关系模型由三部分组成：数据结构（即关系）、关系操作、关系的完整性。

① 单一的数据结构——关系：在关系模型中，无论是实体还是实体之间的联系均由单一的类型结构——关系来表示。

② 关系操作：基本操作有并、交、差、笛卡儿乘积、筛选、投影、连接。关系操作可以用两种方式表示：代数方式，即关系代数；逻辑方式，即关系演算。

③ 关系模型的三类完整性：

- 实体完整性。若属性 A 是基本关系 R 的主关键字中的属性（即主属性），则属性 A 不能取空值。
- 参照完整性。若基本关系 R 中含有另一个基本关系 S 的主关键字 Ks 所对应的属性组 F（F 称为 R 的外部关键字），则在关系 R 中的每个元组中的 F 上的值必须满足：或取空值；或等于 S 中某个元组的主关键字的值。
- 用户定义完整性。用户自己对数据完整性的要求。

（6）关系模型术语。

① 字段（Field）。标记实体属性的命名单位称为字段（数据项）。它是可以命名的最小信息单位。如学生、姓名、性别、年龄、系别等字段。

② 记录（Record）。字段的有序集合称为记录（相当于前面提到的数据元素）。一般用一个记录描述一个实体。例如，一个学生记录，由有序的字段集组成（2003、秦阳、男、25、管理系）。

③ 文件（File）。同一类记录的汇集称为文件。文件是描述实体集的。如所有学生记录组成了一个学生文件。

④ 主键（Key）。能唯一标识文件中每个记录的字段集，称为文件的主键。如学号可以作为学生记录的主键。

（7）关系数据库管理系统的基本操作。

① 筛选。从表中筛选出符合条件的记录。

② 投影。只对记录中某些指定的数据项进行操作。

③ 连接。从两个表中选取满足连接条件的指定数据项组成一个新表。

3. 数据库管理系统

1）数据库

数据库是存储起来的相关数据的集合。

2）数据库管理系统

数据库管理系统（DBMS）是由建立、管理和维护数据库的一套程序组成的非常复杂的软件系统。其功能依具体系统而异，但一般包括以下几个方面。

（1）定义数据库的功能。包括定义数据的整体逻辑结构（模式）、局部逻辑结构（外模式）、存储结构（内模式），还包括保密定义及信息格式定义等，并把数据库所描述的对象、属性及其联系的自然语言含义，与计算机内描述形式的对照及各种模式、外模式的定义及说明存放在数据库内以备查阅（称为数据字典）。

（2）管理数据库的功能。包括控制数据库系统的运行，控制用户的并发性访问　（即同时有两个或多个用户访问一个对象）；执行对数据库的安全性、保密性、完整性检验，实施对数据的检索、插入、删除、修改等操作。

（3）维护数据库的功能。此功能包括初始时装入数据库，运行时记录工作日志、监视数据库性能、在性能变坏时重新组织数据库。在用户要求或系统设备发生变化时修改和更新数据库，在系统软件、硬件发生变化时修改和更新数据库，在软件、硬件系统出现故障时恢复数据库。

（4）数据通信的功能。负责数据传输这一部分工作，通常与操作系统协同完成，此外，实现分时系统和远程作业输入的接口。

4. 数据仓库

1）数据仓库的概念和特点

数据仓库是支持管理决策过程的、面向主题的、集成的、随时间而变的、持久的数据集合。与其他数据库应用不同的是，数据仓库是一种观点，而不是可以直接购买的产品。它包括电子邮件文档、语音邮件文档、CD-ROM、多媒体信息及还未考虑到的数据，而且这些数据并非是最新的、专有的，而是来源于其他数据库。

数据仓库的建立并不是要取代数据库，它建立在一个较全面和完善的信息应用基础之上，用于支持高层决策的分析。它存储的数据在量和质上都与操作性数据库有所不同。

2）数据仓库的作用

数据仓库的建立使企业的信息环境划分为两大部分：操作环境和信息提供环境（或分析环境）。操作性数据库负责数据的日常操作性应用，当数据在操作环境中不再使用时，若它对分析有用，就将其归到数据仓库中。数据仓库存储旧的历史数据，留作分析性应用。在分析环境中，数据很少变动，因而数据仓库没有日常的增、删、改等操作，只有存取和装入操作，专用于各种复杂分析，为高层决策者服务。

由此可见，数据仓库可以集成企业范围内的数据，数据仓库的建立便于进行支持高层决策用的复杂分析。

3）数据仓库的发展前景

数据仓库概念已经逐渐被接受，并在多个领域得到应用。例如数据仓库技术在证券业中，它可处理客户分析、账户分析、证券交易数据分析、非资金交易分析等多个业界关心的主题，这是证券业扩大经营、防范风险的预警行动；在税务领域中，通过对大量数据资料的分析来掌握各行各业、各种产品和各类市场的从业人员及企业的纳税能力，并与其实际纳税金额进行对比，从而查出可能的偷漏税者。此外，数据仓库技术还在保险业、银行业、营销业、保健业及客户关系管理中有广泛应用。随着各种计算机技术，如数据模型、数据库技术和应用开发技术的不断进步，数据仓库技术还在不断发展。

5. 数据挖掘

数据仓库的应用中，要对大量的数据进行分析，从中提取数据中隐含的某些事物的发展规律和事物之间的联系，这需要用到一些统计、建模、分析的技术和工具。数据挖掘就是新兴的一种从大量数据中提取有用信息以支持管理决策的技术。

数据挖掘也可以称为数据库中的知识发现，是从大量数据中提取出可信、新颖、有效并能被人理解的模式的高级处理过程。

6. 数据挖掘在旅游管理信息系统中的应用

现在有采用数据挖掘技术的旅游电子地图，其系统结构的体系如图 1-11 所示。

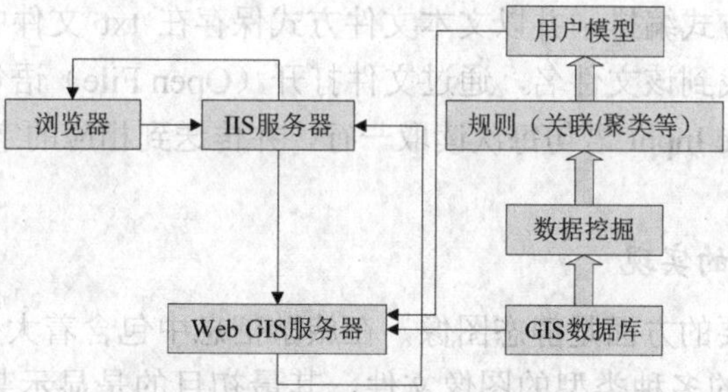

图 1-11　旅游电子地图系统体系结构图

整个旅游电子地图系统体系结构采用的是 B/S 模式，三层体系结构由数据库服务器、应用服务器（IIS 服务器和 Web GIS 服务器）和浏览器组成。

数据库服务器层完成数据的定义、存储、检索、完整性约束及有关的数据库管理工作，它收到 Web GIS 服务器的数据请求，并将处理结果交送 Web GIS 服务器。

应用服务器层主要是基于 GIS 平台的 GIS Server 组件，服务器接收到浏览器端的请求后，利用 GIS Server 组件的功能进行处理、分析、计算等，同时还要解决各种数据挖掘算法问题并从数据库服务器获得数据。

浏览器层采用普通的 HTML 浏览器，接收普通的 HTML 页面，它的任务是访问 Web GIS 服务器中有关的 ASP 页面，并请求地图数据。

1.3.4 多媒体技术

旅游信息系统是随着计算机技术、信息技术、旅游业的发展而产生的。旅游单位、景点分布、旅游路线、旅馆、交通、购物、风土人情、神话传说等方面的信息，通过数字化、扫描、摄像、录音等技术录入计算机，并以图形、文字、声音、图像、动画等形式进行系统管理。若想了解某一景点风景，只要输入相应的命令，或用鼠标点取相应菜单，就可以显示该景点的旅游系列专题图，并有文字说明和语音介绍。若想从旅游图上了解某一景点的旅游状况，只要在图上该景点范围点取一下，即显示该景点的详细分布图，并附有文字和语音介绍。这种集图形、文字、声音、色彩、图像、动画于一身的多层次的旅游信息系统，是旅游部门管理、开发旅游资源的一种方便而又科学的决策手段。从国际、国内旅游行业的发展来看，实现系统化、自动化的旅游信息管理，不仅会使旅游业有更大的发展，同时也可带动相关行业，如金融、保险、宾馆、餐饮等服务行业大力发展。

旅游信息系统多媒体功能包括各旅游景点的文字介绍、静态图像、音频及视频图像的输出。

旅游管理信息系统的多媒体功能的实现包括以下几个方面。

1. 文字描述功能的实现

这项功能的实现较简单，通过 Map Basic 的输入/输出函数即可实现，在输入文字描述信息时按习惯的阅读方式编排，并以文本文件方式保存在 txt 文件中，每次查找文字描述信息时，在数据库中找到该文件名，通过文件打开（Open File）语句打开文件，并指定打开方式为只读，用 Line Input 语句每次读取一行，并传送到相应的字符串变量，用 Print 语句打印该变量即可。

2. 图形显示功能的实现

多媒体的一个重要的方面是静态图像，在旅游信息中包含着大量的图片。MapInfo 能显示以栅格形式存储的多种类型的图像文件，其最初目的是显示某一区域的航空影像照片，因此需要先配准影像，即指定控制点的坐标给影像上的对应点，通过投影变换，得到该地区的纠正栅格影像照片，并放置在窗口中各图层的背景下。

3. 音频功能的实现

20 世纪 90 年代末，美国微软公司发行了 Windows 多媒体扩展（Multimedia Extension），多媒体扩展为应用程序开发者提供了开发多媒体应用程序的高级和低级服务，并提供了一种访问多媒体 PC 扩展功能的途径。Windows 提供了完备的应用程序设计接口（Application Programming Interface，API），其目的是为应用程序提供一个抽象层，将应用程序与程序的底层开发隔离开来，提高了开发速度，简化了编程过程。

运用多媒体技术和数字技术，将图、文、声、影等形式的文件加以整合，形成一个体验环境，从而给使用者带来一种身临其境的体验。如由数位港湾科技集团设计的洛阳旅游体验网，就是国内运用多媒体技术的典范，将处理好的文字资料、图像、视频、音频、动画、网页等多媒体信息加入系统中，如图 1-12 所示。进入其中，读者就如同置身洛阳美轮美奂的景内。

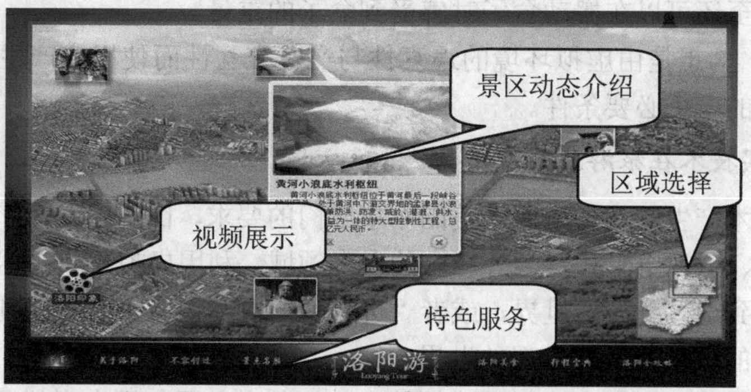

图 1-12　洛阳旅游体验网首页

1.3.5　计算机虚拟现实技术

虚拟现实技术是在计算机图形学、计算机仿真技术、人机接口技术、多媒体技术及传感技术的基础上发展起来的交叉学科，对该技术的研究始于 20 世纪 60 年代。直到 90 年代初，虚拟现实技术才开始作为一门较完整的体系而受到人们极大的关注。

1. 基本概念

虚拟现实，英文为 Virtual Reality，简称 VR 技术。这一名词是由美国 VPL 公司创建人拉尼尔（Jaron Lanier）在 20 世纪 80 年代初提出的，也称灵境技术或人工环境。作为一项尖端科技，虚拟现实集成了计算机图形技术、计算机仿真技术、人工智能、传感技术、显示技术、网络并行处理等技术的最新发展成果，是一种由计算机生成的高技术模拟系统，它最早源于美国军方的作战模拟系统，90 年代初逐渐为各界所关注并且在商业领域得到了进一步的发展。这种技术的特点在于计算机产生一种人为虚拟的环境，这种虚拟的环境是通过计算机图形构成三维数字模型，并编制到计算机中去生成一个以视觉感受为主，也包括听觉、触觉的综合可感知的人工环境，从而使得在视觉上产生一种沉浸于这个环境的感觉，可以直接观察、操作、触摸、检测周围环境及事物的内在变化，并能与之发生“交互”作用，使人和计算机很好地融为一体，给人一种身临其境的感觉。

2. 主要特征

虚拟现实具有以下三个基本特征：沉浸（Immersion）、交互（Interaction）和构想（Imagination），即通常所说的“3I”。

（1）沉浸。沉浸是指用户借助各类先进的传感器进入虚拟环境之后，由于他所看到的、听到的、感受到的一切内容非常逼真，因此，他相信这一切都“真实”存在，而且相信自己正处于所感受到的环境中。

（2）交互。交互是指用户进入虚拟环境后，不仅可以通过各类先进的传感器获得逼真的感受，而且可以用自然的方式对虚拟环境中的物体进行操作。如搬动虚拟环境中的一个虚拟盒子，甚至还可以在搬动盒子时感受到盒子的重量。

（3）构想。构想是由虚拟环境的逼真性与实时交互性而使用户产生更丰富的联想，它是获取沉浸感的一个必要条件。

3. 虚拟现实技术在旅游业的应用

虚拟现实技术产生的动力来源于美国军事部门的要求，目前已较为广泛地应用于包括军事、航空航天、电视电影和医学等在内的众多领域。利用虚拟现实技术，可以使参与者足不出户就能“到达”身外的世界，或者“进入”在现实生活中不可能到达的地方，如遥远的太空、危险的环境，甚至微观的世界。

虚拟现实技术是一项很有发展前途的技术，目前它主要应用在虚拟测试、虚拟浏览、购物、游戏等方面。如在实验室里模拟现实中的情景、视野、速度、障碍、仪表盘等，来测试汽车、飞机或发电机的性能，训练及考核汽车或飞机驾驶员及电厂操作人员；通过计算机网络实现旅游或购物系统，使用户足不出户便可以环游世界、观览名胜、逛商场；输入一些个人信息后，获得其穿着某件服饰的虚拟效果，从而配合电子商务，实现网上购物；通过采用虚拟现实技术，可设计富有吸引力的三维游戏，让它一改往日枯燥、呆板的画面，使用户可以实实在在地参与。

在GIS领域，虚拟现实技术广泛用于工业、农业、城市建设、水电基础设施建设和国防等众多领域。如在城市规划中对现实或虚拟景观的显示和模拟；三峡工程建成后的大坝、船闸等景观模拟、周边环境的显示、各主要水工建筑物中测量仪器及相关信息的显示，长江大堤的规划、修建和改造情况显示；台风、地震、洪水等自然灾害的模拟及其损失情况的分析和显示；城市及农村电网改造的规划模拟等。在这些应用领域中，虚拟现实技术和GIS技术紧密结合，以实现对三维空间的真实目标和虚拟目标的描述、分析及多层次显示。

虚拟现实技术作为一门极其复杂的高新技术，目前虽然仍有许多尚未解决的理论问题和尚未克服的技术障碍，但随着各种硬件、软件及“数字地球”和信息高速公路的发展，其趋势必定是综合集成能力不断增强，逼真性、虚拟性和普及性不断提高。可以预见在不久的将来，虚拟现实技术将在旅游地规划设计中得到更广泛、更深入的应用和发展，从而提高旅游地规划设计的理论研究和实践操作水平。

利用Web GIS的电子地图支持功能实现地图的生成、管理、显示和网络共享，利用旅游专题数据库存储的景区（景点）地形数据和建筑物、道路等矢量数据，以及相应的纹理图片、实景图像、音频视频等多媒体数据资料，应用虚拟现实建模语言建模生成逼真的虚拟旅游景区（景点）三维场景或全景图像。

配合网络技术，旅游相关部门和企业能够把本地区具有代表性的景点数字化、虚拟化到网络上去，供旅游咨询者通过浏览器下载和浏览，实现在线的虚拟现实旅游。

这项技术被很多旅游网站所运用。如由英坦士公司架设的 360 度虚拟实景旅游网，就是专门提供 360 度环场照片的网站。截至目前，该网站共搜集全台 23 个县市、130 个乡镇共计 783 个景点、2 015 张风景图片，只需触控鼠标，即可秀出环场效果。首页如图 1-13 所示。

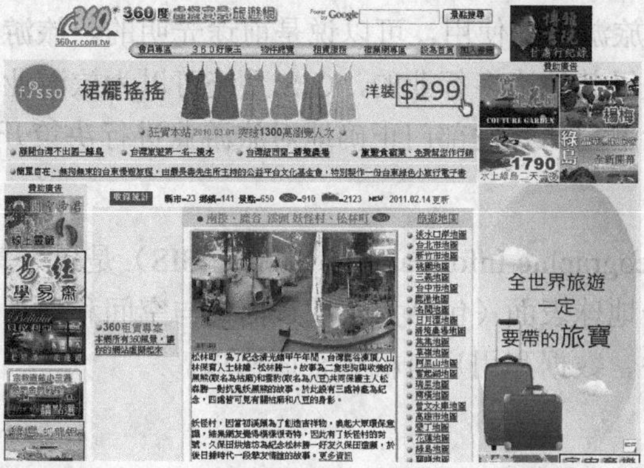

图 1-13　360 度虚拟实景旅游网（http://trip.wts.com.tw/）首页

AROUNDER 是网络旅游杂志，该网站为我们提供整个宇宙中的城市和相关生活方式、文化、历史及经济信息等。AROUNDER 具有“世界级”内容和“最优”品质，它的主要吸引力在于对全球 3 500 多个景点的 360 度全屏全景的再现，除了提供景点 360 度全景图之外，其提供的信息还涉及旅游地概况、景点的住宿、餐饮、购物中心，以及链接上谷歌地图后提供的交通信息。用户可以查询到这个城市该去做什么活动、看什么表演、购买什么，另外还可以查看景点门票或者表演参观价格，而且能提前预约购买门票。AROUNDER 由于提供信息及景点按地区分类的全面性，登录上 AROUNDER 的用户就可以做度假计划。目前大部分的旅游目的地都是欧美国家，亚洲和澳洲国家的旅游景点还不多。为了加强人们“身临其境”的感觉，这些景观由对所在地非常熟悉的特约摄影师制作完成，因此，AROUNDER 展现出了最优秀的虚拟全景艺术。其首页如图 1-14 所示。

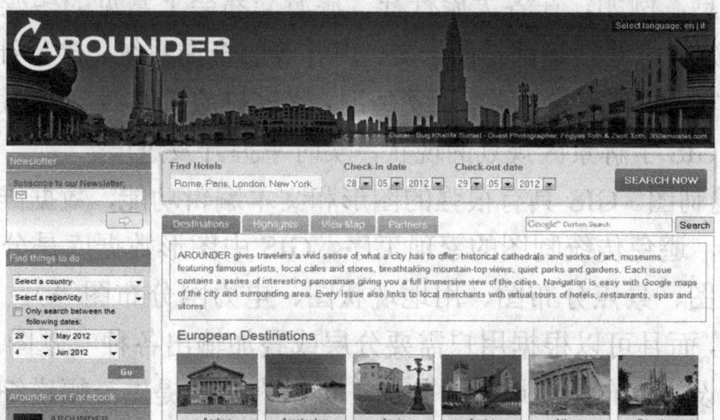

图 1-14　AROUNDER 首页

1.3.6 地理信息系统

GIS技术作为一个新兴的科学技术，如同其他任何技术一样，为人们的工作和生活带来了许多便利。GIS在旅游中的使用，可以说是前途光明的。旅游学是一门交叉学科，而旅游业的发展也是依赖于其他诸多行业的，GIS系统可以为旅游业提供准确详细的资料基础，并且可以指导决策部门和开发部门正确地对旅游业进行决策开发。

1. 含义

地理信息系统（Geographic Information System，GIS）是以采集、存储、管理、分析、描述和应用整个或部分地球表面（包括大气层在内）与空间和地理分布有关数据的计算机系统，它由硬件、软件、数据和用户有机结合而构成。

2. 组成

GIS一般由四个子系统组成，如图1-15所示。

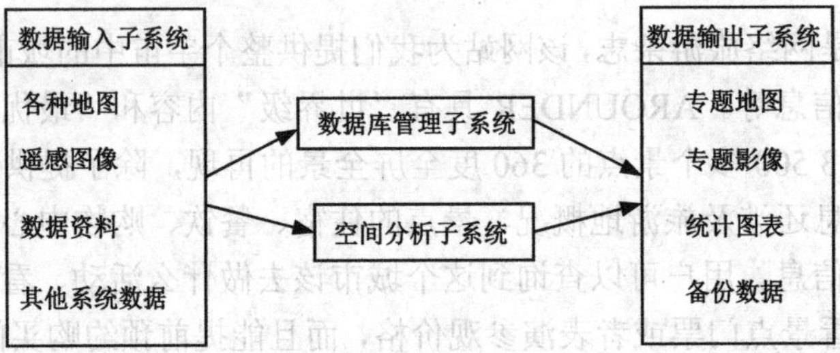

图1-15 GIS的组成

3. GIS在旅游管理和开发中的应用

（1）旅游信息查询。周到的信息服务是吸引客流的主要途径。GIS可以为游客提供各种关于旅游地的信息，例如，在各大旅行社、旅游交易会上常见的多媒体导游系统，国际互联网上的各个旅游信息网站等都是图、文、声并茂的查询系统。旅行社、宾馆等接待单位可以通过GIS查询客源、客流量、游客消费情况，来安排旅游路线、制定服务设施建设规模。建设部门可以通过GIS了解景区规划的现状，实时掌握开发进度。

（2）旅游专题制图。GIS具有很强的图形和文本编辑功能，数据维护也非常便捷，可大大降低出图成本，避免传统制图的繁琐工序。GIS中图形数据库是分层存储的（如行政区划图、道路交通图、景点分布图、用地现状图、电力网分布图等），因此它不仅可以为用户输出全要素图，而且可以根据用户需要分层或叠加输出各种专题图。如将景点分布图、道路交通图、服务设施分布图和地形图叠加，可以为游客提供一幅详细的导游图。

（3）辅助旅游开发决策。GIS的空间分析功能将在旅游开发规划中发挥重大作用，这可在城市规划中的成熟应用得到验证。利用GIS的拓扑叠加功能，通过环境层（地形、地质、气候、内外交通等）与旅游资源评价图叠加，来分析优先发展区域；利用 GIS 的网络分析功能，分析旅游路线布局；利用 GIS 的缓冲区功能（即在地图上围绕点、线或面等要素，划出一定宽度的“影响地带”）可以确定风景区的保护区域、道路红线等。GIS 还可通过与数学分析模型的集成发挥空间分析功能。如将旅游资源评价模型、旅游开发条件模型、风景区环境容量模型、旅游需求预测模型、旅游经济效益模型等“嵌入”GIS 中，可辅助旅游管理部门作出合理开发决策。

易图地理信息系统单机版是一款可基于谷歌卫星地图、谷歌电子地图和谷歌地表地形图为底图的地名、道路等地理要素数据的采集器；也是一款基于谷歌卫星地图、谷歌电子地图和谷歌地表地形图为底图的地标（地理坐标）标注管理软件；还是一款谷歌卫星地图、谷歌电子地图、谷歌地表地形图离线浏览工具；同时也是一个界面简洁、操作简单、图片效果非常漂亮的地理信息管理系统。该系统具备标注、绘制、查询、定位、视图缩放、视图漫游、属性修改和删除图元等最基本的 GIS 功能，适合于城市规划、城市管网、电力、水利、通信、地质勘察、公安消防、交通公交、科研教育、绿化环保和监控等多个行业的地理信息管理平台。其界面如图 1-16 所示。

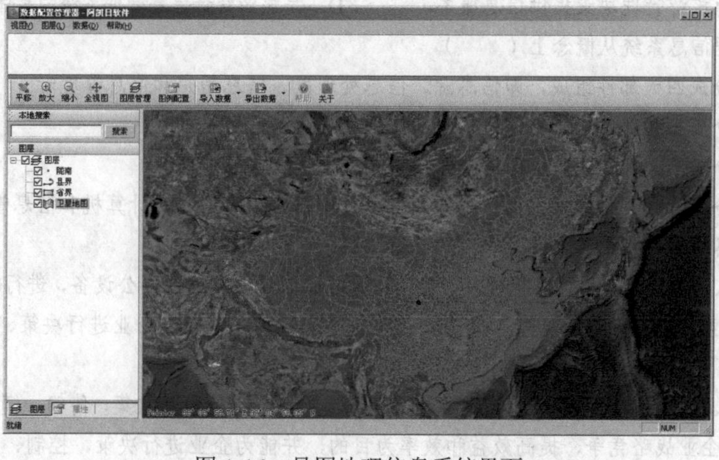

图 1-16　易图地理信息系统界面

本章小结

- 旅游信息是对旅游活动的运动、变化、发展状况、特征、本质与规律的反映。
- 旅游管理信息系统是用系统思想建立起来的，以电子计算机为基本信息处理手段，以现代通信设备为基本传输工具，且能为旅游管理决策提供服务的人机系统。它不仅具有管理信息系统的一般特征，而且具有本身特定特征：高度集中统一，有预测和控制功能，有特有的开发软件、一个中心数据库及网络系统。第三个特征是旅游管理信息系统的重要标志。
- 旅游管理信息系统软件的开发需要一定的硬件和软件环境的支撑。它的硬件平台有计算机硬件、输入设备、计算机系统。软件基础分为应用软件和系统软件两大类。但建立其管理信息系统还需要计算机网络技术、数据资源管理技术、多媒体技术和计算机虚拟现实技术的支撑。

综合练习

一、单项选择题

1.（　）是对旅游活动的运动、变化、发展状况、特征、本质与规律的反映。

A. 信息　　B. 旅游信息　　C. 旅游信息管理　　D. 旅游信息资源管理

2.（　）是信息人员以信息技术为手段，对旅游信息资源实施计划、组织、指挥、协调和控制的过程。

A. 信息　　B. 旅游信息　　C. 旅游信息管理　　D. 旅游信息资源管理

3. 旅游管理信息系统是用系统思想建立起来的，以电子计算机为基本信息处理手段，以现代通信设备为基本传输工具，且（　）的人机系统。

A. 能为旅游资源管理提供信息服务　　B. 能为旅游信息管理提供信息服务

C. 能为旅游管理决策提供信息服务　　D. 是旅游统计信息管理系统的具体体现

4. 旅游管理信息系统从概念上（　）。

A. 可分成四大部件组成，即信息源、信息处理器、信息用户和信息管理者

B. 可分成三大部件组成，即信息源、信息处理器、信息用户

C. 可分成三大部件组成，即信息源、信息处理器、信息管理者

D. 可分成五大部件组成，即信息源、信息处理器、信息用户、计算机和信息管理者

5. 管理信息系统是一个（　）。

A. 以人为主导，利用计算机硬件、软件、网络通信设备及其他办公设备，进行信息收集、传输、模拟、处理、检索，以企业战略竞争、提高效益和效率为目的，并能为企业进行决策、控制、运作的人机系统

B. 以人为主导，利用网络通信设备及其他办公设备，进行信息收集、传输、模拟、处理、检索、分析和表达，以企业战略竞争、提高效益和效率为目的，并能为企业进行决策、控制、运作的人机系统

C. 以本身系统为主导，利用计算机硬件、软件、网络通信设备及其他办公设备，进行信息收集、传输、模拟、处理、检索、分析和表达，以企业战略竞争、提高效益和效率为目的，并能为企业进行决策、控制、运作的人机系统

D. 以人为主导，利用计算机硬件、软件、网络通信设备及其他办公设备，进行信息收集、传输、模拟、处理、检索、分析和表达，以企业战略竞争、提高效益和效率为目的，并能为企业进行决策、控制、运作的人机系统

6. 下面属于旅游管理信息系统的特定特征的是（　）。

A. 目的性　　B. 整体性　　C. 高度统一集中　　D. 集合性

7. 整个OSI模型中的核心层是（　）。

A. 物理层　　B. 对话层　　C. 传输层　　D. 网络层

8. 目前数据组织的最高层次是（ ）。

A. 数据项 B. 文件 C. 记录 D. 数据库

9. 关系数据库管理系统具有的基本操作不包括（ ）。

A. 筛选 B. 投影 C. 查询 D. 连接

10. 下列关于数据仓库的观点不正确的是（ ）。

A. 数据仓库是面向主题的数据集合 B. 数据仓库是一种观点

C. 数据仓库是可以直接购买的产品 D. 数据仓库支持管理决策

二、多项选择题

1. 对旅游信息分析正确的包括（ ）。

A. 旅游信息是对旅游活动状况的一种客观的最新描绘

B. 旅游信息是对旅游活动的运动、变化、发展的客观描述

C. 旅游信息是对旅游活动的本质和规律的真实反映

D. 旅游信息是对旅游活动的运动、变化、发展状况、特征、本质与规律的反映。简单地说，就是旅游活动的再现

2. 构成旅游信息的要素包括（ ）。

A. 反映旅游活动运动、变化、发展的内容 B. 语言

C. 依附的载体 D. 信息的传递、反馈

3. 旅游信息分类正确的有（ ）。

A. 直接旅游信息与间接旅游信息

B. 过去旅游信息、现在旅游信息与未来旅游信息

C. 有形旅游信息和无形旅游信息

D. 定性旅游信息与定量旅游信息

4. 旅游信息的特征包括（ ）。

A. 时效性 B. 广泛性 C. 不定性 D. 矛盾性

5. 旅游信息管理的基本原理包括（ ）。

A. 增值原理 B. 增效原理 C. 服务原理 D. 固定原理

6. 旅游决策的组成要素包括（ ）。

A. 决策者 B. 决策对象 C. 决策信息 D. 旅游信息

7. 下列选项中，GIS在旅游管理和开发中的应用有（ ）。

A. 旅游信息查询 B. 旅游专题制图

C. 辅助旅游开发决策 D. 易用

8. 旅游信息系统的开发策略有（ ）。

A. 先整体再局部 B. 自上而下 C. 自下而上 D. 先局部后整体

9. 旅游信息按特征分主要是（ ）。

A. 间接旅游信息 B. 定性旅游信息 C. 无形旅游信息 D. 定量旅游信息

10. 旅游信息在旅游决策中的作用有（ ）。

A. 基础 B. 完善手段 C. 引导 D. 依据

三、判断题

1. 旅游决策是旅游信息的基础。(　　)

2. 旅游信息是进行科学决策的依据。(　　)

3. 信息检索的途径是指检索工具根据其内容、排检方法和信息识别标识特点而设置的检索出口。(　　)

4. 旅游管理信息系统是在数据处理系统上发展起来的，是面向管理的一个集成系统，它是管理信息系统的特例，它对管理信息进行收集、传递、存储与处理，是多用户共享的系统。(　　)

5. 旅游信息是对旅游活动的本质和规律的真实反映。(　　)

6. 旅游信息管理是信息人员以信息技术为手段，对旅游信息资源实施计划、组织、指挥、协调和控制的过程。(　　)

7. 利用现成软件包开发是旅游企业委托有丰富经验的专业软件开发商，按照自己的需求进行系统开发。(　　)

8. 委托开发的特点是，开发费用少，容易开发出适合本单位需要的系统，方便维护和扩展，有利于培养自己的系统开发人员。(　　)

9. 数据链路层通过物理介质传送和接收原始的二进制电脉冲信号序列。(　　)

10. 在点—点信道网络结构中往往采用星形结构和总线式混合形。(　　)

四、简答题

1. 旅游信息的概念及特征、内容、类型都有哪些？

2. 旅游管理信息系统的概念及特征是什么？

3. 旅游信息服务的内容包含哪些？

4. 数据库及数据库管理系统的内涵是什么？

5. GIS 在旅游管理和开发中的应用有哪些？

五、论述题

1. 请叙述旅游信息在旅游活动中的作用。

2. 就你所了解的某一旅游管理信息系统，论述其功能和特点，并进行交流。

六、案例讨论题

携程网创立于 1999 年，总部设在中国上海，员工 15 000 余人，目前公司已在北京、广州、深圳、成都、杭州、南京、厦门、重庆、青岛、沈阳、武汉、三亚、丽江、香港、南通等 16 个城市设立分支机构，在南通设立服务联络中心。2010 年，携程旅行网战略投资台湾易游网和香港永安旅游，完成了两岸三地的布局。

作为中国领先的综合性旅行服务公司，携程成功整合了高科技产业与传统旅行业，向超过 6 000 万会员提供集酒店预订、机票预订、旅游度假、商旅管理、美食订餐及旅游资讯在内的全方位旅行服务，被誉为互联网和传统旅游无缝结合的典范。

凭借稳定的业务发展和优异的盈利能力，CTRIP 于 2003 年 12 月在美国纳斯达克成功上市，上市当天创纳斯达克市场 3 年来开盘当日涨幅最高记录。

规模经营

服务规模化和资源规模化是携程旅行网的核心优势之一。携程拥有世界上最大的旅游业服务联络中心“Callcenter”，拥有1.2万个坐席，呼叫中心员工超过7 000名。携程的呼叫中心采用最先进的第三代呼叫核心技术CTI（计算机电话综合运用），大大提高了工作效率，日接电话最高可达45 000只，是国内旅行界技术最先进、规模最大的呼叫中心。支付方式方面，携程网可以接收不同的信用卡、借记卡、支付宝等多种支付方式。携程同全球172个国家和地区超过23.5万家酒店建立了长期稳定的合作关系，其机票预订网络已覆盖国际、国内绝大多数航线，送票网络覆盖国内74个主要城市。规模化的运营不仅可以为会员提供更多优质的旅行选择，还保障了服务的标准化，确保服务质量，并降低运营成本。

技术领先

携程一直将技术创新视为企业的活力源泉，在提升研发能力方面不遗余力。携程建立了一整套现代化服务系统，包括海外酒店预订新平台、国际机票预订平台、客户管理系统、房量管理系统、呼叫排队系统、订单处理系统、E-Booking机票预订系统、服务质量监控系统、UGC（Users Generate Content）的应用等。携程网一直倡导的服务企业从1.0模式上升到2.0模式。所谓的服务2.0有三个特性，包括交互性、工具性、体验性。从交互性来说，携程网首创了全球酒店的点评功能，实现了酒店会员以及网上三方的有效互动。工具性方面，现在中国电信也转型了，不仅可以查号码，还可以订酒店、机票。最后还有一个体验性。携程网在全国各大机场设有度假体验中心，候机的乘客可以在度假体验中心享受网上的体验、查看资讯、预订机票。

2012年携程无线布局已达“一网六客户端”，并发布集团无线应用群，构建一站式O2O旅行服务体系，提供移动人群无缝的旅行服务体验。依靠这些先进的服务和管理系统，携程为会员提供更加便捷和高效的服务。

体系规范

先进的管理和控制体系是携程的又一核心优势。携程将服务过程分割成多个环节，以细化的指标控制不同环节，并建立起一套精益服务体系。同时，携程还将制造业的质量管理方法——六西格玛体系成功运用于旅行业。目前，携程各项服务指标均已接近国际领先水平，服务质量和客户满意度也随之大幅提升。

携程网站的构架设计出色，在访问某一类信息时总是能看到与其相关的其他信息。携程提供的目的地指南是参测网站中最全面的，不仅包括了当地的住宿、餐饮、娱乐等信息，还可以了解到最佳旅游时间及各个景点的详细信息。携程网的人气很旺，在您出游前不妨先去那里向网友讨教经验，或者看看网友的游记，都能够使您对目的地有个大致的认识。您在携程预订宾馆、机票需要输入时间时，可以使用携程提供的一个小日历窗口选择日期即可，十分方便，从这一点小小的设计上可以感受到携程对用户的体贴。

试讨论以下问题:

1. 携程网提供哪些旅游信息?
2. 携程网技术领先在哪些方面?
3. 携程网为什么能取得如此大的成功?

第 2 章　基于结构化方法的旅游管理信息系统的分析与设计

学习目标

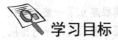

- 什么是结构化方法
- 理解可行性分析的内容
- 掌握旅游管理信息系统的分析设计过程
- 旅游信息管理系统的实施过程
- 账务旅游管理信息系统的维护内容
- 了解系统评价的各种指标

导言

很多宾馆、饭店、旅行社以及旅游管理部门以旅游信息为基础，以提高效益和效率为目的，使用各种方式开发旅游管理信息系统。本章以结构化方法为基础，从规划、分析、设计、实施等阶段讲述旅游管理信息系统的开发过程，促进了旅游业信息化的发展。

2.1　结构化方法概述

结构化方法是在 20 世纪 70 年代出现的一种开发方法。这种开发方法把系统开发过程分成几个阶段，每个阶段完成一定的任务，较好地解决了信息系统早期开发过程中存在的无法规范管理等问题，因而在实践中获得了广泛应用。

2.1.1　生命期模型

1. 生命期模型简介

管理信息系统有其产生、发展和报废的“生命”历程，这个过程符合自然界中事物发展的客观规律，被称作系统的生命期。

为了有效地进行系统开发与管理，将管理信息系统的生命期划分为总体规划、系统分析、系统设计、系统实施和运行维护等五个阶段，其中每个阶段都有明确的任务，并需产生一定规格的文档资料交付给下一阶段，而下阶段则在上阶段所交付的文档的基础上继续进行开发过程。图 2-1 就是如上所述的管理信息系统生命期模型的示意图。因为图 2-1 的形状犹如多级瀑布，所以通常称该模型为“瀑布模型”。

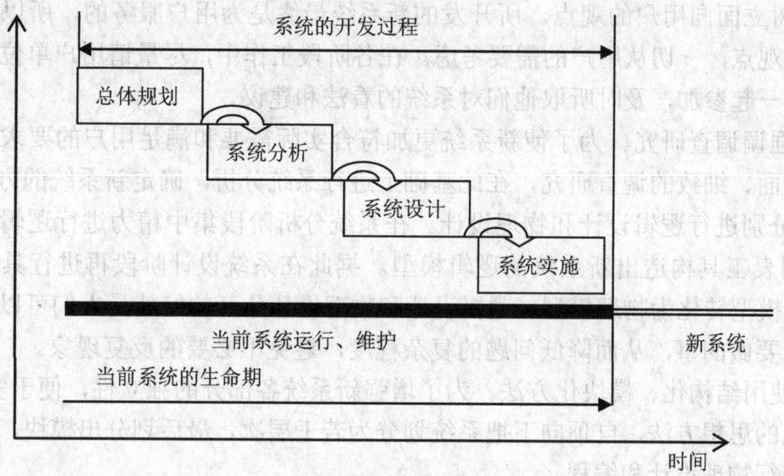

图 2-1　管理信息系统的生命期模型示意图

2. 结构化方法的阶段划分及各阶段的工作内容

按照以上生命期模型，结构化方法的阶段划分及各阶段的工作内容如下。

（1）系统规划阶段：该阶段的范围是整个业务系统，目的是从整个业务的角度出发确定系统的优先级。

（2）系统分析阶段：主要活动包括可行性分析和需求分析。其范围是列入开发计划的单个信息系统开发项目。目的是分析业务上存在的问题，定义业务需求。

（3）系统设计阶段：系统设计的目的是设计一个以计算机为基础的技术解决方案以满足用户的业务需求。总体设计的主要任务是构造系统的总体结构和系统的模块结构；详细设计包括代码设计、输出设计、输入设计、数据存储设计、处理过程设计、用户界面设计。

（4）系统实施阶段：系统实施的目的是组装信息系统技术部件，并最终使信息系统投入运行。如用户手册等。包括的活动有编程、测试、用户培训、新旧系统之间的切换等。

（5）系统运行与维护阶段：目的是对系统进行维护，使之能正常地运作。

2.1.2　结构化方法的特点

1. 结构化方法的特点

结构化方法是指按照系统工程的思想组织开发工作，结构化、模块化、自顶向下地对系统进行分析和设计，最后利用自底向上、逐步实现的方式完成系统实施的一种系统开发方法。该方法要求系统的开发工作必须按照规定步骤，使用相应的图表工具，在结构化和模块化的基础上进行，把系统当作一个大模块，根据系统分析设计的不同要求进行模块的分解或组合工作，这种方法将贯穿于系统分析、设计和实施的各个过程。与其他开发方法相比较，结构化方法有以下主要特点。

（1）树立面向用户的观点。所开发的新系统最终是为用户服务的，所以在开发过程中要有用户观点，一切从用户的需要考虑。在各阶段工作中，尽量请用户单位的管理人员和业务人员一起参加，及时听取他们对系统的看法和建议。

（2）强调调查研究。为了使新系统更加符合实际需要和满足用户的要求，要对当前系统进行全面、细致的调查研究，在此基础上进行系统分析，确定新系统的方案。

（3）分别进行逻辑设计和物理设计。在系统分析阶段集中精力进行逻辑设计，即利用一定的图表工具构造出新系统的逻辑模型。据此在系统设计阶段再进行具体的物理设计，将逻辑模型转化为物理模型。逻辑设计和物理设计分开的好处是人们可以集中精力分别去做所需要做的事，从而降低问题的复杂程度，避免不必要的反复现象。

（4）使用结构化、模块化方法。为了增强新系统各部分的独立性，便于实现和维护，采用结构化的思想方法，自顶向下把系统划分为若干层次，最后划分出模块，在各个模块的基础上进行物理设计和编程。

（5）严格按阶段进行。将整个开发过程分成若干阶段，每个阶段都有明确的目标和任务，而各阶段又分成若干个工作步骤。这种有序的安排不仅条理清楚，便于制定进度计划和进行控制管理，而且后续的工作又是以前面阶段的成果作为依据，基础扎实，不易返工。

（6）开发过程文档化。开发过程中每个阶段都必须建立相应文档，编写文档的图表工具要求标准化和规范化，使开发人员与用户有共同语言。文档为系统的运行和维护提供了详细的依据，是新系统的一个重要组成部分。

2. 结构化方法的优点

（1）阶段的顺序性和依赖性。前一个阶段的完成是后一个阶段工作的前提和依据，而后一阶段的完成往往又使前一阶段的成果在实现过程中具体了一个层次。

（2）从抽象到具体，逐步求精。从时间的进程来看，整个系统的开发过程是一个从抽象到具体的逐层实现的过程，每一阶段的工作都体现出自顶向下、逐步求精的结构化技术特点。

（3）逻辑设计与物理设计分开。即首先进行系统分析，然后进行系统设计，从而大大提高了系统的正确性、可靠性和可维护性。

（4）质量保证措施完备。对每一个阶段的工作任务完成情况进行审查，对于出现的错误或问题，及时加以解决，不允许转入下一工作阶段，也就是对本阶段工作成果进行评定，使错误较难传递到下一阶段。错误纠正得越早，所造成的损失就越少。

3. 结构化方法的缺点

（1）它是一种预先定义需求的方法，基本前提是必须能够在早期就完全确定用户的需求，只适应于可以在早期阶段就完全确定用户需求的项目。然而在实际中要做到这一点往往是不现实的，用户很难准确地陈述其需求。

（2）对前期错误反馈较慢。

（3）该方法文档的编写工作量极大，随着开发工作的进行，这些文档需要及时更新。

4. 结构化方法的适用范围

该方法适用于一些组织相对稳定、业务处理过程规范、需求明确，并且在一定时期内不会发生大的变化的大型复杂系统的开发。

对规模较大、功能比较复杂的系统最好采用结构化方法，可以实现对整个系统的合理规划和过程控制。

2.2　旅游管理信息系统的总体规划

由于旅游管理信息系统开发通常是一项耗资大、历时长、技术负责的系统工程，因此在开发之初，必须以整个系统为分析对象，确定系统的总目标、总要求、主要功能结构、性能要求、投资规模、资源分配、可行性等，对系统进行全面规划，以保证开发工作有计划、有步骤、有控制地进行。

2.2.1　现行系统初步调查

1. 系统调查概述

开发新系统的要求往往来自对现行系统的不满，因此，新系统开发必须从系统调查做起，以了解现行系统的运行情况及其存在的问题，系统调查一般分为两个阶段：初步调查和详细调查。初步调查在系统规划阶段进行，而详细调查在系统分析阶段进行。初步调查主要是对现行系统作初步了解、分析与评价，为新系统目标的确定搜集原始资料，做好准备。

初步调查的对象主要是用户单位部门的领导或业务负责人。调查可采用多种方式进行，在调查过程中注意做好调查记录，将收集到的资料及时整理。

2. 初步调查的内容

调查内容包括以下几个方面。

（1）用户组织机构的情况。包括用户单位的发展历史、目前规模、组织机构、组织目标、经营状况、管理体制、对外关系等。

（2）现行信息系统概况。包括现行系统的目标、功能、技术条件、工作效率、人员、现行信息系统在用户单位的地位和作用等。

（3）开发新系统的资源情况和约束条件。包括人、财、物及现有计算机的配置和使用情况，各方面的限制和规定，以及各方人员对现行系统的态度和新系统的要求等。

2.2.2 新系统目标与新系统方案

1. 新系统目标的确定

新系统目标是指新系统建成后达到运行指标，也是新系统研制开发过程的重要依据。确定管理信息系统的目标应充分考虑其适用性、经济性和整体性。确定新系统目标可以以线性系统为突破口，按照可能投入系统开发的资源确定系统开发的规模和范围。目标应兼顾长期性和阶段性，既符合用户单位的战略计划，又具备可操作性。在总体规划阶段，新系统目标不可能提得非常具体和确切，随着系统开发的深入，新系统目标也将逐步具体化和定量化。

2. 拟定计算机系统的初步实现方案

旅游信息系统是以计算机及通信系统为核心建立起来的，在总体规划阶段，从信息系统的目标出发，根据各方面的制约条件，拟定几种计算机系统的初步实现方案以供选择，并确定总体结构的初步方案。

2.2.3 可行性研究

1. 可行性研究概述

可行性研究也称可行性分析。目前，可行性研究已经成为新产品开发、工程投资、交通运输方案等领域中进行决策的重要手段，管理信息系统的开发也同样需要进行可行性研究，以避免盲目投资，减少不必要的损失。

在总体规划的前段工作中，通过初步调查，了解系统的概貌和当前系统存在的问题，确立新系统目标。在此前提下，再来分析当前开发新系统的条件是否具备，明确新系统目标实现的可能性和必要性，这就是可行性研究。

这里所说的可行性，包括可能性和必要性两个方面。所谓开发的可能性是指开发的条件是否具备，而必要性是指客观上是否需要。可能性和必要性相辅相成，缺一不可。例如，当某个领导对计算机辅助管理不感兴趣，同时对当前系统感到满意时，那么，即使该单位已经具备了开发系统的条件，即开发是可能的，但却没有必要性，所以还是不可行的。

2. 可行性研究的主要内容

管理信息系统的可行性研究应从以下四个方面考虑。

1）技术上的可行性

根据新系统的目标来考虑系统的硬件设备、软件设备、环境条件和技术力量是否具备，即技术上实现的可能性。

硬件方面主要应考虑计算机的内存容量、联网能力、安全保护设施、输入/输出设备和外存储器等。软件方面应考虑操作系统、数据库管理系统、汉字处理系统等的配置及功能。技术力量则不仅考虑数量，还必须考虑质量即技术人员的水平和经验。

由于系统维护是管理信息系统生命期中一项长期且繁重的工作，新系统投入正常运行以后，不可能一直依靠开发人员进行维护，因此，在技术可行性分析时，必须考虑该单位业务人员的文化素质，经过培训其可承担使用和维护工作的可能性。

2）经济上的可行性

估算新系统开发和运行所需的费用，以及新系统的效益，将投资和效益进行比较，说明在经济上是否合算。

新系统所需投资包括以下几方面。

（1）设备费用。计算机硬件设备、软件设备、外部设备、电源设备、机房和空调等费用。

（2）人员费用。开发费、操作人员、维护人员的工资及培训费用。

（3）材料费用。打印纸、软盘、水、电等的费用。

（4）其他费用。除上述所列以外的一切有关费用。

新系统的效益包括以下几方面。

（1）提高数据处理的及时性和准确性。

（2）节省人力，减轻劳动强度。

（3）降低生产管理费用，加快了资金的周转，因而降低了产品的成本。

（4）使用信息更为方便，从而领导决策更为及时、准确。

（5）提高了与同行业务竞争的能力。

（6）取得了经济效益和社会效益。

3）管理上的可行性

考虑当前系统的管理体制是否有条件提供新系统所必需的各种数据，企业最高层领导及各级管理人员对新系统所提供信息需求的迫切性，即新系统的必要性。

此外，对新系统运行后将对各方面产生的影响力加以考虑。例如，用计算机处理大批信息，可以替代某些管理人员的工作，于是涉及他们的工作安排问题。此外，还有当前系统的业务人员对新系统的适应性等。

4）开发环境的可行性

企业领导意见是否一致，有无资金，能否抽出骨干力量参加系统开发等。

在对上述几个方面的可行性进行分析后，最后应写出新系统开发的可行性报告，并经有关部门审核。如果通过该可行性报告，则可进入系统分析阶段继续进行开发工作，而可行性报告就是今后开发工作的纲领。如果某些条件不成熟，则需改变系统目标，创造条件后再次进行可行性研究。如果可行性研究的结论认为完全不可行，则应放弃系统开发。

2.3　旅游管理信息系统的系统分析

2.3.1　系统分析概述

系统分析又称为系统的逻辑设计。所谓逻辑设计是相对于物理设计而言的，指在逻辑上从信息处理角度构造新系统的功能和任务，解决系统“能做什么”的问题，而物理设计的任务是指用什么具体方法和手段去实现新系统的目标。系统分析包括现行系统的详细调查、现行系统的分析评价、新系统逻辑模型的建立、撰写系统分析说明书等主要环节。

1. 系统分析的主要任务

系统分析的主要任务是对现行系统作进一步详细调查，将系统详细调查中所得到的文档资料集中到一起，对组织内部整体管理状况和信息处理过程进行分析。它侧重于从业务全过程的角度进行分析。分析的主要内容有：业务和数据的流程是否通畅，是否合理；数据、业务过程和实现管理功能之间的关系；原系统管理模式改革和新系统管理方法的实现是否具有可行性等。

2. 系统分析的目的

系统分析的目的是将用户的需求及其解决方法确定下来，需要确定的分析结果包括：开发者对于现有组织管理状况的了解；用户对信息系统功能的需求；数据和业务流程；管理功能和管理数据指标体系；新系统拟改动和新增的管理模型等。最后，提出新系统的各种方案和设想，并对所有的方案和设想进行分析、研究、比较、判断和选择，获得一个最优的新系统的逻辑模型，并在用户理解计算机系统的工作流程和处理方式的情况下，将它明确地表达成书面资料——系统分析报告。系统分析报告所确定的内容是今后系统设计、系统实施、系统评价的基础和依据，也是开发人员与用户单位签订协议和合同的依据。

3. 系统分析的方法

结构化分析方法是一种自顶向下逐层分解、由粗到细、由复杂到简单的求解方法。“分解”和“抽象”是结构化分析方法中解决复杂问题的两个基本手段。“分解”就是把大问题分解成若干个小问题，然后分别解决。“抽象”就是抓住主要问题忽略次要问题，集中精力先解决主要问题。

“自顶向下逐层解决”是结构化方法按上述思想解决问题的一种策略。例如，图 2-2 中 X 是一个复杂的管理系统，为了理解它，将它分解成 1、2、3、4 四个子系统。若 1、3 仍然很复杂，可继续将它们分成 1.1、1.2、1.3…和 3.1、3.2…等子系统，如此逐层分解直至子系统足够简单，能被清楚理解和准确表达为止。

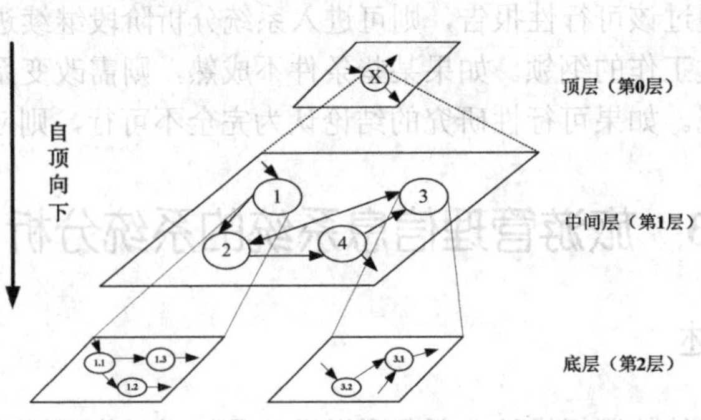

图 2-2　自顶向下逐层分解

按照自顶向下逐层分解的方式，不论系统的复杂程度和规模有多大，分析工作都可以有条不紊地开展，这是结构化分析的特点。

4. 系统分析阶段的工作步骤

1）详细调查和分析用户需求

在总体规划时所做的初步调查只是为了总体规划和进行可行性分析的需要，相对来说是比较粗糙的。现在，则应在初步调查的基础上进一步收集和了解、分析用户需求，调查用户的有关详细情况。

2）确定初步的逻辑模型

逻辑模型是指仅在逻辑上确定的新系统模型，而不涉及具体的物理实现，也就是要解决系统“干什么”，而不是“如何干”的问题。逻辑模型由一组图表工具进行描述。用户可通过逻辑模型了解未来新系统，进行讨论和改进。

3）编制系统分析报告

对上述调查和分析的结果采用图表描述的逻辑模型进行适当的文字说明，就组成了系统分析报告。它是系统分析阶段的主要成果。系统分析报告是系统设计的基础，也是用户进行系统验收的主要依据，是管理信息系统生命周期中的重要文档。

系统分析报告由以下几部分组成。

（1）一套分层的数据流图。用图形描述系统的分解，即系统由哪几部分组成、各部分间有什么联系等。

分层数据流图一般由顶层、中间层和底层组成。顶层抽象地描述整个子系统，底层具体地画出系统的细节部分，中间层则是从抽象到具体的逐步过渡。

（2）一本数据字典。用图表描述系统中每一个数据。

（3）一组加工说明。用文字详细描述系统中的每一个基本加工和处理。

（4）补充材料。用以辅助进行系统的明确描述。

2.3.2 组织结构与业务功能的调查

1. 组织结构的调查与分析

要建立管理信息系统，就必须知道当前系统的组织机构设置情况和组织机构之间的隶属关系。通常用组织结构图来描述当前系统组织机构的层次和隶属关系。用矩形框表示组织机构，用箭头表示从属关系。

图 2-3 是某酒店的组织结构图。

2. 业务功能的调查与分析

系统有一个总的目标，为了达到这个目标，必须要完成各子系统的功能，而各子系统功能的完成又依赖于下面各组织部门更具体的功能来执行。业务功能结构调查的任务，就是要了解或确定功能结构之间的关系。功能要依靠组织机构来具体实现。因此，在理想情况下，功能和组织应该是一致的。但是由于客观情况的复杂性，在某些系统中，功能体系和组织机构并不能一一对应，这就要求在进行调查时要认真分析，加以划分。

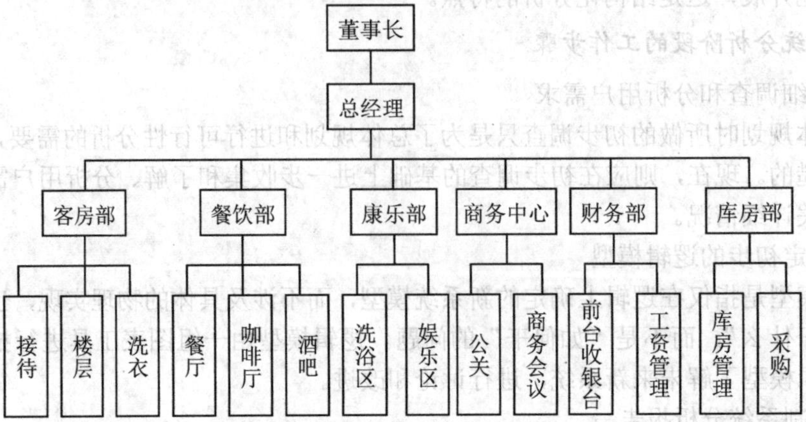

图 2-3　某酒店的组织结构图

图 2-4 是某酒店管理员端业务功能体系图。

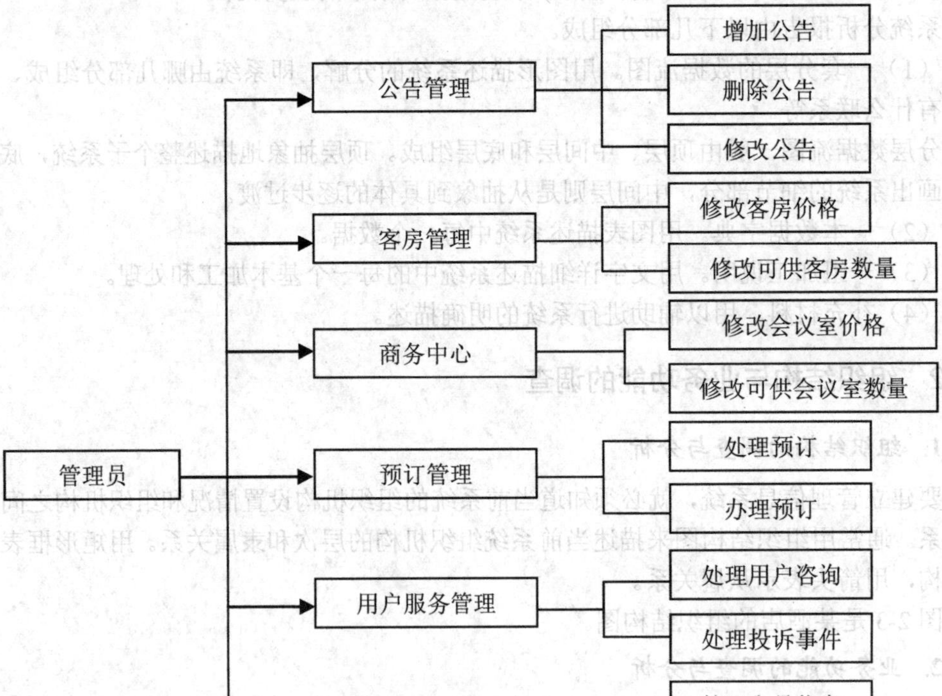

图 2-4　某酒店管理员端业务功能体系图

2.3.3　业务流程的调查与分析

根据对组织结构图和业务功能体系图的分析，可决定下一步重点调查的部门，然后对该部门的业务信息、业务流程和现行系统中薄弱环节等进行详细调查。

1. 业务信息的调查与分析

业务信息一般是指系统中的文档、单据和报表等。现行系统中存在大量的文档、单据（原始凭证）和报表，它们都是信息或数据的载体，对它们的调查、收集和分类是为现行系统的数据收集、输入、存储、加工和输出等环节的进一步研究，以及为今后详细设计计提供依据。

2. 业务流程的调查与分析

按现行系统物质、信息或数据流动的过程，逐个调查现行系统中每个环节的物质流、信息流或数据流，以弄清每个环节的物质流和信息流的来源和去向，并将现行系统业务按数据的加工顺序进行描述。

3. 现行系统中薄弱环节的调查

现行系统中的各个薄弱环节应该引起开发人员的充分注意，通常这些薄弱环节正是目标系统中要解决和改进的主要问题，对它们的有效解决，有可能极大地增加目标系统的经济效益和社会效益，从而提高用户对目标系统开发的兴趣和热情。在进行业务流程调查工作中，因为所接触的业务人员对现行系统最熟悉，因此也最有发言权，他们对现行系统的薄弱环节也最了解，只要开发人员精心设计出调查表以方便被调查人员回答，经过开发人员的仔细分析和认真思考，就能发现现行系统的薄弱环节并找到其产生的原因。

4. 业务流程图

开发人员通过对现行系统业务流程进行详细调查，并对调查结果进行充分认识、深入理解和认真分析，可在详细调查的基础上描述出已经实际存在的现行系统业务流程，即将调查结果用图表和图形描述出来，形成现行系统业务流程图。

业务流程图的基本符号及含义如图 2-5 所示。

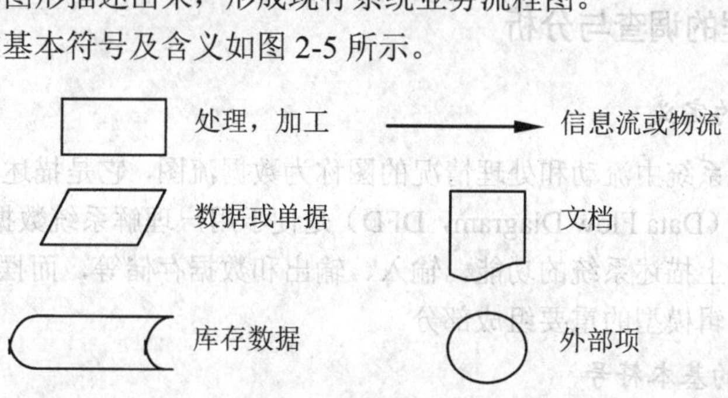

图 2-5　业务流程图的基本符号及含义

5. 现行系统概况表

现行系统概况表是在现行系统业务流程图基础上提取系统的基本要素——输入、输出、处理、存储和外部环境等编制而成的。该表主要分为输入、处理、存储和输出四个部分，可清楚地反映现行系统的各种输入、处理、各种数据存储和输出。

系统概况表实例“北京市旅游集散中心管理信息系统概况表”如表2-1所示。

表2-1 北京市旅游集散中心管理信息系统概况表

名称：北京市旅游集散中心管理信息系统概况表	
输入： 1. 管理员账号、密码 2. 客户用户名、密码 3. 旅游路线信息 4. 查询信息 5. 客户反馈意见 6. 订票信息 7. 收支信息 8. 客户信息	处理： 1. 管理员修改、确认相关信息 2. 新客户注册，客户修改确认个人信息 3. 管理员输入、修改、删除旅游路线信息；顾客选择旅游路线 4. 根据顾客提供信息，查询相关旅游路线 5. 管理员进行整理、汇总 6. 工作人员进行订单处理 7. 财务部门进行账目管理 8. 客服部门进行客户信息分类、汇总、管理
存储： 1. 顾客信息文件 2. 管理员信息文件 3. 密码文件 4. 旅游路线文件 5. 顾客反馈意见文件	输出： 1. 客户个人信息 2. 工作人员信息 3. 旅游路线汇总信息 4. 所查询旅游路线信息 5. 购票订单信息 6. 顾客反馈信息统计信息

2.3.4 数据流程的调查与分析

1. 数据流图的定义

反映数据流在系统中流动和处理情况的图称为数据流图，它是描述系统逻辑模型的工具之一。数据流图（Data Flow Diagram，DFD）是便于用户理解系统数据流程的图形表示。它能精确地在逻辑上描述系统的功能、输入、输出和数据存储等，而摆脱了其物理内容。数据流图是系统逻辑模型的重要组成部分。

2. 数据流图的基本符号

数据流图由四种基本符号组成，如图2-6所示。

[例 2-1]　图 2-7 是一个简单的数据流图，它表示数据 X 从数据源 S 流出，经加工 P1 转换成 Y，接着经加工 P2 转换为 Z，P2 在加工过程中从文件 F 中读取数据。

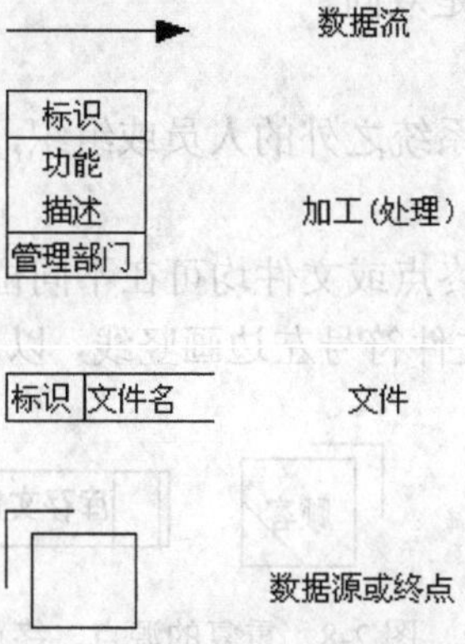

图 2-6　数据流图的基本符号

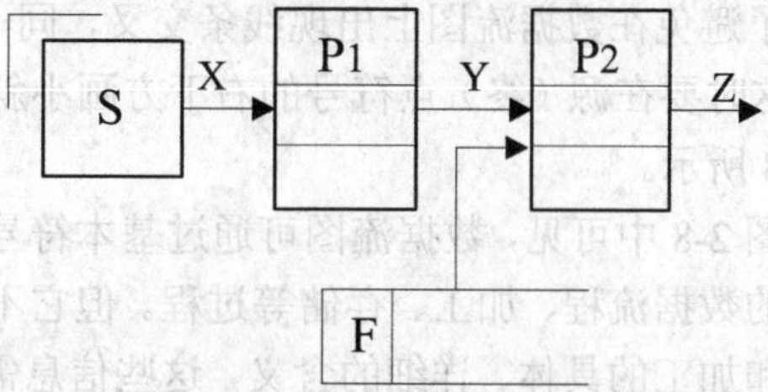

图 2-7　数据流图举例

3. 数据流图各基本符号的使用方法

1）数据流

数据流用带有名字的具有箭头的线段表示，名字称为数据流名，箭头表示流向。数据流可以从加工流向加工，也可以从加工流进、流出文件，还可以从源点流向加工或从加工流向终点。

对数据流的表示有以下约定。

（1）对流进或流出文件的数据流不需标注名字，因为文件本身就足以说明数据 流。而别的数据流则必须标出名字，名字应能反映数据流的含义。

（2）数据流不允许同名。

（3）两个数据流在结构上相同是允许的，但必须体现人们对数据流的不同理解。

（4）两个加工之间可以有几股不同的数据流，这是由于它们的用途不同，或它们之间没有联系，或它们的流动时间不同。

（5）数据流图描述的是数据流而不是控制流。

2）加工处理

加工处理是对数据进行的操作，它把流入的数据流转换为流出的数据流。每个加工处理都应取一个名字表示它的含义，并规定一个编号用来标识该加工在层次分解中的位置。名字中必须包含一个动词，例如“计算”、“打印”等。

对数据加工转换的方式有以下两种。

（1）改变数据的结构，例如将数组中各数据重新排序。

（2）产生新的数据，例如对原来的数据总计、求平均值。

3）文件

文件是存储数据的工具。文件名应与它的内容一致，写在开口长条内。从文件流入或流出数据流时，数据流方向是很重要的。如果是读文件，则数据流的方向应从文件流出；写文件时则相反。如果是又读又写，则数据流是双向的。在修改文件时，虽然必须首先读文件，但其本质是写文件，因此数据流应流向文件，而不是双向。

4）数据源或终点

数据源和终点表示数据的外部来源和去处。它通常是系统之外的人员或组织，不受系统所控制。

为了避免在数据流图上出现线条交叉，同一个源点、终点或文件均可在不同位置多次出现，这时要在源（终）点符号的右下方画小斜线，或在文件符号左边画竖线，以示重复，如图 2-8 所示。

从图 2-8 中可见，数据流图可通过基本符号直观地表示系统的数据流程、加工、存储等过程。但它不能表达每个数据和加工的具体、详细的含义，这些信息需要在“数据字典”和“加工说明”中表达。

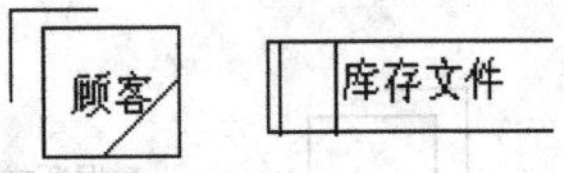

图 2-8　重复的源点、终点或文件

4. 画分层数据流图时应注意的问题

1）合理编号

分层数据流图的顶层称为 0 层，称它是第 1 层的父图，而第 1 层既是 0 层图的子图，又是第 2 层图的父图，依次类推。由于父图中有的加工可能就是功能单元，不能再分解，因此父图拥有的子图数少于或等于父图中的加工个数。

为了便于管理，应按下列规则为数据流图加工编号。

（1）子图中的编号由父图号和子加工的编号组成。

（2）子图的父图号就是父图中相应加工的编号。

为简单起见，约定第 1 层图的父图号为 0，编号只写加工编号 1、2、3…，下面各层由父图号 1、1.1 等加上子加工的编号 1、2、3…组成。按上述规则，图的编号既能反映出它所属的层以及它的父图编号的信息，又能反映子加工的处理信息。例如，1 表示第 1 层图的 1 号加工处理，1.1、1.2、1.3…表示父图为 1 号加工的子加工，1.3.1、1.3.2、1.3.3…表示父图号为 1.3 加工的子加工。

为了方便，对数据流图中的每个加工可以只标出局部号，但在加工说明中，必须使用完整的编号。例如，图 2-9 可表示第 1 层图的 1 号加工的子图，编号可以简化成图中的形式。

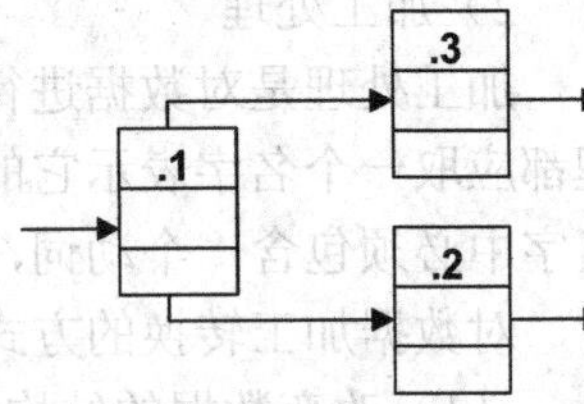

图 2-9　简化子图编号示例

2）注意子图与父图的平衡

子图与父图的数据流必须平衡，这是分层数据流的重要性质。这里的平衡指的是子图的输入、输出数据流必须与父图中对应加工的输入、输出数据流相同。但下列两种情况是允许的，一是子图的输入、输出流比父图中相应加工的输入、输出流表达得更细。例如，在图 2-10 中，若父图的“订货单”数据流是由客户、品种、账号、数量四部分组成，则图中的子图和父图是平衡的。在实际中，检查该类情况的平衡需借助于数据词典进行。二是考虑平衡时，可以忽略枝节性的数据流。例如，图 2-10 在 4 号加工的子图中，4.3 号子加工中增加了一个输出，表示出错的数据流（由虚线所示），则子图和父图仍可看作平衡的。

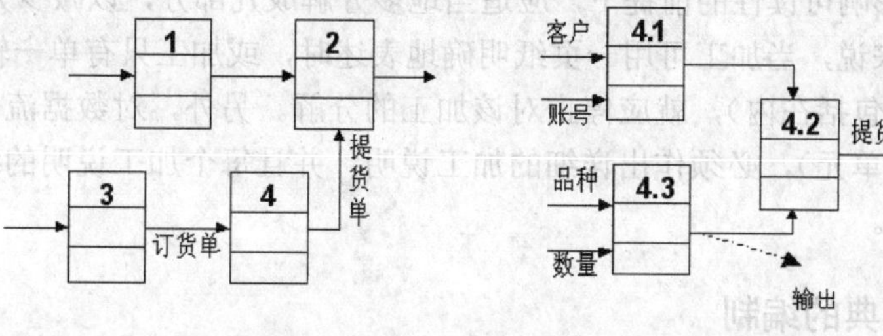

（a）父图　　（b）子图

图 2-10　子图和父图的平衡

3）局部文件

图 2-11 中的父图和子图是平衡的，但子图中的文件 W 并没有在父图中出现。这是由于对文件 W 的读、写完全局限在加工 3.3 之内，在父图中各个加工之间的界面上不出现，该文件是子图的局部文件或为临时文件。

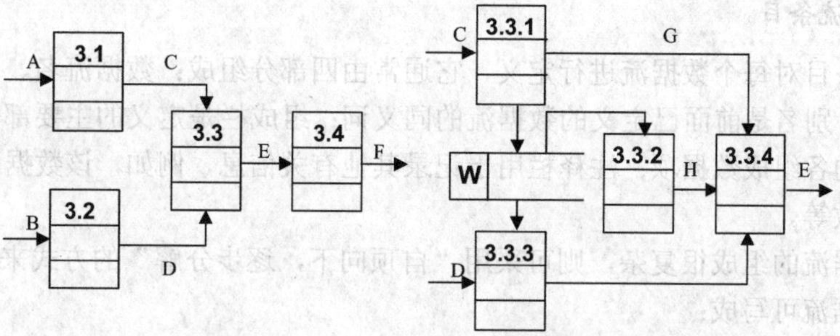

（a）父图　　（b）子图

图 2-11　数据流图中的局部文件

应当指出的是，如果一个临时文件在某层数据流图中的某些加工之间出现，则在该层数据流图中就必须画出这个文件。一旦文件被单独画出，那么也须画出这个文件同其他成分之间的联系。

4）分解的程度

对于规模较大的系统的分层数据流图，如果一下子把加工直接分解成基本加工单元，一张图上画出过多的加工将使人难以理解，也增加了分解时的复杂度。然而，如果每次分解产生的子加工太少，会使分解层次过多而增加了作图的工作量。阅读也不方便。经验表明，一般来说，一个加工每次分解量最多不要超过七个为宜。同时，分解时应遵循以下原则。

（1）分解应自然，概念上要合理、清晰。

（2）上层可分解得快些（即分解成的子加工个数多些），这是因为上层是综合性描述，对可读性的影响小。而下层应分解得慢些。

（3）在不影响可读性的前提下，应适当地多分解成几部分，以减少分解层数。

（4）一般来说，当加工可用一页纸明确地表述时，或加工只有单一输入/输出数据流时（出错处理不包括在内），就应停止对该加工的分解。另外，对数据流图中不再作分解的加工（即功能单元），必须作出详细的加工说明，并且每个加工说明的编号必须与功能单元的编号一致。

2.3.5 数据字典的编制

在数据流图的基础上，还需对其中的每个数据流、文件和数据项加以定义，把这些定义所组成的集合称为数据字典（Data Dictionary）。数据流图是系统的大框架，而数据字典及下面将要介绍的加工说明则是对数据流图中每个成分的精确描述。它们有着密切的联系，必须结合使用。

我们把数据流、文件和数据项每一个定义作为数据字典中的一个条目。因此，在数据字典中有三种类型的条目：数据流条目、文件条目和数据项条目。下面分别讨论。

1. 数据流条目

数据流条目对每个数据流进行定义，它通常由四部分组成：数据流名、别名、组成和注释。其中，别名是前面已定义的数据流的同义词；组成栏是定义的主要部分，通常是列出该数据流的各组成数据项；注释栏用于记录其他有关信息，例如，该数据流在单位时间中传输的次数等。

如果数据流的组成很复杂，则可采用“自顶向下，逐步分解”的方式来表示。例如，“课程”数据流可写成：

课程=课程名+教师+教材+课程表

课程表={星期几+第几节+教室}

只要依次查这两个条目，就可确切了解“课程”的含义。

在数据字典各条目的定义中，常使用下述符号：

= 表示“等价”；+ 表示“与”；[|] 表示“或”，即选括号中某一项，括号中各选择项用“|”隔开。例如，三好学生=[甲|乙|丙|丁]。

[ ]表示“可选”，即从括号中任选一项，也可一项都不选；{ }表示“重复”，即重复括号内的项，重复次数的上、下界标在括号右边。例如，$\{X\}_1^5$ 表示把 X 加工重复 1～5 次。若在重复括号上没有附加重复次数的上下界时，则表示 0 次或多次重复。

数据流条目的编写格式见表 2-2“新增旅游路线信息”数据流条目。

表 2-2　新增旅游路线信息

数 据 流 名	新增旅游路线信息
别名	无
组成	旅游路线名称+商品代号+日程+覆盖景点+项目明细+消费总额
注释	由集散中心市场开发部门相关人员完成

2. 文件条目

文件条目用来对文件（或数据库）进行定义。它由五部分组成：文件名、别名、组成、结构和注释。其中，组成栏的定义方法与前面的数据流条目相同；结构栏用于说明重复部分的相互关系，例如指出是顺序或索引存取。

文件条目的格式见表 2-3“顾客反馈信息统计文件”的条目。

表 2-3　顾客反馈信息统计文件

文 件 名 称	顾客反馈信息统计文件
别名	无
组成	用户姓名+联系方式+客户提交的对本次旅游服务业务的意见和建议
结构	按日期顺序存储
注释	集散中心相关人员需要对统计表进行整理

3. 数据项条目

数据项条目用来给出数据项的定义。由于数据项是数据的最小单位，是不可分割的，因此数据项条目只包含名称、代码、类型、长度和值的含义内容等。对于那些足以从名称看出其含义的“自说明”型的数据项，则不必在条目中再解释其含义。

2.3.6　基本加工的描述

1. 编写加工说明的要求

（1）对数据流图中的每个功能单元（不能再作分解的加工）必须有一个加工说明。

（2）加工说明必须描述功能单元把输入数据转换为输出数据流的转换规则。

（3）每个加工说明必须描述转换的策略，而不是转换的实现细节。即主要描述一个加工“做什么”，而不是用程序设计语来描述具体的加工过程。

（4）加工说明应力求完整、严密、易于理解。

2. 加工说明的描述工具

由于自然语言不够精确、简练，不适合编写加工说明。目前已有许多适用加工说明的描述工具。下面介绍三种最常用的工具：结构化语言、判定表和判定树。

1）结构化语言

自然语言的优点是容易理解，但是它不精确，可能有多义性。程序设计语言的优点是严格精确，但它的语法规定太死板，使用不方便。结构化语言（Structured Language）则是介于自然语言和程序设计语言之间的一种语言，它是带有一定结构的自然语言。在我国，通常采用较易为用户和开发人员双方接受的结构化汉语。

在用结构化语言描述问题时只允许使用三种基本逻辑结构，即顺序结构、选择结构和循环结构。配合这三种结构所使用的词汇主要有三类：陈述句中的动词；在数据字典中定义的名词；某些逻辑表达式中的保留字、运算符、关系符等。下面来具体说明这三种语句的使用方式。

（1）顺序结构。由一组有先后顺序的陈述句组成。陈述句是指要做什么事情，它至少包括一个动词和一个宾语（名词），动词说明要执行的功能，宾语表示动作的对象。

（2）选择结构。与程序设计语言结构 IF-THEN-ELSE 类似，在结构化语言中有以下形式：

如果　　条件
　　　则动作 A
否则
　　　就动作 B

如果一个条件有若干不同的状态，而这些状态只发生其中的一种，不可能同时发生，则可对不同状态选择执行相应动作。与 CASE 语句类似的有以下形式：

如果　　情况 1　则动作 1
　　　　情况 2　则动作 2
　　　　......
　　　　情况 n　则动作 n

这里的动作是陈述句或它的复合语句。

（3）循环结构。由一个循环判定条件和一组重复执行的动作组成，与程序设计中的 DOWHILE 和 REPEAT-UNTIL 结构类似。例如：

对每位职工
　　计算本月扣款小计和实发数
　　打印实发数

2）判定表

对于具有多个互相联系的条件和可能产生多种结果的问题，用结构化语言描述则显得不够直观和紧凑，这时可以用以清楚、简明为特征的判定表（Decision Table）来描述。

判定表采用表格形式来表达逻辑判断问题，表格分成四个部分：左上角为条件说明；左下角为行动说明；右上角为各种条件的组合说明；右下角为各种条件组合下相应的行动。

下面用例子来说明如何使用判定表。

[例 2-2]　某商业批发公司本着薄利多销的原则制定了折扣政策，规定在与客户成交时，可根据不同情况对客户应交货款打一定折扣。表 2-4 为使用判定表描述的该公司的折扣政策。

表 2-4　某公司的折扣政策

条件和行动	1	2	3	4	5	6	7	8
C1：交易额在 50 000 元以上	Y	Y	Y	Y	N	N	N	N
C2：最近 3 个月无欠款单据	Y	Y	N	N	Y	Y	N	N
C3：与本公司交易 20 年以上	Y	N	Y	N	Y	N	Y	N
A1：折扣率 15%	X	X						
A2：折扣率 10%			X					
A3：折扣率 5%				X				
A4：无折扣率					X	X	X	X

其中，C1～C3 为条件，A1～A4 为行动，1～8 为不同条件的组合，Y 为条件满足，N 为不满足，X 为该条件组合下的行动。例如，条件 4 表示若交易额在 50 000 元以上、最近 3 个月中有欠款且与本公司交易在 20 年以下，则可享受 5%的折扣率。

判定表是根据条件组合进行判断的，上面表格中每个条件只存在“Y（是）”和“N（非）”两种情况，所以 3 个条件共有 $2^3=8$ 种可能性。在实际使用中，有的条件组合可能是矛盾的，需要剔除，有的则可以合并。因此需要在原始判定表的基础上进行整理和综合，才能得到简单明了、便于使用的判定表。同时，在整理过程中还可能对用户的原有　业务过程进行改进和提高（表 2-5 是由表 2-4 合并得到的，其中“-”表示“Y”或“N”均可）。

表 2-5　合并整理后的判定表

条件与组合 \ 不同条件组合	1 （1/2）	2 （3）	3 （4）	4 （5/6/7/8）
C1：交易额在 50 000 元以上	Y	Y	Y	N
C2：最近 3 个月无欠款单据	Y	N	N	–
C3：与本公司交易 20 年以上	–	Y	N	–
A1：折扣率 15%	X			
A2：折扣率 10%		X		
A3：折扣率 5%			X	
A4：无折扣率				X

3）判定树

判定树（Decision Tree）是用来表示逻辑判断问题的一种图形工具。它用“树”来表达不同条件下的不同处理，比语言、表格的方式更为直观。

判定树的左侧（称为树根）为加工名，中间是各种条件，所有的行动都列于最右侧。

前面例子给出的某商业批发公司的折扣政策（见表 2-4），可以用图 2-12 所示的判定树来进行描述。

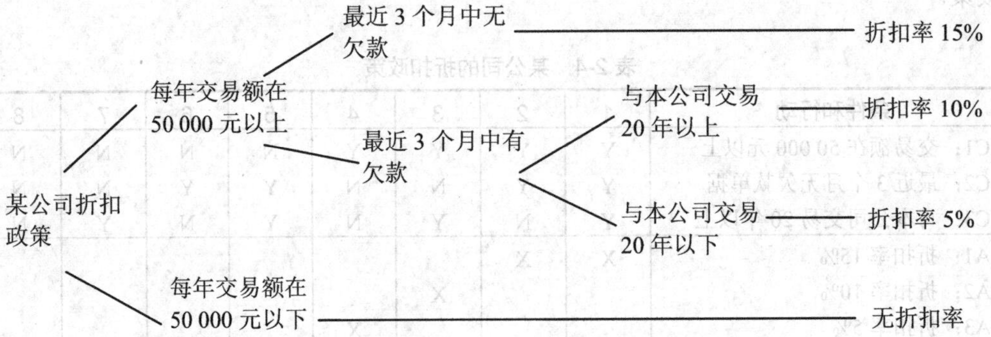

图 2-12　判定树

3. 几种表达工具的比较

以上介绍的三种用于描述加工说明的工具各自具有不同的优点和不足，它们之间的比较如表 2-6 所示。通过比较可以看出它们的适用范围。

表 2-6　几种表达工具的比较

比较指标	结构化语言	判定表	判定树
逻辑检查	好	很好	一般
表示逻辑结构	好（所有方面）	一般（仅是决策方面）	很好（仅是决策方面）
使用方便性	一般	一般	很好
用户检查	不好	不好（除非用户受过训练）	好
程序说明	很好	很好	一般
机器可读性	很好	很好	不好
机器可编辑性	一般（要求句法）	很好	不好
可变性	好	不好（除非是简单的组合变化）	一般

结论：

（1）结构化语言最适用于涉及具有判断或循环动作组合顺序的问题。

（2）判定表较适用于含有 5～6 个条件的复杂组合，条件组合过于庞大则将造成不便。

（3）判定树适用于行动在 10～15 之间的一般复杂程度的决策。必要时可将判定表上的规则转换成判定树，以便于用户使用。

（4）判定表和判定树也可用于系统开发的其他阶段，并广泛地应用于其他学科。

2.4　旅游管理信息系统的系统设计

2.4.1　系统设计概述

1. 系统设计的目的、任务与方法

系统设计的目的是在保证实现逻辑模型的基础上，尽可能提高目标系统的简单性、可变性、一致性、完整性、可靠性、经济性、系统的运行效率和安全性。也可以说，系统设计的目的就是为下一阶段的系统实施（如编程、调试、试运行等）制定蓝图。

在系统设计阶段，主要任务就是依据系统分析报告和开发者的知识与经验，在各种技术和实施方法中权衡利弊、精心设计，合理地使用各种资源，将分析阶段所获得的系统逻辑模型，转换成一个具体的计算机实现方案的物理模型，最终勾画出新系统的详细设计方案，提交一个系统配置方案报告和一份系统设计报告。具体来说，系统设计的任务包括总体结构的设计和详细设计。系统设计的结果是一系列的系统设计文件（蓝图），这些文件是物理地实现一个管理信息系统（包括安装硬件设备和编制软件程序）的重要基础。

2. 系统设计的原则

（1）简单性。在达到预定的目标、具备所需要的功能的前提下，系统应当尽量简单。这样可减少处理费用，提高系统效益，同时也便于管理。

（2）可变性。系统的可变性是指允许系统被修改和维护的难易程度。由于系统环境的不断变化，系统本身也需不断修改和改善。一个可变性好的系统，各个部分独立性强，容易进行变动，从而提高系统的性能，不断满足对系统目标的变化要求。此外，如果一个信息系统容易被修改以适应其他类似组织的需要，无疑地，这将比重新开发一个新系统成本要低得多。要提高系统的可变性，必须在系统分析和设计的过程中始终采用结构化、模块化的方法。

（3）一致性和完整性。一致性有利于子系统之间、多系统之间的联系与合作。因此，系统当中信息编码、采集、信息通信要具备一致性，设计规范应标准。由于系统是作为一个统一的整体而存在的，所以系统的功能应当尽量完整。

（4）可靠性。系统的可靠性是指系统硬件和软件在运行过程中抵抗异常情况的干扰及保证系统正常工作的能力。衡量系统可靠性的指标是平均故障间隔时间和平均维护时间。前者指平均的前后两次发生故障的时间，反映了系统安全运行时间，后者指故障后平均每次所用的修复时间，反映系统可维护性的好坏。只有可靠的系统，才能保证系统的质量并得到用户的信任。

（5）经济性。系统的经济性是指系统的收益应大于系统支出的总费用。系统支出费用包括系统开发所需投资的系统运行、维护的费用之和；系统收益除有货币指标外，还有非货币指标。在系统设计时，系统经济性常是确定设计方案的一个重要因素。系统应该给

用户带来相应的经济效益。系统的投资和经营费用应当得到补偿。需要指出的是，这种补偿有时是间接的或不能定量计算的。特别是对于管理信息系统，它的效益当中，有很大一部分效益不能以货币来衡量。

（6）安全性。系统的安全性是指系统的保密功能和防病毒功能。

2.4.2 系统总体结构设计

1. 子系统划分

系统总体结构设计的一个主要内容是合理地对系统进行分解，将一个复杂的系统设计转为若干个子系统和一系列基本模块的设计，并通过模块结构图把分解的子系统和一个个模块按层次结构联系起来。如何将一个系统划分成多个合理的子系统呢？一个合理的子系统，应该是内部联系强，子系统间尽可能独立，接口明确、简单，尽量适应用户的组织体系，有适当的共用性。

1）子系统划分应遵循的原则

（1）子系统要具有相对独立性。子系统的划分必须使得子系统内部功能、信息等各方面的凝聚性较好，在实际中希望每个子系统或模块相对独立，尽量减少各种不必要的数据调用和控制联系，并将联系比较密切、功能近似的模块相对集中，这样对于以后的搜索、查询、调试、调用都比较方便。

（2）要使子系统之间数据的依赖性尽量小。子系统之间的联系要尽量减少，接口要简单、明确。

（3）子系统划分的结果应使数据冗余较小。

（4）子系统的设置应考虑今后管理发展的需要。

（5）子系统的划分应便于系统分阶段实现。

2）系统划分方法的分类

系统划分方法如表2-7所示。

表2-7 系统划分方法

序　号	方法分类	划分方式	联结形式	可修改性	可读性	紧凑性
1	职能划分	按业务处理功能划分	好	好	好	非常好
2	逻辑功能划分	按相类似的处理逻辑功能划分	好	好	好	非常好
3	顺序划分	按业务先后顺序划分	好	好	好	非常好
4	通信划分	按通信的紧密程度划分	好	好	较好	较好
5	过程划分	按业务处理过程划分	中	中	较差	一般
6	时间划分	按业务处理时间划分	较差	较差	较差	一般
7	环境划分	按实际环境和网络分布划分	较差	较差	较差	较差

（1）按职能划分。这是目前最常用的一种划分方法，即按管理的功能划分子系统。

（2）按逻辑功能划分。即把相类似的处理逻辑功能放在一个子系统中。

（3）按业务处理顺序划分。它的依据是系统分析阶段得到的业务流程分析的结 果，这种划分方式常常在一些时间和处理过程顺序特别强的系统中采用。

（4）按通信划分。把相互之间有较多通信的处理结合成一个子系统或模块。

（5）按业务处理过程划分。即按工作流程划分。

（6）按业务处理的时间关系划分。把要在同一时间段执行的各种处理结合成一个子系统。

（7）按业务展开的环境条件划分。

严格地说，这是不太合理的划分方法，但在某些特定的场合也有这种划分的情况。

一般来说，按职能划分子系统，按逻辑划分模块的方式是比较合理和方便的，图 2-13 表示了按这种方式划分所组成的系统。

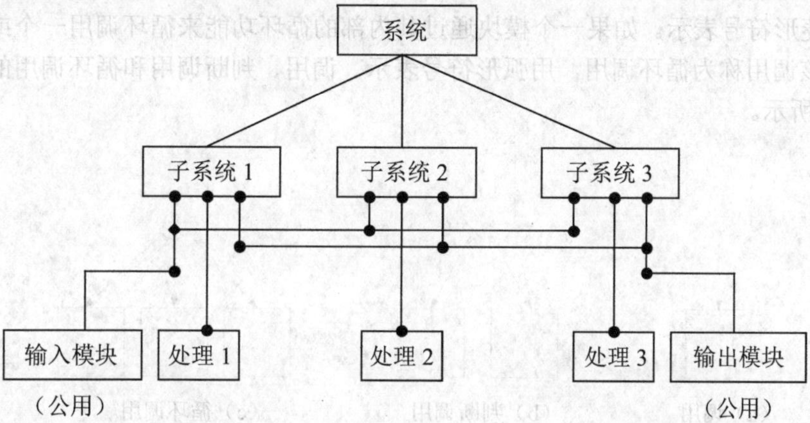

图 2-13　子系统按职能、模块按逻辑划分所形成的系统

2. 系统模块结构设计

总体结构设计的主要内容之一是合理地进行模块的分析和定义，使一个个子系统设计转为若干个基本模块设计，并通过模块结构图把分解的一个个模块按层次结构联系起来。

1）模块的概念

模块是组成系统的基本单位，它的特点是可以组合、分解和更换。系统中任何一个处理功能都可以看成是一个模块。根据模块功能具体化程度的不同，可以分为逻辑模块和物理模块。在系统逻辑模型中定义的处理功能可视为逻辑模块。物理模块是逻辑模块的具体化，可以是一个计算机程序、子程序或若干条程序语句，也可以是人工过程的某项具体工作。

一个模块应具备以下四个要素。

（1）输入和输出。模块的输入来源和输出去向都是同一个调用者，即一个模块从调用者那里取得输入，进行加工后再把输出返回给调用者。

（2）处理功能。指模块把输入转换成输出所做的工作。

（3）内部数据。指仅供该模块本身引用的数据。

（4）程序代码。指用来实现模块功能的程序。

2）模块结构图的基本符号

模块结构图由模块、调用、数据、控制信息和转接符号等五种基本符号组成。

（1）模块。这里所说的模块通常是指用一个名字就可以调用的一段程序语句。在模块结构图中，用长方形框表示一个模块，长方形中标上能反映模块处理功能的模块名字。模块名通常由一个动词和一个作为宾语的名词组成。

（2）调用。在模块结构图中，用连接两个模块的箭头表示调用，箭头总是由调用模块指向被调用模块，但是应该理解成被调用模块执行后又返回到调用模块。如果一个模块是否调用一个从属模块，决定于调用模块内部的判断条件，则该调用称为模块间的判断调用，采用菱形符号表示。如果一个模块通过其内部的循环功能来循环调用一个或多个从属模块，则该调用称为循环调用，用弧形符号表示。调用、判断调用和循环调用的表示方法如图 2-14 所示。

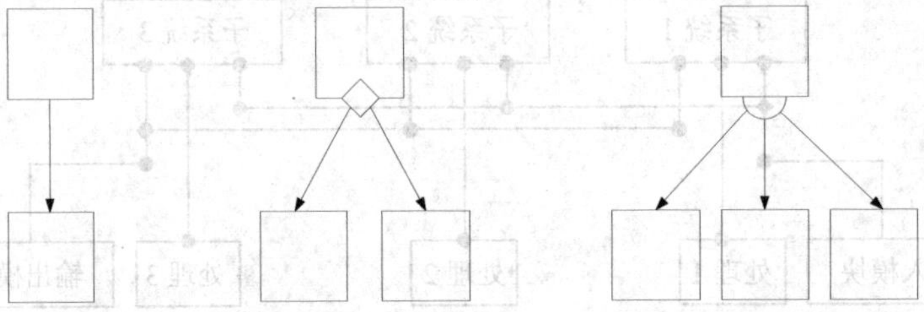

（a）调用　　（b）判断调用　　（c）循环调用

图 2-14　模块调用示例

（3）数据。当一个模块调用另一个模块时，调用模块可以把数据传送到被调用模块处供处理，而被调用模块又可以将处理的结果数据送回到调用模块。在模块之间传送的数据，使用与调用箭头平行的带空心圆的箭头表示，并在旁边标上数据名。例如，图 2-15（a）表示模块 A 调用模块 B 时，A 将数据 X、Y 传送给 B，B 将处理结果数据 Z 返回给 A。

（4）控制信息。为了指导程序下一步的执行，模块间有时还必须传送某些控制信息，例如，数据输入完成后给出的结束标志，文件读到末尾所产生的文件结束标志等。控制信息与数据的主要区别是前者只反映数据的某种状态，不必进行处理。在模块结构图中，用带实心圆点的箭头表示控制信息。例如，图 2-15（b）中“无此职工”就是用来表示送来的职工号有误的控制信息。

（5）转接符号。当模块结构图在一张图面上画不下，需要转接到另外一张纸上，或为了避免图上线条交叉时，都可使用转接符号，圆圈内加上标号，如图 2-16 所示。

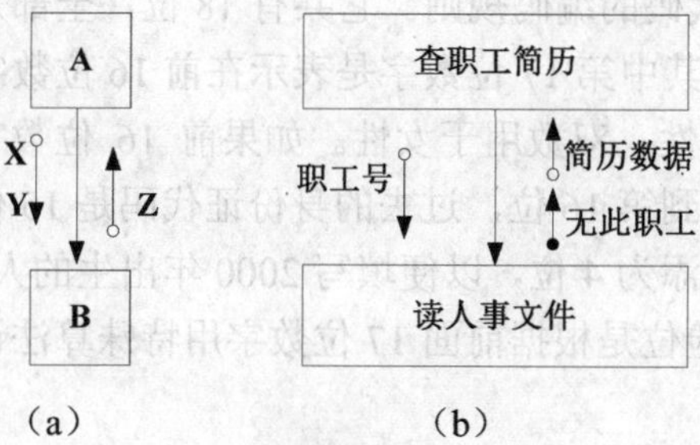

图 2-15　模块间的数据传递

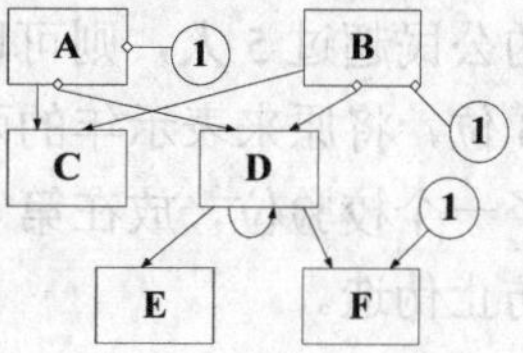

图 2-16　转接符号的使用

2.4.3　详细设计

1. 代码设计

代码是用来表示事物名称、属性和状态等的符号，代码设计就是要设计出一套能为系统各部门公用的、优化的代码系。

1）代码设计的原则

（1）具备唯一确定性。每一个代码都仅代表唯一的实体或属性。

（2）标准化与通用性。凡国家和主管部门对某些信息分类和代码有统一规定和要求的，则应采用标准形式的代码，以使其通用化。

（3）可扩充且易修改。要考虑今后的发展，为增加新代码留有余地。当某个代码在条件或代表的实体改变时，容易进行变更。

（4）短小精悍，选择最小值代码。代码的长度会影响所占据的内存空间、处理速度及输入时的出错概率，因此要尽量短小。

（5）具有规律性，便于编码和识别。代码应具有逻辑性强、直观性好的特点，便于用户识别和记忆。

2）代码的种类

（1）顺序码。用连续数字代表编码对象，通常从 1 开始编码。顺序码的一个特例是分区顺序码，它将顺序码分为若干区，例如，按 50 个号码或 100 个号码分区，并赋予每个区以特定意义。这样既可进行简单的分类，又可在每个区插入号码。例如职工代码：

0001 为张三，0002 为李四，0001～0009 的代码还表示厂部人员；

……

1001 为王五，1002 为赵六，1001～1999 的代码还可以表示第一车间职工。

（2）层次码。层次码也是区间码。它是指代码的各数字位分成若干个区间，每一区间都规定不同的含义。因此该码中的数字和位置都代表一定意义。层次码由于数字的值与位置都代表一定意义，因而检索、分类和排序都很方便，缺点是有时会造成代码过长。

又如，图 2-17 是我国现在公民身份证代码的编码规则。它共有 18 位，全部采用数字编码，各位数字的含义请参见图中的说明，其中第 17 位数字是表示在前 16 位数字完全相同时，某个公民的顺序号，并且单数用于男性，双数用于女性。如果前 16 位数字均相同的同性别的公民超过 5 人，则可以“进位”到第 16 位，过去的身份证代码是 15 位，现在新增添了 3 位，将原来表示年的两位数字增添为 4 位，以便填写 2000 年出生的人的年份，同时增加了一个校验位，放在第 18 位，校验位是根据前面 17 位数字用特殊算法计算出来的，可以防止伪造。

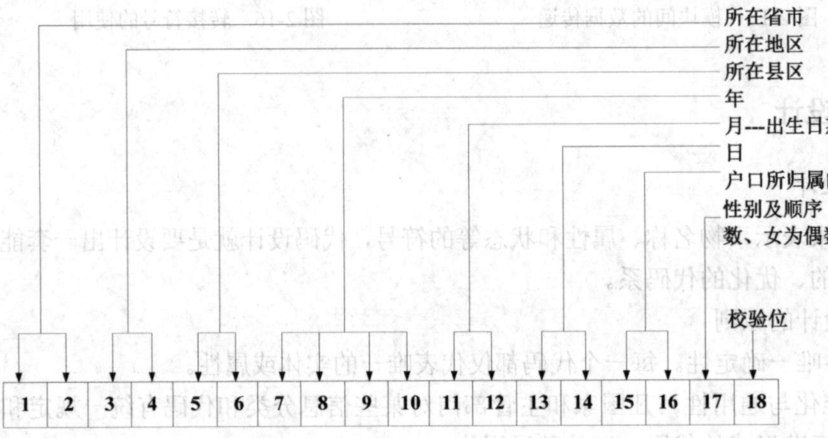

图 2-17　我国公民身份证代码的编码规划

（3）十进制码。这是世界各地图书馆里常用的分类法。它先把整体分成十份，进而把每一份再分成十份，这样继续不断。该分类对于那些事先不清楚产生什么结果的情况是十分有效的。

例如：

500 •	自然科学
510 •	数学
520 •	天文学
530 •	物理学
531 •	机构
531 • 1	机械
531 • 11	杠杆和平衡

（4）助记码。将编码对象的名称、规格等作为代码的一部分，以帮助记忆。例如：

TVB14	14 寸黑白电视机
TVC20	20 寸彩色电视机
DFI1×8×20	规格 1"×8"×20"的国产热轧平板钢

助记码适用于数据项数目较少的情况，否则容易引起联想出错。

2. 输出设计

1）输出要求的确定

在确定一个系统究竟应输出什么信息时，应按照下列步骤加以调查和分析：

（1）详细分析现行系统的输出报表和内容。其中包括：哪些报表是真正需要的？哪些是重复的或可以合并的？报表的输出周期？如此等等。

（2）参考与用户同类型企业或部门的情况，借鉴业务性质类似的其他管理信息系统的经验。

（3）与用户单位的实际业务人员讨论。

2）输出方式的选择

我国目前管理信息系统主要使用的输出方式是屏幕显示和打印机打印。磁盘和磁带则往往作为一种备份（保存）数据的手段。

通常在功能选择、查询、检索信息时，采用屏幕输出方式。用屏幕输出方式的优点是实时性强，但输出的信息不能保存。

打印机一般用于输出报表、发票等，这种方式输出的信息可以长期保存和传递。输出介质主要是各种规格的打印用纸，包括专用纸和通用纸。通用纸用于通常的打印机，输出内容全部需打印。专用纸是事先印刷好的报表或票据，输出时只要打印有关的数据即可，不需打印表格框架等。

3）输出格式的设计

设计屏幕输出格式时，除了合理安排数据项的显示位置，还应注意适当的色彩搭配，美观的屏幕格式能给人以享受，容易获得用户的好感。

设计纸质报表的格式时，要先了解打印机的特性，包括对各种制表符号、打印字体大小等的熟悉，因为不少打印机往往其控制方式有独特之处。

为了便于编写输出程序，以免在调试程序时作反复修改，设计输出格式时，最好使用面向对象的程序设计语言。

3. 输入设计

1）输入设计的原则

（1）输入量应保持在能满足处理要求的最低限度。

（2）杜绝重复输入，特别是数据能共享的大系统、多子系统一定要避免重复输入。

（3）输入数据的汇集和输入操作应尽可能简便易行，从而减少错误的发生。

（4）输入数据应尽早地用其处理所需的形式进行记录，以便减少或避免数据由一种介质转换到另一种介质时可能产生的错误。

2）输入数据的获得

输入数据的获得可通过以下方式：键盘输入、模/数输入、数/模输入（条码输入、棒码输入、传感器输入、扫描仪输入）、网络数据传送（利用数据网络直接传送数据、利用电话通过 MODEM 传送数据）、磁/光盘读入。通常在设计新系统的输入方式时，应尽量利用已有的设备和资源，避免大批量的数据重复多次地通过键盘输入。

3）输入格式的设计

输入格式应该针对输入设备的特点进行设计。若选用键盘方式人机交互输入数据，则输入格式的编排应尽量做到计算机屏幕格式与单据格式一致。输入数据的形式一般可采用“填表式”，由用户逐项输入数据，输入完毕后系统应具有要求“确认”输入数据是否正确无误的功能。

在管理信息系统中，最主要的输入是向计算机输送原始数据，因此在输入的前期，应详细了解这些数据的产生部门、输入周期、输入信息的平均发生量和最大量，并研究、计划今后这些数据的收集时间和收集方法等。

原始数据通常通过键盘进行输入，为了提高输入速度并减少出错，可设计专门供输入数据用的记录单，在输入数据时，屏幕上画面格式与输入记录单保持一致。输入记录单的设计原则是：易使用，减少填写量，便于阅读，易于分类、整理和装订保存。有时也可以不专门填写输入记录单，而只在原始票据上框出一个区域，用来填写需特别指明的向计算机输入的数据。此方法容易为业务人员所接受，因此他们可减少填写记录单的工作量，但对输入操作不一定有利。

对于某些数据，最好的方法是结合计算机处理和人工处理的特点，重新设计一种新的人—机共用的格式。例如，入库单和领料单，可在原有人工使用的单据格式上增加材料代码、经手人员的职工号等栏目。业务部门和计算机操作员都可直接使用该单据，这样既可减少填写输入记录单的工作量，又方便了输入操作。当然，对于单据中的代码填写，业务人员仍需经过一段时间的使用才能适应。

4）输入数据的校验

由于管理信息系统中数据输入量往往较大，为了保证其正确性，一般都设置输入数据校验功能，对已经输入的数据进行校验。校验的方法很多，常用的有以下三种。

（1）重复输入校验。由两个操作员分别输入同一批数据，或由一个操作员重复输入两次，然后由计算机校对两次输入的数据是否一致，若一致则存入磁盘，否则显示出不一致部分，由操作员修正。

（2）程序校验法。根据输入的特性，编写相应的校验程序对输入的数据进行检查，自动显示出错信息，并等待重新输入。例如，对于财务管理中的记账凭证输入，可设置科目代码字典，对输入的凭证中的科目代码进行自动检查。

（3）数据平衡校对。这种校对方法常用于财务报表和统计报表这种完全数字型表格的输入校对中。具体方法是在原始报表的每行每列中增加一位数字小计字段，然后在新系统报表的每行每列中设计一个累加值，然后将累加值与原始报表中的小计自动比较，显示出错信息。

4. 处理过程设计

在获得了一个合理的模块划分，即模块结构图以后，就可以进一步设计各模块的处理过程了，这是为程序员编写程序作准备，它是编程的依据。

1）处理过程设计的原则

处理过程设计也称模块详细设计，通常是在 IPO 图上进行的。模块详细设计时，除了要满足某个具体模块的功能、输入和输出方面的基本要求以外，还应考虑以下几个方面。

（1）模块间的接口要符合通信的要求。

（2）考虑将来实现时所用计算机语言的特点。

（3）考虑数据处理的特点。

（4）估计计算机执行时间不能超出要求。

（5）考虑程序运行所占的存储空间。

（6）使程序调试跟踪方便。

（7）估计编程和上机调试的工作量。

在设计中还应重视数学模型求解过程的设计。对于管理信息系统常用的数学模型和方法，通常都有较为成熟的算法，系统设计阶段应着重考虑这些算法所选定的高级语言实现的问题。

2）模块详细设计的工具——IPO 图

IPO 图是输入加工输出（Input Process Output）图的简称，它是由美国 IBM 公司发起并完善起来的一种工具。在系统的模块结构图形成过程中，产生了大量的模块，开发者应为每一个模块写一份说明。IPO 图就是用来表述每个模块的输入、输出数据和数据加工的重要工具。目前常用的 IPO 图的结构如图 2-18 所示。

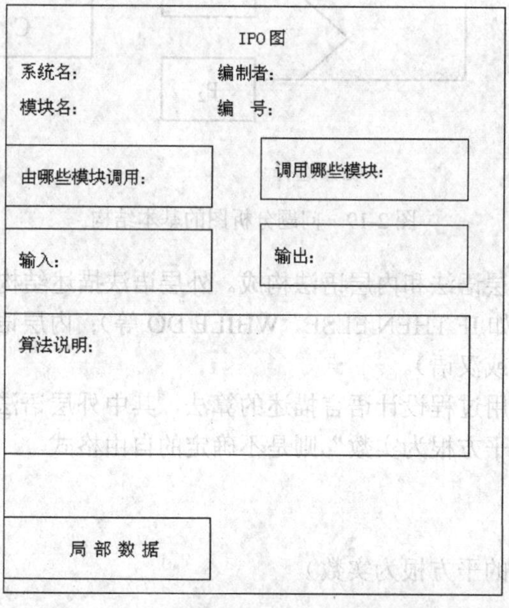

图 2-18　IPO 图的结构

IPO 图的主体是算法说明部分，该部分可采用 2.3.6 节介绍的结构化语言、判定表、判定树，也可用 N-S 图、问题分析图和过程设计语言等工具进行描述，要准确而简明地描述模块执行的细节。

在 IPO 图中，输入、输出数据来源于数据词典。局部数据项是指个别模块内部使用的数据，与系统的其他部分无关，仅由本模块定义、存储和使用。注释是对本模块有关问题作必要的说明。

开发人员不仅可以利用 IPO 图进行模块设计，而且还可以利用它评价总体设计。用户和管理人员可利用 IPO 图编写、修改和维护程序。因而，IPO 图是系统设计阶段的一种重要文档资料。

（1）问题分析图（Problem Analysis Diagram，PAD）。问题分析图是一种支持结构化程序设计的图形工具。问题分析图仅具有顺序、选择和循环这三种基本成分，如图 2-19 所示，正好与结构化程序设计中的基本程序结构相对应。

问题分析图有逻辑结构清晰、图形标准化等优点，它引导设计人员使用结构化程序设计方法，从而提高了程序的质量。

（2）过程设计语言（Process Design Language、Program Design Language 或 Program Description Language，PDL）。过程设计语言是一个笼统的名字，目前有许多种不同的过程设计语言。过程设计语言用于描述模块中算法和加工的具体细节，以便在开发人员之间比较精确地进行交流。

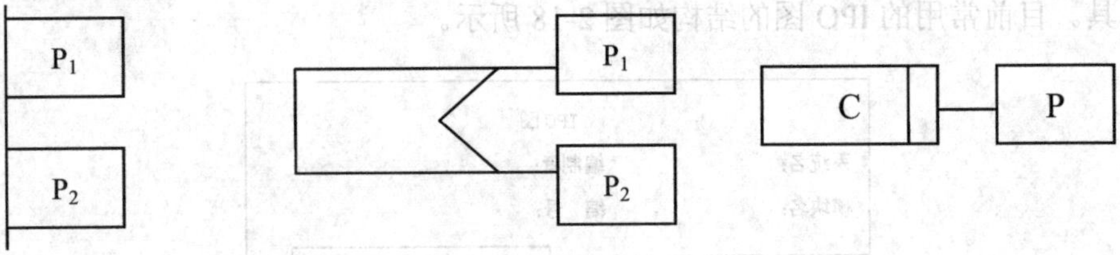

（a）顺序　　（b）选择　　（c）循环

图 2-19　问题分析图的基本结构

过程设计语言由外层语法和内层语法构成。外层语法描述结构，采用与一般编程语言类似的确定的关键字（如 IF THEN ELSE，WHILE DO 等）；内层语法描述操作，可以采用任意的自然语句（英语或汉语）。

例如，下面是一个用过程设计语言描述的算法，其中外层语法 IF THEN ELSE 是确定的，而内层操作“X 的平方根为实数”则是不确定的自由格式。

```
IF    X不是负数
THEN
RETURN      （X的平方根为实数）
ELSE
RETURN      （X的平方根为复数）
```

由于过程设计语言同程序很相似，所以也称为伪程序或伪代码。但它仅仅是对算法的一种描述，是不可执行的。另外，同 2.3.6 节介绍的结构化语言相比，过程设计语言则更详尽地描述了算法的细节。事实上，结构化语言和过程设计语言的基本思想是一致的，只是侧重点不同。前者用在系统分析阶段描述用户需求，它是给用户看的，可以描述得比较抽象；后者用在详细设计阶段描述模块的内部算法，这些算法是给编程人员看的，应该详细、具体。过程设计语言主要用于描述系统中属于计算型的下层模块。

5. 数据存储设计

管理信息系统的主要任务是通过大量的数据获得管理所需要的信息，这就必须存储和管理大量的数据。因此建立一个良好的数据组织结构和数据库，使整个系统都可以迅速、方便、准确地调用和管理所需的数据，是衡量管理信息系统开发工作好坏的主要指标之一。

数据存储设计包括数据库或文件设计，就是要根据数据的不同用途、使用要求、统计渠道、安全保密性等，来决定数据的整体组织形式、表或文件的形式，以及决定数据的结构、类别、载体、组织方式、保密等级等一系列的问题。

1）数据组织的规范化形式

数据组织的规范化形式是关系数据库的创始人之一，IBM 公司的科德（E.F.Codd）首先提出的。在数据的规范化表达中，一般将一组相互关联的数据称为一个关系（Relation），而在这个关系下的每个数据指标项则被称为数据元素（Data Element），这种关系落实到具体数据库上就是基本表（在 FoxPro 中是一个.DBF 表文件），而数据元素就是基本表中的一个字段（Field）。规范化表达还规定在每一个基本表中必须定义一个数据元素为关键字（Key），它可以唯一地标识出该表中其他相关的数据元素。在规范化理论中表是二维的，它有如下四个性质，而这四个性质又可以看成是对前面基本概念的另一种解释。

（1）在表中的任意一列上，数据项应属于同一个属性。

（2）表中所有行都是不相同的，不允许有重复组项出现。

（3）在表中，行的顺序无关紧要。

（4）在表中，列的顺序无关紧要，但不能重复。

在对表的形式进行了规范化定义后，科德还对数据结构进行了五种规范化定义，并定名为规范化模式，称为范式。在这五种范式中，一般只用前三种，对于常用系统就足够了。这五种范式是“向上兼容”的，即满足第五范式的数据结构自动满足第一、二、三、四范式，满足第四范式的数据结构自动满足第一、二、三范式……依次类推。

2）范式定义

（1）第一范式（First Normal Form，1NF）是指在一个数据结构中没有重复项出现。如果有则应将重复项去掉。这个去掉重复项的过程就称之为规范化处理。按此定义，任何一个规范化的关系都自动满足第一范式。

（2）第二范式（Second Normal Form，2NF）是指表中的所有数据元素不但要能够唯一地被主关键字所标识，而且它们之间还必须相互独立，不存在其他的函数关系。也就是说，对于一个满足了2NF的数据结构来说，表中有可能存在某些数据元素依赖于其他非关键字数据元素的现象，必须加以消除。

（3）第三范式（Third Normal Form，3NF）是指不仅满足第二范式，而且它的任何一个非主属性都不传递于任何主关键字。

3）文件设计

文件是按一定的组织方式存放在存储介质上的同类记录的集合。文件设计就是根据文件的使用要求、处理方式、存储的数据量、数据的活动性及所能提供的设备条件等，确定文件类别、选择文件媒体、决定文件组织方法、设计记录格式，并估算文件容量。具体内容如下。

（1）对数据字典描述的数据存储情况进行分析，确定哪些是数据，需要作为文件组织存储，其中哪些是固定数据、哪些是流动数据、哪些是共享数据等，以便决定文件的类别。

（2）决定需要建立的文件及其用途和内容，并为每个文件选取文件名。

（3）根据文件的使用要求选择文件的存储介质和组织形式。例如，经常使用的文件应该采用磁盘介质随机方式（硬盘或软盘），不常用但数据量大的文件可采用磁带方式和顺序存储组织方式。

（4）根据数据结构设计记录格式。记录格式设计内容包括：确定记录的长度；确定要设置的数据项数目及每个数据项在记录中的排列顺序；确定每个数据项的结构；若需要时，确定记录中的关键字（数据项）。

（5）根据记录长度、记录个数和文件总数估算出整个系统的数据存储容量。

4）数据库设计

数据库设计的具体内容是指在现有数据库管理上建立关系数据结构，它是管理信息系统的重要组成部分。建立关系数据结构包括三方面的内容：确定关联的关键指标项并建立关联表、确定单一的父系记录结构、建立整个数据库的关系结构。

5）数据的安全性和完整性

安全性保护是防止机密数据被泄露；防止无权者使用、改变或有意破坏他们无权使用的数据。完整性保护是保护数据结构不受损害，保证数据的正确性、有效性和一致性。

6. 用户界面设计

用户界面是人和计算机联系的重要途径。操作者可以通过屏幕窗口与计算机进行对话、向计算机输入有关数据、控制计算机的处理过程并将计算机的处理结果反映给用户。因此，用户界面设计必须从用户操作方便的角度来考虑，与用户共同协商界面应反映的内容和格式。用户界面主要有以下几种形式。

1）菜单式

通过屏幕显示出可选择的功能代码，由操作者根据需要进行选择，将菜单设计成层次结构，则通过层层调用，可以引导用户使用系统的每一个功能。随着软件技术的发展，菜单设计也更加趋于美观、方便和实用。目前，系统设计中常用的菜单设计方法主要有以下几种。

（1）一般菜单。在屏幕上显示出各个选项，每个选项指定一个代号，然后根据操作者通过键盘输入的代号或单击鼠标左键，即可决定何种后续操作。

（2）下拉菜单。它是一种二级菜单，第一级是选择栏，第二级是选择项，各个选择栏横排在屏幕的第一行上，用户可以利用光标控制键选定当前选择栏，在当前选择栏下立即显示出该栏的各项功能，以供用户进行选择。

（3）快捷菜单。选中对象后单击鼠标右键所出现的下拉菜单，将鼠标移到所需的功能项目上，然后单击鼠标左键即执行相应的操作。

2）填表式

填表式一般用于通过终端向系统输入数据，系统将要输入的项目显示在屏幕上，然后由用户逐项填入有关数据。另外，填表式界面设计常用于系统的输出。如果要查询系统中的某些数据，可以将数据的名称按一定的方式排列在屏幕上，然后由计算机将数据的内容自动填写在相应的位置上。

3）选择性问答式

当系统运行到某一阶段时，可以通过屏幕向用户提问，系统根据用户选择的结果决定下一步执行什么操作。这种方法通常可以用在提示操作人员确认输入数据的正确性，或者询问用户是否继续某项处理等方面。例如，当用户输完一条记录后，可通过屏幕询问“输入是否正确（Y/N）？”，计算机根据用户的回答来决定是继续输入数据还是对刚输入的数据进行修改。

4）按钮式

在界面上用不同的按钮表示系统的执行功能，单击按钮即可执行该操作。按钮的表面可写上功能的名称，也可用能反映该功能的图形加文字说明。使用按钮可使界面显得美观、漂亮，使系统看起来更简单、好用，操作更方便、灵活。

2.5　旅游管理信息系统的系统实施

2.5.1　系统实施概述

1. 系统实施的目标

在系统分析与系统设计的阶段中，开发人员为新系统设计了它的逻辑模型和物理模型。系统实施阶段的目标就是把系统设计的物理模型转换成可实际运行的新系统。

系统实施阶段既是成功地实现新系统，又是取得用户对新系统信任的关键阶段。

2. 系统实施的主要内容和步骤

系统实施是一项复杂的工程，管理信息系统的规模越大，实施阶段的任务越复杂。一般来说，系统实施阶段主要有以下几个方面的工作。

（1）按总体设计方案购置和安装计算机网络系统。

（2）建立数据库系统。

（3）程序设计。

（4）输入基础数据，进行系统测试。

（5）人员培训，系统转换，试运行。

2.5.2 程序设计

1. 程序设计的任务

程序设计的主要依据是系统设计阶段的模块结构图、IPO 图及数据库结构和编码设计。程序设计的任务是为新系统编写程序，即把系统设计的结果转换成某种计算机编程语言写成的程序，实现系统设计中的每一个细节。

2. 衡量编程工作质量的指标

（1）可靠性。可靠性指标可分解为两个方面的内容：一方面是程序或系统的安全可靠性，如数据存取的安全可靠性，通信的安全可靠性，操作权限的安全可靠性，这些工作一般都要靠系统分析和设计时来严格定义。另一方面是程序运行的可靠性，这一点只能靠调试时的严格把关来保证编程工作的质量，程序的功能必须按照规定的要求，正确地满足预期的需要。

（2）规范性。指系统划分、书写的格式，变量的命名等都按统一的规范进行，这样对于程序今后的阅读、修改和维护都是十分必要的。

（3）可读性。程序的内容清晰、明了，便于阅读和理解，没有太多繁杂的技巧。为提高程序的可读性，可在程序中插入解释性语句，以对程序中的变量、功能、特殊处理细节等进行解释，为今后他人读该段程序提供方便。

（4）可维护性。指程序各部分相互独立，程序之间只有数据联系。

（5）适应性。程序交付使用后，若应用问题或外界环境有了变化，调整和修改程序比较简便易行。

2.5.3 系统测试

1. 测试的意义和目的

在管理信息系统的开发过程中，面对错综复杂的各种问题，人的主观认识不可能完全符合客观现实，开发人员之间的思想交流也不可能十分完善。所以，在管理信息系统开发周期的各个阶段都不可避免地会出现差错。开发人员应力求在每个阶段结束之前进行认真、严格的技术审查，尽可能早地发现并纠正错误，否则等到系统投入运行后再回头来改正错误，将在人力、物力、财力上造成很大的浪费，有时甚至导致整个系统的瘫痪。然而，经验表明，单凭审查并不能发现全部差错，加之在程序设计阶段也不可避免还会产生新的错误，所以对系统进行测试是不可缺少的，是保证系统质量的关键步骤。统计资料表明，对于一些较大规模的系统来说，系统测试的工作量往往占系统开发总工作量的 40%以上。

测试的目的在于发现其中的错误并及时纠正，所以在测试时应想方设法使程序的各个部分都投入运行，力图找出所有错误。错误多少与程序质量有关。即使这样，测试通过也不能证明系统绝对无误，只不过说明各模块、各子系统的功能和运行情况正常，相互之间连接无误，系统交付用户使用以后，在系统的维护阶段仍有可能发现少量错误，这也是正常的。

2. 测试的策略和基本原则

1）测试的策略

在一定的开发时间和经费的限制下，通过进行有限步操作或执行测试用例，尽可能地多发现一些错误。

2）测试的基本原则

（1）测试用例应该由“输入数据”和“预期的输出结果”组成。这就是说，在执行程序之前应该对期望的输出有很明确的描述，这样，测试后可将程序的输出同它仔细对照检查。若不事先确定预期的输出，可能把似乎是正确而实际是错误的结果当成是正确结果。

（2）不仅要选用合理的输入数据进行测试，还应选用不合理的甚至错误的输入数据。许多人往往只注意前者而忽略了后一种情况，为了提高程序的可靠性，应认真组织一些异常数据进行测试，并仔细观察和分析系统的反应。

（3）除了检查程序是否做了它应该做的工作，还应检查程序什么时候做了它不该做的事情。

（4）应该长期保留所有的测试用例，直至该系统被废弃不用为止。

3. 测试步骤

一个管理信息系统通常由若干子系统组成，每个子系统又由若干模块（程序）组成。所以，可把测试工作分为模块（程序）测试、分调（子系统测试）和总调（系统测试）三个层次，测试过程依次是模块测试、分调和总调。

1）模块测试

模块（程序）测试的目的是保证每个模块本身能正常运行，在该步测试中发现的问题大都是程序设计或详细设计中的错误。对于模块测试，一般分成人工走通和上机测试两步进行。

人工走通就是打印出源程序，然后参照设计说明书（包括程序框图）的要求把呈现在纸上的程序“走”一遍。程序的错误可分成语法错误和逻辑错误两种情况，一般只要认真检查就可以发现绝大部分的语法错误和部分逻辑错误。而用计算机进行交互测试时，每发现一个错误后要先改正错误才能继续测试，速度明显降低。所以，绝不要一开始就将源程序输入计算机而忙于立即执行，而应先在纸上走通。

2）分调

分调也称子系统测试，就是把经过测试的模块放在一起形成一个子系统来测试。主要是测试各模块之间的协调和通信，即重点测试子系统内各模块的接口。

如何将若干个模块连接成一个可运行的子系统，通常有两种方法：一种方法是先分别测试每个模块，再把所有模块按设计要求连在一起进行测试，这种方法称为“非渐增式”测试。另一种方法是把下一个要测试的模块同已经测试好的那些模块结合起来进行测试，测试完成后再把下一个应该测试的模块结合进来测试，这种方法称为“渐增式”测试，这种方式实际上同时完成了模块测试和子系统测试。

3）总调

经过分调，已经把一个个模块装成若干子系统并经充分测试。接下来的任务是总调，也称为系统测试，它是经过测试的子系统装配成一个完整的系统来测试，用以发现系统设计和程序设计中的错误，验证系统的功能是否达到设计说明书的要求。刚开始总调时，不必按完全真实情况下的数据量进行，可采用一些精心设计的数据量较少的测试用例，这样不仅可以使处理工作量大为减少，而且更容易发现错误和确定错误所在范围。

2.5.4 系统转换

在系统总调结束完成测试工作的基础上，就可以进行系统转换的工作。系统转换就是按预定计划新系统代替原有系统的一系列过程，它的最终目的是将全部控制权移交给用户。转换工作包括原有系统的数据文件向新系统文件转换，人员培训，设备和组织结构的调整，有关资料和使用说明书移交给用户。管理人员和开发人员在系统转换中的任务是：确保系统尽可能平稳地过渡，使新系统尽快投入运行，逐步安全地取代原有系统的功能。

1. 人员培训

为了使新系统能够按预期目标正常运行，对用户人员进行必要的培训是在系统转换之前不可忽视的一项工作。需要进行培训的人员主要有以下三类。

（1）事务管理人员。新系统能否顺利运行并获得预期目标，在很大程度上与这些第一线的事务管理人员（或主管人员）有关系。因此，可以通过讲座、报告会的形式，向他们说明新系统的目标、功能，说明系统的结构及运行过程，以及对企业组织机构、工作方式等产生的影响。

（2）系统操作员。系统操作员是管理信息系统的直接使用者，统计资料表明，管理信息系统在运行期间发生的故障，大多数是由于使用方法错误而造成的，系统操作员的培训应该是人员培训工作的重点。对系统操作员的培训应该提供比较充分的时间，除了学习必要的计算机硬件、软件知识，以及键盘指法、汉字输入等训练以外，还必须向他们传授新系统的工作原理、使用方法，简单出错的处置等知识。

（3）系统维护人员。对于系统维护人员来说，要求具有一定的计算机硬件、软件知识，并对新系统的原理和维护有较深刻的理解，在较大的企业和部门中，系统维护人员一般由计算机中心和计算机室的计算机专业技术人员担任。

2. 系统转换的方式

系统的转换方式通常有三种，如图 2-20 所示。

1）直接转换

直接转换就是在原有系统停止运行的某一时刻，新系统立即投入运行，中间没有过渡阶段。用这种方式时，人力和费用最省，使用于新系统不太复杂或原有系统完全不能使用的场合，但新系统在转换之前必须经过详细调试并经过严格测试，同时转换时应做好准备，万一新系统不能达到预期目的时，须采取相应措施。直接转换的示意图如图 2-20（a）所示。

2）平行转换

平行转换就是新系统和原有系统平行工作一段时间，经过这段时间的试运行后，再用新系统正式替换原有系统。在平行工作期间，手工处理和计算机处理系统并存，一旦新系统有问题就可以暂时停止而不会影响原有系统的正常工作。转换过程如图 2-20（b）所示。

平行转换通常可分两步走。首先以原有系统的作业为正式作业，新系统的处理结果作为校核用，直至最后原有系统退出运行。根据系统的复杂程度和规模大小不同，平行运行的时间一般可在 2～3 个月到 1 年之间。

采用平行转换的风险较小，在转换期间还可同时比较新旧两个系统的性能，并让系统操作员和其他有关人员得到全面培训。因此，对于一些较大的管理信息系统，平行转换是一种最常用的转换方式。

由于在平行运行期间，要两套班子或两种处理方式同时并存，因而人力和费用消耗较大，需要周密做好计划并加强管理。

3）分段转换

这种转换方式是上述两种方式的结合，采取分期分批逐步转换。如图 2-20（c）所示。一般比较大的系统采用这种方式较为适宜，它能保证平稳运行，费用也不太大。

采用分段转换时，各自系统的转换次序及转换的具体步骤均应根据具体情况灵活考虑。通常可采用如下策略。

（1）按功能分阶段逐步转换。首先确定该系统中一个主要的业务功能，如财务管理率先投入使用，在该功能运行正常后再逐步增加其他功能。

（2）按部门分阶段逐步转换。先选择系统中的一个合适的部门，在该部门设置终端，获得成功后再逐步扩大到其他部门。这个首先设置终端的部门可以是业务量较少的部门，这样比较安全可靠，也可以是业务最繁忙的部门，这样见效大，但风险也大。

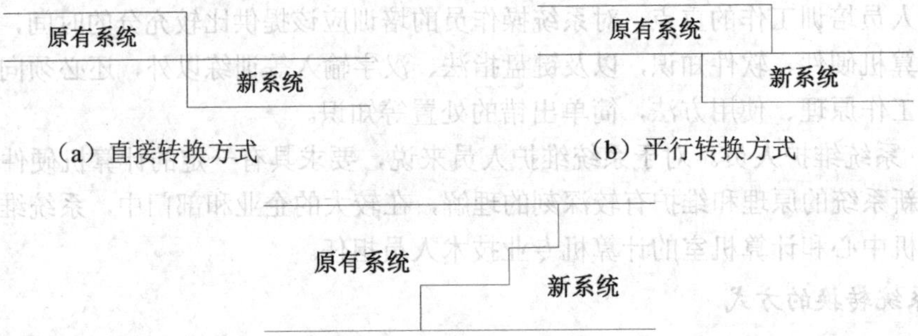

（a）直接转换方式　　（b）平行转换方式

（c）分段转换方式

图2-20　系统转换的方式

（3）按机器设备分阶段逐步转换。先从简单的设备开始转换，再推广到整个系统。例如对于联机系统，可先用单机进行批处理，然后用终端实现联机系统。对于分布式系统，可以先用两台微机联网，以后再逐步扩大范围，最终实现分布式系统。

2.6　旅游管理信息系统的系统维护、评价与运行管理

2.6.1　系统维护

1. 系统维护概述

1）系统维护的概念

系统维护是指在管理信息系统交付使用后，为了改正系统中存在的错误及满足用户新的需求而修改系统的过程。

2）系统维护的内容

管理信息系统是一个复杂的人机系统，系统内外环境以及各种人为的、机器的因素都不断地在变化着。为了使系统能够适应这种变化，充分发挥软件的作用，产生良好的社会效益和经济效益，就要进行系统维护的工作。

另外，大中型软件产品的开发周期一般为一至三年，运行周期则可达五至十年，在这么长的时间内，除了要改正软件中残留的错误外，还可能多次更新软件的版本，以适应改善运行环境和加强产品性能等需要。这些活动也属于维护工作的范畴。能不能做好这些工作，将直接影响软件的使用寿命。

2. 系统的可维护性

1）系统的可维护性的概念

软件可维护性定义为：维护人员理解、改正、改动和改进这个软件的难易程度。

2）系统的可维护性的评价指标

（1）可理解性。指别人能理解系统的结构、界面功能和内部过程的难易程度。

（2）可测试性。诊断和测试的容易程度取决于易理解的程度。好的文档资料有利于诊断和测试，同时程序的结构、高性能的调试工具及周密计划的测试工序也是至关重要的。为此，开发人员在系统设计和编程阶段就应尽力把程序设计成易诊断和测试的。此外，在系统维护时，应该充分利用在系统调试阶段保存下来的调试用例。

（3）可修改性。诊断和测试的容易程度与系统设计所制定的设计原则有直接关系。模块的耦合、内聚、作用范围与控制范围的关系等，都对可修改性有影响。

3. 系统维护的内容和类型

1）按维护活动的目的分类

（1）改正性维护。系统测试不可能发现一个大型系统中所有潜藏的错误，所以，在大型软件系统运行期间，用户难免会发现程序中的错误，这就需要对错误进行诊断和改正。

（2）适应性维护。由于计算机科学技术的迅速发展，新的硬件、软件不断推出，使系统的外部环境发生变化。这里的外部环境不仅包括计算机硬件、软件的配置，而且包括数据库、数据存储方式在内的“数据环境”。为了适应变化了的系统外部环境，就需要对系统进行相应的修改。

（3）完善性维护。在系统的使用过程中，由于业务处理方式和人们对管理信息系统功能需求的提高，用户往往会提出增加新功能或者修改已有功能的要求，例如，修改输入格式，调整数据结构，使操作更简单、界面更漂亮等。为了满足这类要求就需要进行完善性维护。

（4）安全性维护。随着计算机病毒和计算机罪犯的出现，管理信息系统对安全性和保密性提出了更为严格和复杂的要求。除了建立严格的防病毒和保密制度外，用户往往会提出增加防病毒的功能和保密的新措施，而且随着更多的病毒出现，有必要定期进行防病毒功能的维护和保密措施的维护。

2）按维护活动的内容分类

（1）程序的维护。程序的维护指改写一部分或全部程序，程序维护通常都充分利用源程序。修改后的源程序必须在程序首部的序言性注释语句中进行说明，指出修改的日期、人员。同时，必须填写程序修改登记表，填写内容包括：所修改程序的所属子系统名、程序名、修改理由、修改内容、修改人、批准人和修改日期等。程序维护不一定在发现错误或条件发生改变时才进行，效率不高的程序和规模太大的程序也应不断地设法予以改进。一般来说，管理信息系统的主要维护工作量是对程序的维护。

（2）数据的维护。数据维护指的是不定期地对数据文件或数据库进行修改，这里不包括主文件或主数据库的定期更新。数据维护的内容主要是对文件或数据中的记录进行增加、修改和删除等操作，通常采用专用的程序模块。

（3）代码的维护。随着用户环境的变化，原有的代码已经不能继续适应新的要求，这时就必须对代码进行变更。代码的变更（即维护）包括订正、新设计、添加和删除等内容。当有必要变更代码时，应由现场业务经办人和计算机有关人员组成专门的小组进行讨论决定，用书面格式写清并事先组织有关使用者学习，然后输入计算机并开始实施。代码维护过程中的关键是如何使新的代码得到贯彻。

（4）设备的维护。管理信息系统正常运行的基本条件之一，就是保持计算机及外部设备的良好运行状态。因此，组织的信息部门要建立相应的规章制度，有关人员要定期对设备进行检查、保养和杀病毒工作，应设立专门设备故障登记表和检修登记表，以便设备维护工作的进行。

2.6.2 系统评价

一个花费了大量资金、人力和物力建立起来的新系统，其性能和效益如何？是否达到了预期的目的？这是用户和开发人员双方都很关心的问题。因此，必须通过系统评价来回答以上问题。

对新系统的全面评价是在新系统运行了一段时间后进行的，以避免片面性。通常由开发人员和用户共同进行。

进行系统评价的主要目的为：检查系统的目标、功能及各项指标是否达到设计要求；检查系统的质量；检查系统使用效果；根据评审和分析的结果，找出系统的薄弱环节，提出改进意见。

1. 质量评价指标

1）管理信息系统质量的概念

所谓质量的概念就是在特定的环境下，在一定的范围内区别某一事物的好坏。质量评价的关键是要定出评定质量的指标及评定优劣的标准。质量的概念是相对的。所谓优质只能是在某种特定条件下相对满意的（不可能有绝对的最优）。那么如何评价管理信息系统的质量呢？这里给出下列管理信息系统评价指标。

2）管理信息系统质量评价指标

（1）管理信息系统对用户和管理业务需求的相对满意程度。即管理信息系统是否满足了用户和管理业务对管理信息系统的需求，用户对管理信息系统的操作过程和运行结果是否满意。

（2）管理信息系统的实用性。即考查管理信息系统对实际管理工作是否实用。

（3）管理信息系统的开发过程是否规范。它包括管理信息系统开发各个阶段的工作过程及文档资料是否规范等。

（4）管理信息系统功能的先进性、有效性和完备性。

（5）管理信息系统的性能、成本、效益综合比。它是综合衡量系统质量的首选指标。它集中地反映了一个管理信息系统质量的好坏。

（6）管理信息系统运行结果的有效性或可行性。即考查系统运行结果对于解决预定的管理问题是否有效或是否可行。

（7）处理结果是否完整。管理信息系统处理结果是否全面地满足了各级管理者的需求。

（8）信息资源的利用率。即考查管理信息系统是否最大限度地利用了现有的信息资源，并充分发挥了它们在管理决策中的作用。

（9）提供信息的质量如何。即考查管理信息系统所提供信息（分析结果）的准确程度、精确程度、响应速度，以及其推理、推断、分析、结论的有效性、实用性和准确性。

2. 运行评价指标

1）预定的系统开发目标的完成情况

（1）对照系统目标和组织目标检查系统建成后的实际完成情况。

（2）是否满足了科学管理的要求？各级管理人员的满意程度如何？有无进一步的改进意见和建议？

（3）为完成预定任务，用户所付出的成本（人、财、物）是否限制在规定范围以内？

（4）开发工作和开发过程是否规范？各阶段文档是否齐备？

（5）功能与成本比是否在预定的范围内？

（6）系统的可维护性、可扩展性、可移植性如何？

（7）系统内部各种资源的利用情况。

2）系统运行实用性评价

（1）系统运行是否稳定可靠？

（2）系统的安全保密性能如何？

（3）用户对系统操作、管理、运行状况的满意程度如何？

（4）系统对错误操作保护和故障恢复的性能如何？

（5）系统功能的实用性和有效性如何？

（6）系统运行结果对组织各部门的生产、经营、管理、决策和提高工作效率等的支持程度如何？

（7）对系统的分析、预测和控制的建议有效性如何，实际被采纳了多少？这些被采纳建议的实际效果如何？

（8）系统运行结果的科学性和实用性分析。

3）设备运行效率的评价

（1）设备的运行效率如何？

（2）数据传送、输入、输出与其加工处理的速度是否匹配？

（3）各类设备资源的负荷是否平衡？利用率如何？

3. 技术性能评价指标

（1）系统平均无故障时间。

（2）系统联机响应时间、处理速度和吞吐量。

（3）系统操作灵活性和方便性。

（4）系统加工数据的准确性。

（5）系统的可扩充性。

（6）系统的可维护性。

4. 经济效益评价指标

1）直接经济效益

系统的直接经济效益是指可以定量计算的效益，指标一般如下。

（1）一次性投资，包括系统硬件、软件和系统开发费用。其中，硬件费用包括主机设备费用、终端设备、通信设备和机房建设（电源、空调和其他）费用；软件费用包括系统软件、应用软件、试验软件等费用；系统开发费用包括调查研究、系统规划、系统分析和设计、系统实施等阶段的全部费用。

（2）运行费用，包括计算机及其外部设备的运行费用（如磁盘、打印纸等）、人工费用（人员工资）、管理费和设备、备件的折旧费用，运行费用是使新系统得到正常运行的基本费用。

（3）年生产费用节约额。

（4）机时成本。

2）间接效益

间接效益主要表现在企业管理水平和管理效率的提高程度上。这是综合性的效益，可以通过许多方面体现，但很难用某一指标来反映间接效益，主要体现在以下几个方面。

（1）提高管理效率。用计算机代替人工处理信息，减轻管理人员的劳动强度，使他们有更多时间从事调查研究和决策工作；由于各类数据集中处理，使综合平衡容易实现；由于采用计算机网络等手段，加强了各部门之间的联系，提高了管理效率。

（2）提高管理水平。由于信息处理的效率提高，从而使事后管理变为实时管理，使管理工作逐步走向定量化。

（3）提高企业对市场的适应能力。由于用计算机提供辅助决策方案，因此当市场情况变化时，企业可及时进行相应决策以适应市场。

5. 管理信息系统综合评价指标

（1）功能的完整性。功能是否齐全，是指能否覆盖主要的业务管理范围。还有各部分接口尽可能完备，数据采集和存储格式统一，便于共享，各部分协调一致形成一个有机整体。

（2）商品化程度。首先要考虑性能价格比，其次是文档资料的完整性，是否有成套的用户手册、系统管理员手册及维护手册等。是否有后援，能不能为用户培训人才。

（3）程序规模。总语句行数，占用存储空间大小。

（4）开发周期。从系统总体规划到新系统转换所花费的时间。

（5）存在的问题。系统还存在哪些问题及改进的建议。

2.6.3　系统运行管理

系统运行是指一个管理信息系统研制工作完成后经过系统转换，系统投入工作后的运行过程。

1. 系统运行管理制度

（1）系统运行管理的组织机构。系统运行管理的组织机构包括各类人员的构成、各自的职责、主要任务及其内部组织结构。这里所说的人员包括以下几类：系统主管人员、机房管理人员、硬件操作人员、软件操作人员、程序员、录入员等。

（2）基础数据的管理制度。基础数据管理包括对数据收集和统计渠道的管理，计量手段和计量方法的管理，原始数据的管理，系统内部各种运行文件、历史文件（包括数据库文件等）的归档管理等。

（3）运行管理制度。运行管理制度包括系统操作规程、系统安全保密制度、系统修改规程、系统定期维护制度及系统运行状况记录的要求和日志归档等。

2. 系统日常运行管理

（1）系统日常运行环境的管理。系统的正常运行需要一个良好的运行环境，这要靠机房管理人员负责维护。机房管理人员要负责控制机房的卫生、环境温度与湿度及电源的稳定性、防火设备与措施的检查、系统的杀毒工作等。系统运行环境的管理工作应由硬件操作人员来完成。

（2）新数据的录入或存储数据的更新。这里的任务包括三项：数据收集、数据校验及数据录入。新数据的录入或存储数据的更新应由录入员来完成。

（3）信息处理和信息服务。在保证基本数据的完整、及时和准确的前提下，系统应完成例行的信息处理及信息服务工作。常见的例行工作包括：数据更新、统计分析、报表生成、数据的复制及保存、与外界的定期数据交流等。这些工作一般都是按照一定的规程，定期或不定期地运行某些事先编制好了的程序，由软件操作人员来完成的。

（4）运行与维护。为了完成数据录入及例行服务工作，要求各种设备始终处于正常的状态之下，为此，需要有一定的硬件操作人员负责计算机本身的运行与维护。这里的运行与维护包括设备的使用管理、定期检查、备品配件的准备及使用、各种消耗性材料（如软盘、打印纸等）的使用及管理、电源及工作环境等。

（5）安全问题。系统的安全问题，也是日常工作的重要部分。对于计算机应用系统来说，安全问题包括数据或信息的安全与保密、软件（包括程序和文档）的安全、硬件设备的安全。

（6）日常运行情况的记录。运行管理人员还要负责记录每天系统运行的情况、数据输入与输出情况、工作的数量，例如，数据录入的数量、提供的报表数量、数据使用的频率、满足用户临时要求的数据量；工作的效率，即系统为完成所规定的工作，占用了多少人力、物力和时间；系统所提供的信息服务质量及系统的故障情况。

（7）系统运行结果分析。系统运行结果分析就是要得出某种能反映组织经营生产方面发展趋势的信息，以提高管理部门指导企业的经营生产的能力。

3. 系统软件文档的管理

（1）软件配置的管理。软件配置是一个系统软件在生存周期内它的各种形式、各种版本的文档与程序的总称。对软件配置进行科学的管理，是保证软件质量的重要手段。软件配置管理贯穿于整个生存周期，在运行和维护时期，其任务更为繁重。

（2）维护文档的管理。除了开发时期的软件文档外，有几种文档是专供运行和维护时期使用的，如维护申请单、软件修改报告、维护记录等。

本章小结

- 结构化方法是指按照系统工程的思想组织开发工作，结构化、模块化、自顶向下地对系统进行分析和设计，最后利用自底向上、逐步实现的方式完成系统实施的一种系统开发方法。
- 系统分析报告由一套分层的数据流图、一本数据字典、一组加工说明、补充材料四部分组成。
- 反映数据流在系统中流动和处理情况的图称为数据流图，它是描述系统逻辑模型的工具之一。数据流图是便于用户理解系统数据流程的图形表示。它能精确地在逻辑上描述系统的功能、输入、输出和数据存储等，而摆脱了其物理内容。数据流图是系统逻辑模型的重要组成部分。
- 系统设计的原则是：简单性、可变性、一致性、完整性、可靠性、经济性、安全性。
- 系统实施的内容和步骤：（1）按总体设计方案购置和安装计算机网络系统；（2）建立数据库系统；（3）程序设计；（4）输入基础数据，进行系统测试；（5）人员培训，系统转换，试运行。
- 按系统维护的内容分类，有程序的维护、数据的维护、代码的维护、设备的维护。

综合练习

一、单项选择题

1. 为了有效地进行系统开发与管理，将管理信息系统的生命期划分为总体规划、系统分析、系统设计、系统实施和（　　）等五个阶段。

A. 运行维护　　B. 系统测试　　C. 系统转换　　D. 程序设计

2. 结构化方法是指按照系统工程的思想组织开发工作，结构化、模块化、自顶向下地对系统进行分析和设计，最后利用自底向上、（　　）的方式完成系统实施的一种系统开发方法。

A. 逐步实现　　B. 逐步求精　　C. 逻辑设计　　D. 物理设计

3. 对（　　）、功能比较复杂的系统最好采用结构化方法，可以实现对整个系统的合理规划和过程控制。

A. 规模较小　B. 规模较大　C. 小型系统　D. 业务处理过程不够规范

4.（　　）通常由四部分组成：数据流名、别名、组成和注释。

A. 数据流条目　B. 文件条目　C. 数据项条目　D. 加工说明

5.（　　）是用一个名字就可以调用的一段程序语句。

A. 调用　B. 模块　C. 控制信息　D. 数据

6.（　　）是用来表述每个模块的输入、输出数据和数据加工的重要工具。

A. PAD图　B. IPO图　C. 判定表　D. 判定树

7.（　　）的目的是保证每个模块本身能正常运行，在该步测试中发现的问题大都是程序设计或详细设计中的错误。

A. 模块（程序）测试　B. 程序设计　C. 分调　D. 总调

8.（　　）就是在原有系统停止运行的某一时刻，新系统立即投入运行，中间没有过渡阶段。

A. 集中转换　B. 直接转换　C. 平行转换　D. 分段转换

9. 在管理信息系统交付使用后，为了改正系统中存在的错误及满足用户新的需求而修改系统的过程，是指（　　）。

A. 系统维护　B. 系统实施　C. 系统评价　D. 系统测试

10.（　　）包括系统操作规程、系统安全保密制度、系统修改规程、系统定期维护制度及系统运行状况记录的要求和日志归档等。

A. 运行管理制度　B. 基础数据

C. 系统运行管理的组织机构　D. 系统日常运行环境

二、多项选择题

1. 结构化方法的优点包括（　　）。

A. 阶段的顺序性和依赖性　B. 对前期错误反馈较快

C. 逻辑设计与物理设计分开　D. 质量保证措施完备

2. 管理信息系统的可行性研究包括（　　）。

A. 技术上的可行性　B. 经济上的可行性

C. 管理上的可行性　D. 开发环境的可行性

3. 系统分析报告包括（　　）。

A. 一套分层的数据流图　B. IPO图

C. 代码设计说明　D. 判定树

4. 适用于加工说明的常用描述工具包括（　　）。

A. 结构化语言　B. 一本数据字典　C. 判定表　D. 一组加工说明

5. 子系统划分应遵循的原则包括（　　）。

A. 要具有相对独立性　B. 要使子系统之间数据的依赖性尽量小

C. 子系统划分的结果应使数据冗余较小　D. 应便于系统分阶段实现

6. 一个模块应具备的要素包括（　　）。

A. 输入和输出　B. 转接符号　C. 内部数据　D. 程序代码

7. 输入数据校验的方法常用的有（　　）。

A. 重复输入校验　　B. 程序校验法　　C. 输入格式校验　　D. 数据平衡校对

8. 测试工作包括（　　）。

A. 模块（程序）测试　　B. 程序设计　　C. 分调　　D. 总调

9. 系统转换的方式包括（　　）。

A. 直接转换　　B. 平行转换　　C. 集中转换　　D. 分段转换

10. 按维护活动的内容分类，系统维护的类型包括（　　）。

A. 程序的维护　　B. 数据的维护　　C. 代码的维护　　D. 安全性的维护

三、判断题

1. 结构化方法适用于一些组织相对稳定、业务处理过程规范、需求明确，并且在一定时期内不会发生大的变化的大型复杂系统的开发。（　　）

2. 详细设计包括系统的总体结构设计、输出设计、输入设计、数据存储设计、处理过程设计、用户界面设计。（　　）

3. 系统调查一般分为两个阶段：初步调查和详细调查。初步调查在系统规划阶段进行，而详细调查在系统分析阶段进行。（　　）

4. 系统分析的主要任务是对现行系统作进一步详细调查，依据开发者的知识与经验在各种技术和实施方法中权衡利弊，精心设计，合理地使用各种资源，勾画出新系统的详细设计方案，提交一个系统配置方案报告。（　　）

5. 数据流图是便于用户理解系统数据流程的图形表示。它能精确地在逻辑上描述系统的功能、输入、输出和数据存储等，而摆脱了其物理内容。（　　）

6. 处理过程设计就是要根据数据的不同用途、使用要求、统计渠道、安全保密性等，来决定数据的整体组织形式、表或文件的形式，以及决定数据的结构、类别、载体、组织方式、保密等级等一系列的问题。（　　）

7. 直接转换就是新系统和原系统平行工作一段时间，经过这段时间的试运行后，再用新系统正式替换原有系统。（　　）

8. 系统维护是指在管理信息系统交付使用后，为了改正系统中存在的错误及满足用户新的需求而修改系统的过程。（　　）

9. 系统转换是指一个管理信息系统研制工作完成后经过系统转换、系统投入工作后的运行过程。（　　）

10. 日常运行情况的记录就是要得出某种能反映组织经营生产方面发展趋势的信息，以提高管理部门指导企业的经营生产的能力。（　　）

四、简答题

1. 与其他开发方法相比较，结构化方法具有哪些主要特点？

2. 管理信息系统可行性研究的主要内容是什么？

3. 子系统划分应遵循哪些原则？

4. 系统转换的三种主要方式各自有哪些优缺点？

5. 按维护活动的目的分类，系统维护的类型和内容是什么？

五、论述题

1. 请叙述数据流图的四种基本符号及其代表的含义，并请说明数据流图、数据字典及加工说明的关系。

2. 请论述代码设计的原则，并请叙述代码的种类。

六、案例讨论题

“千年天师府，仙境龙虎山”位于江西省鹰潭市南郊 16 公里处，自古以“神仙都所”、“人间福地”而闻名天下，是我国道教的发源地和历史悠久的道教名山。龙虎山也是世界地质公园、国家级风景名胜区、AAAA 级国家旅游区、国家森林公园、国家重点文物保护单位。自 2010 年 8 月成功申遗以来，龙虎山又一次摘到了“金字塔尖的荣誉”，成为世界自然遗产这个举世公认的顶级品牌，成为江西唯一拥有世界地质公园和世界自然遗产的“双冠”景区。

但由于管理体制、科研体制以及历史渊源等诸多原因，龙虎山景区管理技术水平较低，管理比较落后，致使景区内管理混乱。许多已有旅游数据信息的基础资料和数据被束之高阁或处理分散，得不到充分利用，从而无法实现数据共享，在很大程度上造成了旅游管理中资金的浪费，而且使得数据的可信度、完整性和权威性得不到保证。

针对目前龙虎山景区旅游管理中的一些问题：如景区缺乏长远统一的规划、许多景点介绍缺少科学内涵、管理技术水平较落后等。充分发挥信息系统在龙虎山旅游管理和开发中的作用就显得愈为重要。通过建立龙虎山旅游管理信息系统，有利于提高旅游业的现代化管理水平，与先进科技携手并进，有利于为旅游管理部门提供高质量的图文信息服务和决策支持，提高管理决策的科学性和准确性。

龙虎山旅游信息管理系统应具备以下功能：（1）为游客提供景区信息支持，包括风景旅游资源、区域环境质量、社会经济文化、旅游市场及地图图件等信息；（2）为旅游管理部门提供高质量的景区图文信息服务，完成对信息支持层中五大数据库的查询、输出输入、更新编辑等功能；（3）通过 GIS 强大的空间分析功能模块，建立旅游资源评价模型、旅游开发条件评价模型和风景区容量模型等，辅助旅游管理部门分析决策景区的长远规划。

试讨论以下问题：

1. 龙虎山信息管理系统应具备哪些功能？

2. 试分析并画出该旅游管理信息系统的功能体系图。

3. 某旅游公司打算组织一批游客去龙虎山旅游，请画出该旅游信息系统的数据流程图一级细化图。

第 3 章　酒店管理信息系统

学习目标

- 了解酒店管理信息系统的功能
- 理解建立酒店管理信息系统的意义
- 培养分析酒店管理信息系统的能力
- 建立酒店管理信息系统的分析模型
- 掌握酒店管理信息系统的设计过程

导言

随着居民收入的不断提高，人们越来越追求高品质的生活，消费观念也在慢慢改变。人们更加关注服务的质量以及个性化需求的满足。酒店作为典型的服务型行业，是人们食宿、娱乐、休闲的场所，因满足人们追求高品质生活的要求而得到了快速的发展。社会上也成立了各种类型、不同规模的酒店服务企业。如何为客户提供更加准确、及时、高质量的服务，成为各个酒店竞争的关键。所以酒店业务信息化建设就成为客户衡量酒店提供商服务标准的一个准则，酒店管理信息系统建设成为必然。建立酒店管理信息系统成为增强酒店的服务水平和管理效率的必由之路。

3.1　概　述

信息技术的飞速发展给酒店计算机应用带来了蓬勃生机，出现了酒店计算机管理信息系统、安全保卫系统、电子门锁等系统。计算机在酒店中的应用已深入到酒店的各个部门，在酒店现代管理理论中，酒店管理信息系统已成为酒店现代科学管理的重要内容，是酒店经营必不可少的现代科学工具。

3.1.1　酒店管理信息系统的基本概念

1. 酒店介绍

酒店是以接待型建筑设施为依托，为公众提供食宿及其他服务的商业性的服务企业。酒店无论大小，其主要功能可以分为大堂接待、客房、餐饮、公共活动和后勤服务管理五个主要部分。

2. 酒店的分类

20 世纪五六十年代开始，按照酒店的建筑设备、酒店规模、服务质量、管理水平，逐渐形成了比较统一的等级标准。

1）按照等级分

（1）一星级。设备简单，具备食、宿两个最基本功能，能满足客人最简单的旅行需要，提供基本的服务，属于经济等级，符合经济能力较低的旅游者的需要。

（2）二星级。设备一般，除具备客房、餐厅等基本设备外，还有卖品部、邮电、理发等综合服务设施，服务质量较好，属于一般旅行等级，满足旅游者的中下等的　需要。

（3）三星级。设备齐全，不仅提供食宿，还有会议室、游艺厅、酒吧间、咖啡厅、美容室等综合服务设施。每间客房面积约 20 平方米，家具齐全，并有电冰箱、彩色电视机等。服务质量较好，收费标准较高。能满足中产以上旅游者的需要。目前，这种属于中等水平的酒店在中国星级酒店中数量最多。

（4）四星级。设备豪华，综合服务设施完善，服务项目多，服务质量优良，讲究室内环境艺术，提供优质服务。客人不仅能够得到高级的物质享受，也能得到很好的精神享受。这种酒店国际上通常称为一流水平的酒店，收费一般很高。主要是满足经济地位较高的上层旅游者和公费旅行者的需要。

（5）五星级。五星级是旅游酒店的最高等级。设备十分豪华，设施更加完善，除了房间设施豪华外，服务设施齐全。各种各样的餐厅、较大规模的宴会厅、会议厅、综合服务齐全，是社交、会议、娱乐、购物、消遣、保健等活动中心。环境优美，服务质量要求很高，是一个亲切快意的小社会。收费标准很高。主要是满足社会名流、高级管理人员、参加国际会议的官员、专家、学者的需要。

2）按照档次分

（1）奢侈型酒店。

（2）豪华型酒店。

（3）舒适型酒店。

（4）经济型酒店。

3）按照基本功能分

（1）商务型酒店。它主要以接待从事商务活动的客人为主，是为商务活动服务的。这类客人对酒店的地理位置要求较高，要求酒店靠近城区、商务中心区、会展中心等。其客流量一般不会随季节的变化而产生大的变化。商务型酒店的设施设备齐全、服务功能较为完善。

（2）度假型酒店。它以接待休假的客人为主，多兴建在海滨、温泉、风景区附近。其经营的季节性较强。度假型酒店要求有较完善的娱乐设备，如 SPA 等。

（3）长住酒店。为租居者提供较长时间的食宿服务。此类酒店客房多采取家庭式结构，以套房为主，多有厨房。房间大者可供一个家庭使用，小者有仅供一人使用的单人房间。它既提供一般酒店的服务，又提供一般家庭的服务。

（4）会议酒店。它是以接待会议旅客为主的酒店，除食、宿、娱乐外，还为会议代表提供接送站、会议资料打印、录像、摄像、旅游等服务。要求有较为完善的会议服务设施（大小会议室、同声传译设备、投影仪等）和功能齐全的娱乐设施。

3. 酒店管理信息系统的定义

酒店管理信息系统（Hotel Management Information System，HMIS）是计算机管理信息系统在酒店企业中的具体应用，是利用计算机技术和通信技术对酒店信息进行管理的人机结合的综合控制系统。

3.1.2 酒店管理信息系统建设的现实需求

随着我国经济体制改革的不断深化和我国经济的快速发展，我国人民的收入不断提高，消费观念也有所改变，对服务质量的要求也有很大的提高。各地把旅游业当作本地经济发展的重要支柱之一。酒店作为人们食宿、娱乐、休闲的场所而得到了快速的发展。社会上也成立了各种类型、不同规模的酒店服务企业。如何为客户提供更加准确、及时的服务，成为各个酒店竞争的关键。所以酒店业务信息化建设就成为客户衡量酒店提供商服务标准的一个准则，酒店管理信息系统建设成为必然。

随着信息化技术的进一步发展和普及，市场现有的酒店业务软件尚不能很好地适应世界经济发展的形式和我国国民经济建设的需要，也不能满足不断发展的酒店的需求，这就要求大力发展酒店管理信息系统的建设。

3.1.3 酒店管理信息系统建设的意义

1. 传统管理模式的弊端

传统的酒店管理模式使得酒店无法保持高度的实时性管理，现举例说明如下。

（1）查询住客时间长。总台必须一张张地翻阅大量的住宿登记单，寻找符合条件的信息。书写不规范或客人已换房及电话占线等问题都会使查询的时间延长。

（2）结账易出现错账、跑账。当客人结账离店时，总台根据客人的明细表，将客人的各种消费单据一一相加才能结账，这样难免出现错误，造成客人等待时间长和客人的投诉。另外，结账时也很容易出现跑账的情况，给酒店带来经济损失。

（3）VIP 被忽视。在内部协调与管理方面，当有 VIP 入住时，前厅部就要填写多联通知单分送各部门，安排放鲜花、水果、总经理名片及用餐要求等具体事宜。若有一个部门收到信息晚一点，就会把 VIP 当成普通客人对待，将会造成不利影响。

（4）夜审困难。夜审是对一天经营状况进行统计、分析和审核，然后以各种报表的形式送交总经理和有关部门并归档。然而在手工管理模式下，每天统计房费需要花很多时间。客房率高时花费在计算上的时间则更长，因此审计员大部分时间都花费在做加法上，很少有时间去分析和审计。总的来说，酒店作业是一个实时系统，假如对数据不能进行及时的处理，就会造成走单，从而造成管理上的混乱，给酒店经济和信誉带来损失。同时酒店的账务是连续不断的，如果因为一时的故障而造成了数据的不完整，对酒店未来发展计划的制订也会带来负面的影响。

2. 酒店管理信息系统的重要性

采用全新的酒店管理信息系统，可以在以下几个方面提高酒店的管理效率，改善服务水准。

（1）为销售提供全面、准确的信息。酒店销售以客人为中心，需要了解客人的需求，细分目标市场，适销对路。酒店销售的核心产品是客房，以合理的价格在相应的时间将客房销售出去是使销售具有成效的关键。

（2）为客人提供快捷、细致、周到的服务。酒店业竞争日益激烈，而竞争的焦点越来越汇聚到酒店的服务质量上。高档酒店的衡量标准首先是能否有一个标准的客房流程（客人的入住、在住和离店三个阶段），为客人提供快捷、细致、周到的服务。

（3）为客人提供个性化的服务。顾客对于酒店服务的个性化要求越来越高，酒店管理信息系统可以统计顾客消费记录，并智能统计顾客偏好，通过为顾客提供个性化服务，可以提高顾客的忠诚度，进而提高酒店经营管理的效率。

（4）为财务提供严密的账务系统。客人在酒店任意消费点消费时，系统自动提示该客人的账上余额，对于客人超限自动报警，提示补交押金。所有的消费单实时汇总到客人的账号上，避免跑账、漏账，并提供超限客人的自动电话语音催缴。酒店管理信息系统可提供严密的计账规则、严密的权限控制以及严密的监督机制。

（5）具有处理各种复杂情况的能力。团体、会议业务是酒店业务中最复杂的部分，它具有人员多、信息管理工作量大、账务变化复杂的特点。信息管理应提供从预订、入住、在住到离店等环节结算全套解决方案。对于诸如客人不同时抵达、会议结束后不同时离店、离房但不结算的情况可以十分方便地处理。系统还可以方便快捷地处理团队包房报价情况，对于团队在酒店内的活动安排可以事先预订和修改，以便各部门提前准备。

（6）门禁、消费实现“一卡通”。可利用智能卡作为信息载体，通过与相应的计算机管理软件相结合，使持卡客人在酒店内能够用一张卡方便地完成进出房门、消费娱乐、挂账结算等活动，为客人提供方便快捷的服务。“一卡通”系统简化了结账手续，控制了内部的现金流通，严格控制房屋的进入，对规范酒店服务、提高安全管理水平大有益处。

（7）系统高度自动化，及时提供详细、准确的经营管理信息。系统能够快速、准确、详细地提供各类经营活动的信息。只要运行报表输出功能模块，几分钟内就能打印出各部门每天的现金收入情况、客房出租率、客房状态、平均房价和预订客源等各种分析报表。每天都可以把前一天的营业情况及预测分析报表送给总经理及董事会，使酒店的管理层能够及时掌握情况，进行科学的管理决策。

（8）提高酒店管理决策水平。信息的完整性、统一性、共享性和提取的便利性，能够增进部门之间的沟通与协调，方便各层次管理者对酒店运营进行内部反馈控制和预测，如客房销售控制、食品原料成本控制、客房消耗品数量控制等。酒店市场竞争越来越激烈，酒店高层管理者需要不时分析酒店经营状况，信息系统提供的完备的历史以及实时数据和各种分析模式，使管理人员能方便地完成复杂的统计分析工作，他们根据各种报表及专项查询信息，确定酒店经营状况，预测各种可能发生的情况，结合社会环境及各类信息，作出相应对策，以提高经营管理的效益。

3.1.4 酒店管理信息系统的应用

计算机在酒店业中的应用是从 20 世纪 70 年代开始发展起来的。资料表明，1971 年世界上使用计算机的酒店只有 4 家，酒店的 IT 任务局限于前台系统，由手工进行的劳动实现了计算机处理。20 世纪 90 年代，计算机管理在酒店中向着后台、办公和互联网的方向延伸。现继续向自动化、网络化、集成化发展，向决策型发展。酒店信息系统也可以分为酒店内部信息系统和酒店外联商务网络平台。

1. 酒店管理信息系统的国外发展现状

酒店管理信息系统最先起源于国外，美国易可计算机公司于 1969 年开发了 ECI（EECO）系统，这是酒店管理信息系统的鼻祖。国外知名的酒店管理信息系统还有由酒店业咨询系统有限公司开发的 HIS 系统及目前世界上领先的酒店管理系统——由德国 Fidelio Software 公司开发的 Fidelio 系统。到了 20 世纪 80 年代，国外的酒店管理系统，如 EECO、IS、LS、Lodgistix 等，整个模式已基本定型，技术较成熟，功能也较全面。

2. 酒店管理信息系统的国内发展现状

国内的酒店计算机管理信息系统最早是在 20 世纪 80 年代初开始的，从事该方面工作的有清华大学自动化系的金国芬教授、西安交通大学和浙江省计算技术研究所。到了 20 世纪 80 年代中后期，随着国外酒店计算机系统的大规模引进，国外酒店的先进管理技术进入我国，进一步促进了我国酒店管理技术的发展。国内的酒店计算机管理系统正是在充分吸收国外管理系统的精华之后，再结合国内的实际情况，逐步发展成熟，到 20 世纪 90 年代初期形成了几个较成熟的软件系统，同时产生了许多专职从事酒店计算机管理系统的公司。进入 21 世纪后，随着计算机在酒店中的普遍应用，以及计算机技术的不断发展，酒店计算机系统的发展到了一个新的时期，新的系统平台、新的软件功能、新的系统特点及发展方向不断涌现。目前国内做得比较好的酒店管理信息系统有京中软好泰 CSHIS 管理系统、杭州西软 Foxhis 酒店管理系统、京华仪酒店管理系统、广州万讯千里马酒店管理系统等。

我国酒店管理信息系统应用中出现以下几个问题。

（1）技术功能和酒店实际需求不匹配。酒店业属于以人为本的劳动密集型服务行业，IT 行业属于技术密集型行业，行业差距导致系统开发人员可能不是太了解酒店的实际需求，因此不能开发出与酒店功能需求匹配的系统。酒店迫切需要既懂酒店行业又懂相关技术的复合型专业技术人才。

（2）酒店管理信息系统稳定性有待提高。中国酒店管理信息系统发展三十多年，整体发展基本趋于成熟，但是在酒店管理信息系统的稳定性和完整性方面仍与国外存在一些差距。中国酒店业信息化管理体制总体来说由国外引进，引入酒店管理信息系统的目的是杜绝原有的弊端，提高科学的管理水平。而现在很多的酒店对于管理系统，要求按自己的需求开发，模仿原来酒店业手工的操作系统的思路，开发出的系统难免存在一些漏洞，对酒店的管理没有太大的改善。

（3）标准化程度低。酒店业对信息化的理解千差万别，加之 IT 公司各自为政的解决方案，使得原本技术水准有限的酒店业盲目投资上马的项目比比皆是。这种几乎一店一式的系统虽然从适应性和对口性上比较良好，但是这种局面不利于酒店管理信息系统的商品化，不利于今后整个酒店业间计算机网络的形成，而且这种应用方式，容易造成酒店决策者满足于当前计算机管理局部功能的现状，而不利于酒店管理信息系统在酒店内的全面扩充、深入和普及。此外，由于各个开发项目操作系统和开发环境不通用，造成了系统功能扩展的困难，对于系统的可持续发展有着极大的制约。

3.1.5　酒店管理信息系统的发展趋势

经过多年的发展，酒店管理系统已经逐步走上了发展的正轨，如今信息技术的发展和顾客需求的变化要求酒店管理信息系统向以下几个方面发展。

1. 向信息协同化方向发展

国际上酒店业信息协同化应用主要糅合了企业资源管理计划、客户关系管理、供应链管理和电子商务的观点。从企业资源管理计划角度，优化酒店价值链，对企业业务流程、组织结构再造，提升酒店管理水平；从供应链管理角度，实现社会资源配置最优化，控制采购成本，保障供应质量；从客户关系管理和电子商务的角度，把企业关注的焦点逐渐转移到客户上来，帮助酒店最大限度地利用以客户为中心的资源，不断开发现有客户和潜在客户，通过改进客户价值、客户满意度以及客户的忠诚度，提高酒店竞争优势。

2. 向数字化发展

美国 Wyse 公司推出一种“数字酒店客房系统”。这一系统由客房中的智能网络电视和后台的软件平台及服务器群组成，可以通过酒店的运营管理系统与客房的空调、门锁、窗帘等自动控制装置集成起来，形成一个完整的智能化酒店网络系统。经营者可以通过互动网页、电视短片等丰富多样的形式与住店客人进行信息沟通，进而提供更加周到的服务，同时为酒店经营者创造更多的商机。总之，通过酒店客房数字管理科技化，可以为客人提供更多的个性化需求的选择，提供给客人自我控制的数字服务将使酒店客人的体验更加便利、惬意。

3. 向综合型发展

由于经济的发展，社会大众对酒店的认识和需求也随之发生了巨大变化，客人进店后，休息已经不是主要目的，因此以人为本，突出娱乐休息功能并兼有住宿、餐饮、购物等综合服务项目的酒店运行管理方式已经成为主流。因此，酒店管理信息系统的综合化也成为了一个主流发展趋势，酒店需要将餐饮、住宿、娱乐、购物等信息综合集成于一个系统，才能够有效地对信息进行管理。

4. 向客户关系管理型发展

酒店的所有业务都是以客户为中心的，酒店每天要接待来自各地的客户，发现并留住具有消费能力的回头客，就能为酒店创造稳定的收入来源。通过客户资料的不断积累，酒店对客户越来越熟悉，并能够预知客户的需求，使得酒店能够提供更加人性化的服务。酒店业处于买方市场激烈竞争的态势下，供过于求与价格竞争已经使得客户的流失率居高不下，常客的流失更是酒店的致命损失。酒店业要真正实现以客户为中心，视客户为战略性资产，必须建立酒店客户关系管理（Customer Relationship Management，CRM）系统，实施客户关系管理，形成自己的市场营销网络，留住老客户，开发新客户。

5. 向酒店集团型发展

最新的酒店管理系统的发展趋势就是出现了集团管理系统，该系统功能的出现是为了适应酒店集团公司战略发展的需要，帮助酒店集团公司建立统一的顾客资源管理平台、物资采购平台，培育和提升酒店集团连锁性经营的竞争优势，实现全系统客户资源共享，为连锁化经营发展奠定基础。一般一个酒店集团管理系统包含中央预订系统、客户关系管理、集团门户网站等子系统，还包括集团经营数据库中心系统。集团型管理软件系统为酒店建立了一个统一的预订、投诉、促销、会员等服务平台，帮助集团酒店实现统一管理，树立品牌形象。同时为酒店扩展战略提供技术支持，可实现低成本扩展。

6. 向支持电子商务发展

酒店管理信息系统软件的功能除了支持前台和后台的管理业务以外，为了适应互联网应用的普及，必须支持电子商务。例如，关系客户的消费查询、所有客户的网络订房、酒店开展的网络营销、客户消费需求的网络调查，这些都是酒店电子商务的内容。这些电子商务内容从酒店自己的网站、电子分销商、综合旅游网站或门户型网站汇集到酒店管理系统的相应部门，实现无缝的电子化处理。

3.2 酒店管理信息系统的规划

3.2.1 酒店管理信息系统案例分析

本章选择国际青年旅舍、香格里拉酒店和卓美亚帆船酒店网站进行分析，主要针对网站的酒店管理信息系统的功能。

1. 国际青年旅舍

1）国际青年旅舍简介

国际青年旅舍在全球范围内的影响巨大。目前，共有 4 500 多家青年旅舍分布于世界 100 多个国家和地区；每年全球有超过 3 500 万的青年旅游者在使用青年旅舍；会员人数 400 多万；年平均总收入为 12 亿～14 亿美元。现在的国际青年旅舍已遍布各个国际旅游区的中心地带，除了传统的学生和青少年外，今天的青年旅舍客人则很多是二三十岁的自驾出行族和独自出游的背包一族。青年旅舍提倡的“自觉、自学、自律、自助”理念得到了新生旅游群体的广泛认同，已经有越来越多的旅游者放弃了原有的旅游模式，加入到“打起背包走天涯”的行列中来。同时，青年旅舍在中国发展潜力巨大。经过十多年的发展，青年旅舍在中国从无到有，目前近 200 家旅舍遍布全国 27 个省市自治区和直辖市的各主要城市。

2）国际青年旅舍・中国网站简介

国际青年旅舍・中国（http://www.yhachina.com）网站主界面如图 3-1 所示。

图 3-1　国际青年旅舍主界面

3）系统功能

（1）预订系统

除传统的电话预订途径外，网上预订逐渐演变为酒店客户预订的主要途径，因此，做好网上预订是十分重要的。国际青年旅社的预订系统只提供了旅舍客房预订。国际青年旅社的客房预订提供全球范围内的预订服务，包括大陆客房预订、香港客房预订、澳门客房预订和海外客房预订。选择不同的预订区域将跳转到不同的介绍页面。

其中国内旅舍预订操作较为直观，在页面的左边即有预订进入系统，顾客可以通过省份、城市、旅舍入住日期以及离店日期的选择方便地找到符合需求的房间，如图 3-2 所示。

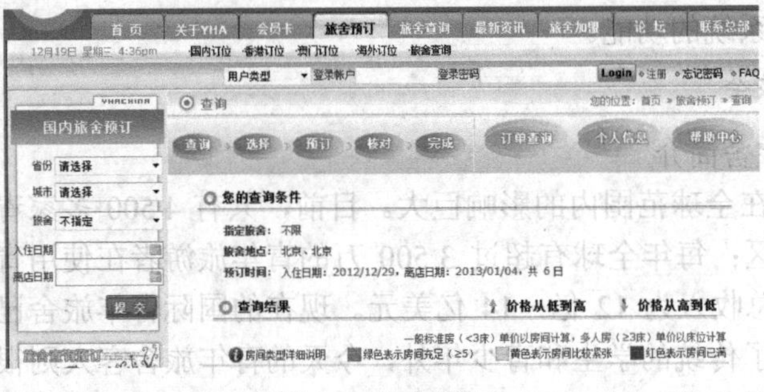

图 3-2　旅舍预订

（2）查询系统

国际青年旅舍提供的查询系统是针对旅舍分布的查询，其目的是方便游客全面了解旅游目的地的青年旅舍分布状况，有选择性地入住青年旅舍。

进入旅舍查询页面，首先在该页面的左上方提供了查询类型和方式，游客可以选择国内旅舍总览方式（见图3-3）或者地图方式（见图3-4）查询。查询页面默认的是国内旅社总览方式查询，同时按照省份将各地的青年旅舍一一罗列，只在一页之内就能知晓全国各地的旅舍分布信息。

图 3-3　国内旅舍总览

图 3-4　地图方式查询

（3）客户关系管理系统

国际青年旅舍的客户关系管理系统主要是指旅舍会员卡管理和论坛，如图 3-5 和图 3-6 所示。国际青年旅舍是为背包客为主的旅游者提供住宿服务的酒店，服务对象来自世界各地，分布广泛，同时背包旅游群体人数越来越多，因此为这一部分顾客提供会员服务可以更好地将顾客与旅舍联系在一起，通过会员管理和服务，实现的不仅是某一地的旅舍的经济效益，更是整个旅舍联盟的经济效益。

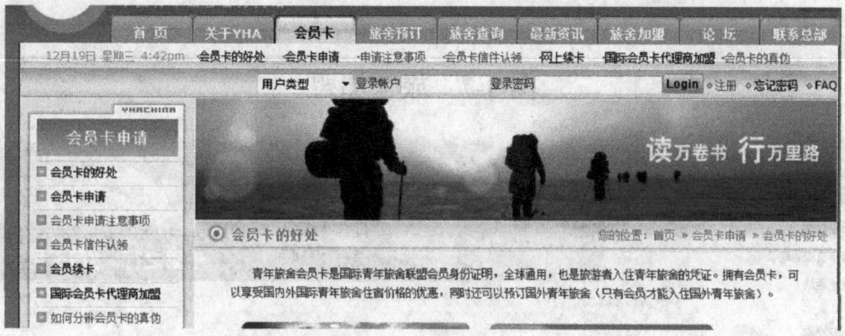

图 3-5　会员卡服务

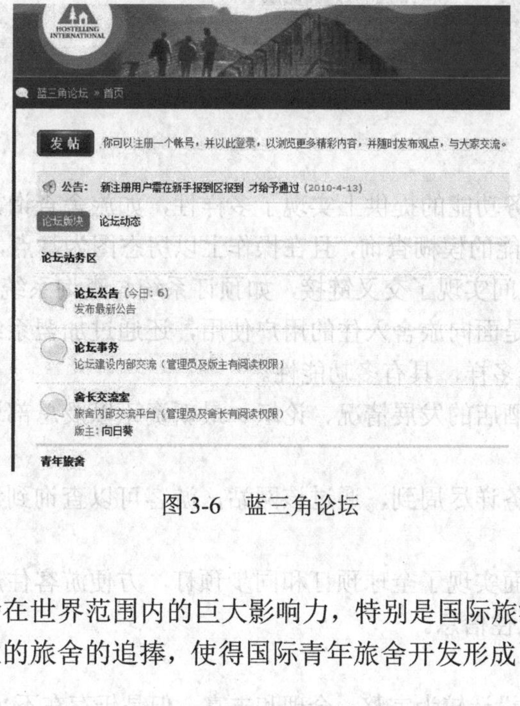

图 3-6　蓝三角论坛

（4）旅舍加盟

由于国际青年旅舍在世界范围内的巨大影响力，特别是国际旅游者对这种便宜、便捷又具有多元文化融合性的旅舍的追捧，使得国际青年旅舍开发形成了专门的旅舍加盟管理系统，如图 3-7 所示。

（5）其他功能

除了以上介绍的管理信息系统以外，该系统还有关于旅舍概况、旅舍图片、周边景点以及最新消息等的介绍，能够让顾客全面直观地了解青年旅舍以及青年旅舍所在地的旅游情况，如图 3-8 所示。

图 3-7　旅舍加盟

图 3-8　最新资讯

4）系统优点

（1）该系统在服务功能的提供上实现了多样性，如旅舍查询，既提供了定点定位的具体查询，也有地图功能的模糊查询，且在操作上以房态图为基点，使用简单，操作方便。另一方面，部分系统之间实现了交叉链接，如预订系统与查询系统的交叉。

（2）该系统不仅是面向旅舍入住的用户使用，还通过加盟系统实现了面向投资者和商人的使用，目标人群多样，具有多功能性。

（3）该页面提供酒店的发展情况、论坛、最新资讯以及总部资讯等，方便游客对旅舍的了解和关注。

（4）信息查询服务详尽周到，通过该网站，游客可以查询到世界各地的所有国际青年旅舍的住宿接待情况。

（5）住宿接待方面实现了全球预订和同步预订，方便游客住房需求的同时，也即时更新和掌握了酒店的入住信息。

5）系统不足

国际青年旅舍网站设计较为完整、合理和丰富，但是仍存在不足和需要改进的地方。

（1）语言的完善。虽然国际青年旅舍页面提供了三种语言，但是作为具有国际影响力和国际范围顾客的旅舍来说，三种语言是不够的，应该再增加几种使用较多或者在国际上具有一定影响力的语言，如法语、西班牙语，以完善语言的可选择性。

（2）系统分析功能完善。该系统只提供了旅舍查询与预订功能，在与客户的互动上，只有会员卡信息管理和少量的咨询服务，没有加入对客户消费的分析，提供的个性化服务功能较少。

（3）系统内容不简洁。这一点主要针对的是旅舍预订与查询功能，两者有交叉，但是在表现形式上又不相一致，使得内容看上去稍显混乱繁复，需要进一步简单化。

2. 香格里拉连锁酒店集团的酒店管理信息系统

香格里拉酒店集团网站（http://www.shangri-la.com/cn/findahotel）的首页如图3-9所示。

1）系统简介

该酒店管理信息系统是一个提供查找酒店、房间预订、会议及宴会服务的综合性酒店网站。对消费者而言，为其提供了中文、英文、日文三种语言版本，包括全球所属的香格里拉酒店预订，对于消费者来说是十分方便的，可以满足不同消费者的需求。其方便的酒店查找系统，可以帮助消费者十分迅速地找到世界上任何一家香格里拉酒店，并且联系上它们。

图3-9　香格里拉酒店集团网站主界面

2）系统功能介绍

（1）预订系统。通过抵达日期、离店日期以及选择所需房间类型，就可以很方便地找到符合顾客要求的房间，并且了解房间的相关配置情况以及价格。例如，免费宽带上网，香格里拉超值特惠遍华夏优惠价、全部优惠等各方面的信息。其中，预订服务中，包括全球订房中心，可以预订全球的任何一个香格里拉房间，还有最佳房价保证。这些都是极具人性化的服务。同时，每个网页都有所预订房间当地时间及天气预报情况，方便消费者们出行，十分贴心。在网上预订服务中，消费者可以查询可预订的客房，以及更改或取消预订，还有一些优惠精选可供消费者选择。满足了消费者各方面的需求，十分到位和人性化。

（2）其他功能方面。该系统还有关于当地的概况、美食、健康、休闲等方面的介绍，附带图片，让前往的消费者更加全面地了解当地情况，为出行做好准备。

3）系统优点

（1）该酒店管理信息系统的信息查询服务十分周到，通过该网站，消费者可以联系上全世界任何一家香格里拉酒店，并且还可以联系到航空公司合作伙伴。

（2）该酒店管理信息系统的信息量十分大，通过浏览网站，可以了解集团性精选优惠、电子通信、香格里拉公寓、即将开业的酒店、公司的简介、媒体中心、职业发展、投资资讯、人身与财产安全政策及承诺、网页索引等各个方面的内容，服务周到，功能齐全。

4）系统不足

（1）语言的完善。该系统如果能再加几种语言，就会更加完善。香格里拉酒店集团是个全球性的连锁酒店集团，因此仅有三种语言服务是不够的。

（2）系统分析功能的完善。该系统只提供客户的查询和预订等，并没有加入对客户消费的分析，提供个性化服务的功能较少。

3. 卓美亚帆船酒店

1）系统简介

卓美亚帆船酒店（https://www.jumeirah.com/en/hotels-resorts/dubai/burj-al-arab/）矗立于迪拜海岸线，是世界上最吸引眼球的建筑之一。酒店设计酷似一艘乘风破浪的帆船，高达321米，高耸入云，屹立于迪拜天际线。帆船酒店被顾客赞为世界7星级酒店。在酒店套房内登记入住服务、每一层的专属接待处以及全天候提供悉心关怀的高素质管家，可确保顾客在整个入住期间享受到顶级的个性化服务，更可升级享受劳斯莱斯司机代驾服务。网站首页如图3-10所示。

图3-10　卓美亚帆船酒店

2）系统功能

（1）酒店查询预订

该查询系统主要是为入住旅客提供酒店查询预订服务的。该系统在页面排版设计以及操作设计上简单明了，并提供不同的查看方式，包括按客房细节查看和按房型查看，如图3-11所示。

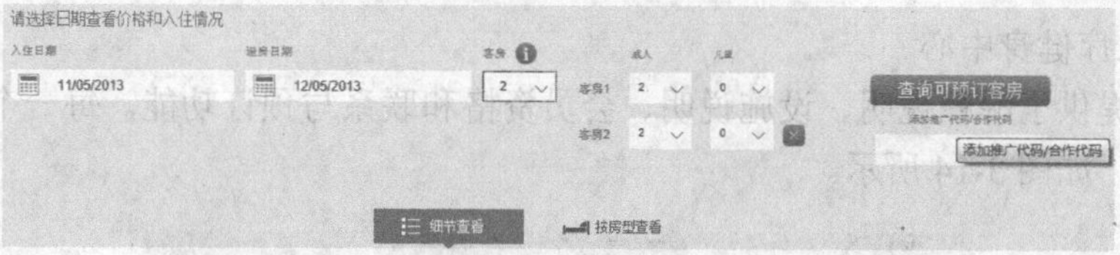

图 3-11　酒店查询预订

该查询系统提供了该酒店的套房说明和展示，包括单卧豪华套房、双卧豪华套房、外交套房、总统套房、皇家套房、全景套房和俱乐部套房。每一个套房类型都可以通过页面点击进行虚拟体验。

（2）餐饮和娱乐管理

帆船酒店本身提供多样化的餐饮、娱乐服务。包括阿拉伯餐厅、亚洲餐厅、海鲜餐厅、海滩餐厅、顶层餐厅、池畔餐厅等。每一个餐厅从菜品到装修再到景观欣赏都独具特色，因而该酒店的餐饮管理系统同房间预订系统一样，对每个餐厅都提供了　额外的链接，单击可以直接进入，同时也可以在每个餐厅页面直接进行预订查询，如图 3-12 所示。

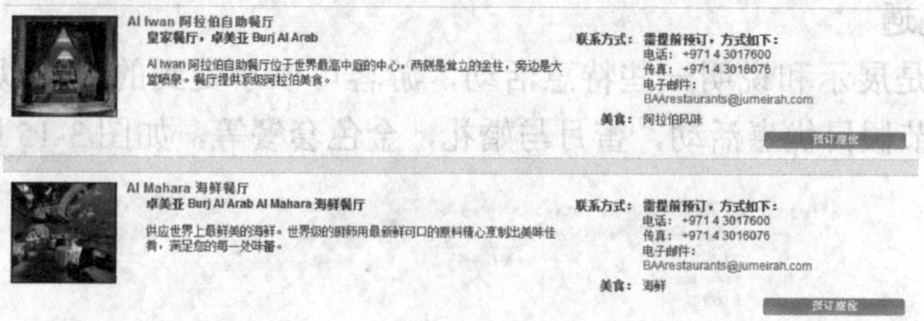

图 3-12　餐饮和娱乐管理

（3）会展活动管理

该酒店可以提供高档次的不同类型、不同级别的会议活动，如图 3-13 所示。可以定制宴会，同时可以提供专门的婚宴和蜜月宴会举办服务，提供婚宴举办各个细节的说明和服务，且都有预订功能。

图 3-13　会展活动管理

（4）水疗健身中心

该活动提供了解释说明、设施说明、会员资格和联系与预订功能。每一个子页面都有详细的解释，如图 3-14 所示。

图 3-14　水疗健身中心

（5）尊贵礼遇

该功能主要是展示和说明一些特惠活动，游客可以享受到的折扣以及特殊服务待遇等。例如，大型节假日优惠活动，蜜月与婚礼，金色套餐等，如图 3-15 所示。

图 3-15　尊贵礼遇

3）系统优点

（1）该系统在功能体验上实现了多样化的操作手段和操作方式，包括电子书和视频，使得用户可以生动直观地进行体验。

（2）该系统在提供的服务介绍和说明方面非常详尽。除了住宿和餐饮以外，还包括了酒店内的娱乐活动、会展活动、健身活动等，并且内容和方式多种多样。

（3）每一种系统功能实现的服务都有精美的图片展示，并且图片都是动态的，整个系统看起来非常真实、丰富和吸引人。

3.2.2　酒店管理信息系统建设的目标

酒店管理信息系统的建设总体目标是能够建立完善、高效、可靠的酒店业务信息系统，为酒店提供良好的信息环境。酒店管理信息系统针对酒店的具体业务，以酒店的前台、后台管理为核心，为用户提供迅速、高效的服务，减免手工处理的繁琐与误差，及时、准确地反映酒店的工作情况、经营情况，从而提高酒店的服务质量，并配合现代化的酒店管理，获得更好的经济效益。

酒店可以通过酒店管理信息系统的建设来更好地实现其基本职能。其建设目标概括如下。

1. 提高酒店前台经营管理的工作效率与管理水平，提高酒店效益

前台以为客人服务为中心，从客人预订、入住、查询、消费、入账到结账离店，酒店管理信息系统使接待服务响应快、核算管理差错少、手续简便。为客人提供更优的服务，为酒店创造更多的利润。

2. 系统功能强，响应速度快

酒店前台系统是一个实时管理系统，它要求响应速度快。过去手工管理节奏很慢，跑账现象很多，严重地影响了酒店的效益。计算机网络系统应用于酒店管理后，客人在酒店各营业点的消费账单及时通过网络传输到财务处，避免了“跑账”现象，也提高了酒店的效益。

3. 系统高度自动化，可以及时提供详细、准确的经营管理信息

系统能够快速、准确、详细地提供各类经营活动的信息。只要运行报表输出功能模块，几分钟内即可打印出各部门的每日现金收入情况、客房出租率、平均房价、客房状态和预订客源等各种分析报表，使得管理层能及时掌握情况，进行科学的决策。

4. 提高信息利用率，减少信息处理的工作量

为强化酒店管理，必然要增加监督、控制、预测、核对、通报等工作。随着信息流的强大，用于信息处理的人力、财力、物力需要不断增加。酒店管理信息系统可以实现信息的共享和处理，提高信息的利用率，满足酒店不断加强管理的需要，减少原有人工信息处理的工作量。

5. 降低酒店的劳务成本

酒店管理信息系统可以减少酒店对高层人员数的需求和许多岗位员工上岗前的培训量，降低酒店的劳务成本。

6. 确保管理体系的可靠性，减少人员流动的不良影响

管理成熟的酒店都有自己正式的管理模式，即要确保有一个稳定的管理体系。酒店管理信息系统可以在酒店的管理中发挥强有力的制约稳定作用，可以明显地减少员工及各层管理人员的流动对酒店管理运作的不良影响。

3.2.3 酒店管理信息系统的功能

本酒店管理信息系统根据酒店设置和业务活动正常展开的要求，将酒店业务系统划分为用户和管理员两大子系统，其具体功能结构图如图3-16所示。

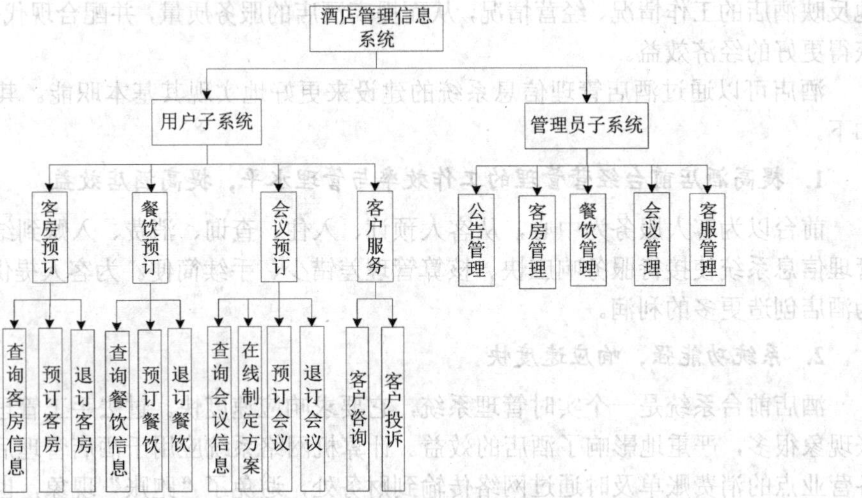

图3-16 “酒店管理信息系统”功能模块结构图

该系统为所有酒店用户和酒店管理层工作人员使用，分为用户子系统和管理员子系统。用户子系统包括客房预订、餐饮预订、会议预订、客户服务四大功能模块；管理员子系统包括公告管理、客房管理、餐饮管理、会议管理和客服管理五大功能模块。各子系统和功能模块的具体功能介绍如下。

1. 用户子系统

1）客房预订

用户通过该子系统进行酒店客房的查询预订，帮助用户足不出户就实现同城或异地的客房的预订。

（1）查询客房信息。用于用户根据自己的喜好及需要查询客房信息。

（2）预订客房。用户根据自己的入住喜好、入住人数以及经济承担能力选择客房类型，根据自己的需要选择客房配套服务并预订。

（3）退订客房。如果用户计划临时有变或因其他原因需要退订客房，可通过该模块实现。

2）餐饮预订

（1）查询餐饮信息。用户根据自己的餐饮喜好以及经济承担能力查看餐饮类型，根据实际情况填写参加餐饮聚会的人数、预订餐饮服务的时间，查询与自己的需求一致并与酒店内部数据匹配的餐饮供应情况。

（2）预订餐饮。如果有满足客户预订条件的餐饮供应，客户可选择并填写预订信息。

（3）退订餐饮。如果用户计划临时有变或因其他原因需要退订餐饮，可通过该模块实现。

3）会议预订

（1）查询会议信息。用户根据自己的会议要求以及经济承担能力选择会议类型、填写参加会议的人数、预订会议服务的时间，并查询酒店内是否可以提供相匹配的　信息。

（2）在线制定方案。用于用户根据自己的实际需要定制符合要求的会议安排方案。

（3）预订会议。客户可通过查询会议信息与在线制定方案方式，得到合适的会议安排，从而通过填写相应信息预订会议。

（4）退订会议。如果用户计划临时有变或因其他原因需要退订会议，可通过该模块实现。

4）客户服务

（1）客户咨询。填写咨询问题，客户有任何关于酒店的疑问都可以通过该模块进行留言咨询。

（2）客户投诉。选择投诉对象，从预订到入住再到离店，整个期间，如果有任何不满意的地方，都可以通过该模块进行投诉；填写投诉事件，需要较详细地描述投诉事件原委，以便酒店进行记录和整治。

2. 管理员子系统

管理员子系统主要用于管理员进行信息的更新和修改。其主要功能模块如下。

（1）公告管理

针对酒店的新信息及时作出公告的发布，包括增加新公告，删除旧的、无用的公告以及修改有误的公告。

（2）客房管理

主要是对客房的信息和状态进行维护和修改，包括可用房查询，按照房号、类型等进行查询；客房维护，对客房的状态进行修改；客房物品的维护；客人房间遗失物品、索赔登记；房态统计。

（3）餐饮管理

主要是对酒店餐饮信息进行统计和修改，包括餐饮预订情况、餐饮销售情况以及每日餐饮提供情况等。

（4）会议管理

负责酒店会议室的价格制定、价格修改以及可提供会议室的数量等信息的管理。

（5）客服管理

主要是对客户的咨询问题以及投诉进行管理，负责对客户的疑问通过网上留言回复进行解答和记录客户投诉的对象和投诉事件，对此作出回应并为酒店内部的整改提供资料。

3.3 酒店管理信息系统的分析

本节在 3.2.3 节“酒店管理信息系统的功能”的基础上，对拟开发的酒店管理信息系统使用结构化方法进行分析。

3.3.1 系统概况表

酒店管理信息系统“用户子系统”概况表如表 3-1 所示。

表 3-1 “用户子系统”概况表

酒店管理信息“用户子系统”概况表	
输入： D1 用户信息 D2 登录信息 D3 客房查询条件 D4 客房信息查询结果 D5 客房预订信息 D6 客房退订请求 D7 客户退订信息 D8 餐饮查询条件 D11 退订餐饮请求 D13 会议查询条件 D16 退订会议请求 D18 在线制定方案请求 D19 用户自定义方案 D20 客户咨询请求 D21 客户咨询信息 D22 客户投诉请求 D23 客户投诉信息	处理： P1 用户注册 P2 用户登录 P3.1 查询客房信息 P3.2 预订客房 P3.3 退订客房 P4.1 查询餐饮信息 P4.2 预订餐饮 P4.3 退订餐饮 P5.1 查询会议信息 P5.2 在线制定方案 P5.3 预订会议 P5.4 退订会议 P6.1 客户咨询 P6.2 客户投诉
存储： F1 客房服务清单 F2 特殊要求清单 F3 客房预订单 F4 客房退订单 F5 餐饮预订单 F6 餐饮退订单 F7 会议预订单 F8 会议退订单 F9 客户咨询单 F10 客户投诉单	输出： D4 客房信息查询结果 D5 客房预订信息 D7 客房退订信息 D9 餐饮信息查询结果 D10 餐饮预订信息 D12 餐饮退订信息 D14 会议信息查询结果 D15 会议预订信息 D17 会议退订信息 D21 客户咨询信息 D23 客户投诉信息

3.3.2　系统数据流图

1. 顶层图

酒店管理信息系统顶层图如图 3-17 所示。

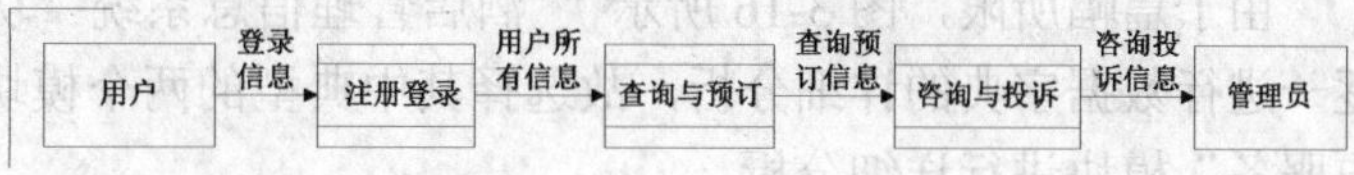

图 3-17　系统数据流图顶层图

2. 一级细化图

酒店管理信息系统一级细化图如图 3-18 所示。

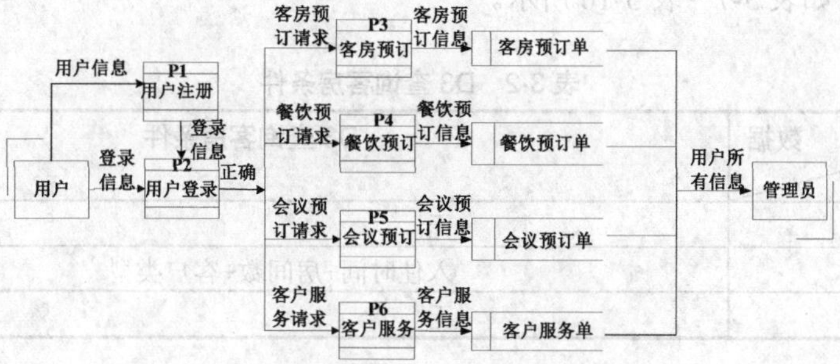

图 3-18　系统数据流图一级细化图

3. 二级细化图

酒店管理信息系统二级细化图如图 3-19 所示。

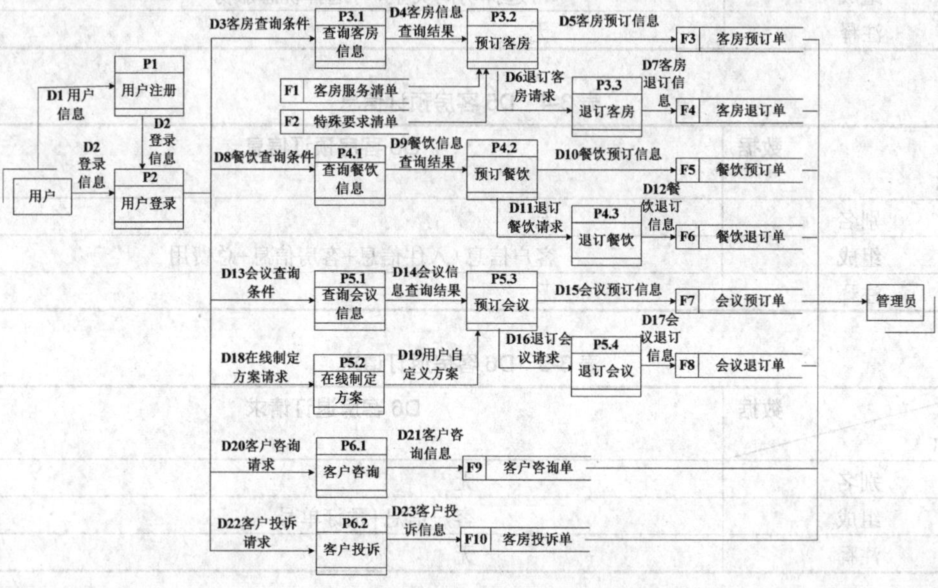

图 3-19　系统数据流图二级细化图

3.3.3 系统数据字典

由于篇幅所限，图 3-16 所示"'酒店管理信息系统'功能模块结构图"中各模块不能逐一进行数据字典的详细分析，故选择其中典型的两个模块，即"客房预订"模块和"客户服务"模块进行详细分析。

1. 数据流条目

"客房预订"模块所包含的数据流条目如表 3-2～表 3-6 所示。"客户服务"模块所包含的数据流条目如表 3-7～表 3-10 所示。

表 3-2 D3 查询客房条件

数据 名称	D3 查询客房条件
别名	无
组成	入住时间+房间数+客户类型
注释	无

表 3-3 D4 客房信息查询结果

数据 名称	D4 客房信息查询结果
别名	无
组成	可选择房间类型+可选择优惠服务
注释	无

表 3-4 D5 客房预订信息

数据 名称	D5 客房预订信息
别名	无
组成	客户信息+入住信息+客房信息+总费用
注释	无

表 3-5 D6 客房退订请求

数据 名称	D6 客房退订请求
别名	无
组成	客户信息+预订单号
注释	无

表 3-6　D7 客房退订信息

名称＼数据	D7 客房退订信息
别名	无
组成	客户信息+入住信息+客房信息+退订协议+扣取费用
注释	无

表 3-7　D20 客户咨询请求

名称＼数据	D20 客户咨询请求
别名	无
组成	客户信息+咨询请求
注释	无

表 3-8　D21 客户咨询信息

名称＼数据	D21 客户咨询信息
别名	无
组成	客户信息+咨询信息
注释	无

表 3-9　D22 客户投诉请求

名称＼数据	D22 客户投诉请求
别名	无
组成	客户信息+投诉请求
注释	无

表 3-10　D23 客户投诉信息

名称＼数据	D23 客户投诉信息
别名	无
组成	客户信息+投诉信息
注释	无

2. 文件条目

“客房预订”模块所包含的文件条目如表3-11～表3-14所示。“客户服务”模块所包含的文件条目如表3-15和表3-16所示。

表3-11 客房服务清单

名称 \ 文件	客房服务清单
编号	F1
组成	客房类型+优惠类型+服务条目及费用
结构	以客房类型和优惠类型为关键字、索引存取
注释	无

表3-12 特殊要求清单

名称 \ 文件	特殊要求清单
编号	F2
组成	特殊要求条目
结构	以预订单编号为关键字、索引存取
注释	无

表3-13 客房预订单

名称 \ 文件	客房预订单
编号	F3
组成	预订单编号+接单日期+入住日期+退房日期+房间数+客房类型+客房服务+特殊要求+总费用+联系人+联系电话
结构	以预订单编号为关键字、索引存取
注释	无

表3-14 客房退订单

名称 \ 文件	客房退订单
编号	F4
组成	退订单编号+预订单编号+接单日期+入住日期+退房日期+房间数+客房类型+客房服务+特殊要求+总费用+扣取费用
结构	以退订单编号为关键字、索引存取
注释	无

表 3-15 客户咨询单

文件 名称	客户咨询单
编号	F9
组成	用户名+咨询类型+咨询事件+咨询时间
结构	以用户名为关键字、索引存取
注释	无

表 3-16 客户投诉单

文件 名称	客户投诉单
编号	F10
组成	用户名+投诉类型+投诉事件+投诉对象+投诉时间
结构	以用户名为关键字、索引存取
注释	无

3. 数据项条目

“客房预订”模块所包含的数据项条目如表 3-17～表 3-20 所示。“客户服务”模块所包含的数据项条目如表 3-21 和表 3-22 所示。

表 3-17 “客房服务清单”中数据项条目

数据项名	代码	类型	长度	小数位	注释
客房类型	KFLX	字符型	20		
优惠类型	YHLX	字符型	10		
服务条目及费用	FWTM	字符型	100		

表 3-18 “特殊要求清单”中数据项条目

数据项名	代码	类型	长度	小数位	注释
特殊要求条目及费用	TSYQTM	字符型	40		

表 3-19 “客房预订单”中数据项条目

数据项名	代码	类型	长度	小数位	注释
预订单编号	YDDBH	字符型	16		
接单日期	JDRQ	日期型	8		
入住日期	RZRQ	日期型	8		
退房日期	TFRQ	日期型	8		

续表

数据项名	代　码	类　型	长　度	小数位	注　释
房间数	FJS	整数型	2		
客房类型	KFLX	字符型	20		
客房服务	KFFW	字符型	40		
特殊要求	TSYQ	字符型	40		
总费用	ZFY	字符型	8		
联系人	LXR	字符型	8		
联系电话	LXDH	字符型	11		

表3-20　“客房退订单”中数据项条目

数据项名	代　码	类　型	长　度	小数位	注　释
退订单编号	TDDBH	字符型	16		
预订单编号	YDDBH	字符型	16		
接单日期	JDRQ	日期型	8		
入住日期	RZRQ	日期型	8		
退房日期	TFRQ	日期型	8		
房间数	FJS	整数型	2		
客房类型	KFLX	字符型	20		
客房服务	KFFW	字符型	40		
特殊要求	TSYQ	字符型	40		
总费用	ZFY	字符型	6		
扣取费用	KQFY	字符型	4		

表3-21　“客户咨询单”中数据项条目

数据项名	代　码	类　型	长　度	小数位	注　释
用户名	RHM	字符型	8		
咨询类型	ZXLX	字符型	10		
咨询事件	ZXSJ	字符型	100		
咨询时间	ZXSJ	日期型	8		

表3-22　“客户投诉单”中数据项条目

数据项名	代　码	类　型	长　度	小数位	注　释
用户名	YHM	字符型	8		
投诉类型	TSLX	字符型	10		
投诉事件	TSSJ	字符型	100		
投诉对象	TSDX	字符型	14		
投诉时间	TSSJ	日期型	8		

3.3.4　加工说明

“客房预订”模块的加工说明如表 3-23～表 3-25 所示。“客户服务”模块的加工说明如表 3-26 和表 3-27 所示。

表 3-23　查询客房信息

名称 \ 加工	查询客房信息
编号	P3.1
输入	客房查询条件
加工逻辑	对于每一个预订 　　输入 入住日期、退房日期、房间数、成人数、儿童数 　　如果 是会员或有合作关系旅行社或有合作关系团体 　　　　则输入会员代码或旅行社代码或团体代码 　　查询满足条件客房
输出	客房信息查询结果

表 3-24　预订客房

名称 \ 加工	预 订 客 房
编号	P3.2
输入	客房信息查询结果
加工逻辑	对于每种客房类型 　　如果 入住时间≥3 天 　　　　则可免费选择客房服务中任一服务 　　否则 从客房服务清单中选择自己需要的服务 　　如果 有特殊要求 　　　　则从特殊要求清单中选择是否喜好吸烟客房、是否需要障碍设施 　　确认上述信息 　　如果 房间数≥2 　　　　可选择以一个姓名预订或以多个姓名预订 　　如果 是会员 　　　　则可以从已有账户中提取个人资料 　　否则 填写个人预订信息 　　提交客房预订信息
输出	客房预订信息

表 3-25　退订客房

名称＼加工	退 订 客 房
编号	P3.3
输入	退订客房请求
加工逻辑	如果 是会员 则可登录会员号或预订确认号查找预订信息 否则 使用预订确认号查找预订信息 如果 退订日期距离入住日期≥2天 则不扣取退订费用 否则 扣取总费用的5% 输出客房退订信息
输出	客房退订信息

表 3-26　客户咨询

名称＼加工	客 户 咨 询
编号	P6.1
输入	客户咨询请求
加工逻辑	选择匿名咨询或登录账户咨询 转到填写咨询事件界面处 确认咨询事件后提交咨询内容
输出	客户咨询信息

表 3-27　客户投诉

名称＼加工	客 户 投 诉
编号	P6.2
输入	客户投诉请求
加工逻辑	登录账户 转到填写投诉对象、投诉事件界面处 确认投诉内容后提交
输出	客户投诉信息

3.4　酒店管理信息系统的设计

3.4.1　代码设计

“客房预订”模块和“客户服务”模块代码设计如表 3-28～表 3-31 所示。

表 3-28　员工编号代码

代码对象名	员工编号代码				
代码类型	层次码	位数	14	校验位	1
代码数量	10 万	使用期限		使用范围	系统内

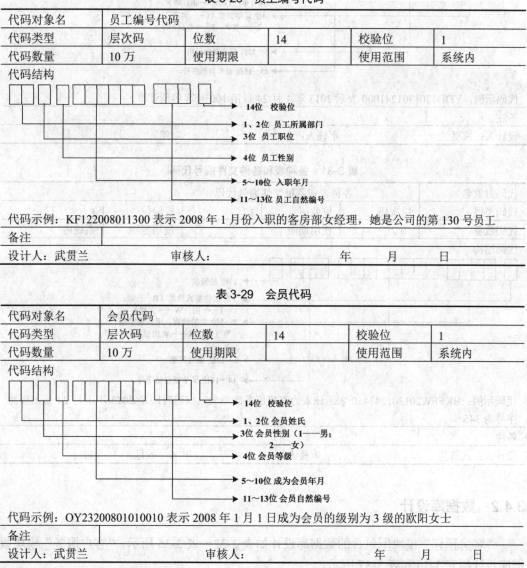

代码结构

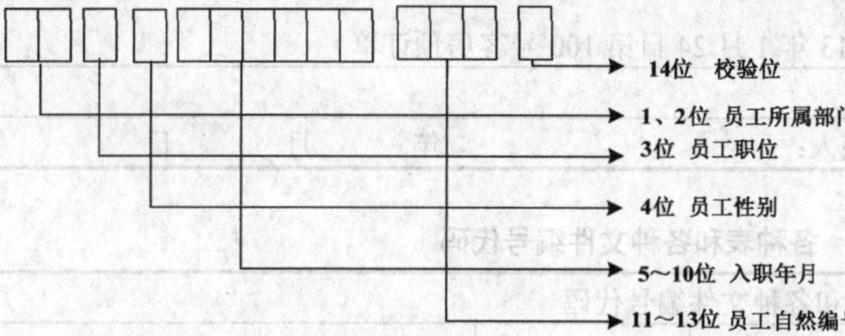

代码示例：KF122008011300 表示 2008 年 1 月份入职的客房部女经理，她是公司的第 130 号员工

备注	

设计人：武贯兰　　　　审核人：　　　　年　　月　　日

表 3-29　会员代码

代码对象名	会员代码				
代码类型	层次码	位数	14	校验位	1
代码数量	10 万	使用期限		使用范围	系统内

代码结构

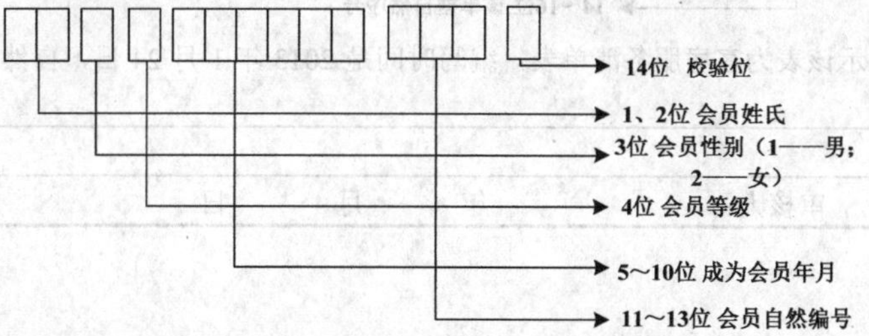

代码示例：OY23200801010010 表示 2008 年 1 月 1 日成为会员的级别为 3 级的欧阳女士

备注	

设计人：武贯兰　　　　审核人：　　　　年　　月　　日

表 3-30　订单编号代码

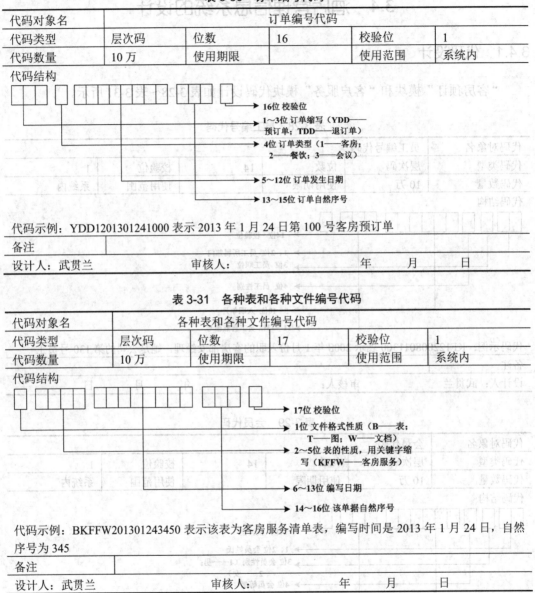

代码对象名	订单编号代码				
代码类型	层次码	位数	16	校验位	1
代码数量	10万	使用期限		使用范围	系统内

代码结构

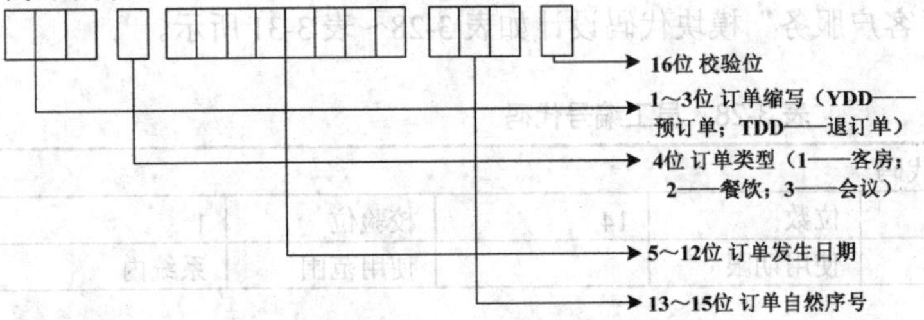

代码示例：YDD1201301241000 表示 2013 年 1 月 24 日第 100 号客房预订单

备注	
设计人：武贯兰	审核人：　　　　年　　　月　　　日

表 3-31　各种表和各种文件编号代码

代码对象名	各种表和各种文件编号代码				
代码类型	层次码	位数	17	校验位	1
代码数量	10万	使用期限		使用范围	系统内

代码结构

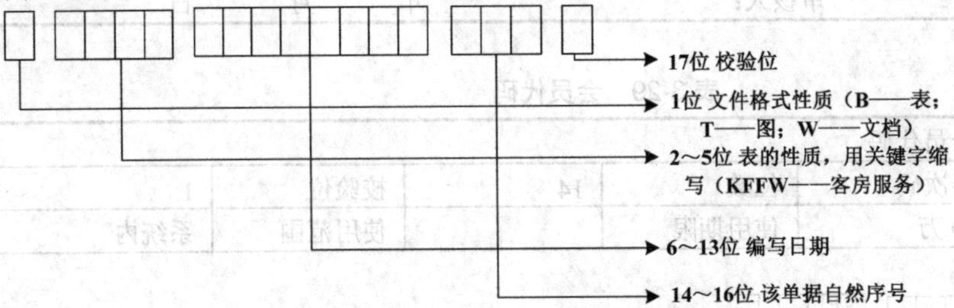

代码示例：BKFFW201301243450 表示该表为客房服务清单表，编写时间是 2013 年 1 月 24 日，自然序号为 345

备注	
设计人：武贯兰	审核人：　　　　年　　　月　　　日

3.4.2　数据库设计

“客房预订”模块所包含的数据库设计如表 3-32～表 3-35 所示。“客户服务”模块数据库设计如表 3-36 和表 3-37 所示。

表 3-32　客房服务清单

客房类型	优惠类型	服务条目及费用/元
高级海景房	自选包价	豪华轿车接送（100）、衣物干洗（50）、SPA 护理（100）、店内餐饮消费（100）、店内餐饮消费（200）、店内餐饮消费（300）、酒店内运动及休闲服务（50）
行政套房	优惠服务免单	豪华轿车接送（100）、衣物干洗（50）、SPA 护理（100）、私人秘书（200/天）、店内餐饮消费（100）、店内餐饮消费（200）、店内餐饮消费（300）、酒店内运动及休闲服务（50）

表 3-33　特殊要求清单

特殊要求条目及费用
房间是可抽烟房间（不收取费用）
房间有障碍设施（不收取费用）

表 3-34　客房预订单

预订单编号	接单日期	入住日期	退房日期	房间数	客房类型	客房服务	特殊要求	总费用/元	联系人	联系电话
YDD1201301011000	20130101	20130106	20130108	2	高级海景房	自选包价	非吸烟客房、有障碍设施	30 000	张三	18811111111
YDD1201301022000	20130102	20130108	20130112	1	行政套房	优惠服务免单	吸烟客房	40 000	李四	18822222222

表 3-35　客房退订单

退订单编号	预订单编号	接单日期	入住日期	退房日期	房间数	客房类型	客房服务	特殊要求	总费用/元	扣取费用/元
TDD1201301050010	YDD1201301011000	20130101	20130106	20130108	2	高级海景房	自选包价	非吸烟客房、有障碍设施	30 000	1500
TDD1201301040050	YDD1201301022000	20130102	20130108	20130112	1	行政套房	优惠服务免单	吸烟客房	40 000	0

表 3-36　客户咨询单

用户名	咨询类型	咨询事件	咨询时间
张三	酒店服务	豪华轿车接送车辆可不可以安排两辆，其中一辆中可以放下轮椅吗	20130101
李四	节日活动	贵酒店的春节优惠活动安排可以定制然后发送至邮箱吗	20130102

表 3-37　客户投诉单

用户名	投诉类型	投诉事件	投诉对象	投诉时间
张三	服务态度	服务态度恶劣	KF522011012880	20130101
李四	客房服务	豪华轿车接送服务晚点很多	KF412011012890	20130102

3.4.3 数据处理过程设计

“客房预订”模块数据处理过程设计 IPO 图如图 3-20～图 3-22 所示。“客户服务”模块数据处理过程设计 IPO 图如图 3-23 和图 3-24 所示。

系统名：用户子系统	编制者：武贯兰
模块名：查询客房信息	编号：1
由哪些模块调用：无	调用哪些模块：预订客房
输入：客房查询条件	输出：客房信息查询结果
算法说明：（问题分析图）	

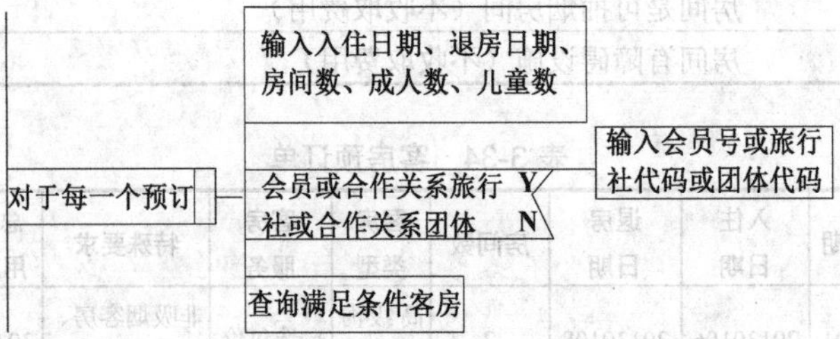

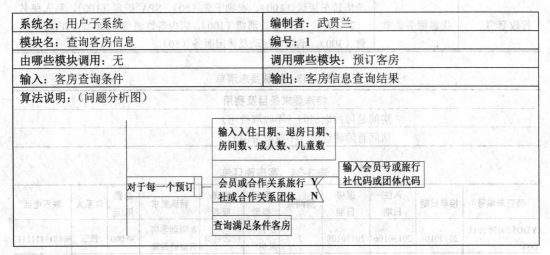

图 3-20 “查看客房信息”IPO 图

系统名：用户子系统	编制者：武贯兰
模块名：预订客房	编号：2
由哪些模块调用：查询客房信息	调用哪些模块：退订客房
输入：客房信息查询结果，客房服务清单，特殊要求清单	输出：客房预订信息
算法说明：（问题分析图）	

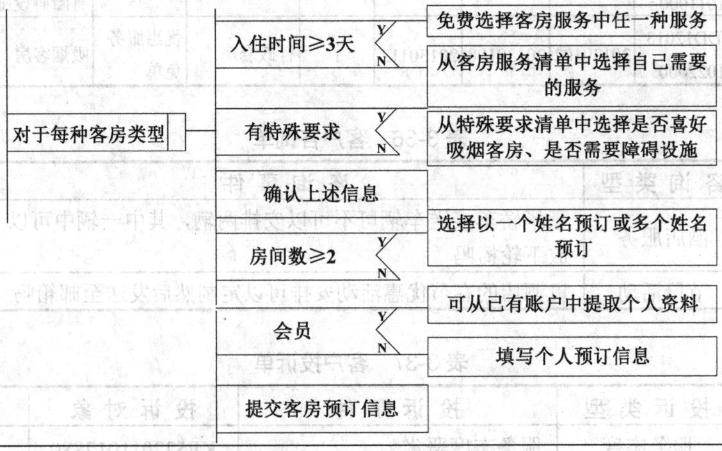

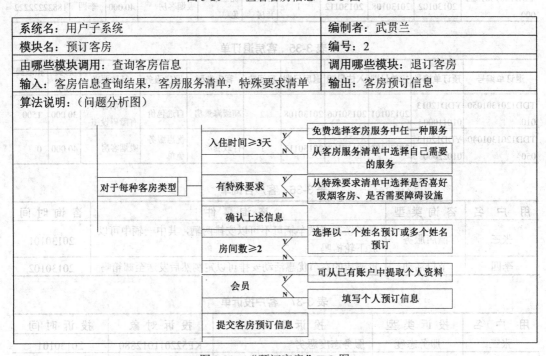

图 3-21 “预订客房”IPO 图

系统名：用户子系统	编制者：武贯兰
模块名：退订客房	编号：3
由哪些模块调用：预订客房	调用哪些模块：无
输入：退订客房请求	输出：客房退订信息
算法说明：（问题分析图）	

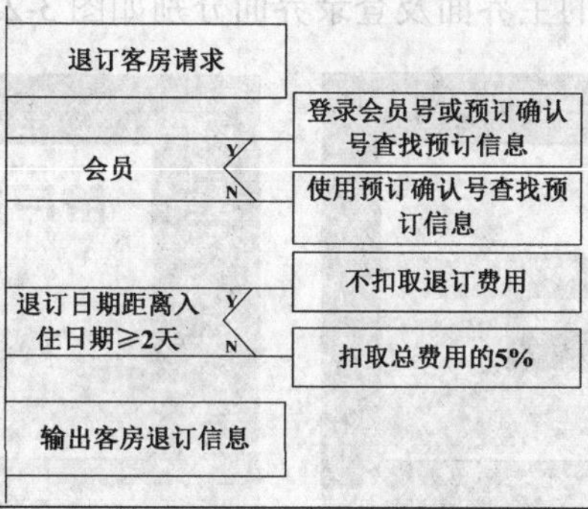

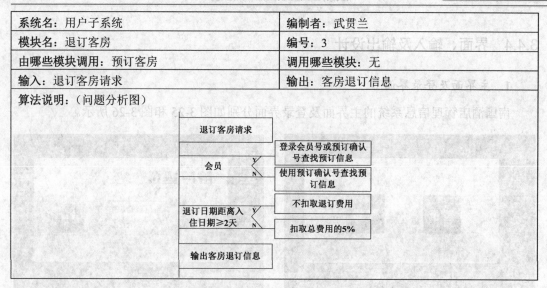

图 3-22　“退订客房”IPO 图

系统名：用户子系统	编制者：武贯兰
模块名：客户咨询	编号：4
由哪些模块调用：无	调用哪些模块：无
输入：客房咨询请求	输出：客房咨询信息
算法说明：（问题分析图）	

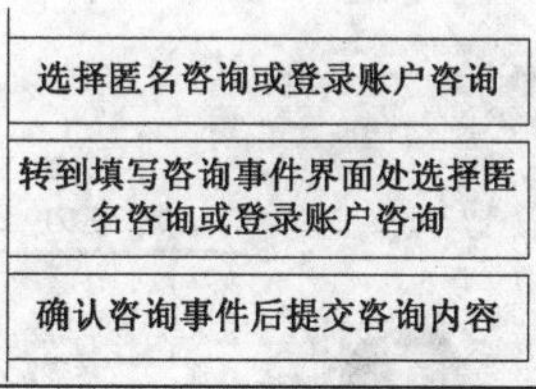

图 3-23　“客户咨询”IPO 图

系统名：用户子系统	编制者：武贯兰
模块名：客户投诉	编号：5
由哪些模块调用：无	调用哪些模块：无
输入：客房投诉请求	输出：客房投诉信息
算法说明：（问题分析图）	

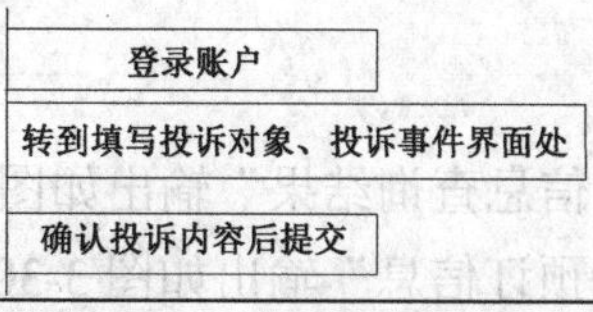

图 3-24　“客户投诉”IPO 图

3.4.4 界面、输入及输出设计

1. 主界面及登录界面

南国酒店管理信息系统的主界面及登录界面分别如图 3-25 和图 3-26 所示。

图 3-25　主界面

图 3-26　用户子系统登录界面

2. 输入设计

“客房预订”模块的“客房查询条件”输入信息如图 3-27 所示。

“客房预订”模块的“退订客房请求”输入信息如图 3-28 所示。

图 3-27　“客房查询条件”输入信息

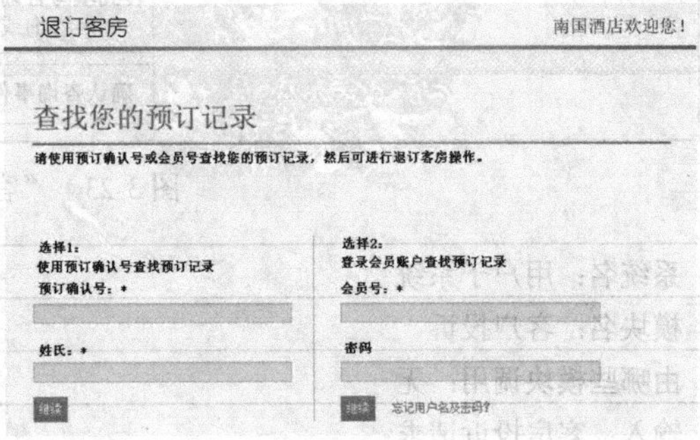

图 3-28　“退订客房请求”输入信息

3. 输出设计

“客房预订”模块的“客房信息查询结果”输出如图 3-29 所示。

“客房预订”模块的“客房预订信息”输出如图 3-30 所示。

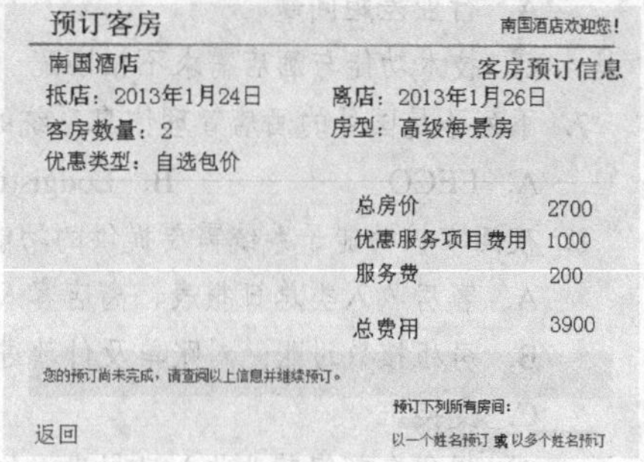

图 3-29　“客房信息查询结果”输出信息　　　　图 3-30　“客房预订信息”输出信息

本章小结

- 酒店主要功能可以分为大堂接待、客房、餐饮、公共活动和后勤服务管理五个主要部分。
- 酒店管理信息系统向以下几个方面发展：向信息协同化方向发展、向数字化发展、向综合型发展、向客户关系管理型发展、向酒店集团型发展、向支持电子商务发展。
- 与发达国家相比，我国酒店管理信息系统建设存在两个方面的问题，即行业差距问题和行业标准问题，需要多借鉴发达国家的成功经验。
- 酒店管理系统的分析内容包括系统概况表、系统数据流图、系统数据字典及加工说明。
- 酒店管理系统的设计内容有代码设计、数据库设计、数据处理过程设计和界面及输入、输出设计。

综合练习

一、单项选择题

1. (　　)是以接待型建筑设施为依托，为公众提供食宿及其他服务的商业性的服务企业。

A. 酒店　　B. 旅行社　　C. 旅游汽车公司　　D. 旅游部门

2. (　　)是计算机管理信息系统在酒店企业中的具体应用，是利用计算机技术和通信技术对酒店信息进行管理的人机结合的综合控制系统。

A. 酒店　　B. 酒店管理　　C. 酒店管理信息　　D. 酒店管理信息系统

3. (　　)是旅游酒店的最高等级。

A. 四星级　　B. 五星级　　C. 六星级　　D. 七星级

4. (　　)主要以接待从事商务活动的客人为主，是为商务活动服务的。

A. 商务酒店　　B. 度假型酒店　　C. 长住型酒店　　D. 会议型酒店

5. (　　) 以接待休假的客人为主，多兴建在海滨、温泉、风景区附近。其经营的季节性较强。

A. 商务酒店　　B. 度假型酒店　　C. 长住型酒店　　D. 会议型酒店

6. 我国酒店信息化存在的问题中不包括(　　)。

A. 行业差距问题　　B. 行业标准问题

C. 技术功能与酒店需求不相匹配　　D. 一店一式的系统对口性上很差

7. 下列不是国外的酒店管理信息系统的有(　　)。

A. EECO　　B. Lodgistix　　C. Fox HIS　　D. 以上都不是

8. 夜间审核功能子系统需要提供的功能不包括(　　)。

A. 客房收入类总日报表、离店客人汇总报表、离店客人明细报表

B. 房租核数过账：对账单及付款进行审核，自动过租

C. 交接班

D. 提供各部门营业收入日报表、住客催款报表

9. 酒店管理信息系统建设的目标不包括(　　)。

A. 提高酒店前台经营管理的工作效率与管理水平，提高酒店效益

B. 系统功能简化，响应速度快

C. 系统高度自动化，可以及时提供详细、准确的经营管理信息

D. 降低酒店的劳务成本

10. 创建客史资料属于(　　)设计。

A. 销售类　　B. 预订业务类　　C. 财务类　　D. 前台接待类

二、多项选择题

1. 酒店的主要功能有(　　)。

A. 大堂接待　　B. 客房　　C. 餐饮　　D. 公共活动

2. 酒店按照档次可分为(　　)。

A. 奢侈型酒店　　B. 豪华型酒店　　C. 舒适型酒店　　D. 经济型酒店

3. 行业差距方面的问题表现在(　　)。

A. 技术功能与酒店需求不相匹配　　B. 管理决策层没有整体的规划

C. 供应商和酒店没有利益上的一致性　　D. 系统功能扩展的困难

4. 酒店管理信息系统发展的方向是(　　)。

A. 电子商务化　　B. 向智能化酒店管理信息系统发展

C. 向综合型酒店管理信息系统发展　　D. 向酒店资源规划管理系统发展

5. 酒店业务过程可以分为(　　)。

A. 前厅业务　　B. 客房　　C. 餐饮业务　　D. 其他业务

6. 采用全新的计算机网络信息化管理系统，可以(　　)，提高酒店的管理效率，改善服务水准。

A. 为销售提供全面、准确的信息数据

B. 为客人提供快捷、细致、周到的服务

C. 为财务提供严密的账务系统

D. 系统高度自动化，及时提供详细、准确的经营管理信息

7. 从国外引进的软件有着成熟的技术及各种独特的优点，但在我国酒店业的应用中反映出来的缺点

有（　　）。

A. 语言问题　　B. 通用性问题　　C. 费用问题　　D. 行业标准问题

8. 预订业务模块的主要设计功能有（　　）。

A. 预订单变更修改　　B. 房态预订表　　C. 房态表　　D. 历史客人查询

9. 店内消费类的方法有（　　）。

A. 创建消费账单　　B. 房卡验证　　C. 打印消费账单　　D. 删除消费账单

10. 物资供应业务的信息流程包括（　　）。

A. 采购部门　　B. 仓库保管部门　　C. 生产部门　　D. 销售部门

三、判断题

1. 酒店企业的许多产品其生产过程和销售过程乃至消费过程是同一过程，一般不存在大宗货物的配送问题。(　　)

2. 前厅业务主要是提供预订、接待、问询、收银、建立档案等，结合顾客的到、离过程。(　　)

3. 大部分的酒店管理信息系统都是以B/S方式来进行架构，但随着互联网的普及，C/S架构的酒店管理信息系统已经受到大多数人的青睐。(　　)

4. 从国外引进的酒店管理信息系统的维护费用昂贵，系统一旦有故障，还要通过厂家或销售商派人指导和维修，给酒店造成很大的经济负担。(　　)

5. 酒店业属于以人为本的劳动密集型服务行业，IT行业属于技术密集型行业。(　　)

6. 酒店的业务主要可以划分为前台和后台两个部分。(　　)

7. 前台部门主要任务就是为保证前台各部门向客人提供满意的服务，提供人力、物力、财力、设备、设施的保障和协调工作。(　　)

8. 采购库房业务主要分为两个部分，首先是根据各部门的申购信息进行物资的采购，其次是库房管理业务，负责物资的验收入库、储存及出库等。这两个部分的业务属于同一部门管理，但从业务流程上看不是在一条线上的。(　　)

9. 工程部的管理需要有科学性和严密性，这是因为它本身就具有很强的技术性，同时它还直接或间接地与客人联系在一起。(　　)

10. 设计酒店管理信息系统的关键在于对系统功能要有较清晰的理解。(　　)

四、简答题

1. 为什么要重视酒店管理信息系统的建设？

2. 酒店管理信息系统对提高酒店管理效率发挥了哪些具体作用？

3. 与发达国家相比，我国酒店管理信息系统建设存在哪些差距？

4. 分析酒店管理信息系统应该包括哪些功能子系统。

5. 结合自己对酒店管理信息系统的理解及本章的学习，提出几点酒店管理信息系统的增值功能。

五、论述题

1. 请充分利用网络资源，结合对本地区酒店管理信息系统建设的实地调研，详细论述酒店管理信息系统建设的目标。

2. 请查阅相关资料，结合对本地区酒店管理信息系统建设的实地调研，分析酒店管理信息系统的发展趋势。

六、案例分析题

深圳威尼斯酒店（http://www.szvenicehotel.com/）位于深圳湾畔风光秀丽的华侨城，是中国首座以威尼斯文化为主题的国际品牌五星标准商务酒店。酒店交通十分便利，紧邻著名的主题公园世界之窗、锦绣中华和民俗文化村，附近就有欢乐谷和益田假日广场购物中心；24小时商务中心可以提供包括翻译、秘书、行政服务、票务、邮件服务以及私人会议室在内的全方位服务；酒店配备有设施齐全的健身俱乐部、室内及室外游泳池和健康水疗中心等休闲设施，使客人的身心在这里得到放松；酒店拥有舒适的威尼斯风格客房375间，其中套房47间，并为商务客人、不吸烟客人和残疾客人特设有3层威尼斯行政楼层、无烟楼层和残疾人客房。酒店客房主要设施均按照商务客人的需要以及国际品牌标准配备；酒店内各餐厅精心制作来自世界各地的美食佳肴，让客人的味蕾得到最高的奖赏；酒店拥有一流的会议接待设施，从大型宴会厅到精致的小型会议室，均配备现代齐全的会议设施，更有专业的会议管理团队为客人提供温馨细致的服务。

如图3-31所示为深圳威尼斯酒店网站截图。

图3-31　深圳威尼斯酒店网站截图

分析深圳威尼斯酒店网站，试回答以下问题：

1. 从公司网站，我们可以知道该酒店提供哪些服务？
2. 与其他酒店的网站相比较，该网站有何优点？
3. 该网站最有特色的地方是什么？对其他酒店的管理有何启示？

第 4 章　旅行社管理信息系统

学习目标

- 了解旅行社的职能特点
- 了解建立旅行社管理信息系统的意义
- 熟练使用旅行社管理系统软件
- 建立旅行社管理信息系统的分析模型
- 掌握旅行社管理信息系统的设计过程

导言

随着旅游业的发展，旅行社的业务规模、服务领域不断延伸，旅行社对客源、客流、线路、交通和导游等相关要素的掌握将付出较大的精力。旅行社信息管理必将成为旅行社新的竞争手段。本文通过分析旅行社信息系统的功能特点，进而详细设计出旅行社信息系统。这对提高旅行社的管理水平、提高旅行社管理信息系统的应用水平具有理论意义，也有很大的应用价值。

4.1　概　述

旅行社是旅游业的三大支柱行业之一，它通过向旅游者直接提供旅游服务产品，在使旅游者的旅游需求得到满足的同时获得经营利润，以维持其经营和发展。信息技术的广泛应用已经引起旅行社的管理模式、经营方式的深刻变革，旅行社管理信息系统不仅可以节省人力、物力，提高工作效率，而且还可以提高整体管理水平，增加市场竞争力，从而使旅行社最终达到增收节支和成本控制、物流控制的目的，更大地提高经济效益。

4.1.1　旅行社管理信息系统的基本概念

1. 旅行社

1）旅行社的概念

旅行社是指以营利为目的，从事为旅游者代办各种旅游手续，招徕、接待旅游者，为其安排食宿、交通、游览、娱乐、购物等有偿服务的经营企业。其性质是旅游中间商，是通过提供旅游中介服务获取收益的企业。旅行社是连接旅游需求和旅游供给的纽带，在旅游产品的生产和销售过程中发挥着重要的作用，极大地促进了旅游业的发展，与酒店业、旅游交通业一起并称为旅游业的三大支柱行业，具有不可替代的地位和作用。

2）旅行社的性质

旅行社作为专门为旅游者提供服务的机构，其性质主要表现在以下两个方面。

（1）旅行社是沟通旅游产品生产者和消费者的重要中间商。旅游产品是一个广泛的概念，它包括食、住、行、游、购、娱等多方面的要素。旅游者在外出旅游时，毫无疑问总要购买各种旅游服务产品。例如，预订一张飞机票、预订一间客房，或到其他国家做一次观光旅行，这些产品在旅行社都可以买到。但是这些产品，无论其简单还是复杂，都非旅行社自行生产，而是由不同的旅游供应商提供的，旅行社只不过根据旅游者的需求，将这些旅游产品经过重新设计或组合，转手销售。因此，旅行社是旅游者服务供应商与消费者之间的媒介，是连接旅游业各部门的纽带。

（2）旅行社是销售旅游产品来获取利润的企业。旅行社作为企业在工商管理部门进行注册登记，是以营利为目的的独立法人。一般情况下，旅行社转销其他旅游供应商生产的产品，要支付各种开支，所以它卖给旅游者的旅游产品是在其成本上加了一定的手续费。正常情况下，手续费收入扣除旅行社的各项开支后尚有剩余，这使旅行社获得一定的利润以实现其经营目的，并在激烈的市场竞争中站稳脚跟。旅行社作为独立的经济实体，具有旅游活动经营自主权。它自我约束、自我发展、自负盈亏、独立核算并承担民事责任。

综上所述，旅行社的性质就是以营利为目的，从事旅游业务的企业。

3）旅行社的职能

（1）生产（组装）职能。旅行社的生产职能是指旅行社设计和组装各种包价旅游产品的职能。旅行社虽然是旅游者与各种旅游服务供给者（如酒店、餐馆、旅游景点、旅游汽车公司等）之间的中介，然而旅行社由于长期经营旅游业务，对旅游市场上消费者的需求最了解，能较好地洞察和把握市场需求的变化趋势，因而可以以此为依据，开发和设计旅游消费者所需要的旅游产品。这样，旅行社就像一个加工厂，首先依据旅游消费者的需要进行产品方案的构思和拟订，然后向有关旅游服务供给者采购所需要的各种服务作为其产品生产的原料，再经过包装，组合成一条旅游消费者所需要的旅游线路，最后以将该旅游线路上的交通、游览、食宿等费用都包括在内的统包价格向外销售，这就是旅行社的包价旅游产品。旅行社的生产职能来源于旅游活动，旅游活动是一项综合性的社会文化活动，这样的活动需要有专门的机构进行组织和设计。

（2）销售（代理销售）职能。旅行社的销售职能除了销售旅行社自行开发和设计的各种包价旅游产品之外，还包括为各种旅游服务供给者代销其产品或服务的功能。由于旅行社的中介地位，不仅旅游消费者有时需要旅行社为其订购单项旅游服务，如代订机票、代订客房、代办签证等，而且旅游服务供给者也需要旅行社为其产品或服务拓宽销售渠道，使其产品或服务更快进入消费领域，如旅行社为航空公司代销机票、为铁路公司代销火车票等。这样，旅行社便成了这些旅游服务供给者的产品或服务的代销机构。旅行社的销售职能源于旅行社的企业性质，作为企业，其经营目的是为了获得利润，因而需要通过其产品和服务的销售来获得。

（3）组织协调职能。组织协调职能是指旅行社为确保其组织的旅游活动顺利进行，而在旅游业各部门之间以及与旅游业相关的其他部门之间进行的大量沟通、协调工作的职能。旅游活动不仅涉及交通、住宿、饮食、游览、娱乐、购物等旅游服务供给部门和单位，而且还涉及公安、海关、卫生检疫等部门，并且一条旅游线路还涉及多个城市或地区的旅游接待部门。因此，为确保旅游活动各个方面的密切配合和各个环节的有效衔接，旅行社必须履行好其组织协调职能。旅行社组织协调职能同样是由旅游活动的综合性和旅行社的企业信誉决定的，旅游活动的综合性需要旅行社做好各方面的安排和协调工作，为维护企业的信誉，旅行社必须做好这方面的工作。

（4）经济利益分配职能。分配职能是指旅行社对旅游者支付的旅游费用在不同活动项目之间和相关旅游服务供给者之间进行合理的分配。前者的合理分配是为了维护旅游者的合法权益，将旅游者支付的费用按照所签旅游合同在规定的旅游项目之间进行分配；后者是为了保证旅游服务供给者应获得的经济利益，按照与不同旅游服务供给者所签订的协议和实际提供的服务数量、质量在旅游活动结束后进行的分配。旅行社的分配职能是由旅行社作为包价旅游产品组合（生产）者决定的，一方面它要对购买其产品的旅游者负责，另一方面又要对为其产品生产提供原料（服务）的旅游服务供给者承担义务，因而需要合理分配所收取的旅游费用。

（5）提供信息职能。提供信息职能是指旅行社分别向旅游服务供给者和旅游消费者提供其所需的有关信息的功能。由于旅行社是旅游消费者和旅游服务供给者之间的联系纽带，既了解旅游消费者的需求和变化趋势，如旅游者越来越重视旅游中的环境因素、老年人外出旅游的比率有较大提高、散客旅游日趋发展等，又熟知旅游服务供给者所提供的产品和服务，因此，一方面，旅行社可将这些信息及时提供给旅游服务供给者，促进他们调整产品结构和改进服务，从而有利于增加其产品的销售，提高经济效益；另一方面，又可将旅游服务供给者的产品性能、价位和服务质量通过旅游市场及时、准确地反馈给旅游消费者，供其选购。提供信息职能是由旅行社所处的中介地位和其企业性质决定的，作为中介，它需要了解旅游消费者的需求和旅游服务供给者的产品和服务，为了获得企业利益，它还要做好他们之间的信息传递。

2. 旅行社管理信息系统

旅行社管理信息系统是利用计算机技术和通信技术，对旅行社的经营业务进行综合管理控制的人机综合系统。其职能是对旅行社生产服务过程的管理实现信息化，从而提高旅行社的工作效率，提高服务质量。

4.1.2 旅行社管理信息系统建设的现实需求

在过去相当长一段时间，旅行社存在“小、弱、散、差”的现象，大多数中小型旅行社没有跟上信息化的步伐，在业务流程上很多都是采用全人工操作，即使有些安装了管理信息系统的旅行社，在面向产品供应商，尤其是在更新供应商及供应商产品信息时，都需要安排专门的人员对所有需要更新的信息进行逐条更新并核对，当需要更新的信息量很大时，旅行社就无法保证能及时更新所有的信息，因而也就无法保证旅行社系统内部信息与供应商信息的即时一致性，这就大大降低了旅行社的工作效率，同时还增加了出错的可能性。

现代的旅行社一般都配有计算机、电话、传真、计算机网络等信息化设备，工作人员使用计算机也比较熟练，其中有些旅行社有自己的网站，通过 Internet 宣传自己。如何降低人力成本，跟上全球信息化的脚步，实现“无纸化”办公，成为旅行社需要解决的问题，因此建立一个良好的旅行社管理信息系统相当必要。因为这个涉及旅行社的销售业绩及工作效率的问题，而追求低成本、高利润是每个旅行社的目标；对游客而言，希望能够很方便地查询其需要的出游信息；对员工而言，也能够简化工作流程，提高工作效率，降低工作强度。此外，旅行社管理信息系统还能提供经理查询的子系统，经理能实时地对旅行社经营情况进行了解，有利于企业更好地进行管理，从而提升企业的市场竞争力。

1. 传统旅行社管理中存在的问题

（1）虽然已经有了旅行社管理信息系统，但许多中型、小型旅行社游客报名的基本信息及销售的旅游线路等信息还是以文字形式记录于纸上，于每天晚上呈报计调中心汇总；各种凭证也有纸质的，管理、查询均不方便。

（2）旅游线路、车票等旅游产品的基本信息更新速度慢，但是旅游市场上旅游产品的价格改变非常快，基本上一天一变，现无法做到及时更新。

（3）由于旅行社有多个营业点在同时销售旅游产品，对某些需实时掌握的信息更新困难。例如，剩余的座位号、当前报名人数等，不能方便、及时地更新到系统中，更新的主要方式还是使用电话及传真等设备。前台销售的员工接到游客的报名请求时就通过电话与计调部门联系，看是否还可以安排，获得座位号等相关信息，报名流程结束应及时通知计调部门修改当前信息，以便其他营业点获得最新的信息。操作比较复杂，加大了计调部员工和前台销售员的工作量。此外，还有可能忙中出错，导致信息不一致。

2. 旅行社管理信息系统可以有效提高管理效率

通过建立旅行社管理信息系统可以解决以上问题。旅行社管理信息系统可以简化员工的手工操作，规范操作流程，提高工作效率，降低劳动强度；可以实现信息的实时更新，方便游客接受更好、更快的服务；可以方便各部门信息的交流，改变传统的文件满天飞的局面；此外，管理人员也可以通过该系统查询当前经营情况及各种电子单证，随时掌握企业经营动态，从而更好地进行管理。

（1）大大提高旅行社的工作效率。在旅游信息管理及服务、外联销售、陪同管理、对外结算、对内拨款、财务管理、成本分析等方面，旅行社管理信息系统为旅行社提供了众多的便利，增强了服务的时效性。例如，国旅总社用传统方法完成一个接团计划，从起草、印刷到分发完毕大约需要一周时间，而用旅行社管理信息系统只需 2～3 天。再如接团报价，过去工作人员手工查价计算需要几个小时，而用旅行社管理信息系统只需几分钟。

（2）有助于旅行社加强客户管理和市场开发。在手工信息管理模式中，许多客户的历史信息掌握在具体经办人员手中，在应用过程中易丢失。而旅行社管理信息系统则将客户的信息自动存入计算机中，随时可以检查、调用、修改。

（3）有助于旅行社决策科学化。借助旅行社管理信息系统，旅行社决策者的信息来源广泛，信息量大而完整，为决策的科学性提供了便利。同时该系统获取信息及时，有助于把握时机及时决策。

4.1.3　旅行社管理信息系统建设的意义

1. 可以提高旅行社服务的时效性

旅行社管理涉及的信息量很大，特别是旅游产品的信息，作为一个旅行社，所收集的旅游产品信息越多，旅游消费者获取满意产品的概率就越高。而且旅行社经营的产品涉及酒店、旅游景点、旅游交通、旅游纪念品等行业，相关信息变化得非常快，时效性非常强。旅行社管理信息系统可以及时做好信息的变更，把最有效的信息传达给旅游消费者。在没有建立起有效的旅行社管理信息系统之前，为同一个旅行团（者）服务的各个部门之间需要频繁的信息沟通，反复填写团队资料于各种合同、表格、单据之中，这些合同副本、表格、单据“旅行”于各部门之间，传递着信息，这种信息传递方式繁琐、缓慢、错误率高，造成工作效率低下，其结果是降低了游客的满意度。在旅行社管理信息系统建立后，由于共享数据库，缩短了信息传递中介，把各环节信息传递中的拖延和失误降到最低点，降低了对各环节进行衔接、协调、监督和控制的成本，极大地提高了服务的质量和效益。

2. 可以处理复杂信息，促使各部门的通力协作

旅行社是旅游产品销售的中间商，其工作主要是推销、组织、销售旅游产品，为旅游消费者提供服务。旅行社的每一笔业务都必须通过各个部门的协作来完成。旅行社通过市场调研及时了解旅游者的旅游动机，从而有针对性地设计旅游产品，而在旅游者收集信息时，旅行社应适时地开展旅游促销活动，提供优质的咨询服务，使旅游者方便地获得旅行社产品信息，以质优价实的旅游产品吸引旅游者。旅行社在销售产品后，向相关部门购买各种旅游服务，落实各个旅游环节，当旅游者到来时进行周到细致的接待服务，解决旅游者需要服务的所有问题。旅行社管理信息系统必须有很强的交叉处理信息的能力，促使各部门的通力协作。

3. 拥有较强的个性化处理能力

随着旅游业的个性化的发展，旅行社管理信息系统必须提供个性化的服务。旅行社可以通过完美的信息服务，使旅游者实现自助旅游，旅游者自己确定旅游线路，自己选择住宿的饭店等。散客旅游逐渐取代了团队旅游，旅行社的信息服务系统也需要为散客提供个性化的服务。

4. 可以建立完善的客户信息数据库

招徕客户是旅行社的首要任务，在手工信息管理模式中，许多客户的历史信息掌握在各位具体工作人员手中，随人员的变动往往会丢失。采用旅行社管理信息系统管理后，所有客户的信息均自动存储在计算机内，这样有利于减少人员流动对旅行社市场开发带来的不利影响。旅行社采用管理信息系统可以建立客户信息数据库，并在此基础上完善客户历史档案的管理，开展针对性的旅游营销，拓展旅游业务。旅行社管理信息系统的支持还使得旅行社能够方便地开展客户的信用审核，最大限度地发挥客户信息数据库的价值。

5. 便于管理层的决策管理

由于旅行社管理信息系统支持旅行社企业内部事务管理，及时准确地报告旅行社内部运行信息，使得各类人员（尤其是财务人员）不用再埋头于各种合同、单据之中了。可以把更多的精力投入到企业财务状况分析、融资或投资的财务分析及客户的信用审核等专业工作中去，且借助于信息资源数据库强大的查询功能，管理层的决策有了更加科学的信息支持。

4.1.4 旅行社管理信息系统的应用

1. 旅行社管理信息系统的国外发展现状

国外旅行社行业信息化进程始于 20 世纪 50 年代。1959 年美利坚航空公司和 IBM 开发了世界上第一个计算机预订系统 SABRE。SABRE 最初用于改善电话和电传的使用，提高业务管理的效率，后来逐步演变为一个复杂的计算机预订系统。此后，各航空公司迫于竞争的压力都逐步开发了自己的计算机预订系统。到了 20 世纪 70 年代，随着美国推出航空管制取消法案及游客选择机票范围的日益扩大，计算机预订系统（Computerized Reservation System，CRS）延伸至旅行社代理商，并开始在旅行社业发展中独领风骚。经过多年的不断完善，至今已形成 Apollo、Sadie、Abacus 等多个著名的国际预订系统。其终端已遍及销售客票的各航空公司销售点及各个旅行社，并辅之以开票机（Ticket Machine）统一结算票款的银行清算系统（Banking Settlement Plan，BSP），形成一个包括订座、出票及结算的庞大、高效的航空客票销售系统。在计算机预订系统不断完善的基础上，除机票以外的其他旅游产品，如饭店客房、车票、游船票，机场接送及其他服务项目也可以通过它销售，从而使旅行社的整个销售都实现信息化和自动化。

从 20 世纪 80 年代开始，CRS 开始向全球分销体系（Globe Distribution System，GDS）

过渡。GDS 是应用于民用航空运输及整个旅游业的大型计算机信息服务系统。随着互联网的日益普及，GDS 已经通过互联网遍及世界各处角落。依托开放平台，通过与旅游等领域的商务运作，实现了民航和旅游等信息的整合，从而能够为出行者提供包括旅游线路策划、景点选择、机票预订、汽车租赁、网上支付及其他后续服务等一条龙、全方位的服务。1996 年 3 月德国开始推行“无票旅行”，乘客使用航空公司发出的一张芯片卡直接办理登机手续。美国于 1994 年开始实行“无票旅行”方式，至 1996 年 7 月，美国已有 53%的旅行社提供无票旅行服务，21%的旅行社拥有互联网站。1997 年年底，美国共有 56%的旅行社接通互联网或加入商业性网络服务。在上网的旅行社中，有 42%在网上建立起自己的主页，占旅行社总量的 25%。到 21 世纪初，美国几乎所有的旅行社都使用 GDS，整个欧洲大约 40%的旅行社拥有 GDS。可以说，欧美国家旅行社信息化建设已经步入繁荣阶段。

2. 旅行社管理信息系统的国内发展现状

1）国内旅行社管理信息系统的发展现状

我国旅行社运用信息技术起步于 20 世纪 80 年代初期。1981 年，中国国际旅行社引进美国 PRI-ME550 型超级小型计算机系统，用于旅游团数据处理、财务管理、数据统计。近年来，随着计算机在我国的普及，越来越多的旅行社开始采用计算机进行信息处理，有的大旅行社已引进中型机或微机联网，更多的旅行社则使用微机，用于财务和人事等的专项信息处理。可以说，我国旅行社在运用信息技术中已全面步入了 MIS 阶段。

2）国内旅行社管理信息系统的不足

尽管成绩喜人，然而，与旅游发达国家的旅行社相比，我国尚处于旅行社管理信息系统建设的初级阶段。主要表现如下。

（1）我国旅行社信息技术普及程度低。从信息技术的应用来看，虽然已有一些旅行社在利用互联网开展散客业务方面取得了明显成效，我国的旅游电子商务也已起步，但就总体而言，我国能实现全球计算机预订的网络还很少，旅行社利用互联网开展旅游业务的深度还有待拓展。

（2）旅行社联网系统尚不发达。我国旅行社与饭店业、交通运输业等相关部门和旅行社之间的联网系统尚不发达。我国旅行社与世界上影响巨大的计算机系统缺乏足够的联系，所以，旅行社管理信息系统建设任重而道远。

4.1.5　旅行社管理信息系统的发展趋势

在旅游业信息化发展中，旅行社必须积极利用信息技术完善自身管理和信息服务，发挥个性化服务优势，加强线路组织设计，把握旅行社管理信息系统的发展趋势，不断提高自身的核心竞争力。

1. 适用于旅行社集团或联合体的网络管理信息系统将优先得到发展

随着旅行社业务的扩展，旅行社从单一经营转为多种经营，联营业务、协作业务、松散集团或紧密集团是旅游行业的普遍趋势，无论采取哪一种方法，都要求旅行社与其他企业之间进行信息交流，这就要求旅行社管理信息系统扩展网络通信能力，促进旅行社的集团化、协作发展。旅行社利用互联网建立旅行社集团和旅行社联合体，实现旅行社管理信息系统与旅游电子商务的综合集成，是旅行社行业信息化未来发展的重要方向。未来建立旅行社集团和旅行社联合体是大势所趋，包括旅行社与旅行社的联合（或集团）及旅行社与上、下游企业的联合（或集团）。目前的旅行社大都是单一性企业，以提供非物质的旅游产品为主，受政治、经济发展影响较大，抵御风险的能力较差。未来的旅行社将与其他旅行社或旅行社的上、下游旅游行业（酒店、景区、旅游汽车公司等）联合，使其朝着联合体和集团化的方向发展，这样不仅可以在集团内部（联合体内部）为旅游者提供一条龙服务，提高服务质量，而且可以降低部分成本，避免利润外流，从而取得最大的经济效益。因此，建立基于互联网、适应大型旅行社集团或联合体、具有智能决策的管理信息系统将会有长足的发展。

2. 基于网络营销的旅行社管理信息系统发展迅速

随着网络的普及，网络营销将成为旅行社业务管理的重要内容，旅行社应该为游客提供更多的网上信息服务，将最新的旅游产品信息展示出来供游客查询，实施优质的网上营销，并建立游客和旅行社互动的信息平台，可以进行信息搜索、信息发布、市场调研、开拓销售渠道，还可以扩展品牌价值，开展特色服务，完善客户关系管理，增加经济效益。在网络营销趋势下，旅行社要改变经营观念，主动利用互联网宣传自己的产品，树立企业形象，扩展品牌效应，并开展网络营销。旅行社可采用多媒体技术，将视频音像等推销方式引入旅行社管理信息系统，将推销与实际销售合为一体，提高旅行社管理信息系统的促销功能，增加经济效益。

3. 旅行社管理信息系统为个性化旅游提供支持

将互联网与旅游线路互动设计相结合，实现旅游产品的个性化。为了适应旅游者的不同需求，部分网上旅游营销系统已经退出了“自助旅游”活动。旅游者通过网络，利用计算机、掌上电脑甚至手机发送自己的旅游目的地、旅游天数、起止日期和期望价格等信息，旅游企业在成本控制的前提下，能够及时反馈个性化的旅游线路，并制定不同的价格，从而使旅游产品向“量身定做”的方向发展。旅游产品的“定制”将成为旅游营销的重要组成部分，个性化旅游也将成为旅游活动的主流。

4. 基于 C/S 和 B/S 混合型结构的旅行社管理信息系统的发展

随着我国旅行社的快速发展，旅行社要求旅行社管理信息系统能够使它们面向更广阔的市场、更有效连接企业内部各部分，能更高效快捷地传递内外信息。这种需求的不断增长使得基于 C/S（Client/Server）结构，继而 B/S（Browser/Server）结构的旅行社管理信息系统研究成为一个热点。但随着应用的深入，越来越多的旅行社认识到，这两种结构都各自存在一定的局限性，并不能完全满足要求。旅行社需要一个更加完善的旅行社管理信息系统结构，并在此基础上进行设计和实现。如果将旅行社管理信息系统的所有功能全部采用基于 B/S 的结构，会存在问题。例如，B/S 结构在一些复杂应用，如统计分析、打印等处理能力上有限，而且 B/S 结构不支持旅行社传统应用中的一些数据格式。另外，虽然基于 B/S 结构的开发技术，如 ASP、 JSP 等提供了较好的程序设计功能，但与传统的开发技术相比还存在一定的差距。因此，根据旅行社管理信息系统的开发的需要应将 C/S 结构和 B/S 结构结合起来，充分发挥二者各自的优势。这样既能满足各种功能需求，又能保证信息资源安全、提高系统运行效率。

4.2　旅行社管理信息系统的规划

4.2.1　旅行社管理信息系统案例分析

本章的案例分析选择 E 游旅行社管理系统、中国国际旅行社、美国亚洲旅行社网站进行分析，主要针对这些系统的功能。

1. E 游旅行社管理系统

1）系统简介

E 游旅行社管理信息系统是根据旅行社业务发展和管理需要的实际情况进行研究开发的，它紧密结合旅行社的实际情况，通过计算机网络达到业务部门之间、操作人员和管理人员之间、业务部门和财务部门之间的信息共享，减少错误，提高工作效率。E 游旅行社管理系统首页如图 4-1 所示。

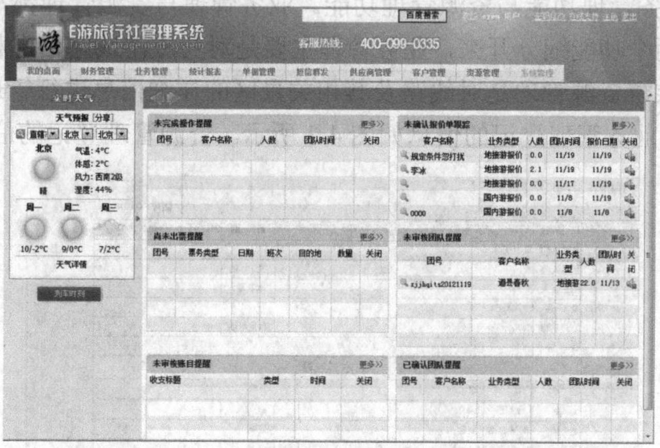

图 4-1　E 游旅行社管理系统首页

2）系统功能

E 游旅行社管理系统主要是从前台管理进行设计的。E 游旅行社管理系统主要功能结构图如图 4-2 所示。

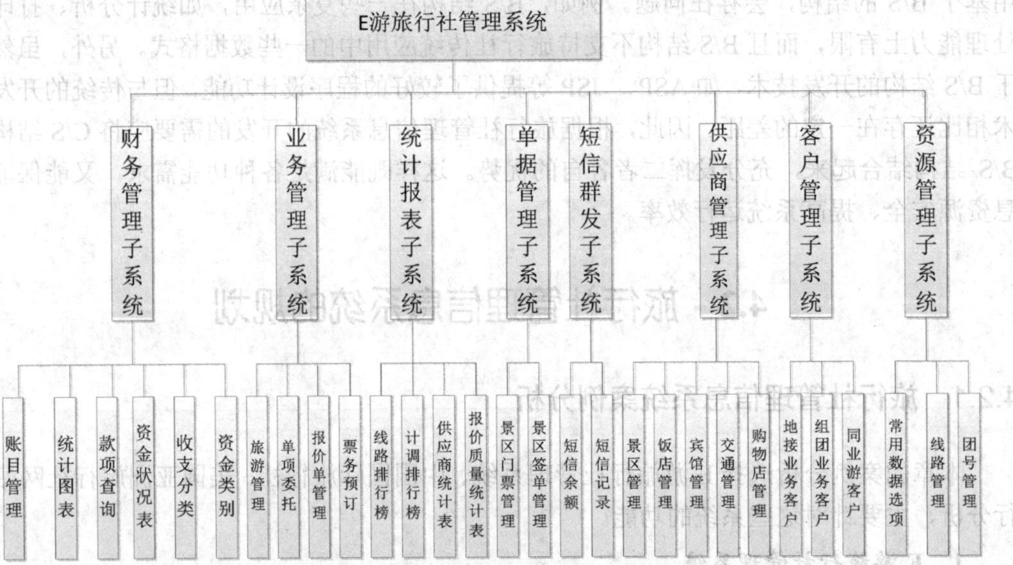

图 4-2　E 游旅行社管理系统主要功能结构图

3）系统特色

（1）桌面提醒功能。主要为工作的提醒区域，每天登录进来之后，相应权限人会出现相应的工作提醒，包括对计调的工作、财务人员的工作以及管理人员的工作事项进行有效的提醒，防止工作中人为的疏漏。

（2）细分业务管理功能与资源管理功能。业务管理与资源管理都与旅游线路信息有关，但这里把这两个功能细分开来，业务管理主要是对与旅游线路信息相关的预订情况信息进行管理。而旅游资源管理是对线路及其相关景区的详细信息进行管理。例如，对汉中 1 日游这条线路，业务管理登记的信息如图 4-3 所示。资源管理登记的信息如图 4-4 所示。

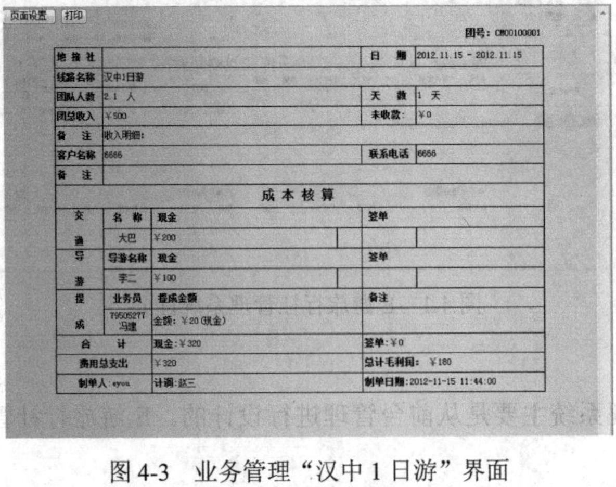

图 4-3　业务管理“汉中 1 日游”界面

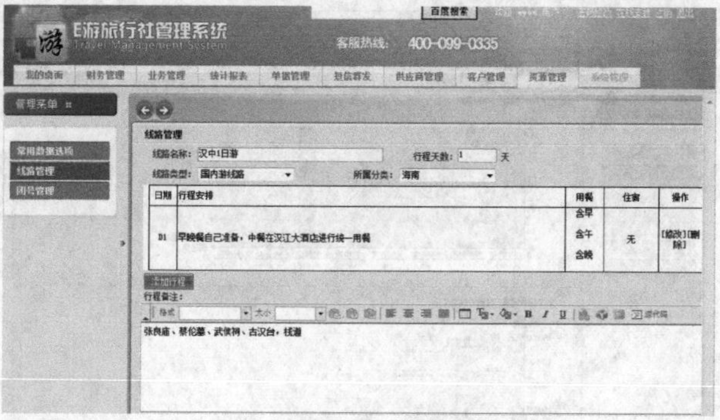

图 4-4　资源管理“汉中 1 日游”界面

（3）统计报表功能将旅游线路按其畅销度进行排序，这个线路排行榜给游客出行提供了参考信息，便于游客找到自己更适合出行的旅游线路或避开繁忙的线路。路线排行榜如图 4-5 所示。

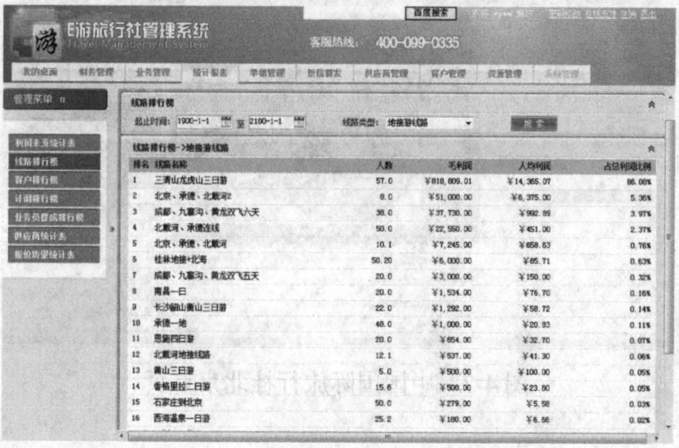

图 4-5　旅游线路排行榜

（4）财务管理将公司账务信息进行统计制表，让使用者随时可以了解目前的资金情况。此处用概述图表的形式体现出来，并且有精确的数据做依据。收支分类以及资金类别都是根据各个公司的实际记账方式来自行设定，灵活性强。收入、支出统计图如图 4-6 所示。

4）系统不足

（1）缺少报名情况查询功能。通过这一功能，可以方便前台操作人员快速了解各个线路报名的情况，同时也可以给游客提供更准确的信息。

（2）缺少对报名信息进行管理的模块，因为在业务操作中，必定会有些换团、退团等现象发生，从而导致信息需要更改。所以对报名信息的维护是非常必要的。

2. 中国国际旅行社

中国国际旅行社北京首页（http://www.cits.com.cn/）如图 4-7 所示。

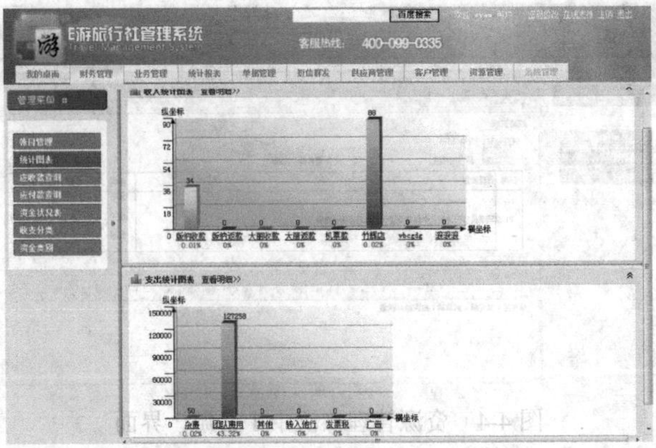

图 4-6　统计图表界面

图 4-7　中国国际旅行社北京首页

1）网站介绍

中国国际旅行社总社有限公司（China International Travel Service Limited, Head Office），前身是中国国际旅行社总社（China International Travel Service Head Office），英文缩写：CITS，成立于 1954 年，是目前国内规模和实力名列前茅的旅行社企业集团之一，荣列国家统计局 2001 年公布的“中国企业 500 强”，是 500 强中唯一的旅游企业，现为中国国旅股份有限公司旗下的两大企业之一。

中国国旅网站提供的服务包括出境旅游、国内旅游、自由行、豪华游轮、自驾游等。同时还推出各种优惠精选活动，供广大游客参选。这个网站偏于旅游路线营销。

2）网站优点

（1）旅游产品丰富。网站首页提供特惠促销、参团推荐、自由行等近千条路线。点击路线就会出现与路线相关的详细信息。

（2）与多媒体技术结合使用，增加个性化显示。不仅会有路线的文字性描述，而且连接有视频和图片文件，为游客提供准确、全面的信息。

（3）提供周到的人性化服务。中国国旅网站主要是针对从中国出发的游客，通过参团、自由行等方式为他们提供最畅销的旅游路线。进入网站，各种特惠促销为游客们提供性价比较高的游览项目，除此之外，还有景区查询，酒店、机票的查询和预订服务，更为人性化的是该网站提供全天 24 小时的在线问答，为游客解决后顾之忧。进入到旅游网页，最上方的是国内旅游出发地的设置，接下来是城市周边、旅游保险、新闻中心和查询版块，在网页下半部分是从国内出发的出境线路、国内线路推荐，包含了国外、国内经济较为发达或富于特色的城市、地区，同样地，两大部分之间穿插动态图画，结合现今中国的气候与节日来进行旅游目的地点的推荐，也可以看到相应定制服务的版块。

（4）中国国旅网站不仅运用了多媒体技术，而且还链接到了谷歌地图，游客可以查询旅行目的地，自己制定旅游路线，设计一幅详细的导游图，便于游客出行。

（5）对比功能辅助游客进行决策。网站提供产品对比功能，当游客不知道该选择哪个出行路线时，可以把自己比较想去的几条路线加入对比，系统自动生成对比界面，游客可以根据自己的实际需要及优惠程度选择自己更适合的路线，如图 4-8 所示。

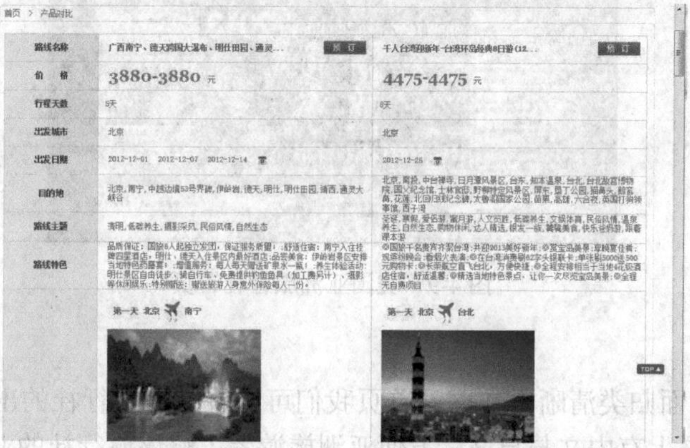

图 4-8　广西南宁与台湾游路线对比界面

3）网站不足

（1）该网站虽然提供了许多功能，业务划分比较细，但是网页显示一片缤纷，细分市场过多，没有凸显整体性。国内线路多而杂，国外线路一般没有突出重点。

（2）该网站无论进入哪个地方首页，都是同一个视频，介绍中国特色景区，而不是同时针对该地方特色的视频。

3. 美国亚洲旅行社

1）网站介绍

AMERICA ASIA Travel Center（美国亚洲旅行社）（http://www.americaasia.com）的宗旨是“服务您的精神，专业、诚实、认真、负责”。美亚假期（美国亚洲旅行社）始创于 1981 年，在加州注册成立。早期业务除预订机票、酒店及旅行团等外，并代理新加坡航空公司及马来西亚航空公司所承办的美国旅行团。1986年开始购入旅游巴士并成立美国亚洲旅游巴士公司，成为当时唯一拥有大型豪华巴士的华人旅游集团。目前美国亚洲旅行社员工已超过150人，拥有16家分公司，遍布在美国的洛杉矶、旧金山、拉斯维加斯、纽约、夏威夷，加拿大的温哥华、多伦多以及中国的上海和北京等。每年服务旅客达十多万人次，年营业额高达6 000万美元，拥有二十多部大、中、小型车辆，其中包括十多部全新56座豪华巴士，每部车辆均附有1 000万美元责任保险，提供服务范围包括代理世界各大航空公司机票、酒店，豪华游轮，精心设计的各国豪华旅游假期，并且批发美国、加拿大及世界各地500多家华人旅行社的旅游产品以及出租巴士服务。美亚假期是旅游业之翘楚，专业出色的服务及优质的产品广受外界认同，并赢得广大顾客的信赖及支持。美国亚洲旅行社首页如图4-9所示。

图4-9　美国亚洲旅行社首页

2）系统优点

（1）网站界面归类清晰。在网站首页我们可以看到该旅行社的出境业务主要针对亚洲市场，语言设置上有中文与日文，方便亚洲旅游者了解该旅行社的业务。信息导航栏分为西海岸、东海岸、加拿大、豪华游轮、亚洲、中国、欧洲、酒店八大版块。

（2）突出重点，目的性强。在首页的左边（见图4-9）可以看到旅行社简介、分公司地点、旅游产品目录、订位规则、旅游保险、城市天气状况、同类价格等十三个小块。在打开页面的第一时间里，可以看到条理非常清楚的国内、出入境业务（横）以及主营特色（竖）两大版块，让人一目了然，如图4-10所示。点击中国旅游页面，可以看到富于中国特色的图片，都是一些具有代表性的景点，中国旅游产品线路分为南方、北方两大区，结合了因中国气候特征产生的独特的旅游资源，如2009—2010 Harbin Ice Tour 8 days tour, Guangzhou-Guilin-Kunming-Haikou- Sanya 10 Days Tour。

（3）通过与电子商务的结合，采用信息技术，通过互联网进行产品推介、网上咨询，提供旅游服务预订、旅游线路编排等服务，以便将销售触角伸到每一个潜在的旅游者。充分应用网络技术，旅行社路线制定更加灵活，也消减了成本费用，实现了旅游产品的网上营销。

（4）信息发布方便快捷。美亚假期网页还链接 Facebook、Twitter、新浪微博、人人网等互联网平台，方便了游客的同时又推广了自己。

图 4-10　美国亚洲旅行社特色界面显示

3）系统不足

网站信息反馈仅设置了“联系我们”一小块，提供了电话号码，没有其他的沟通方式，没有达到双向沟通的目标。

4.2.2　旅行社管理信息系统建设的目标

旅行社管理信息系统要利用信息技术和网络技术对旅行社生产服务过程的管理实现信息化，从而提高旅行社的生产、管理效率和市场竞争力，更好地满足旅游的个性化需求。

1. 要拥有相当庞大的资源信息库

旅行社管理信息系统要包括交通、酒店、餐饮、景点等多种信息。这些信息的数据库与客户资料共同构成旅行社经营活动的基础。因此，旅行社管理信息系统要拥有相当庞大的资源信息库，为了增强信息库的完整性，还要与外部专业旅游信息资源数据库相连接。

2. 互动性强，能够为旅游者提供个性化的旅游信息服务

通过旅行社管理信息系统实现旅行社与旅游者之间的互动。一方面，旅游者可以借助旅行社管理信息系统资助设计旅游线路，自主选择景点、酒店、餐饮、交通工具；另一方面，旅行社也可以根据旅游者的信息反馈及时改进、推荐旅游线路、旅游服务等，更好地为旅游者服务。

3. 提供良好的决策支持工具

建设旅行社管理信息系统的目标就是在建立旅游信息系统信息数据库的基础上，紧密结合旅行社管理的业务流程，实现旅行社信息的窗口式办公、自动化管理，提高旅行社进行供应商管理的灵活性和便捷性，并为用户提供一个良好的决策支持工具。

4. 系统服务应用面广

旅行社作为旅游业中的中介机构，主要充当顾客与产品供应商之间的一座桥梁。因此，对旅行社来说，它除了需要有面向客户、专门负责销售产品的门市部和接受客户投诉反馈，为客户提供售后服务的客服部外，还需要有和供应商打交道的供应商采购部门。所以，旅行社管理信息系统的建设要针对更加广泛的系统使用者。

4.2.3 旅行社管理信息系统的功能

本旅行社管理信息系统主要功能分为六个子系统：采购管理子系统、线路计划子系统、计调管理子系统、发团管理子系统、财务管理子系统和查询统计子系统。其具体功能模块结构图如图 4-11 所示。

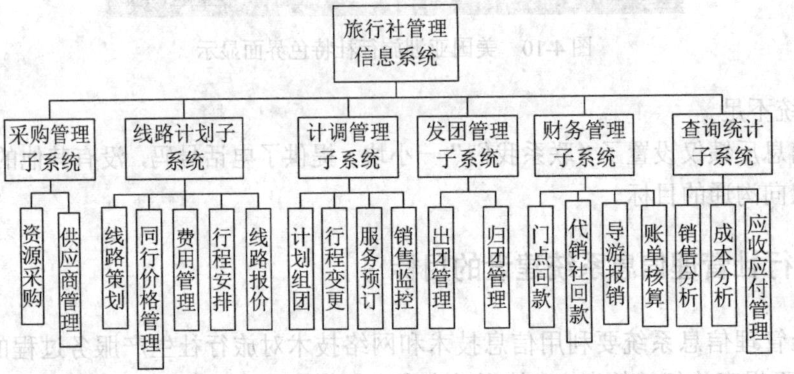

图 4-11 “旅行社管理信息系统”功能模块结构图

1. 采购管理子系统

为旅行社开展业务打下基础，寻求各种有用的旅游资源及供应商信息，为制定旅游路线和行程安排提供依据。“采购管理子系统”包括如下模块。

（1）资源采购。用于采购物资、制订采购计划、制作采购单等。

（2）供应商管理。用于管理供应商的信息，建立供应商档案，管理供应商合同和应付款等，制作报表，提交给财务部。

2. 线路计划子系统

为计划组团提供模板，从而减轻旅行社调度人员计划组团的工作量。该子系统让线路设计人员对所有的旅游资源进行各种方式的组合，从而为游客提供多样化的服务方式和标准创造了条件。“线路计划子系统”包括如下模块。

（1）线路策划。根据游客要求策划旅游线路。

（2）同行价格管理。用于分析同行内的其他旅行社相应线路的报价等。

（3）费用管理。用于计算线路的成本和利润率。

（4）行程安排。用于根据线路信息安排具体行程中的住宿标准和航班信息。

（5）线路报价。用于给出审核后的不同线路的相应报价。

3. 计调管理子系统

通过组团，并对组团情况进行控制和监控，使得计调人员能够在整个销售过程变事后管理为事前管理，增强了其工作的主动性，从而为顺利、方便地控制整个流程，为整个旅行社的正常运行提供保障。“计调管理子系统”包括如下模块。

（1）计划组团。用于计划组团的数量、行程、单据的录入、变更、取消等。

（2）行程变更。用于行程发生变化时的信息统计和发布等。

（3）服务预订。用于根据计划组团形成团队的订餐、订房、订票单等。

（4）销售监控。用于监控销售过程中人员的操作是否合乎规范。

4. 发团管理子系统

为计调人员管理好出团、归团的工作提供了方便，使大部分繁琐的工作由管理信息系统完成。“发团管理子系统”包括如下模块。

（1）出团管理。用于在出团过程中信息的处理和传递等。

（2）归团管理。用于在归团之后的信息的处理和传递等。

5. 账务管理子系统

将回款、报销及供应商的结算集结成一个模块供财务人员使用。它能够很好地减轻财务人员日常繁琐的业务对账和成本核算工作，起到了简化工作、减轻财务人员负担的作用。“账务管理子系统”包括如下模块。

（1）门点回款。用于各个门点的回款的单据的传递和信息的统计。

（2）代销社回款。用于各个代销社的回款的单据的传递和信息的处理。

（3）导游报销。用于报销导游在带团过程中所产生的可报销的费用。

（4）账单核算。统计和核算账单上的回款数据，并进行分析。

6. 查询统计子系统

用于管理人员的决策。该子系统提供的信息能够帮助管理人员详细地了解旅行社在各个时期中的业务情况，为管理层的正确决策提供依据。“查询统计子系统”包括如下模块。

（1）销售分析。用于分析销售的月度情况和与同期相比的变化。

（2）成本分析。用于分析旅行带团过程中带来的各种成本的总和。

（3）应收应付管理。用于管理与供应商的应付账款和旅客的应收账款。

4.3 旅行社管理信息系统的分析

本节在 4.2.3 节“旅行社管理信息系统的功能”的基础上，对拟开发的旅行社管理信息系统使用结构化方法进行分析。

4.3.1 系统概况表

旅行社管理信息系统概况表如表 4-1 所示。

表 4-1 系统概况表

<table>
<tr><th colspan="2">旅行社管理信息系统概况表</th></tr>
<tr><td>输入：
D1 用户名、密码
D2 资源采购要求
D4 线路策划请求
D5 线路策划结果
D6 同行价格管理请求
D7 费用信息
D8 行程安排信息
D9 计划组团条件
D13 出团请求
D14 归团请求
D15 门点回款
D17 代销社回款
D19 导游报销条件
D20 销售结果统计
D21 成本信息
D22 应收应付款信息</td><td rowspan="2">处理：
P1 验证密码
P2.1 资源采购
P2.2 供应商管理
P3.1 线路策划
P3.2 同行价格管理
P3.3 费用管理
P3.4 行程安排
P3.5 线路报价
P4.1 计划组团
P4.2 行程变更
P4.3 服务预订
P4.4 销售监控
P5.1 出团管理
P5.2 归团管理
P6.1 门点回款
P6.2 代销社回款
P6.3 导游报销
P6.4 账单核算
P7.1 销售分析
P7.2 成本分析
P7.3 应收应付管理</td></tr>
<tr><td rowspan="2">存储：
F1 资产采购清单
F2 供应商信息
F3 同行线路价格表
F4 线路计划表
F5 销售监控表
F6 组团信息
F7 账单核算表
F8 导游报销单
F9 销售分析表
F10 成本分析表
F11 收付款信息</td></tr>
<tr><td>输出：
D3 资源采购结果
D5 线路策划结果
D7 费用信息
D8 行程安排信息
D10 组团结果
D11 行程变更结果
D12 服务预订结果
D16 门点回款信息
D18 代销社回款信息</td></tr>
</table>

4.3.2　系统数据流图

1. 顶层图

旅行社管理信息系统顶层图如图 4-12 所示。

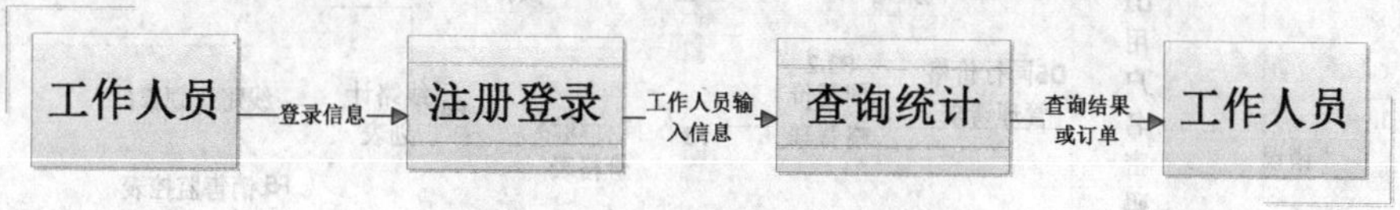

图 4-12　系统数据流图顶层图

2. 一级细化图

旅行社管理信息系统一级细化图如图 4-13 所示。

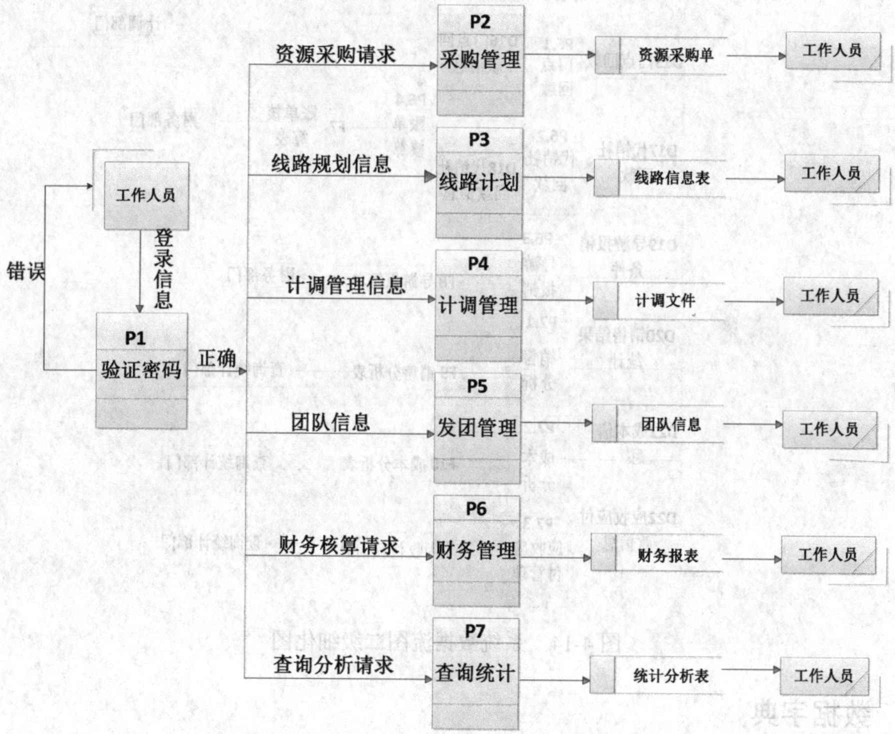

图 4-13　系统数据流图一级细化图

3. 二级细化图

旅行社管理信息系统二级细化图如图 4-14 所示。

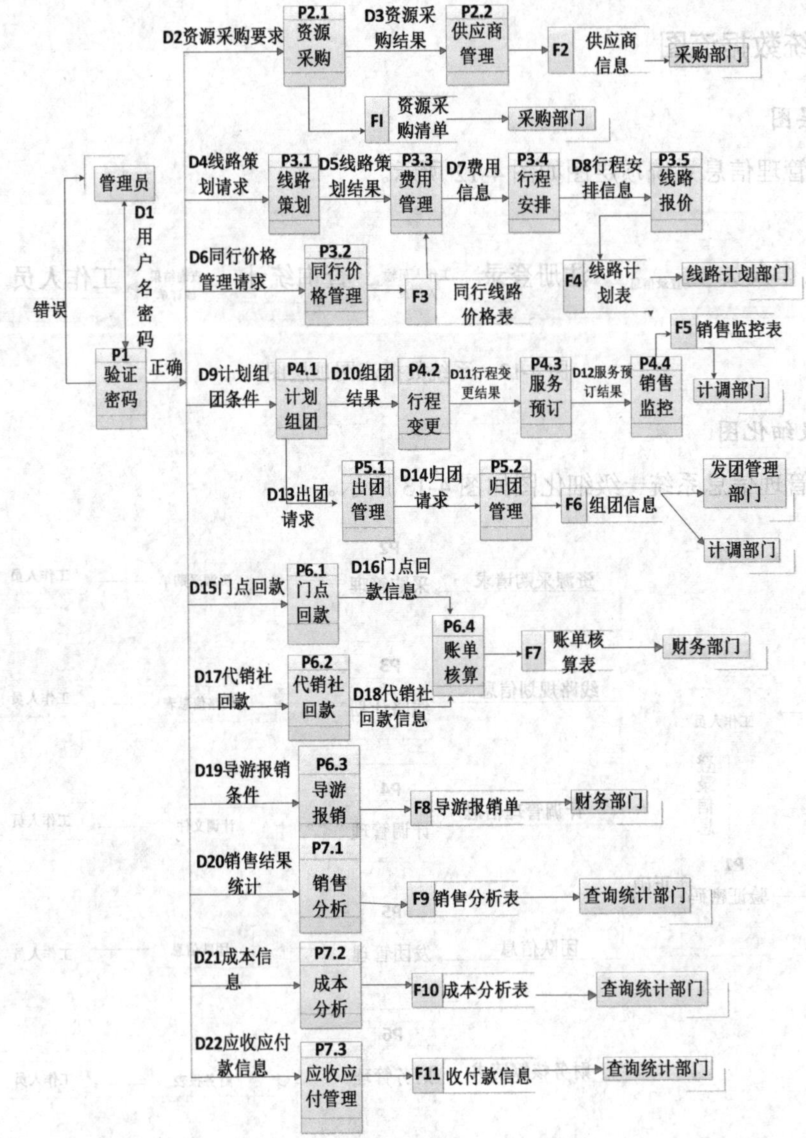

图 4-14　系统数据流图二级细化图

4.3.3　数据字典

由于篇幅所限，图 4-11 所示“旅行社管理信息系统”各子系统不能逐一进行数据字典的详细分析，故选择其中一个核心子系统，即“线路计划子系统”进行详细分析。

1. 数据流条目

“线路计划子系统”所包含的数据流条目如表 4-2～表 4-6 所示。

表 4-2　D4 线路策划请求

名称＼数据	D4 线路策划请求
别名	无
组成	线路名称+行程天数+线路类型+游客类型+线路策划请求信息
注释	无

表 4-3　D5 线路策划结果

名称＼数据	D5 线路策划结果
别名	无
组成	线路号+线路名称+景点名称+具体价格
注释	无

表 4-4　D6 同行价格管理请求

名称＼数据	D6 同行价格管理请求
别名	无
组成	线路号+线路名称+旅行社名+价格
注释	无

表 4-5　D7 费用信息

名称＼数据	D7 费用信息
别名	无
组成	线路号+线路名称+具体费用+折扣信息
注释	无

表 4-6　D8 行程安排信息

名称＼数据	D8 行程安排信息
别名	无
组成	时间+行程+具体安排+酒店名称+出行天数+航班号+价格
注释	无

2. 文件条目

“线路计划子系统”所包含的文件条目如表 4-7 和表 4-8 所示。

表 4-7　同行线路价格表

名称＼文件	同行线路价格表
编号	F3
组成	线路号+线路名称+旅行社名+价格
结构	以线路号为关键字、索引存取
注释	旅行社通过分析同行线路价格表确定线路费用

表 4-8　线路计划表

名称＼文件	线路计划表
编号	F4
组成	线路号+线路名称+航班号+行程安排+酒店名称+价格+出行天数
结构	以线路编号为关键字、索引存取
注释	无

3. 数据项条目

“线路计划子系统”所包含的数据项条目如表 4-9 和表 4-10 所示。

表 4-9　“同行线路价格表”中数据项条目

数据项名	代码	类型	长度	小数位	注释
线路号	XLH	数值型	7		
线路名称	XLMC	字符型	60		
旅行社名	LXSM	字符型	20		
价格	JG	数值型	6		

表 4-10　“线路计划表”中数据项条目

数据项名	代码	类型	长度	小数位	注释
线路号	XLH	数值型	7		
线路名称	XLMC	字符型	60		
航班号	HBH	数值型	6		
行程安排	XCAP	字符型	150		
酒店名称	JDMC	字符型	20		
价格	JG	数值型	6		
出行天数	CXTS	数值型	2		

4.3.4　加工说明

“线路计划子系统”的加工说明如表 4-11～表 4-15 所示。

表 4-11　线路策划

名称＼加工	线 路 策 划
编号	P3.1
输入	线路策划请求
加工逻辑	对于报名游客表的每一条记录 如果　报名游客是散客 　　则在旅行社线路表中选择符合游客要求的线路 否则 　　如果　团体报名的游客要求重新设计线路 　　　　则根据游客要求重新设计线路 　　否则　在旅行社线路表中选择符合游客要求的线路
输出	线路策划结果

表 4-12　同行价格管理

名称＼加工	同行价格管理
编号	P3.2
输入	同行价格管理要求
加工逻辑	对于其他旅行社线路表中的每条记录 如果　线路名称与该旅行社中线路名称相同 　　则分析该条线路信息
输出	同行线路价格

表 4-13　费用管理

名称＼加工	费 用 管 理
编号	P3.3
输入	线路策划结果
加工逻辑	对于线路表中的每条记录 如果　散客报名 　　如果　线上预订并在 24 小时内支付

续表

名称 \ 加工	费 用 管 理
加工逻辑	则享受3%的优惠 否则　不享受任何折扣优惠 否则 如果　参团人数<4　　则按散客处理 参团人数<10　则享受5%的优惠 否则　享受10%的优惠
输出	费用信息

表 4-14　行程安排

名称 \ 加工	行 程 安 排
编号	P3.4
输入	费用信息
加工逻辑	对于线路表中的每一条记录 如果　线路中出行天数<2天 则只安排航班 否则 如果　线路景区中有四星级酒店 则安排四星级酒店，选择相应的航班 否则 选择当地接近于四星级标准的酒店，同时安排航班
输出	行程安排信息

表 4-15　线路报价

名称 \ 加工	线 路 报 价
编号	P3.5
输入	行程安排信息
加工逻辑	对于线路表中的每一条记录 如果　线路报价符合旅行社核算要求 则确定输出该条线路的价格信息 否则 更改线路信息，重新定价
输出	线路计划表

4.4　旅行社管理信息系统的设计

4.4.1　代码设计

“线路计划子系统”所包含的代码如表 4-16～表 4-21 所示。

表 4-16　用户代码

代码对象名	用户代码				
代码类型	层次码	位数	12	校验位	1
代码数量	10 万	使用期限		使用范围	系统内
代码结构					

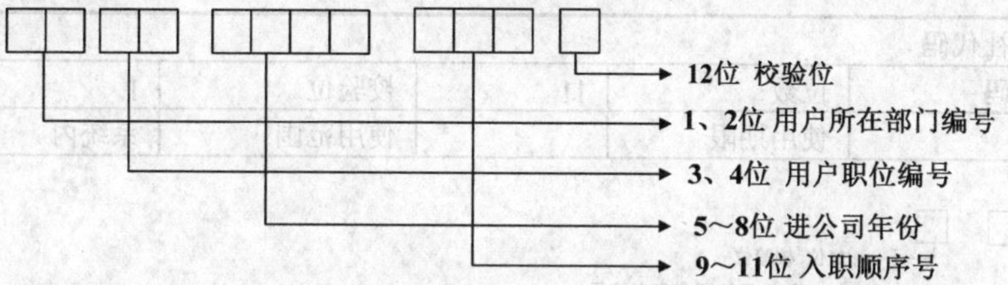

代码示例：CH0020040540 表示策划部门部长 2004 年入职，是公司第 054 位员工

备注	

设计人：李冰　　审核人：　　年　　月　　日

表 4-17　旅游线路代码

代码对象名	旅游线路代码				
代码类型	层次码	位数	7	校验位	1
代码数量	1000	使用期限		使用范围	系统内
代码结构					

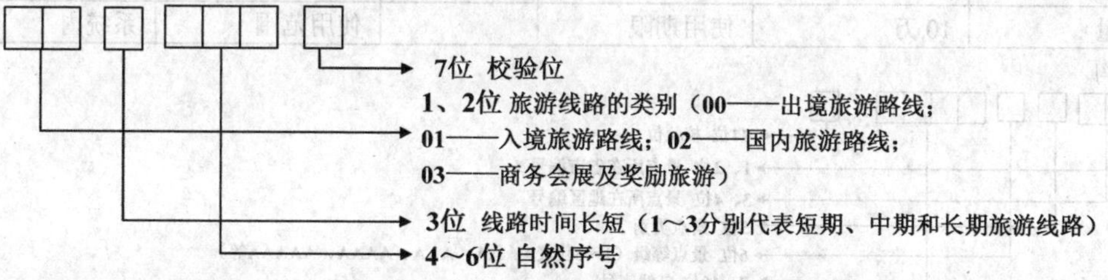

代码示例：0030130 表示出境长期编号为 013 的旅游路线

备注：	

设计人：李冰　　审核人：　　年　　月　　日

表 4-18　航班代码

代码对象名	航班代码				
代码类型	层次码	位数	6	校验位	0
代码数量	10 万	使用期限		使用范围	系统内

代码结构

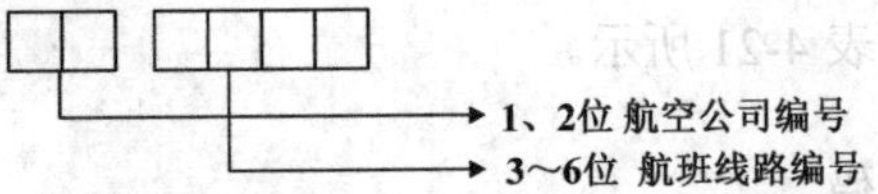

代码示例：CA1551 表示国航由北京到上海的航班

备注	

设计人：李冰　　审核人：　　年　月　日

表 4-19　旅行社代码

代码对象名	旅行社代码				
代码类型	层次码	位数	11	校验位	1
代码数量	10 万	使用期限		使用范围	系统内

代码结构

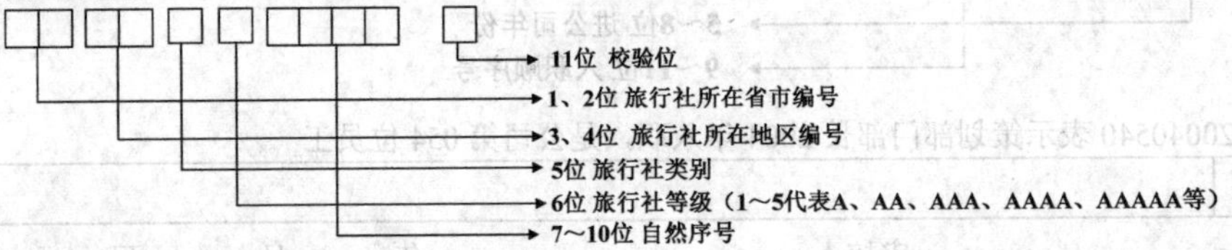

代码示例：10063502570 表示北京市丰台区 3 类 5A 级编号为 0257 的旅行社

备注	

设计人：李冰　　审核人：　　年　月　日

表 4-20　景点代码

代码对象名	景点代码				
代码类型	层次码	位数	11	校验位	1
代码数量	10 万	使用期限		使用范围	系统内

代码结构

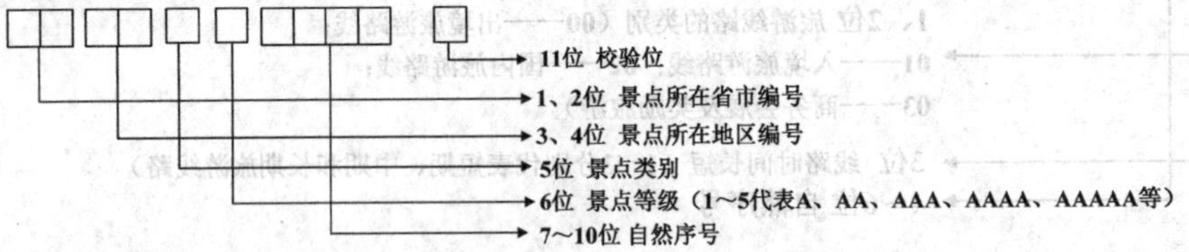

代码示例：10061410240 表示北京市丰台区 1 类 4A 级编号为 1024 的景点

备注	

设计人：李冰　　审核人：　　年　月　日

表 4-21　各种表和各种文件编号代码

<table>
<tr><td>代码对象名</td><td colspan="5">各种表和各种文件编号代码</td></tr>
<tr><td>代码类型</td><td>层次码</td><td>位数</td><td>14</td><td>校验位</td><td>1</td></tr>
<tr><td>代码数量</td><td>10 万</td><td>使用期限</td><td></td><td>使用范围</td><td>系统内</td></tr>
<tr><td colspan="6">代码结构
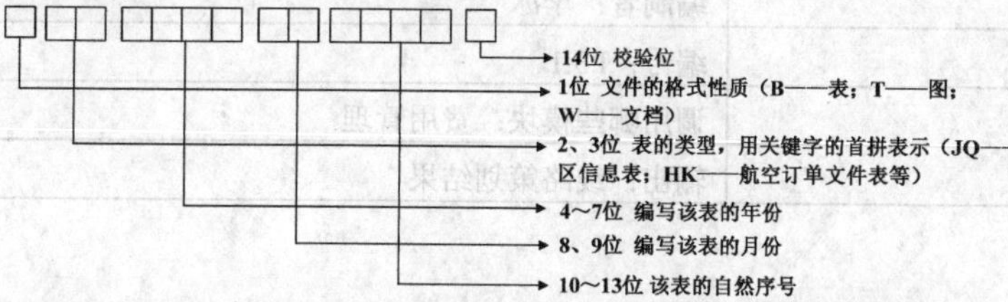

代码示例：BJQ20121034500 表示该表为 B 表的景区信息表，编写时间是 2012 年 10 月，自然序号为 3450</td></tr>
<tr><td>备注</td><td colspan="5"></td></tr>
<tr><td colspan="2">设计人：李冰</td><td colspan="2">审核人：</td><td colspan="2">年　　月　　日</td></tr>
</table>

4.4.2　数据库设计

“线路计划子系统”的数据库设计如表 4-22～表 4-23 所示。

表 4-22　同行线路价格表

线　路　号	线 路 名 称	旅 行 社 名	价格/元
0220120	海南游	中国青年旅行社	3 020
0035480	美国本土游	康辉旅行社	16 769

表 4-23　线路计划表

线路号	线路名称	航　班　号	行 程 安 排	酒 店 名 称	价格/元	出行天数/天
0220120	海南游	D1 CA1357 D5 CA1380	D1 北京—海口 D2 海口—兴隆 D3 兴隆—三亚 D4 三亚 D5 三亚—海口—北京	D1 海口宝华海景大酒店 D2 万宁兴隆金银岛温泉大酒店 D3 三亚东方海景大酒店	3 080	5
0035480	美国本土游	D1 CA985 D3 UA636 D5 UA942 D9 UA761	D1 北京—旧金山 D2 旧金山 D3 旧金山—拉斯维加斯 D4 拉斯维加斯 D5 拉斯维加斯—洛杉矶 D6～D8 洛杉矶 D9 洛杉矶—北京 D10 北京，结束旅行	D1 市政中心假日酒店 D3～D5 贝拉吉奥酒店 D5～D9 洛杉矶喜来登酒店	16 899	10

4.4.3 数据处理过程设计

“线路计划子系统”数据库处理过程设计 IPO 图如图 4-15～图 4-19 所示。

系统名：线路计划子系统	编制者：李冰
模块名：线路策划	编号：P3.1
由哪些模块调用：无	调用哪些模块：费用管理
输入：线路策划请求	输出：线路策划结果

算法说明：（问题分析图）

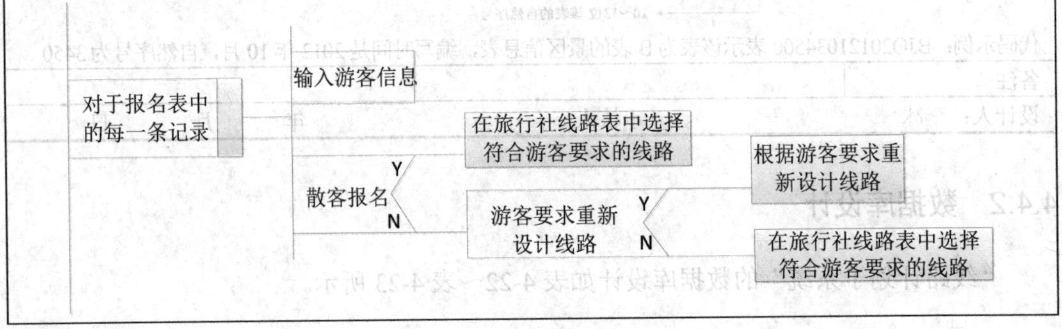

图 4-15 “线路策划”IPO 图

系统名：线路计划子系统	编制者：李冰
模块名：同行价格管理	编号：P3.2
由哪些模块调用：无	调用哪些模块：费用管理
输入：同行价格管理请求	输出：同行线路价格

算法说明：（问题分析图）

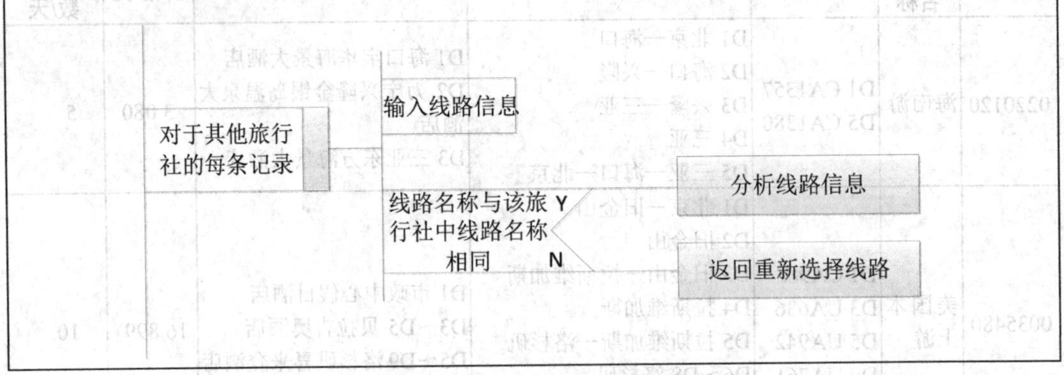

图 4-16 “同行价格管理”IPO 图

系统名：线路计划子系统	编制者：李冰
模块名：费用管理	编号：P3.3
由哪些模块调用：线路策划、同行价格管理	调用哪些模块：行程安排
输入：线路策划结果、同行线路价格	输出：费用信息

算法说明：（问题分析图）

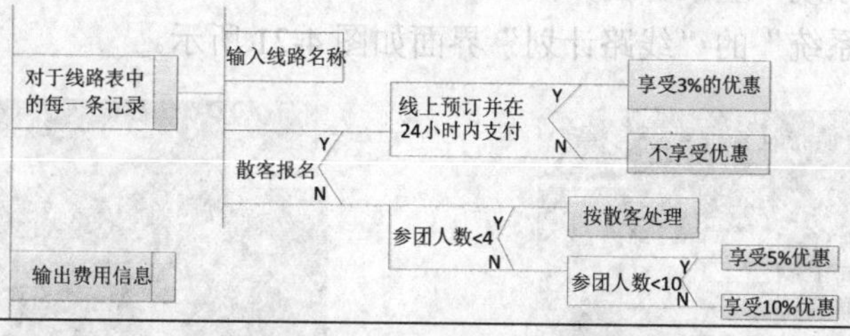

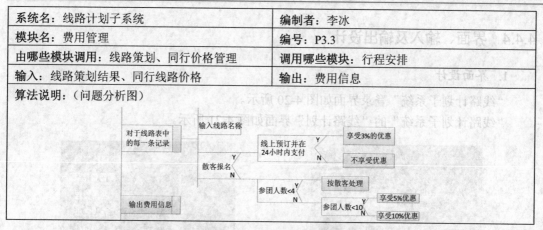

图 4-17　“费用管理”IPO 图

系统名：线路计划子系统	编制者：李冰
模块名：行程安排	编号：P3.4
由哪些模块调用：费用管理	调用哪些模块：线路报价
输入：费用信息	输出：行程安排信息

算法说明：（问题分析图）

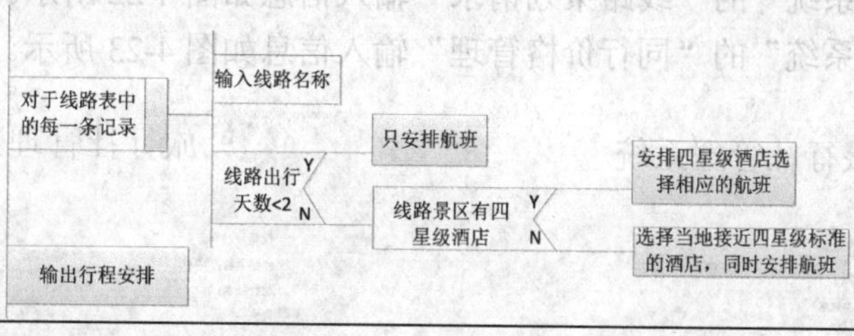

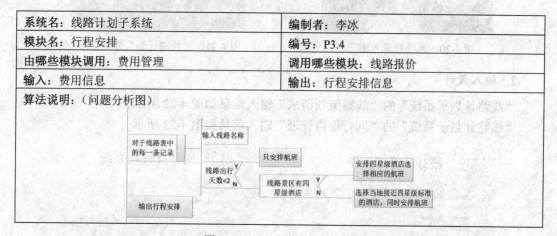

图 4-18　“行程安排”IPO 图

系统名：线路计划子系统	编制者：李冰
模块名：线路报价	编号：P3.5
由哪些模块调用：行程安排	调用哪些模块：无
输入：行程安排信息	输出：线路计划表

算法说明：（问题分析图）

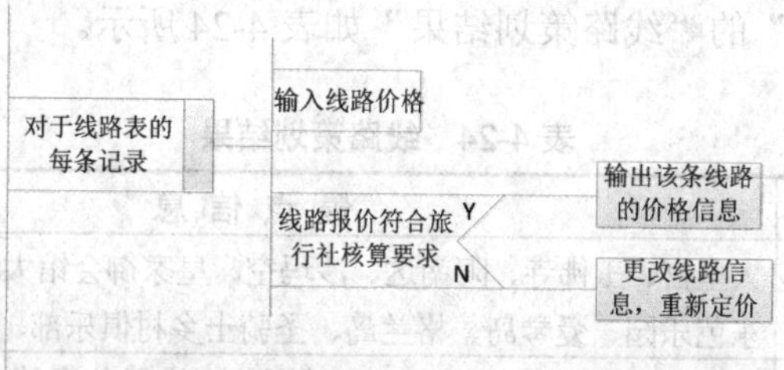

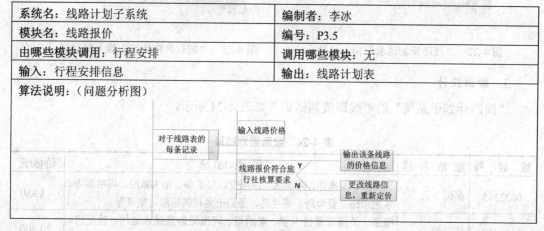

图 4-19　“线路报价”IPO 图

4.4.4 界面、输入及输出设计

1. 界面设计

“线路计划子系统”登录界面如图 4-20 所示。

“线路计划子系统”的“线路计划”界面如图 4-21 所示。

图 4-20　系统登录界面

图 4-21　“线路计划”界面

2. 输入设计

“线路计划子系统”的“线路策划请求”输入信息如图 4-22 所示。

“线路计划子系统”的“同行价格管理”输入信息如图 4-23 所示。

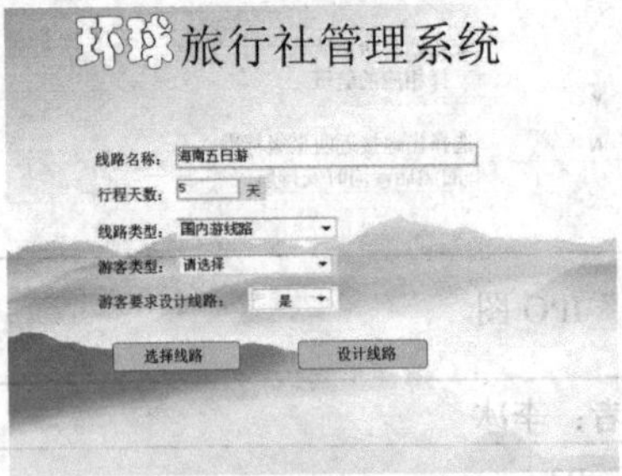

图 4-22　“线路策划请求”输入信息

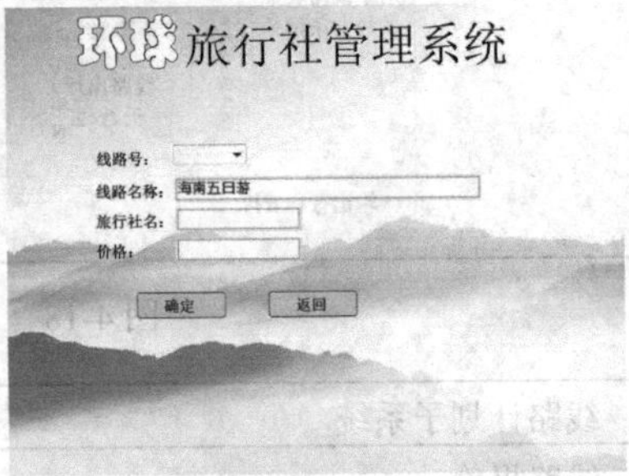

图 4-23　“同行价格管理”输入信息

3. 输出设计

“线路计划子系统”的“线路策划结果”如表 4-24 所示。

表 4-24　线路策划结果

线 路 号	线 路 名 称	景 点 信 息	价格/元
0022345	泰国 7 天	大皇宫、玉佛寺、阿南达、沙玛空、皇家御会馆大城府、玛哈泰寺、东芭乐园、爱琴岛、格兰岛、圣骑士乡村俱乐部、皇家寺	3 980
0031467	法国游	嘎那、圣保罗蒙特卡罗、摩纳哥、阿维尼翁嘉德水道桥、教皇宫、圣母院大教堂、钟楼广场、断桥	20 800

续表

线 路 号	线 路 名 称	景 点 信 息	价格/元
0020674	柬·爱	巴戎庙、十二生肖像、空中宫殿、斗象台、周萨神庙、达高神寺塔、普伦寺塔、普伦寺、变身塔、蟠蛇水池	5 136
0235471	经典九寨	扎嘎瀑布、牟尼森林、百亩杜鹃、翡翠温泉、百花湖、月亮湖、天鹅湖和溶洞群树正沟、日则沟、则渣洼沟	2 440
0024020	日本五日游	大阪城公园、洞爷湖、地狱谷、伊达时代村、有珠山、昭和新山、小樽运河、硝子馆、八音盒馆、大钟楼	5 280
0023450	首尔一地4 日精华	仁寺洞、爱宝乐园、景福宫、国立民俗博物馆、青瓦台、外观北村韩屋、高丽参专卖局	2 013
0038901	意大利梵蒂冈游轮	道奇宫、圣马可大教堂、祥鸽群集的圣马可广场、圣母百花大教堂、米开朗基罗广场、圣彼得大教堂、圣彼得广场、西班牙广场、许愿泉、古罗马斗兽场外观、古罗马市集废墟、君士坦丁凯旋门	14 788
0225015	云南六天	丽江、大研古城、玉龙雪山、虎跳峡、束河古镇、拉市海黑龙潭	2 640

“线路计划子系统”的“费用信息”如表 4-25 所示。

表 4-25　费用信息

线 路 号	线 路 名 称	具体费用/元	折 扣 信 息
0022345	泰国 7 天	3 980	10%
0031467	法国游	20 800	10%
0020674	柬·爱	5 136	0
0235471	经典九寨	2 440	5%
0024020	日本五日游	5 280	3%
0023450	首尔一地 4 日精华	2 013	5%
0038901	意大利梵蒂冈游轮	14 788	0
0225015	云南六天	2 640	3%

“线路计划子系统”的“行程安排信息”如表 4-26 所示。

表 4-26　行程安排信息

时间	行程	具 体 安 排	酒店名称	航班号	价格/元
D1	北京—香港	北京首都机场搭乘国际航班飞往东方之珠香港，入住酒店后，可去维多利亚港观看美丽的夜色，会带给您别样的惊喜与炫目！可搭乘具有古旧风味的“天星小轮”前往港岛	香港城市花园酒店	CA101	3 530
D2	香港	购物之旅：四大购物主题——衣饰及美容化妆品、珠宝钟表、电子消费品和中国传统商品	香港城市花园酒店	无	

续表

时间	行程	具体安排	酒店名称	航班号	价格/元
D3	香港	上午去铜锣湾的时代广场、金钟的太古广场、中环的置地广场、尖沙咀的海港城、九龙塘的又一城、沙田的新城市广场逛逛，新城市广场除了是一大型购物中心，里面还有一座免费入场的“史诺比开心世界”，是亚洲第一个、全球第二个史诺比户外游乐场，深受小朋友们的欢迎。晚上去红黄埔新天地瞧瞧，内设一所美食坊，云集全港最驰名、最地道的经典美食，是香港饮食文化的精髓，美食家及旅游人士不容错过	香港城市花园酒店	无	3 530
D4	香港—北京	吃好，玩好，看好后搭乘班机返回北京	无	CA110	

本章小结

- 旅行社是指以营利为目的，从事为旅游者代办各种旅游手续，招徕、接待旅游者，为其安排食宿、交通、游览、娱乐、购物等有偿服务的经营企业。其性质是旅游中间商，是通过提供旅游中介服务获取收益的企业。
- 旅行社作为专门为旅游者提供服务的机构，其性质主要表现在以下两个方面：（1）旅行社是沟通旅游产品生产者和消费者的重要中间商。（2）旅行社是销售旅游产品来获取利润的企业。
- 旅行社管理信息系统是利用计算机技术和通信技术，对旅行社的经营业务进行综合管理控制的人机综合系统。
- 旅行社管理信息系统的分析是通过使用概况表、数据流图、数据字典、加工说明对旅行社管理信息系统进行详细分析的。
- 旅行社管理信息系统的设计是对该系统进行详细设计，包括代码设计、数据库的设计、数据处理过程设计、界面设计、输出设计及输入设计。

综合练习

一、单项选择题

1.（　　）是指以营利为目的，从事为旅游者代办各种旅游手续，招徕、接待旅游者，为其安排食宿、交通、游览、娱乐、购物等有偿服务的经营企业。

A. 旅行社　B. 旅行社管理　C. 旅行社信息　D. 旅行社管理信息系统

2.（　　）是利用计算机技术和通信技术，对旅行社的经营业务进行综合管理控制的人机综合系统。

A. 旅行社　B. 旅行社管理　C. 旅行社信息　D. 旅行社管理信息系统

3. 我国旅行社运用信息技术起步于（　　）。

A. 20世纪60年代初期　　B. 20世纪70年代初期

C. 20世纪80年代初期　　D. 20世纪90年代初期

4. 基于网络营销的旅行社管理信息系统可以实现的功能不包括（　　）。

A. 进行信息搜索、信息发布、市场调研、开拓销售渠道

B. 既能满足各种功能需求，又能保证信息资源安全，提高系统运行效率

C. 扩展品牌价值，开展特色服务，完善客户关系管理，增加经济效益

D. 旅行社采用多媒体技术，将视频音像等推销方式引入旅行社管理信息系统，将推销与实际销售合为一体，提高信息系统的促销功能，增加经济效益

5. 旅行社利用Internet建立旅行社集团和旅行社联合体，实现旅行社管理信息系统与（　　）的综合集成，是未来发展的重要方向，是当前和今后一段时间旅行社行业信息化发展的重要趋势和主要任务。

A. 旅游电子政务　　B. 旅游网络营销　　C. 旅游电子商务　　D. 旅游交通

6.（　　）为旅行社开展业务打下基础，寻求各种有用的旅游资源及供应商信息，为制定旅游路线和行程安排提供依据。

A. 线路计划子系统　　B. 采购管理子系统　　C. 财务管理子系统　　D. 发团管理子系统

7. 旅行社的业务处理过程的实质就是（　　）处理过程。

A. 技术　　B. 信息　　C. 订票　　D. 导游管理

8.（　　）为计调人员管理，如出团、归团的工作提供了方便，使大部分繁琐的工作由管理信息系统完成。

A. 采购管理子系统　　B. 线路计划子系统　　C. 发团管理子系统　　D. 查询统计子系统

9.（　　）用于管理人员的决策。该子系统提供的信息能够帮助管理人员详细地了解旅行社在各个时期的业务情况，为管理层的正确决策提供依据。

A. 采购管理子系统　　B. 线路计划子系统　　C. 发团管理子系统　　D. 查询统计子系统

10. 旅行社管理信息系统在管理中起到的作用不包括（　　）。

A. 大大提高旅行社工作效率　　B. 有助于旅行社加强客户管理和市场开发

C. 限制领导层的决策面　　D. 有助于旅行社决策科学化

二、多项选择题

1. 旅行社的职能有（　　）。

A. 生产职能　　B. 销售职能　　C. 分配职能　　D. 组织协调职能

2. 通过旅行社管理信息系统实现旅行社与旅游者之间的互动包括（　　）。

A. 旅游者可以借助旅行社管理信息系统资助设计旅游线路，自主选择景点、酒店、餐饮、交通工具

B. 建立旅行社集团或联合体的网络营销管理

C. 实现旅行社信息的窗口式办公、自动化管理，提高旅行社进行供应商管理的灵活性和便捷性

D. 旅行社也可以根据旅游者的信息反馈及时改进、推荐旅游线路、旅游服务等，更好地为旅游者服务

3. 旅游业的三大支柱行业有（　　）。

A. 酒店　　B. 旅游交通　　C. 旅行社　　D. 旅游景点

4. 在旅行社管理信息系统条件下（　　）。

A. 旅行社决策者的信息来源广泛，信息量大而完整，为决策的科学性提供了便利

B. 旅行社决策者获取信息及时，有助于把握时机及时决策

C. 旅行社将客户的信息自动存入计算机中，随时可以检查、调用、修改

D. 许多客户的历史信息只掌握在具体经办人员手中

5. 旅行社采用管理信息系统的管理模式可以（　　）。

A. 建立客户信息数据库，并在此基础上完善客户历史档案的管理

B. 开展针对性的旅游营销，拓展旅游业务

C. 使得旅行社能够方便地开展企业的财务分析及客户的信用审核

D. 借助于信息资源数据库强大的查询功能，管理层的决策有了更加科学的信息支持

6. 传统旅行社管理中存在的问题有（　　）。

A. 游客报名的基本信息及销售的旅游线路等信息均以文字形式记录于纸上，于每天晚上呈报计调中心汇总；各种凭证为纸质，管理查询均不方便

B. 旅游线路、车票等旅游产品的基本信息更新速度慢，但是旅游市场上旅游产品的价格改变非常快，基本上一天一变，现无法做到及时更新

C. 由于旅行社有多个营业点在同时销售旅游产品，对某些需实时掌握的信息更新困难

D. 操作比较复杂加大了计调部员工和前台销售员的工作量，还有可能忙中出错，导致信息不一致

7. 旅行社管理信息系统建设的意义包括（　　）。

A. 可以提高旅行社服务的时效性　　B. 可以处理复杂信息，促使各部门的通力协作

C. 拥有较强的个性化处理能力　　D. 便于管理层的决策管理

8. 旅行社管理信息系统的发展趋势有（　　）。

A. 适用于旅行社集团或联合体的网络营销管理信息系统将优先发展

B. 基于网络营销的旅行社管理信息系统发展迅速

C. 基于个性化的旅行社管理信息系统的发展

D. 基于C/S的旅行社管理信息系统的发展

9. 关于旅行社管理信息系统的说法正确的有（　　）。

A. 可以简化员工的手工操作，规范操作流程，提高工作效率，降低劳动强度

B. 可以实现信息的实时更新，方便游客接受更好、更快的服务

C. 可以方便各部门信息的交流，改变传统的文件满天飞的局面

D. 管理人员也可以通过该系统查询当前经营情况及各种电子单证，随时掌握企业经营动态，从而更好地进行管理

10. 旅行社管理信息系统建设的目标有（　　）。

A. 要拥有相当庞大的资源信息库　　B. 互动性强，能够为旅游者提供个性化的旅游信息服务

C. 提供良好的决策支持工具　　D. 系统服务应用面要窄

三、判断题

1. 旅行社是指以营利为目的，从事为旅游者主办各种旅游手续，招徕、接待旅游者，为其安排食宿、交通、游览、娱乐、购物等有偿服务的经营企业。（　　）

2. 建立基于Internet、适应小型旅行社集团或联合体、具有智能决策的管理信息系统将会有长足的发展。( )

3. 线路计划子系统让线路设计人员对所有的旅游资源进行各种方式的组合，从而为游客提供多样化的服务方式和标准创造了条件。( )

4. 由于我国目前旅行社存在“小、弱、散、差”的现象，因此大多数中小型旅行社并没有跟上信息化的步伐。( )

5. 报价组团是旅行社自己销售的产品。( )

6. 线路计划子系统为旅行社开展业务打下基础，寻求各种有用的旅游资源及供应商信息，为制定旅游路线和行程安排提供依据。( )

7. 发团管理子系统是通过组团，并对组团情况进行控制和监控，使得计调人员能够在整个销售过程变事后管理为事前管理，增强了其工作的主动性，从而为顺利、方便地控制整个流程，为整个旅行社的正常运行提供保障。( )

8. 1991年，中国国际旅行社引进美国PRI-ME550型超级小型计算机系统，用于旅游团数据处理、财务管理、数据统计。( )

9. 旅行社管理信息系统是利用计算机技术和通信技术，对旅行社的经营业务进行综合管理控制的人机综合系统。其职能是对旅行社生产服务过程的管理实现信息化，从而提高旅行社的工作效率，提高服务质量。( )

10. 旅行社经营的产品涉及饭店、旅游景点、旅游交通、旅游用品等行业，相关信息变化得非常快，但时效性要求不强。( )

四、简答题

1. 旅行社的概念是什么？有哪些职能？
2. 什么是旅行社管理信息系统？其特点有哪些？
3. 与旅游发达国家相比，我国旅行社信息化存在哪些差距？
4. 旅行社管理信息系统建设的意义是什么？
5. 旅行社管理信息系统建设包括哪些目标？

五、论述题

1. 请论述目前我国旅行社管理信息系统建设中存在的问题，并提出解决这些问题的办法。
2. 通过查阅相关文献资料，论述旅行社管理信息系统未来的发展趋势。

六、案例讨论题

青旅总社成立于1980年，具有高度综合的旅游经营能力，和近60多个国家的1 000多家客商建立了稳定的业务合作关系。1995年12月，以青旅总社为核心组建了中青旅集团，形成了以联合经营为特征的覆盖全国的旅游经营网络，成为主导中国旅游市场的大型旅游企业集团之一。

中青旅主营入境旅游、出境旅游和国内旅游；旅游景点、项目、基础设施的建设及配套开发；旅游客运业务；汽车租赁；电子产品、通信设备开发、销售；旅游商品的零售和系统内的批发；与以上业务相关的信息服务；宾馆经营；承办国内会议及商品展览；汽车出租；汽车维修；经营互联网信息服务；零售图书；票务代理；销售工艺美术品、百货、针纺织品；接受委托代理销售门票。

从中青旅（http://www.cytsonline.com/）网站首页，可以看到其针对境内和境外访问者设计的中文版、英文版、日文版三种不同界面设计。中青旅网站首页如图4-24所示。

图 4-24　中青旅遨游首页界面

中青旅中文网站首页由自由行、参团游、海岛度假、主题度假、抢游惠、达人微攻略、景点、会展旅游、商旅管理九大版块组成。每一版块详细介绍了具体旅游信息，设计了精选的旅游路线。同时该网站结合多媒体技术和地理信息系统，丰富了景点信息量。

从中青旅遨游的网站中可以看出，散客旅游的发展势头非常迅猛，因而专门设计了“百变自由行”栏目，而且占据了大部分版面。同时，对于团队旅游线路也进行了推荐。除此之外，还包括了旅游线路的查询，酒店、机票的查询和预订服务，以及旅游论坛、会员服务专区的设计。中青旅中文网站首页如图4-25所示。

图 4-25　中青旅遨游中文首页界面

试讨论以下问题：

1. 中青旅网站提供了哪些功能？
2. 与其他旅行社网站相比，中青旅网站有哪些特色？
3. 与其他旅行社网站相比，中青旅网站有哪些不足之处？

第 5 章　旅游交通信息系统

学习目标

- 了解旅游交通产业的特点
- 了解旅游交通信息系统建设的意义
- 熟练分析旅游交通信息系统的功能
- 建立旅游交通信息系统的分析模型
- 掌握旅游交通信息系统的设计过程

导言

旅游交通不仅是开发旅游资源和建设旅游地的必要条件，而且直接影响着旅游者对旅游目的地的选择，因此研究旅游交通信息系统对旅游业的发展具有重要意义。本文在阐述旅游交通及旅游交通信息系统基本概念的基础上，分析了旅游交通信息系统建设的意义、应用及发展趋势，进而设计出旅游交通信息系统，这对我国旅游交通信息系统的建立和完善具有很大的理论意义及应用价值。

5.1　概　　述

旅游交通是交通运输的一个有机组成部分，是在公共客运交通工具不能完全满足需求的情况下产生的特殊交通方式，它与公共客运运输有着密切的关系。在信息化浪潮中，旅游交通规划、管理调度和服务保障等领域与信息、网络技术的结合越来越紧密，并正在向智能交通系统及其产业化方向发展。

5.1.1　旅游交通信息系统的基本概念

1. 旅游交通

旅游交通是指为旅游者在旅行游览过程中所提供的交通基础设施、设备的总称。它具有交叉性和共享性两个明显的特点。交叉性是指旅游交通是旅游和交通的融合与交叉；共享性是指进出景区的旅游交通与其他公共交通可以相互通用、相互共享，但景区内的旅游交通一般是专为旅游服务的。因此，在实际工作中有时很难严格区分旅游交通和非旅游交通。

旅游交通作为一个交叉性产业，它与国民经济交通运输业有许多共同之处，同时作为一个相对独立的产业又有其自身的特点。

（1）游览性。旅游交通具有较强的游览性，更强调舒适性，这是它与其他公共交通的一个显著差别。旅游交通一般只在旅游客源地与目的地之间进行直达运输，在若干旅游目的地之间进行环状运输，使旅游者在最短的时间内到达目的地，便于游览。此外，旅游交通还强调设施、服务等方面的优质化。

（2）季节性。由于旅游本身具有较强的季节性，使得旅游交通随着季节和时节的移动而发生明显的、有规律的变化。旅游旺季时，旅游客流骤增；旅游淡季时，旅游客流骤减。这种季节性变化给旅游交通经营带来很大困难，很难做到既为旅游者提供足够的运力，同时又可以获得合理的经济效益。

（3）区域性。旅游本身具有一定的区域性。旅游交通的线路根据旅游流的流向、流量、流时和流程等因素，集中分布在旅游客源地与目的地之间，以及旅游目的地内各旅游集散地之间，具有明显的区域性。旅游者首先从各旅游客源地集中流向旅游目的地的口岸城市和中心旅游城市，然后向其他热点旅游城市和旅游区分流，之后才向其他一般旅游城市和旅游区延伸。

通常将旅游客源地与目的地之间的交通称为外部旅游交通或大交通，它决定着旅游者可以进出旅游目的地的总量，对旅游业的发展具有重要的战略意义。与之对应的是内部旅游交通，统称为小交通，它决定着能否保持旅游交通热、温、冷线旅游客运量的相对均衡，保证旅游者在旅游目的地内正常流动和分流，对旅游业的发展具有重要的现实意义。基于前者，已经建立起包括航空、铁路、公路在内的部门交通信息系统或客票分销预订系统；基于后者，已经建立起许多旅游目的地或城市交通信息系统。

2. 交通信息

交通信息是与上述交通系统各要素所关联的一切信息，包括交通运行、营运、管理、服务四个部分。按其属性分为动态交通信息和静态交通信息两大类。动态交通信息包括道路阻塞、道路畅通、车流量、突发事件、交通控制信号、交通诱导信息等；静态交通信息有路网分布、停车场、收费价格、道路养护信息、交通限制状况等。广义的旅游交通信息除了上述与旅行相关的交通信息外，还应该包括与旅游活动相关的景区景点、购物场所、娱乐场所、气象等信息。

3. 旅游交通信息系统

旅游交通信息系统是旅游交通和旅游业信息化的重要标志，它是以旅游者“进得去、散得开、出得来”为基本目标，以旅游交通融入旅游、最佳改善交通为最终目标，集各种旅游交通信息的采集、处理、查询及票务等服务功能于一身，由硬件、软件共同构成的计算机管理信息系统。与酒店、旅行社管理信息系统不同的是，至今还没有一个专门为旅游交通服务的全要素交通信息系统在实际运行，但基于铁路、公路、航空等运输部门的专题交通信息系统正在建设或已经实际运行。其中，涉及与旅游出行相关的客票发售和预订系统都已经建立起来。

旅游交通信息系统一般由信息获取、信息管理、信息发布三部分组成。

（1）对信息的获取，要保证按正确的时间、以恰当的形式采集正确的信息，从而建立一个可预知的、准确的、可靠的信息系统。

（2）对信息的管理，要注意信息的安全性和系统的开放性、灵活性、稳定性。

（3）对信息的发布，要重点考虑根据不同的用户需求建立方便的查询机制，使得能够真正实现“在需求的时间，按照易于理解的形式，将所需要的信息送到用户手中。”

5.1.2 旅游交通信息系统建设的现实需求

据世界旅游组织预测，到 2020 年中国将成为世界最大的旅游目的地国和第四大旅游客源国。旅游交通信息系统的建设，可以方便海外游客来中国旅游，从而吸引更多的海外游客，促进中国旅游业走向国际市场。

中国是世界上拥有最大的铁路、公路运输网的国家之一。铁路和公路仍然是国内旅游的主要旅行方式。航空交通因其迅速、方便和舒适，能跨越各种自然障碍，在洲际旅游和国际旅游中起主要作用，尤其适用于远程旅行。

中国人口众多，客票发售量不但大，而且热线车（机）票和售票时间较为集中，在售票高峰时，发售和预订供不应求，因此，每一张客票均要精确到确定坐席，并且是当日当次有效。加上票种繁多、票价复杂等，给数据组织和数据库管理增加了很多约束条件和困难。一般旅游交通信息系统由交通信息采集、信息分析处理与辅助决策、信息发布等子系统组成，可以为用户（包括管理者、出行者等）提供各自关注的交通信息。旅游交通信息系统建设是国民经济发展的迫切需要。

5.1.3 旅游交通信息系统建设的意义

离开居住地到异地旅游，往往需要多种交通方式组合才能往返于居住地和目的地之间。因此，构建一个服务于旅游者的、综合的旅游交通信息系统可以方便发布旅游出行信息，提供各类交通信息查询，进行交通换乘方式规划，实现远程预订和购买客票等，对提高出行效率和解决出行换乘问题具有极其重要的意义。其基本功能包括以下两个方面。

（1）实现与已有客票预订分销系统的链接，能够方便地进行航空、铁路和公路等旅游交通信息的查询，客票预订和发售等。

（2）智能化地为用户提供客源地城市到旅游目的地之间的旅游交通方案设计，甚至是目的地内部的旅游交通的安排。考虑到我国旅游信息化发展的现状，目的地城市内部的旅游交通出行设计暂不涉及。

旅游交通信息系统，结合传统的旅游信息系统的功能，重点突出旅游专家系统的建设，利用人工智能推理等方法，主要包括知识库、数据库、方法库、模型库等，实现根据旅游者的不同需求，整合所涉及的旅游资源、旅游服务信息、旅游交通信息，通过知识系统给用户一个完整快速的、针对不同用户的个性化解决方案。同时为游客提供各种旅游相关的信息查询、客运站信息查询、路线查询、酒店预订等服务，使游客拥有一个准备充分的出游计划。

在经济效益方面，旅游交通信息系统建设将更大地方便用户，不断满足游客日益多样化的需求，提高游客的满意度，无形中增加游客旅游的欲望，从而活跃旅游市场，对我国旅游业的发展起到积极推动作用。

5.1.4　旅游交通信息系统的应用

1. 旅游交通信息系统的国外发展现状

在国外，旅游交通信息系统的研究起步较早，并且发展迅速。国外发达国家的社会经济发展程度比较高，旅游业已经发展到较高阶段，不仅航空、公路等旅游交通高度发达、管理水平高，在旅游交通的建设中积累了丰富的经验，而且对旅游交通的事故、利益相关者、可持续发展等问题都有了比较深入的研究。早在20世纪20年代，美国的交通调查就注意到了旅游交通需求，并开始在道路交通规划上融入了旅游交通规划的概念。

目前世界上很多国家已经建立了基于不同信息技术、面向不同层次用户的旅游交通信息系统，并且不同的旅游交通信息系统之间已经联网，实现了旅游资源信息的共享。世界旅游组织建立的世界旅游数据网络，已有近200多个国家的旅游数据库与之实现了链接，其数据库信息包括旅游景区出入境人数、旅游消费额、运输工具种类、游客流向和酒店服务设施等。

国外旅游交通信息系统现在主要集中在旅游交通规划、旅游者旅行空间行为和迁移规律、旅游交通的区域影响及可持续发展、旅游交通满意度、交通在旅游发展中的作用及其认识过程等方面。

由于国家各部门对旅游交通信息系统的重视和参与，西方发达国家旅游发展呈现了“旅先游后、旅顺游畅”的局面。

2. 旅游交通信息系统的国内发展现状

我国旅游交通信息系统的建设起步较晚，而旅游交通信息系统建设是一个分阶段、分层次逐步完善的过程，国内没有哪个城市能在短期内建成完善的旅游交通信息系统，都是以出行网站为基础建立的前后台出行交通信息系统。近年来我国的交通系统研究、开发及应用都取得了很大的成绩：各部门根据自身的特点，研究开发了许多科技成果用于交通领域中，如道路交通流量的实时自动采集技术、交通管理的SCATS系统、高速公路联网收费系统，以及公共交通的智能管理系统。但总体上看，我国现有各个城市的旅游交通信息系统，无论是从国外引进的，还是国内自主开发的，在实际应用中都还存在各种各样的问题，效果并不理想。有的是数据采集不全面，有的是交通信息不能及时地传送给出行者。

1）国内旅游交通信息系统的特点

（1）涉及部门多，包括交通管理部门、公共交通部门、市政建设部门、规划部门等。

（2）交通信息服务应用面广，其面向的对象包括公众、交通管理部门、政府决策部门等。

（3）旅游交通信息系统各子系统间相对独立和平等。交通信息中心拥有信息整合的公用信息平台。各子系统呈现"数据采集层、信息管理层、共享信息整合层、服务应用层"的层次化的结构特点。

（4）基础设施的共享。旅游交通信息系统各子系统在交通信息采集、传输、发布等硬件设施上往往产生多系统共用的需求，需要协同工作，以实现系统的优化建设与运行。

2）国内旅游交通信息系统存在问题的分析

（1）旅游业中交通信息流的多层分流及断裂状况比较严峻。我国旅游交通信息系统目前的建设水平还不太理想，旅游交通资源及实时旅游交通服务信息不易广域、畅达和适时传播，限制了旅游交通信息系统的功能和吸引力。

（2）旅游交通信息系统建设的投入不足。旅游交通信息及基础信息面广量大，要建立旅游交通信息系统并进行实际运作，必须投入资金并对行业技术内涵全面升级。与高增长性朝阳产业相比，旅游交通信息的采集、处理和分析技术在旅游业中的系统研究还很薄弱，应用水平较低。因此，旅游交通信息系统的设计目标必须是合理有限的。如果目标与规模有限，就能设法解决相应的组织与投资问题，如果目标与规模合理，就能有限地为用户服务，从而找到新的投资者，确保信息服务系统能长期运转。

（3）旅游交通信息、游客行为及市场特征之间的关系准确界定困难。关于旅游交通信息采集最迫切的需要是系统地描述游客怎样及为什么用不同的信息去安排他们的旅游？游客搜寻的信息和搜寻方式有什么关系？不同旅游交通信息和复合旅游交通信息被使用的频率如何？全面、正确回答这些问题对优化旅游交通信息数据库的结构与提升数据质量，对旅游交通信息系统的辅助决策及最优化发挥旅游交通信息系统的效用具有十分重要的意义。

5.1.5　旅游交通信息系统的发展趋势

在一定程度上，旅游业的发展取决于旅游交通现代化的实现，而旅游交通信息系统的发展又取决于交通信息化的发展。信息技术的发展促进交通系统向大容量、高速度、网络化、集成化的综合智能信息系统发展。

1. 专业化旅游交通信息系统建设

专业化交通信息系统是由一个中心（旅游交通指挥中心）、四大系统（旅游交通信息检测系统、旅游交通通信服务系统、旅游交通信息服务系统、旅游交通安全支持系统）组成的。该系统首先对四个子系统搜集到的相关信息进行分析，然后将数据融合处理分析后的信息传回到旅游交通指挥中心，使管理员实时掌握旅游交通脉动，快速感知旅游交通现状，结合当地旅游景点的具体情况，向各子系统发出相应的指令，为管理者提供辅助决策的参考。

2. 旅游智能交通系统建设

智能交通系统是将先进的信息技术、数据通信传输技术、电子控制技术及计算机处理技术与先进的行政管理手段结合起来，使其有效地综合运用于交通运输的服务、控制和管理，使人、交通工具及环境密切配合、和谐统一，使交通工具运行智能化，从而建立起来一种在大范围内，全方位发挥作用的实时、准确、高效的旅游交通信息系统。

3. 综合交通信息平台建设

"一站式"的综合旅游交通信息系统或旅游客票发售预计系统将成为今后一段时间旅游交通信息化的重要趋势。交通运输系统的智能化与集成化需要实现多种交通方式之间、多个交通部门之间、多个应用系统之间的有机整合，而交通综合信息平台则是在信息化条件下实现跨部门、跨系统进行整合的主要途径。其目标就是要通过对数据和信息的收集和共享，增强各交通管理系统的功能，对各交通管理系统进行功能扩展和集成，同时在综合信息的基础上通过数据挖掘和决策支持系统提高旅游交通信息系统的综合水平。

5.2 旅游交通信息系统的规划

5.2.1 旅游交通信息系统案例分析

如前文所述，由于经济体制和信息系统不成熟两大原因，目前我国不存在国家级别的综合性的交通信息系统；再加上智慧旅游刚刚兴起，专门为旅游服务的综合性交通信息系统更是少之又少。因此本章的案例分析选择广东省公众出行交通信息服务系统、中国国际航空公司官方网站、新加坡旅游局交通系统作为综合性系统和专题性的交通信息系统进行案例分析。

1. 广东省公众出行交通信息服务系统

1）系统简介

广东省公众出行交通信息服务系统（http://www.gdcx.gov.cn/）是由广东省交通厅建设，宗旨是面向社会公众提供出行交通信息服务的综合性系统。广东省公众出行交通信息服务系统依托交通部信息资源整合与服务工程推广，整合出行信息资源，以公众出行服务网站、多媒体查询终端、短信服务平台、移动智能终端、宣传手册以及嵌入式可变情报等多种信息服务手段，发布丰富的交通信息，引导公众高效、便捷、舒适地出行。广东省公众出行交通信息服务系统首页如图 5-1 所示。

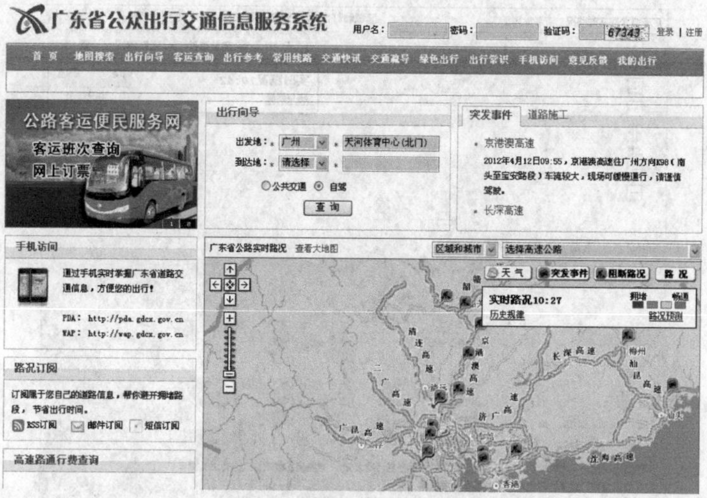

图 5-1　广东省公众出行交通信息服务系统首页

2）系统功能

广东省公众出行交通信息服务系统的服务对象主要包括自驾车出行用户、乘坐长途客运车辆旅客、城市公共交通乘客和选择其他出行方式的用户（铁路、民航、航运等）等，系统功能主要是围绕服务对象展开的。

（1）出行向导。通过选择广东省内的出发地和目的地，系统即可给出适合的行车路线（分为公共交通和自驾两种选择），以及车费对比等详细信息。查询用时在 5 秒钟左右，界面友好，图文并茂。

（2）实时路况。系统以地图的形式给出了广东省内主要道路的实时路况，并标注了天气、突发事件和阻断路况。同时，可以选择具体的城市和某条高速公路进行查看。此功能为正在路上使用手机或者可移动通信设备出行的旅游者或者司机提供了很大的方便。此外，还可以包括通过 RSS、邮件、短信等途径进行实时路况的订阅。其界面如图 5-2 所示。

（3）高速公路通行费查询。通过输入出发地目的地之间的高速路和收费站，以及所驾车辆的类型（选择车辆类型时系统还主动提供了五类车型的具体分类方法，便于游客准确划分），即可显示出所需的通行费用，用时在 1 秒钟之内。具体界面如图 5-3 所示。

（4）客运查询。客运查询内容包括长途客运查询、粤港澳水路出行、琼州海峡轮渡、火车出行、飞机出行、机场大巴。查询服务有长途客运、水路、飞机、火车等，出行时刻表及费率查询。查询方式为锁定出发地和目的地。其中，长途客运自动链接到广东省客运班车信息查询网，其余查询功能为系统内部查询功能，系统给出所有班次的时刻表，同时可以进行查询。

（5）地图查询。地图查询功能包括高速服务区、立交枢纽、客运站、加油站、旅游点、出省通道。选择项目查询，将显示其在省内的分布，例如点击某收费站可显示所在路段大图及详细信息。

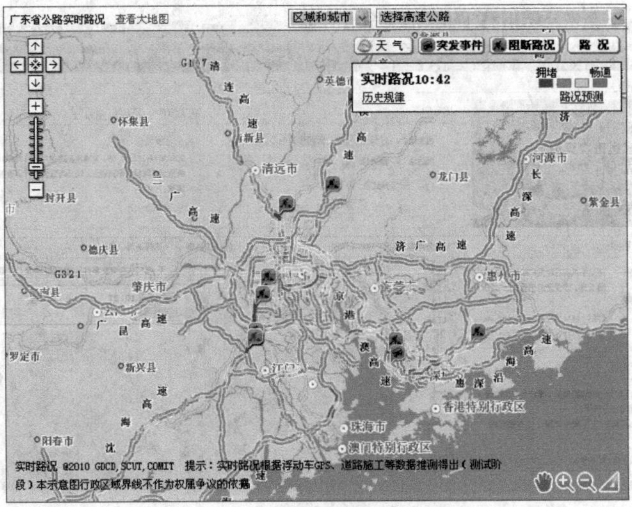

图 5-2 全省实时路况显示

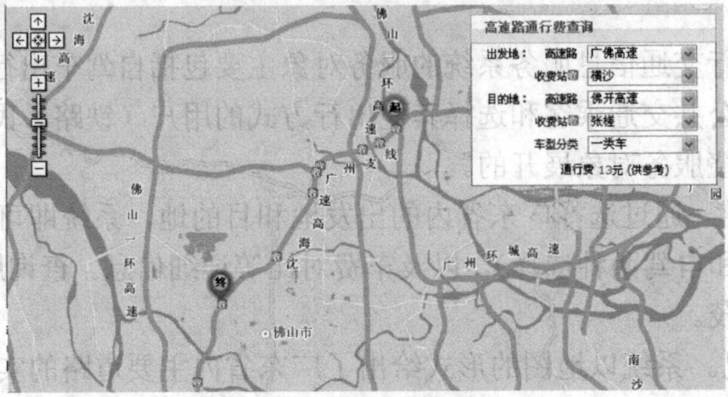

图 5-3 高速公路通行费地图显示

（6）常用线路。该项功能隐藏在路况查询中，不易被找到。它提供了包括交通枢纽（机场、火车站）、景点（人文景点、名人故居、运动休闲、自然风光等旅游景点线路）及热门线路（包括温泉游、古镇游等热门线路）。

（7）交通快讯。交通快讯提供省内交通快讯，同时在页面另一位置实时发布道路突发事件和道路施工情况，两者同时为出行者的出行计划提供了参考。

（8）交通疏导。交通疏导以图片的形式提供道路阻塞而需绕行情况的道路疏导路线。在高速公路受阻或施工时，可绕国道或省道行走，点击线路图可以查看详细疏导方案，并且地图右侧会有疏导指引，同时会给出原线路与疏导线路的对比信息，此外系统还提供了疏导模拟功能。

（9）绿色出行及出行常识。本功能提供一些科学的常用的行车及节能方面的知 识。由于不属于出行者常用信息，因此单独作为一个模块没有放到主界面中，并且没有进一步的更新。

（10）经验交流。系统为使用者提供了出行交流的平台，使用者既可以查阅他人的出行经验并予以评阅，也可以自行发表文章。

3）系统特色

广东省公众出行交通信息服务系统是国内为数不多的省级范围的、包含旅游元素的综合性交通信息系统，对我国其他省市建立旅游交通信息系统具有很大的借鉴意义。

（1）地理信息系统软件功能的融入。地理信息系统软件具有强大的空间数据处理能力和多种数据的计算能力。系统中诸多功能都利用地图进行表达，并且起到了良好的交互效果。

（2）与多媒体技术的结合。在该旅游交通信息系统中，结合了多媒体制作软件和地理信息系统工具软件的优点，将多媒体软件和旅游交通信息系统软件融为一体，在管理空间信息的同时，对图形、图像、动画等形式的多媒体信息进行处理和播放，使旅游交通信息系统信息的表达能力增强。

（3）多种平台的利用，开发了 Web、PDA、WAP，以及不同手机系统的版本。将不同业务系统之间的信息表示为大量的图文并茂的多媒体信息，通过统一、方便的浏览器提供查询等操作，最大限度地满足各类用户的使用需求。

（4）与其他系统的链接，本系统通过自动链接和友好链接的形式与广东省客运班车信息查询网等系统或者网站进行了密切的互补合作，使简明的系统具备了众多的功能。

4）系统不足

由于本系统是在我国信息系统并不完善的背景下进行开发的，因此不可避免地存在着尚可完善的地方。

（1）信息不足，在其最主要的出行向导中，常常发生当出现两种交通工具组合而产生信息空白的情况。

（2）功能模块划分不尽合理，不同模块中有功能重合的部分，而某些常用功能又没有单独列出。如出行向导和客运查询部分模块重复。

（3）GIS 反应速度较慢，且尚未融合部分知名地理信息系统中卫星地图的功能；表现形式集中于图片，多媒体种类不足，没有虚拟现实技术的利用。

（4）信息更新慢。为出行者提供知识储备的出行常识内容大多都是 2010 年以前的，如《新手上路别乱“超车”》是 2009 年 5 月 18 号发表的。

（5）旅游功能不充分，虽然系统并不是专门为旅游服务，但旅游作为公众出行的主要目的之一，应该得到更多的重视。

2. 中国国际航空公司官方网站

中国国际航空股份有限公司（以下简称国航）1988 年在北京正式成立，是中国航空集团公司控股的航空运输主业公司。国航目前是中国唯一悬挂中华人民共和国国旗和承担中国国家领导人出国访问专机任务的航空公司，并承担外国元首和政府首脑在国内的专、包机任务的国家航空公司。它是中国最大的国有航空运输企业，也是中国民航安全水平最高、综合规模最大、拥有最新和最好机队的航空公司。2007年国航被世界品牌实验室评为中国500个最具价值品牌之一。国航网站首页如图5-4所示。

图5-4　国航首页

1）网站功能

国航的网上系统界面简洁、功能清晰，但由于公司性质，系统的功能也较为单一。下面进行简要的分析。

（1）查询预订。通过选择或者输入出发和到达城市，以及行程日期，即可查询并且直接预订适合的机票。同时，系统自动将票价不同的成人、儿童和婴儿进行划分并且给出选项，便于游客直接得到最准确的信息。查询用时在60秒钟内，在查询过程中，有单独的页面进行操作提示。查询结果给出了包含所输入日期前后三天的航班情况，同时对于紧张机票给出了余票数目。

（2）办理乘机。输入机票号或者身份证件号码及手机号码，即可办理乘机手续。除此页面的办理方法之外，系统还演示了如何通过手机、电话等途径办理登机手续。

（3）航班状态。可通过城市名称或者详细的航班号查询航班目前状态，还可以下载航班时刻表。

（4）优惠促销。优惠促销提供了国航推出的各种促销活动。它包括促销总览、特惠活动专区、促销路线、里程促销、套票专区。游客可以在享受优惠的同时，使用国航推出的兑换券，在国航商城中兑换自己喜欢的商品。

（5）信息和服务。信息和服务包括航班信息、旅行准备、行李服务、办理乘机、机场服务。航班信息为游客提供详细的航班网络图和航班资讯信息供游客查询。旅行准备提供了旅客须知、机票验证、签证信息、航班超售公告、目的地指南、特殊旅客分类功能，使旅客出行更加方便省心。行李服务让游客不再为沉重的行李而烦恼，从而可以全身心地投入到旅行中。

2）网站优点

（1）功能简明。国航系统不涉及航空以外的酒店、租车等业务。

（2）操作便捷。不需过多的信息输入即可获取信息或完成手续。

（3）机票换购。旅客可以通过机票信息及凭证折换成兑换券，在国航商城兑换自己需要的商品。

（4）提供了免登录订票入口。旅客可以不必担心网上订票注册登录的麻烦与繁琐，国航网站提供了免登录入口，旅客点击免登录入口可直接订票。

3）网站提升空间

（1）扩展业务的功能。国航资产雄厚，业务量巨大，可以不参与酒店、租车等其他业务范畴，但如果能够延长产品前后服务链，例如加入国航机场大巴专线、行李寄存和运输等，则能够更方便乘客的使用。

（2）丰富系统的功能。对比其他航空公司，国航不能够提供随机行李的查询，主界面没有退改签等主要的航空功能。

（3）信息查询速度慢。相比较东航，两家公司航班数量相当，但是东航查询速度是国航的一倍以上，因此国航系统的基本功能需要提升。

3. 新加坡旅游局交通系统

由于世界各地将“旅游”和“交通”联接起来提供服务的几乎都没有单独的系统或者网站，均为旅游网或者城市网中的一项内容。新加坡是世界范围内旅游业最发达的国家之一，在亚太旅游大区中起着举足轻重的作用。而新加坡交通业也非常发达，拥有 8 个机场，新加坡航空公司世界知名；新加坡港地处国际海运洲际航线上，也是世界上最繁忙和最大的集装箱港口之一；公路干线长度超过 3300 公里，全岛已经构筑起一个犹如蜘蛛网般的高度发达的立体陆路交通网络。

新加坡旅游局交通网站为使用者提供了 6 种语言选择。其交通页面如图 5-5 所示。

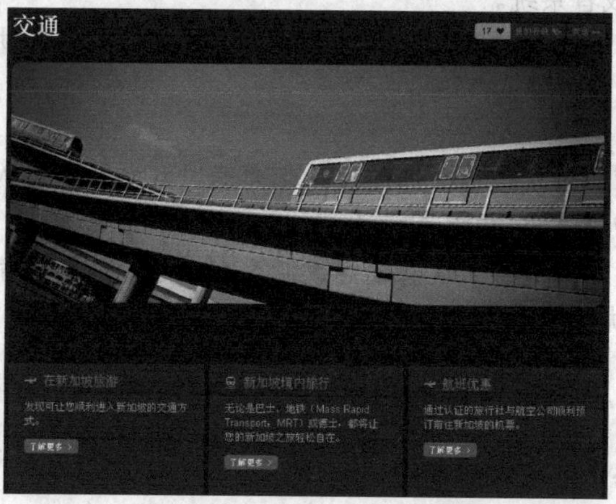

图 5-5　新加坡旅游局交通页面

1）网站功能

（1）新加坡与外界的旅游交通。系统为从其他国家或者地区前往新加坡旅游的游客提供了航空、长途客运、自驾车及游轮四项途径。一是飞行之旅。系统介绍了全球著名的新加坡航空及其他可以拥有新加坡航线的航空公司，并附上了这些航空公司的网站。二是长途客车。系统链接了 easibook 网站，满足游客对于客运查询和订票的需求。三是自驾游。系统提供了自驾前往新加坡的攻略，并给出了 streetdirectory 网站的网址，便于游客通过 GIS 系统进行实时信息的查询和获取。四是游轮。系统介绍了新加坡国内重要的邮轮中心的线路，但并没有给出订票网址或者系统链接。

（2）新加坡国内旅游交通。系统为已经到达新加坡的游客提供了乘坐地铁、巴士、德士和机场接送服务等不同的交通工具选择，并分别提供了相关网站链接。一是新加坡地铁系统（MRT），系统中提供了地铁线路图、时刻表等有用工具。二是乘坐巴士，网站给出了 iris，即智能线路信息系统。三是德士，即出租车，网站给出了国内各大出租车公司的联系方式。四是机场接送服务，网站给出了两家新加坡最大的提供机场接送服务的公司的网址。

（3）机票特惠。系统提供包括 Hawaiian Airlines、Korean Air、Asiana Airlines、Singapore Airlines、Jetstar、Japan Airlines、All Nippon Airways、Philippine Airline、China Eastern Airlines 九家航空公司航班信息查询和预订，并且会对他们相同航班进行对比，使游客可以选择最优惠的航班。

2）系统特点

选择新加坡旅游局网站作为案例的另外一个原因，就是新加坡旅游局网站与国内旅游网站或者信息系统相比，具有较为明显的特点。

（1）综合了各类交通工具的网站或系统。与其说它是一个系统，不如说它是一个黄页性质的目录。其为我们日后搭建一个区域作为旅游目的地的旅游交通信息系统提供了应有内容的框架。此外，旅游作为一项综合性的活动，必然会涉及多方面的要素，也必然需要一个综合性的网站或者系统。

（2）功能简单，界面简洁明了。网站并没有各种宣传广告，明确地显示了网站所提供的三大功能。

3）网站不足

（1）查询不方便。每次查询交通信息，都要通过网站链接进入其他网站界面查询，查询效率不如直接进入目标网站快。

（2）信息量不足。没有提供优惠信息，游客在计划了旅游时都想要性价比高、折扣优惠大的旅行，所以优惠信息十分重要。

5.2.2 旅游交通信息系统建设的目标

1. 旅游交通信息系统建设的目标

旅游交通信息系统建设的主要目的就是保障旅游交通的安全性、舒适性、准时性和高效性。旅游交通信息系统建设必须考虑社会经济发展要求、现有旅游景区基础条件、交通运输的组织管理体制及外部环境等因素。需要对处于不同管辖区域内的多个信息系统和现有的交通设施进行整合，以保障旅游过程的顺利畅通。系统开发涉及众多技术领域，不同学科背景的专家参与及协调，应将交通设施的规划设计同旅游特点相结合，以达到交通需求与旅游需求的协调，并着重从规划控制、交通环境的优化、可持续发展、静态交通的设置、交通设施建设的改善等各个方面加以综合考虑，追求当前实际与未来的共生，交通需求与景观环境的共生，交通设施区位与交通网络的共生，从而使整体交通设施的功能最佳化，形成一个快速、舒适、安全、便捷的旅游交通信息系统。

2. 旅游交通信息系统应具备的基本功能

（1）详细介绍交通基本情况。为了方便联系，主要负责人都有照片和联系电话，对与外界有接触的部门也有联系方式。

（2）面对旅行者提供的服务。首先能在网上免费查到地图，选择出行道路路线图。通过它的智能交通系统可以方便地查到各地实时的交通状况，包括对出行有影响的道路施工路段交通控制情况及各高速公路的服务区和休息区。

（3）面对合作者提供的服务。对承包商如何进行网上投标等有详细的介绍和指导。

（4）其他服务内容。对于申请办理特种许可证者，其要求、步骤等有详细介绍，如超限车辆的手续办理等。另外，还有技术资料的共享。

5.2.3　旅游交通信息系统的功能

本章所讨论和设计的交通信息系统主要是服务于旅游代理商和游客出行的旅游交通信息系统。

本旅游交通信息系统主要功能分为两个部分：用户子系统和管理员子系统。其具体功能结构图如图5-6所示。

1. 用户子系统

1）用户注册登录

供用户注册登录使用。用户注册后可以记录用户以往的查询和预订结果，登录后可以查看以往的查询和预订结果。

2）交通信息查询

用户可以分别在此系统中查询从客源城市到北京的航空、铁路、客运交通方式，以及在北京市范围内的公交换乘和自驾游线路信息。在交通信息查询中系统提供以下几种功能。

（1）航空信息查询。输入往返城市名称和日期可以查询航班信息。

（2）铁路信息查询。输入往返城市名称和日期可以查询班次信息。

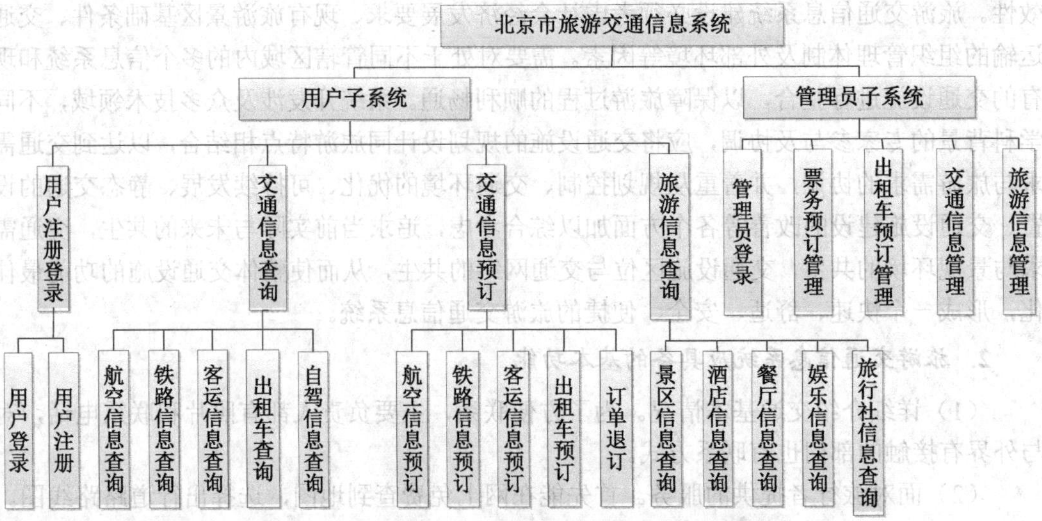

图 5-6　“旅游交通信息系统”功能模块结构图

（3）客运信息查询。输入往返城市名称和日期可以查询客车信息。

（4）出租车查询。输入用户信息及需要用车时间，用车地点，系统根据客户需求为客户安排可用出租车。

（5）自驾信息查询。输入出发地和目的地两个地点（建筑物、车站等）名称可以查询到自驾线路和高速路收费情况。同时系统以 GIS 为基础显示实时路况以及固定时段的以往平均车速等路况信息，便于用户准确了解出行时间。由于目前市内租车公司较多，因此系统不提供在线租车服务。系统给出各家市内租车公司网址链接，用户可自行选择并通过链接转跳到租车公司进行网上预约。

3）交通信息预订

预订是本系统中最重要也是最复杂的子系统。用户可以分别在此系统中预订从客源城市到北京的航空、铁路、客运交通工具。同时可在线预订出租车。在交通信息预订中系统提供以下几种功能。

（1）航空信息预订。输入往返城市名称和日期可以在线预订机票。同时，用户可以按照喜好增加航空公司、机型、舱位等不同的附加条件。

（2）铁路信息预订。输入往返城市名称和日期可以在线预订车票。

（3）客运信息预订。输入往返城市名称和日期可以在线预订车票。

（4）出租车预订。本市大力倡导在线填报预约，促进网上订车业的快速发展。

（5）订单退订。用户登录后，可以退订已经提交的订单。

4）旅游信息查询

本模块是旅游交通信息系统特点最显著的部分。海量的信息便于用户快捷安排自己的旅游行程，同时可以获取更多、更准确的地点及活动名称，以便于其在查询交通信息时得到更准确的结果。本子系统按照“游、购、娱、食、住”的旅游要素划分为以下五个模块。

（1）景区信息查询。输入景区名称即可搜索到景区官网网址、景区简介、景区位置、周边公交站点、景区门票价格、景区近期活动等相关信息。

（2）酒店信息查询。输入酒店名称或通过对地点范围、星级档次、价格、风格等条件的限制，显示适合的酒店名称、酒店官网、酒店简介、网友评价、酒店照片等信息。用户可转跳到酒店官网自行预订。

（3）餐厅信息查询。输入餐厅名称或者通过对菜系、地点范围、档次、价格、风格等条件的限制，显示适合的餐厅名称、电话、餐厅简介、网友评价、餐厅照片、优惠活动等信息。

（4）娱乐信息查询。输入娱乐场所名称或者通过对娱乐活动类型、地点范围、价格、风格等条件的限制，显示适合的娱乐场所或活动的名称、简介、网友评价、照片等信息。

（5）旅行社信息查询。输入景区等目的地名称（可输入多个），可显示包含所有景区（点）的一（二、三）日游线路、所属旅行社官方网站及简介，便于在北京的自助游游客选择正规的旅行社进行短途旅游。

2. 管理员子系统

管理员子系统主要用于管理员进行信息的更新和修改。其主要功能模块如下。

（1）管理员登录。供管理员登录使用。

（2）票务预订管理。是管理员子系统中功能最重要的模块。主要功能包括：日常更新票务信息、用户预订订单审核、用户修改或删除订单管理等。

（3）出租车预订管理。由于在线预订无法像电话预订一样得到实时结果，因此此功能主要为管理员对在线预约出租车的订单结果进行确认，如有异常及时通知用户。

（4）交通信息管理。主要为市内交通信息进行日常更新、用户纠错和常用线路选择的人工确定。

（5）旅游信息管理。旅游要素场所每日更新众多，因此此模块为对于系统中的旅游信息进行更新、纠错及查询管理。

5.3　北京市旅游交通信息系统分析

本节在 5.2.3 节“旅游交通信息系统的功能”的基础上，对拟开发的旅游交通信息系统使用结构化方法进行分析。

5.3.1　系统概况表

旅游交通信息“用户子系统”概况表如表 5-1 所示。

表 5-1 “用户子系统”概况表

旅游交通信息“用户子系统”概况表	
输入： D1 用户名、密码 D2 注册信息 D3 航空信息查询条件 D4 航空预订信息 D5 铁路信息查询条件 D6 铁路预订信息 D7 客运信息查询条件 D8 客运预订信息 D9 出租车查询条件 D10 出租车预订信息 D11 订单信息 D12 自驾线路查询条件 D13 景区信息查询条件 D14 酒店信息查询条件 D15 餐厅信息查询条件 D16 娱乐信息查询条件 D17 旅行社信息查询条件	处理： P1.1 登录 P1.2 注册 P2.1 航空信息查询 P2.2 铁路信息查询 P2.3 客运信息查询 P2.4 出租车查询 P2.5 自驾信息查询 P3.1 航空信息预订 P3.2 铁路信息预订 P3.3 客运信息预订 P3.4 出租车预订 P3.5 订单退订 P4.1 景区信息查询 P4.2 酒店信息查询 P4.3 餐厅信息查询 P4.4 娱乐信息查询 P4.5 旅行社信息查询
存储： F1 用户信息 F2 航空订单 F3 铁路订单 F4 客运订单 F5 出租车预约单 F6 退订单 F7 线路查询信息 F8 景区信息 F9 酒店信息 F10 餐厅信息 F11 娱乐活动信息 F12 旅行社信息	输出： D11 订单信息

5.3.2 系统数据流图

1. 顶层图

“用户子系统”顶层图如图 5-7 所示。

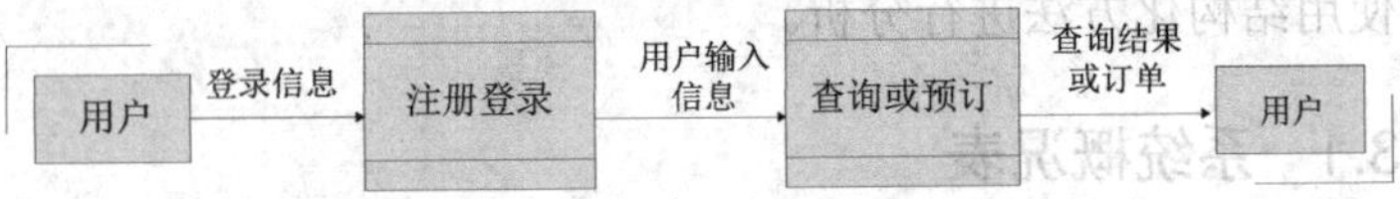

图 5-7 系统数据流图顶层图

2. 一级细化图

“用户子系统”一级细化图如图 5-8 所示。

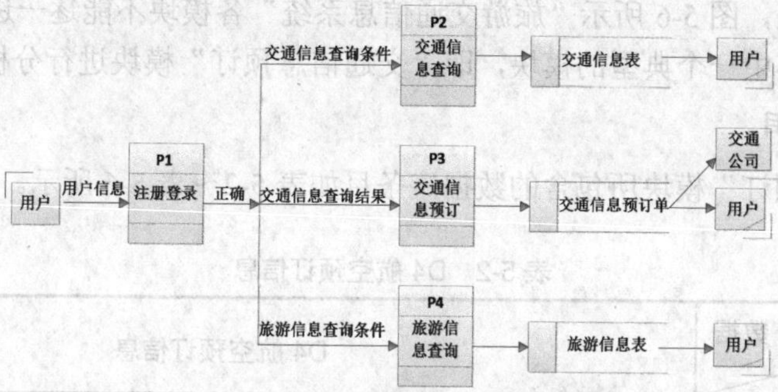

图 5-8　系统数据流图一级细化图

3. 二级细化图

“用户子系统”二级细化图如图 5-9 所示。

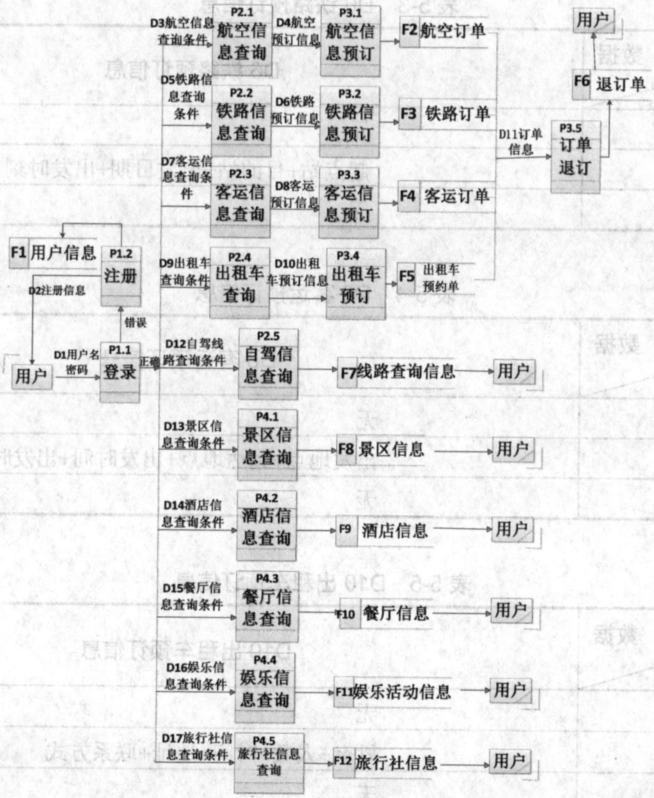

图 5-9　系统数据流图二级细化图

5.3.3 系统数据字典

由于篇幅所限，图 5-6 所示“旅游交通信息系统”各模块不能逐一进行数据字典的详细分析，故选择其中一个典型的模块，即“交通信息预订”模块进行分析。

1. 数据流条目

“交通信息预订”模块所包含的数据流条目如表 5-2～表 5-6 所示。

表 5-2　D4 航空预订信息

名称＼数据	D4 航空预订信息
别名	无
组成	单双程+起点终点城市+出发日期+航空公司+舱位
注释	无

表 5-3　D6 铁路预订信息

名称＼数据	D6 铁路预订信息
别名	无
组成	起点站+目的站+出发日期+出发时刻
注释	无

表 5-4　D8 客运预订信息

名称＼数据	D8 客运预订信息
别名	无
组成	出发地点+到达地点+出发时间+出发时刻
注释	无

表 5-5　D10 出租车预订信息

名称＼数据	D10 出租车预订信息
别名	无
组成	姓名+人数+时间+地址+联系方式
注释	无

表 5-6 D11 订单信息

名称＼数据	D11 订单信息
别名	无
组成	订单号+预订信息+用户编号+缴费情况+退订截止日期
注释	无

2. 文件条目

“交通信息预订”模块所包含的文件条目如表 5-7～表 5-11 所示。

表 5-7 航空订单

名称＼文件	航空订单
编号	F2
组成	订单号+航班号+舱位+用户编号+姓名+票价+缴费情况
结构	以订单号为关键字、索引存取
注释	无

表 5-8 铁路订单

名称＼文件	铁路订单
编号	F3
组成	订单号+车次号+座位号+用户编号+姓名+票价+缴费情况
结构	以订单号为关键字、索引存取
注释	无

表 5-9 客运订单

名称＼文件	客运订单
编号	F4
组成	订单号+车次号+发车时间+用户编号+姓名+票价+缴费情况
结构	以订单号为关键字、索引存取
注释	无

表 5-10 出租车预约单

文件 / 名称	出租车预约单
编号	F5
组成	预约单号+车次代码+用户编号+姓名+用户电话+发车时间+发车地点
结构	以预约单号为关键字、索引存取
注释	无

表 5-11 退订单

文件 / 名称	退 订 单
编号	F6
组成	退订单号+订单号+退订时间+退订截止时间+退订原因
结构	以退订单号为关键字、索引存取
注释	无

3. 数据项条目

“交通信息预订”模块所包含的数据项条目如表 5-12～表 5-16 所示。

表 5-12 “航空订单”中数据项条目

数据项名	代码	类型	长度	小数位	注释
订单号	DDH	字符型	14		
航班号	HBH	字符型	6		
舱位	CW	字符型	6		
用户编号	YHBH	数值型	11		
姓名	XM	字符型	8		
票价	PJ	数值型	5		
缴费情况	JFQK	字符型	6		

表 5-13 “铁路订单”中数据项条目

数据项名	代码	类型	长度	小数位	注释
订单号	DDH	字符型	14		
车次号	CCH	字符型	4		
座位号	ZWH	字符型	6		
用户编号	YHBH	数值型	11		
姓名	XM	字符型	8		

续表

数 据 项 名	代　　码	类　　型	长　　度	小 数 位	注　　释
票价	PJ	数值型	5		
缴费情况	JFQK	字符型	6		

表 5-14　“客运订单”中数据项条目

数 据 项 名	代　　码	类　　型	长　　度	小 数 位	注　　释
订单号	DDH	字符型	14		
车次号	CCH	字符型	5		
发车时间	FCSJ	日期型	12		
用户编号	YHBH	数值型	11		
姓名	XM	字符型	8		
票价	PJ	数值型	5		
缴费情况	JFQK	字符型	6		

表 5-15　“出租车预约单”中数据项条目

数 据 项 名	代　　码	类　　型	长　　度	小 数 位	注　　释
预约单号	YYDH	字符型	14		
车次代码	CCDM	字符型	11		
用户编号	YHBH	数值型	11		
姓名	XM	字符型	8		
用户电话	YHDH	数值型	11		
发车时间	FCSJ	日期型	12		
发车地点	FCDD	字符型	30		

表 5-16　“退订单”中数据项条目

数 据 项 名	代　　码	类　　型	长　　度	小 数 位	注　　释
退订单号	TDDH	字符型	14		
订单号	DDH	字符型	14		
退订时间	TDSJ	日期型	12		
退订截止日期	TDJZRQ	日期型	12		
退订原因	TDYY	字符型	50		

5.3.4　加工说明

“交通信息预订”模块的加工说明如表 5-17～表 5-21 所示。

表 5-17　航空信息预订

加工 名称	航空信息预订
编号	P3.1
输入	航空预订信息
加工逻辑	如果　游客出行日期<票售完日期 　　如果　旅客选择的航班有座位 　　　　则根据旅客要求安排座位 　　否则　更换航班或者通知旅客更改出行日期 否则　更改出行日期
输出	航空订单

表 5-18　铁路信息预订

加工 名称	铁路信息预订
编号	P3.2
输入	铁路预订信息
加工逻辑	如果　出行日期<票售完日期 　　如果　有旅客选择要求的座位 　　　　则给旅客安排车次座位 　　否则　安排其他座位或者通知旅客更改出行日期 否则　更改出行日期
输出	铁路订单

表 5-19　客运信息预订

加工 名称	客运信息预订
编号	P3.3
输入	客运预订信息
加工逻辑	如果　有符合条件的客运班次 　　　则旅客选择适合的班次 否则　更改输入信息重新查询
输出	客运订单

表 5-20　出租车预订

加工 名称	出租车预订
编号	P3.4
输入	出租车预订信息

续表

加工 名称	出租车预订
加工逻辑	如果　在预订日期内有出租车可用 　　　则输出出租车信息 否则　更改预订日期
输出	出租车预约单

表 5-21　订单退订

加工 名称	订 单 退 订
编号	P3.5
输入	订单信息
加工逻辑	如果　退订时间<退订截止时间 　　　则输入用户信息及退订原因 否则 　　　回到订单显示界面
输出	退订单

5.4　旅游交通信息系统的设计

5.4.1　代码设计

“交通信息预订”模块所包含的代码如表 5-22～表 5-27 所示。

表 5-22　用户代码

代码对象名	用户代码				
代码类型	层次码	位数	11	校验位	1
代码数量	10 万	使用期限		使用范围	系统内
代码结构					

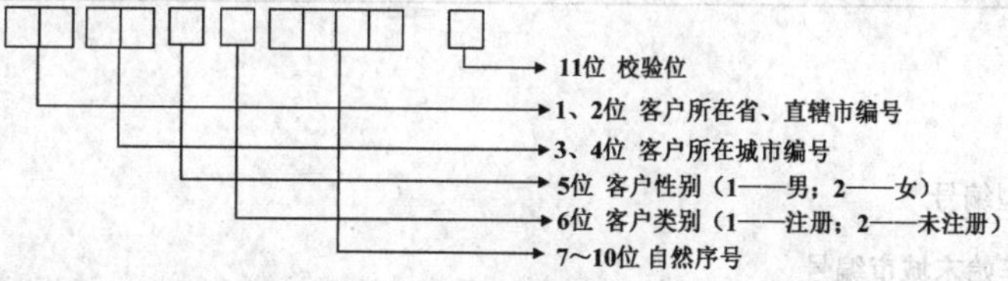

代码示例：05312106660 表示山东济南第 666 位经过注册的女性普通会员	
备注	
设计人：倪今朝	审核人：　　　　年　　月　　日

表5-23　航班代码

代码对象名	航班代码				
代码类型	层次码	位数	6	校验位	0
代码数量	10万	使用期限		使用范围	系统内

代码结构

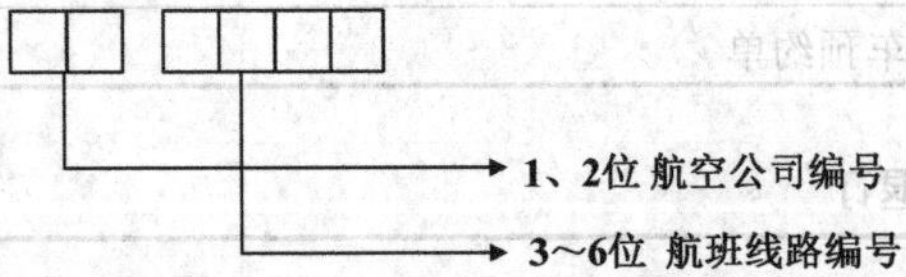

代码示例：CA1551表示国航由北京到上海的航班

备注	

设计人：倪今朝　　审核人：　　年　月　日

表5-24　铁路车次代码

代码对象名	铁路车次代码				
代码类型	层次码	位数	5	校验位	0
代码数量	10万	使用期限		使用范围	系统内

代码结构

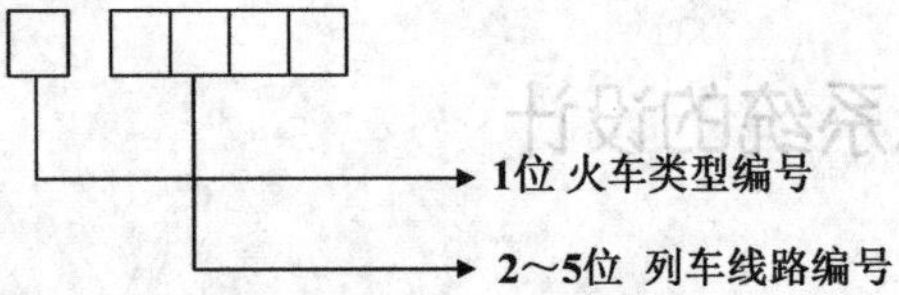

代码示例：T189表示由北京到长沙的空调特快

备注	部分班次代码达不到5位，最短为2位

设计人：倪今朝　　审核人：　　年　月　日

表5-25　客运车次代码

代码对象名	客运车次代码				
代码类型	层次码	位数	5	校验位	0
代码数量	10万	使用期限		使用范围	系统内

代码结构

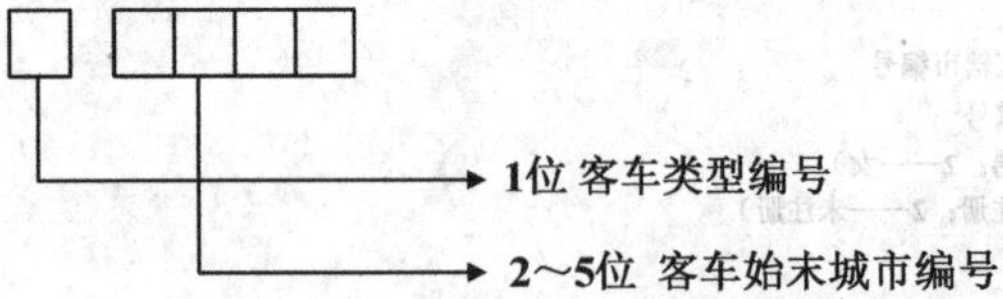

代码示例：D2201表示由商丘到北京的空调大型巴士

备注	

设计人：倪今朝　　审核人：　　年　月　日

表 5-26　出租车次代码

代码对象名	出租车次代码				
代码类型	层次码	位数	10	校验位	0
代码数量	10 万	使用期限		使用范围	系统内
代码结构					

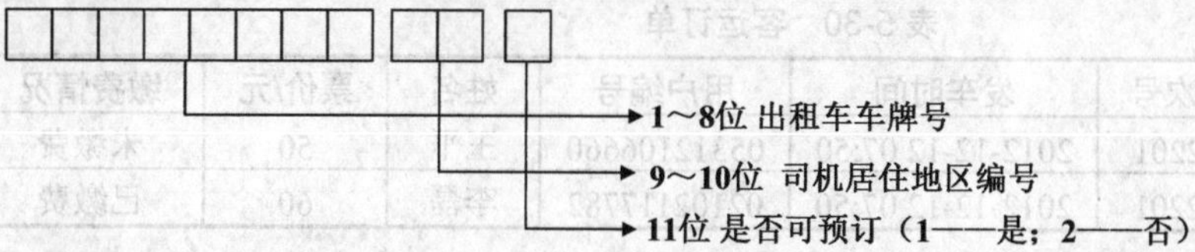

代码示例：京 H12345671 表示车牌号为京 H12345 的司机家住西直门地区的可用于预订的出租车

备注			
设计人：倪今朝	审核人：		年　　月　　日

表 5-27　各种表和各种文件编号代码

代码对象名	各种表和各种文件编号代码				
代码类型	层次码	位数	14	校验位	1
代码数量	10 万	使用期限		使用范围	系统内
代码结构					

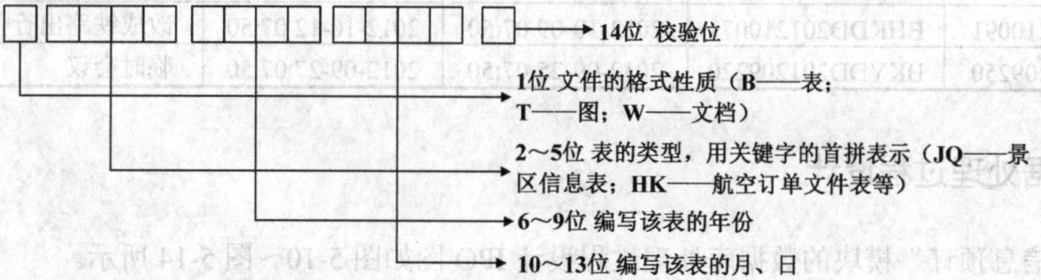

代码示例：BHKDD201210090 表示该表为 B 表的航空订单信息表，编写时间是 2012 年 10 月 9 日

备注			
设计人：倪今朝	审核人：		年　　月　　日

5.4.2　数据库设计

“交通信息预订”模块的数据库设计如表 5-28～表 5-32 所示。

表 5-28　航空订单

订单号	航班号	舱位	用户编号	姓名	票价/元	缴费情况
BHKDD201205025	CA1551	头等舱	05312106660	王平	1 120	未缴费
BHKDD201210071	MU5137	商务舱	02102117782	李磊	960	已缴费

表 5-29 铁路订单表

订单号	车次号	座位号	用户编号	姓名	票价/元	缴费情况
BTLDD201203251	T189	7-1A	05312106660	王平	560	未缴费
BTLDD201208100	K185	11-3F	02102117782	李磊	490	已缴费

表 5-30 客运订单

订单号	车次号	发车时间	用户编号	姓名	票价/元	缴费情况
BKYDD201202111	K2201	2012-12-12 07:50	05312106660	王平	50	未缴费
BKYDD201209220	D2201	2012-12-12 07:50	02102117782	李磊	60	已缴费

表 5-31 出租车预约单

预约单号	车次代码	用户编号	姓名	用户电话	发车时间	发车地点
BZCDD201212123	京 H12345671	05312106660	王平	13888866666	2012-12-12 07:50	丰台区赵松口长途车站
BZCDD201212152	京 B54321671	02102117782	李磊	13922222222	2012-12-15 11:50	梅兰芳大剧院

表 5-32 退订单

退订单号	订单号	退订时间	退订截止时间	退订原因
BTDDD201210091	BHKDD201210071	2012-10-09 07:50	2012-10-12 07:50	改成铁路出行
BTDDD201209250	BKYDD201209220	2012-09-25 07:50	2012-09-27 07:50	临时会议

5.4.3 数据处理过程设计

“交通信息预订”模块的数据库处理过程设计 IPO 图如图 5-10～图 5-14 所示。

系统名：用户子系统	编制者：倪今朝
模块名：交通信息预订	编号：P3.1
由哪些模块调用：交通信息查询	调用哪些模块：旅游信息查询
输入：航空预订信息	输出：航空订单

算法说明：（问题分析图）

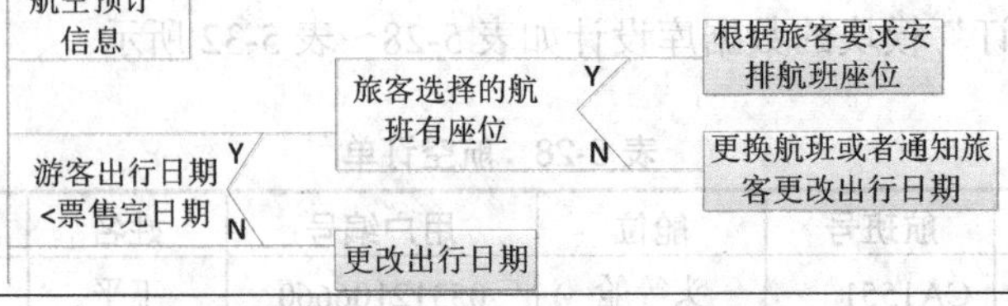

图 5-10 “航空预订”IPO 图

系统名：用户子系统	编制者：倪今朝
模块名：交通信息预订	编号：P3.2
由哪些模块调用：交通信息查询	调用哪些模块：旅游信息查询
输入：铁路预订信息	输出：铁路订单
算法说明：（问题分析图）	

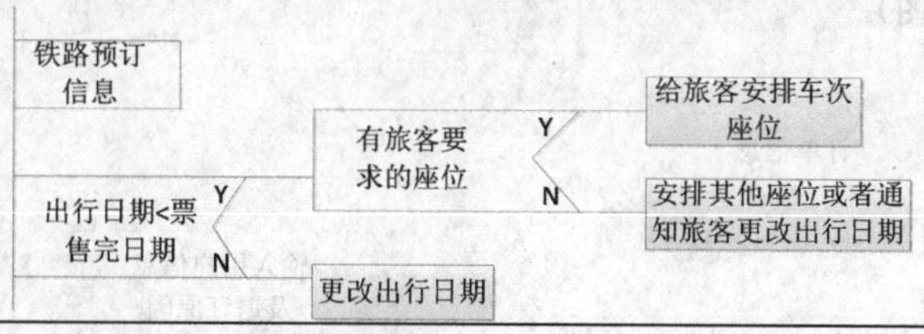

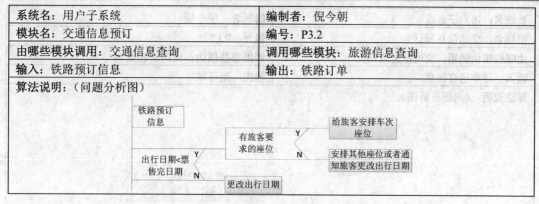

图 5-11　“铁路预订”IPO 图

系统名：用户子系统	编制者：倪今朝
模块名：交通信息预订	编号：P3.3
由哪些模块调用：交通信息查询	调用哪些模块：旅游信息查询
输入：客运预订信息	输出：客运订单
算法说明：（问题分析图）	

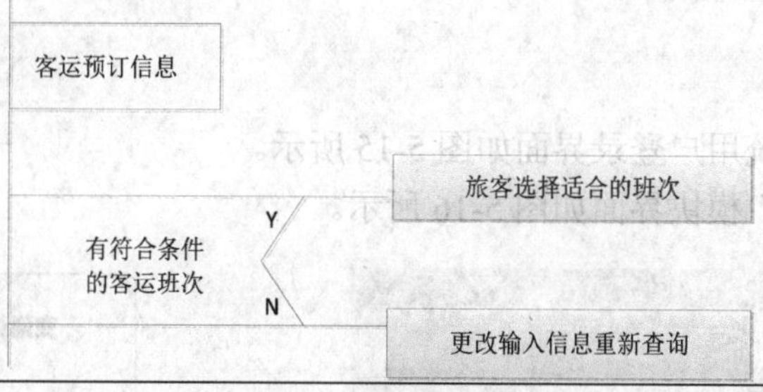

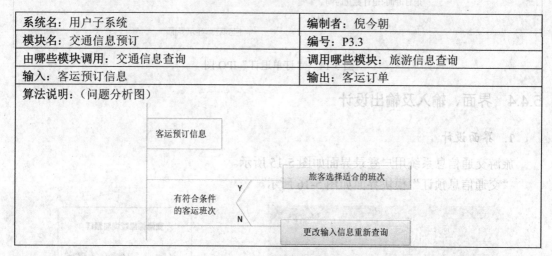

图 5-12　“客运预订”IPO 图

系统名：用户子系统	编制者：倪今朝
模块名：交通信息预订	编号：P3.4
由哪些模块调用：交通信息查询	调用哪些模块：旅游信息查询
输入：出租车预订信息	输出：出租车预约单
算法说明：（问题分析图）	

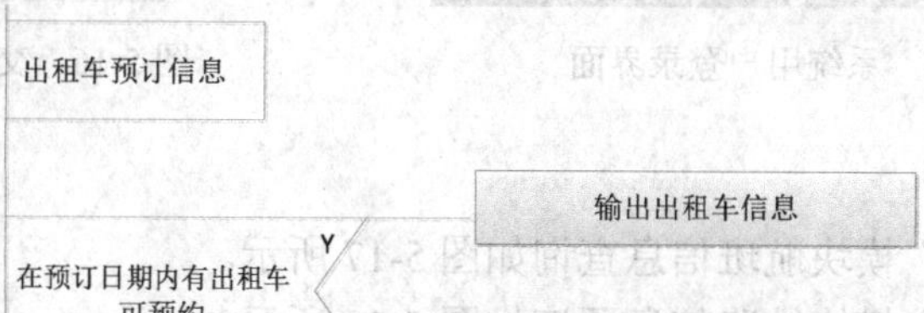

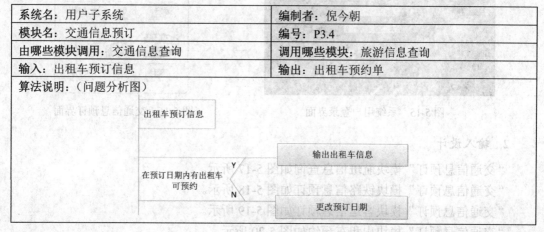

图 5-13　“出租车预订”IPO 图

系统名：用户子系统	编制者：倪今朝
模块名：交通信息预订	编号：P3.5
由哪些模块调用：交通信息查询	调用哪些模块：旅游信息查询
输入：订单退订信息	输出：退订单
算法说明：（问题分析图）	

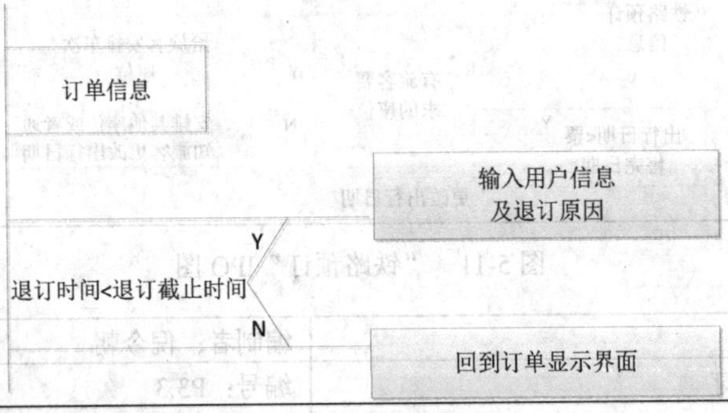

图 5-14 “订单退订”IPO 图

5.4.4 界面、输入及输出设计

1. 界面设计

旅游交通信息系统用户登录界面如图 5-15 所示。

“交通信息预订”模块界面如图 5-16 所示。

图 5-15 系统用户登录界面

图 5-16 交通信息预订界面

2. 输入设计

“交通信息预订”模块航班信息查询如图 5-17 所示。

“交通信息预订”模块铁路信息预订如图 5-18 所示。

“交通信息预订”模块客运信息预订如图 5-19 所示。

“交通信息预订”模块出租车预约如图 5-20 所示。

图 5-17　航班信息查询

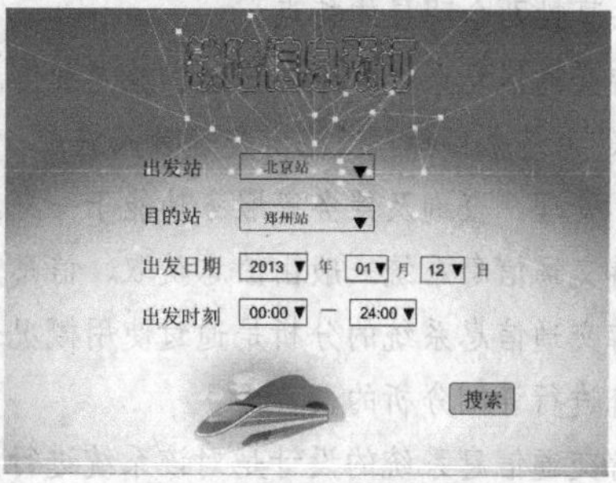

图 5-18　铁路信息预订

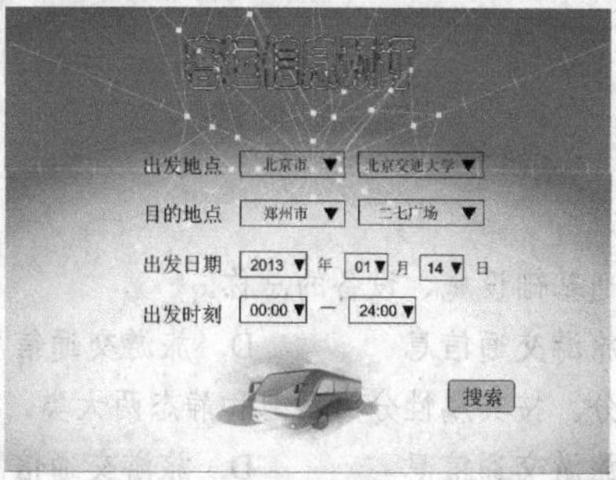

图 5-19　客运信息预订

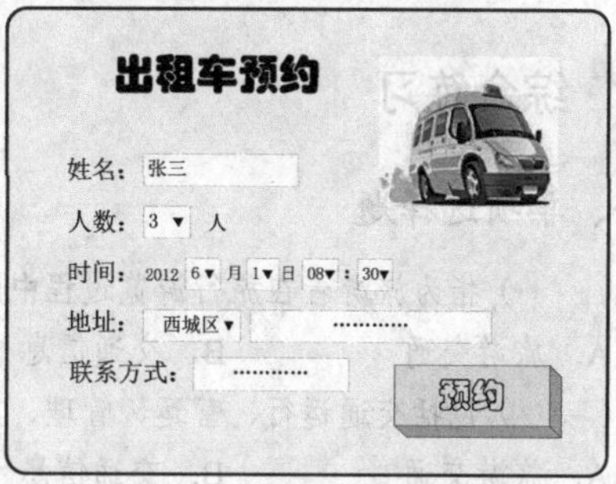

图 5-20　出租车预约输入信息

3. 输出设计

"交通信息预订"模块订单信息如表 5-33 所示。

表 5-33　订单信息

订 单 号	预 订 信 息	用 户 编 号	缴 费 情 况	退订截止日期
BHKDD201205025	航空订单	10061113560	已缴费	2012-11-12 7:50
BHKDD201210071	航空订单	10061132430	已缴费	2012-11-12 7:50
BTLDD201203251	铁路订单	10032108900	已缴费	2012-12-1 7:50
BTLDD201208100	铁路订单	10021278555	未交费	2012-12-1 7:50
BKYDD201202111	客运订单	10032234566	未交费	2012-12-9 7:50
BKYDD201209220	客运订单	10031165400	已缴费	2012-12-9 7:50
BZCDD201212123	出租车订单	10011222132	未交费	2012-12-9 7:50
BZCDD201212152	出租车订单	10042143555	已缴费	2012-12-9 7:50

本章小结

- 旅游交通是指为旅游者在旅行游览过程中所提供的交通基础设施、设备的总称。它具有交叉性和共享性两个明显的特点。

- 旅游交通信息系统是旅游交通和旅游业信息化的重要标志，它是以旅游者“进得去、散得开、出得来”为基本目标，以旅游交通融入旅游、最佳改善交通为最终目标，集各种旅游交通信息的采集、处理、查询及票务等服务功能于一身，由硬件、软件共同构成的计算机管理信息系统。
- 旅游交通信息系统一般由信息获取、信息管理、信息发布三大部分组成。
- 旅游交通信息系统的分析是通过使用概况表、数据流图、数据字典、加工说明对旅游交通信息系统进行详细分析的。
- 旅游交通信息系统的设计是对该系统进行详细设计，包括代码设计、数据库的设计、数据处理过程设计、界面设计、输出设计及输入设计。

综合练习

一、单项选择题

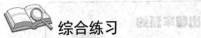

1. (　　) 指为旅游者在旅行游览过程中所提供的交通基础设施、设备的总称。

A. 旅游交通　　B. 交通信息　　C. 旅游交通信息　　D. 旅游交通信息系统

2. (　　) 包括交通运行、营运、管理、服务四个部分。按其属性分为动态和静态两大类。

A. 旅游交通　　B. 交通信息　　C. 旅游交通信息　　D. 旅游交通信息系统

3. (　　) 是旅游交通和旅游业信息化的重要标志，它以旅游者“进得去、散得开、出得来”为基本目标，以旅游交通融入旅游、最佳改善交通为最终目标，集各种旅游交通信息的采集、处理、查询及票务等服务功能于一身，由硬件、软件共同构成的计算机管理信息系统。

A. 旅游交通　　B. 交通信息　　C. 旅游交通信息　　D. 旅游交通信息系统

4. 关于智能交通系统的描述不正确的是(　　)。

A. 先进的信息技术、数据通信传输技术、电子控制技术及计算机处理技术与先进的行政管理手段结合起来

B. 使其有效地综合运用于交通运输的服务、控制和管理，使人、交通工具及环境密切配合、和谐统一

C. 包括道路交通信息提供系统、综合交通信息系统、卫星导航动态路线引导系统等

D. 建立起来一种在大范围内，全方位发挥作用的实时、准确、高效的旅游交通信息系统

5. 交通综合信息平台建设的目标不包括(　　)。

A. 实现数据和信息的收集和共享　　B. 提高和增强各交通管理系统的功能

C. 对各交通管理系统进行功能扩展和集成　　D. 降低汽车运输对环境的污染

6. 旅游交通信息系统建设的重点问题就是(　　)。

A. 当前实际与未来的共生

B. 交通需求与景观环境的共生

C. 交通设施区位与交通网络的共生

D. 如何建立一个快速、舒适、安全、便捷的旅游交通信息系统

7. 我国旅游交通系统的四大系统不包括(　　)。

A. 旅游交通信息检测系统　　B. 旅游交通通信服务系统

C. 旅游交通信息服务系统　　D. 旅游交通查询支持系统

8. 自驾车路线查询中，根据道路等级、路面畅通指数、车辆的平均行驶速度、用户的特殊要求等，提供的交通路线不包括（　　）。

A. 最短路径　　B. 最快路径　　C. 最优路径　　D. 自定义路线

9. 旅游交通信息系统整合所涉及的内容不包括（　　）。

A. 旅游资源　　B. 旅游服务信息　　C. 旅行社信息　　D. 旅游交通信息

10. 旅游交通信息系统建设的基本功能不包括（　　）。

A. 实现与已有客票预订分销系统的链接

B. 方便地进行航空、铁路和公路等旅游交通信息的查询、客票预订和发售等

C. 智能化地为用户提供客源地城市到旅游目的地之间旅游交通方案的设计

D. 提供旅客网上购买旅游商品

二、多项选择题

1. 旅游交通具有的特点有（　　）。

A. 交叉性　　B. 共享性　　C. 集中性　　D. 分散性

2. 旅游交通作为一个相对独立的产业，其自身的特点有（　　）。

A. 游览性　　B. 季节性　　C. 区域性　　D. 广泛性

3. 国内旅游交通信息系统存在的问题包括（　　）。

A. 信息缺乏

B. 噪声信息

C. 信息、游客行为及市场特征之间的关系准确界定困难

D. 旅游业中信息流的多层分流及断裂状况比较严峻

4. 旅游交通的构成有（　　）。

A. 旅游交通线及设施　　B. 旅游交通运载工具

C. 旅游铁路　　D. 旅游交通始、终点站

5. 关于旅游交通信息系统，正确的有（　　）。

A. 主要包括知识库、数据库、方法库、模型库等，实现不同旅游者的不同需求

B. 整合所涉及的旅游资源、旅游服务信息、旅游交通信息

C. 通过知识系统给用户一个完整快速的、针对不同用户的个性解决方案

D. 结合传统的旅游信息系统的功能，重点突出旅游专家系统的建设

6. 旅游交通信息系统建设的发展趋势有（　　）。

A. 旅游多媒体信息系统建设　　B. 旅游交通信息服务系统建设

C. 旅游智能交通系统建设　　D. 综合交通信息平台建设

7. 旅游交通信息系统的特点是（　　）。

A. 信息量大，旅客的流量大，涉及范围大　　B. 更新快，许多信息随时间变化

C. 来源地域小　　D. 来源地域广

8. 旅游交通信息系统一般由（　　）组成。

A. 信息获取　　B. 信息管理　　C. 信息发布　　D. 信息传递

9. 综合的旅游交通信息系统平台可以（　　）。

A. 方便发布旅游出行信息　　B. 提供各类交通信息查询

C. 进行交通换乘方式规划　　D. 实现远程预订和购买客票等

10. 旅游交通信息系统应当具备的基本功能有（　　）。

A. 详细介绍该交通基本情况　　B. 面对旅行者提供的服务

C. 面对合作者提供的服务　　D. 技术资料的共享

三、判断题

1. 旅游交通是指为旅游者在旅行游览过程中所提供的交通基础设施、设备的总称。（　　）

2. 在实际工作中都很容易严格区分旅游交通和非旅游交通。（　　）

3. 旅游交通具有较强的游览性，更强调舒适性，这是它与其他公共交通的一个共同之处。（　　）

4. 通常将旅游客源地与目的地之间的交通称为外部旅游交通或大交通，它决定着旅游者可以进出旅游目的地的总量，对旅游业的发展具有重要的战略意义。（　　）

5. “一站式”的综合旅游交通信息系统或旅游客票发售预计系统将成为今后一段时间旅游交通信息化的重要趋势。（　　）

6. 交通信息按其属性分为变化交通信息和静态交通信息两大类。（　　）

7. 狭义的旅游交通信息包括与旅游活动相关的景区景点、购物场所、娱乐场所、气象等信息。（　　）

8. 旅游交通信息系统是旅游交通和旅游业信息化的重要标志，它以旅游者“进得去、散得开、出得来”为基本目标，以旅游交通融入旅游、最佳改善交通为最终目标，集各种旅游交通信息的采集、处理、查询及票务等服务功能于一身，由硬件、软件共同构成的计算机管理信息系统。（　　）

9. 交通运输系统的智能化与集成化需要实现多种交通方式之间、多个交通部门之间、多个应用系统之间的有机整合，而交通综合信息平台则是在信息化条件下实现跨部门、跨系统进行整合的主要途径。（　　）

10. 旅游交通的设施要求远比一般运输要低得多。（　　）

四、简答题

1. 旅游交通信息系统建设的意义有哪些？

2. 旅游交通的特点有哪些？

3. 旅游交通信息系统的建设目标包括哪些内容？

4. 国内旅游交通信息系统的特点及问题有哪些？

5. 旅游交通信息系统建设的发展趋势有哪些方面？

五、论述题

1. 请查阅相关资料，结合对旅游交通信息系统建设的实地调研，论述旅游交通信息系统建设如何与已建立的部门交通信息系统建立良好的数据交换和共享机制。

2. 查阅相关文献资料，了解“智能交通”的研究和应用进展，并详述其在旅游交通信息系统中的应用。

六、案例讨论题

福建省公众出行交通信息服务系统由福建交通信息通信中心提供。该网站外链接福建省交通厅门户网站、福建省交通企业黄页网站，自运行以来，及时采集和发布各种交通信息，给人们出行带来了诸多服务。该系统还能提供自驾出行、公交查询、热点导航以及高速公路、普通道路、出省道路等信息，这将有效缓解交通状况日趋紧张的压力。

福建省公众出行交通信息服务网为社会公众出行提供较全面、权威和多样化的出行信息服务，公众可通过网站或手机等多种便捷方式，实时获取全国、省、县道和主要城市的交通拥堵、灾害事故等路况信息，实现民航、铁路、客运及公交等一站式综合公共交通出行策划服务。网站特别突出了闽台“三通”特色，两岸民众还可实时查询两岸间航班、船期及通邮信息。

福建省公众出行交通信息服务网（http://www.fjgzcx.com/）首页如图5-21所示。

图5-21　福建省公众出行交通信息服务网

其网站版块如下。

（1）出行策划：通过地图查看道路实时情况及公路、铁路、水路通行交通的查询及策划旅行路线。

（2）图行福建：通过查看地图，了解福建的交通路线，有智能地图（电子地图）、公交网络（公交路线）两个版块。

（3）公交出行：查询在市区里行走、换乘公交的路线。

（4）综合查询：提供客运线路、道路设施、出行动态以及出行常识等的查询。

（5）交通旅游：介绍福建省内各大旅游景点及最佳出行路线。

（6）交通气象：公布福建省内各城市的天气情况。

（7）交通路况：及时公布福建省内各地区交通的路况信息。

（8）两岸三通：介绍闽台通行交通的政策、动态、法规以及旅游信息。

除此之外，还有高速公路通行费查询、维修点查询等多种查询信息，以便客户能及时根据各自需求选择相应的服务。

试讨论以下问题：

1. 福建公众出行交通信息服务网站提供了哪些功能？
2. 与其他旅游交通网站相比，福建公众出行交通信息服务网站有哪些特色？
3. 与其他旅游交通网站相比，福建公众出行交通信息服务网站有哪些不足之处？

第 6 章　旅游目的地营销系统

学习目标

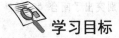

- 了解旅游目的地的相关概念
- 了解建立旅游目的地营销系统的意义
- 培养分析旅游目的地营销系统功能的能力
- 建立旅游目的地营销系统的分析模型
- 掌握旅游目的地营销系统的设计过程

导言

现代旅游的流动频度和广度都较传统旅游有了相当大的提高，旅游目的地作为旅游信息最基本的综合体，必须要拥有一个功能强大的信息系统，以便为各行业、部门及游客提供及时准确的旅游信息服务。旅游目的地营销系统就是旅游目的地通过互联网进行网络营销的完整解决方案，是一个采用开放式的体系结构，以互联网为基础平台，结合数据库技术、多媒体技术和网络营销技术进行旅游宣传促销和旅游服务的综合应用系统。本章通过介绍、分析其他国家和地区成功的目的地营销网站，学习其优点，构造了旅游目的地营销系统的基本功能，并在此基础上进行分析、设计的详细说明、介绍。

6.1　概　　述

旅游业是信息密集型和信息依托型产业，旅游业对信息的高度依赖和互联网在信息传播方面的特性决定了旅游业以网络作为营销工具和手段是必然的。旅游网络营销是适应网络技术发展与信息网络时代社会变革的新生事物，已经成为新世纪旅游营销的重要手段和方式。为了推动旅游网络营销的进程，加强旅游目的地营销的力度，建立一个完善的综合旅游信息平台——旅游目的地营销系统已经是当务之急。

6.1.1　旅游目的地营销系统的基本概念

1. 旅游目的地

旅游目的地是拥有特定性质的旅游资源，具备了一定旅游吸引力，能够吸引一定规模数量的旅游者进行旅游活动的特定区域。

一个特定的地区要成为旅游目的地，必须具备三个条件：一是要拥有一定数量的旅游资源，同时这种旅游资源可以满足旅游者某些旅游活动的需要；二是要拥有各种与旅游资源性质相适应的地面旅游设施和交通条件；三是该地区具有一定的旅游需求流量。可见，旅游目的地是一种集旅游资源、旅游活动项目、旅游地面设施、旅游交通和市场需求为一身的空间复合体。

2. 旅游目的地营销

旅游目的地营销是旅游营销的发展和深化，是对旅游资源和产品的整合、策划、包装、推广等一系列活动的总称。其活动的开展既有对目的地的直接促销，同时也包含了对目的地营销的各种支持和保障活动。营销的本质就是要使旅游目的地获得可持续发展的竞争优势。

3. 旅游目的地营销组织

旅游目的地营销组织是旅游目的地营销活动组织、管理和实施的主体。旅游目的地营销组织的功能是实现向旅游客源市场宣传、推广、营销整个目的地。

4. 旅游目的地管理组织

1）旅游目的地管理组织概念

WTO 将旅游目的地管理组织定义为：“是负有管理旅游目的地或者负有营销旅游目的地责任的组织”。可以简单地认为旅游目的地管理组织是管理旅游目的组织、实施旅游目的地管理活动的主体。

根据 WTO 的定义，旅游目的地管理组织可分为以下三种类别。

（1）国家级旅游组织。其职责是在国家层面上行使对国家旅游的管理和促销。在我国是指国家旅游局。

（2）区域性、省级或者州级旅游目的地管理组织。其职责是负责其管辖的地区、省或州的旅游管理和促销。

（3）地方级旅游目的地管理组织，其职责是负责较小地区、区域，或城市及城镇的旅游管理和促销。

2）旅游目的地管理组织内容

旅游目的地管理组织的主要活动包括促销、营销、信息收集活动、预订服务、与旅游产品相关活动（旅游线路开发与运营、旅游企业分类/经营许可认证、游客中心实体资源开发、人力资源开发与职业培训、旅游行业规范与管理等）、电子商务战略培育与实施。

旅游目的地管理组织具有两种功能：对外功能是旅游目的地的促销、营销；对内功能是旅游目的地开发。

3）旅游目的地管理组织与旅游目的地营销组织的关系

（1）旅游目的地管理组织功能对外是旅游目的地的促销、营销，对内是旅游目的地的开发。

（2）旅游目的地营销组织的功能是实现向旅游客源市场宣传、推广、营销整个目的地。

（3）旅游目的地管理组织对于推广旅游目的地，创建旅游目的地品牌，组织适应数字经济的、坚实的旅游目的地营销系统基础设施，整合旅游广告与B2B或B2C分销渠道，支持旅游目的地为中小型旅游企业搭建旅游目的地营销系统平台，在线信息服务与销售基础设施负有义务和责任。

（4）旅游目的地管理组织功能包括了旅游目的地营销组织的功能。

5. 旅游目的地营销系统

我国金旅工程将旅游目的地营销系统定义为："目的地城市旅游信息化建设完整解决方案，它通过一系列的信息技术产品和相应的支持服务来实现城市旅游信息化"。

旅游目的地营销系统是旅游目的地通过互联网进行网络营销的完整解决方案，是一个采用开放式的体系结构，以互联网为基础平台，结合数据库技术、多媒体技术和网络营销技术进行旅游宣传促销和旅游服务的综合应用系统。

6.1.2 旅游目的地营销系统建设的现实需求

旅游目的地营销系统可以通过网上信息平台的搭建，实现旅游业务的网上开展，同时可以让不同的用户通过平台获取更多的旅游信息，满足不同类型用户的各种需求，从而实现对旅游目的地的形象的塑造与宣传，以提高目的地直接或间接的经济收益，达到营销目的。

1. 旅游者对旅游目的地营销系统建设的现实需求

对于旅游者而言，希望旅游目的地营销系统可以成为旅游目的地行业门户网站、网络广告商、电子零售商、旅游目的地的内容提供商、目的地市场创建者、社区服务商的管理信息系统。旅游者在旅游之前需要获得大量旅游目的地信息，到目的地之后还需要继续了解它的信息。旅游者易于获得这方面信息可以降低他们旅游策划和旅游路线组织时的费用，也使得旅游业的市场交易容易达成。向旅游者提供目的地旅游信息不仅影响旅游者对旅游目的地的选择，也影响他们在目的地的满意程度。然而，旅游业日趋复杂、旅游者日趋成熟、旅游需求日趋多样，客观上使得旅游目的地信息的提供者越来越重要，同时提供信息的工作也越来越困难。旅游目的地要准确把握旅游需求，为旅游者提供及时、可靠和丰富的旅游信息。

2. 旅游企业对旅游目的地营销系统建设的现实需求

对于旅游企业而言，希望旅游目的地营销系统可以成为提供市场/交易所、应用服务提供商、旅游目的地营销信息库的管理信息系统。已经没有必要去评估旅游目的地营销系统的建设是不是有效果，因为旅游企业成了效果的评估方，如果没有效果，精打细算的旅游企业没有人会再掏冤枉钱。在这样的经济杠杆下，这些旅游营销机构不得不想方设法提高自身的营销水平，也会不惜重金聘请专业的营销机构作为顾问和服务商。在某种层面上，他们担当的是一个专业的广告公司、公关公司、会展公司和营销公司的角色。旅游目的地营销系统建设可以向旅游企业提供有价值的信息，降低营销成本，增强营销效果。

3. 旅游目的地政府部门对旅游目的地营销系统建设的现实需求

对于旅游目的地政府部门而言，希望旅游目的地营销系统可以成为提供信息发布平台、信息管理、共享与信息交换平台与通信工具、内部管理平台与工具、专业培训平台、营销信息库的管理信息系统。政府需要面向公众建立权威的旅游目的地信息网，提供全面、丰富、准确、及时的旅游信息；还需要面向企业建立公共的电子商务服务平台，提供预订、网络宣传、促销活动等信息服务。旅游目的地政府部门需要搭建一个很好的运营队伍，利用旅游目的地营销系统平台真正地开展营销工作，让其发挥更大的作用。

6.1.3　旅游目的地营销系统建设的意义

旅游目的地营销系统是旅游目的地以互联网为平台、信息技术为手段进行宣传和咨询服务等营销活动的旅游信息化应用系统，由政府主导、企业参与建设，为整合目的地的所有资源和满足旅游者个性化需求提供了一个完整的解决方案。旅游目的地营销系统的成功应用可以提升目的地形象和旅游业的整体服务水平，是旅游目的地网络营销的有效解决方案。

旅游业要突破传统的发展模式，就必须整合旅游目的地相关资料，实施营销创新。旅游目的地营销是现代的、新的营销理念，它代表由传统的营销模式向采用现代化信息经济手段竞争的模式过渡，由产品营销逐步向品牌营销过渡，由分散营销逐步向区域整合和深度联合方式过渡，由国内营销为主向国际营销为主过渡。

1. 促使传统的营销模式向采用现代化信息经济手段竞争的模式过渡

旅游目的地作为旅游经济活动的一大支撑，对旅游发展起着基础性作用。旅游目的地的支撑作用主要体现在旅游目的地营销对旅游发展的刺激作用，一个地区的旅游目的地营销成功与否，是当地的旅游业是否能够获取成功的关键所在。近年来，在电子商务经济大潮的冲击下，旅游目的地营销已经由过去的传统营销模式演变为现在的采用互联网信息技术等现代化信息经济手段的竞争模式。旅游目的地的政府管理机构也开始响应这一趋势，利用信息网络技术改造传统的业务模式。

2. 促使由产品营销逐步向品牌营销过渡

旅游目的地形象是指旅游者对旅游目的地总体的、抽象的、概括的认识和评价，是对旅游目的地历史印象、现实感和未来信息的一种理性综合。旅游目的地整体形象在旅游者心中的地位决定着该旅游目的地客源市场的形成与发展。

3. 促使分散营销逐步向区域整合和深度联合方式过渡

市场竞争的日益激烈，世界经济一体化进程加快，政府牵头，联络与旅游业关系密切的部门，开展区域性整合和深度联合的政府主导型旅游营销已成为必然趋势。

4. 促使国内营销为主向国际营销为主过渡

随着中国成为世界上越来越有竞争力的旅游目的地，国外客源市场逐步成为旅游目的地的营销重点。旅游营销可以由传统营销网络向网络营销过渡，充分利用互联网，全方位地推销旅游目的地。

6.1.4 旅游目的地营销系统的应用

1. 旅游目的地营销系统的国外发展现状

目前，旅游目的地营销系统在国外已得到广泛应用，从实践来看，英国、西班牙、澳大利亚等发达国家旅游目的地网络营销发展和应用较为成熟，对信息资源的科学利用也走在前列。这些发达国家和地区的旅游目的地营销系统已演变为一种较为成熟的旅游营销模式，建成了集食、住、行、游、购、娱六要素于一体的旅游目的地综合信息应用系统，促进了当地旅游业的快速发展。

国外旅游目的地营销系统都包含信息管理、发布、预订等基本功能，并在此基础上进行旅游目的地的形象定位，协助旅游机构的促销活动；重视传统的推广、营销和销售的应用，如电话问讯中心，通过免费电话，向顾客同时提供先期旅行信息和预订服务，以及旅游目的地营销系统网站结合触屏式服务亭和旅游服务中心向旅游者提供服务。目前国外较为成功的旅游目的地营销系统案例如下。

（1）芬兰旅游局的系统（http://www.visitfinland.com/w5/index.nsf/（pages）/index）是一个高级目的地营销系统，它可提供旅游目的地信息，提供查询预订服务、咨询预订服务，还可通过留言问答和相关部门进行沟通交流，不仅改善了芬兰旅游局工作的成本效益比，而且帮助芬兰最大限度地进入和影响国际旅游市场。

（2）伯利兹旅游目的地网站（http://www.travelbelize.org/）除了向游客提供信息之外，还设立了虚拟旅游的系统。预订业务可以直接办理。另外，还有导游服务的指引与介绍。

（3）加利福尼亚旅游目的地网站（http://www.visitcalifornia.com/AM/Template.cfm?Section=Home）包括酒店、交通工具、景点门票在内的多种旅游服务的查询及预订，而且不仅仅是当地的信息，还有其他地方的相关信息，为旅游企业与旅游者之间提供了一个很好的交易平台。

（4）苏格兰—爱丁堡旅游目的地网站（http://www.edinburgh.org/）预订购买服务提供得十分全面，包括酒店机票及景点、剧场门票，游客都可以在出发之前通过网站进行购买。同时实用服务方面做得也十分到位，告知了游客一些必备的常识。

（5）埃及旅游目的地网站（http://www.touregypt.net/）有比较完善、全面的游客交流服务中心，游客可以在网上进行讨论。此外，埃及旅游目的地网站还专门为儿童设计了旅游版块，充分考虑了不同年龄层的游客的需求。

（6）夏威夷旅游目的地网站（http://www.gohawaii.com/）不仅向游客提供了详细的旅游方面的信息，以及与旅游者联系的平台，还为旅行社企业与旅游网站沟通交流搭建了一个专门的平台。

（7）马来西亚旅游目的地网站（http://www.tourism.gov.my/）为游客提供了一个交流的平台，游客可以写感言、留言或进行询问，通过网站更好地与目的地，或者游客之间进行沟通交流。另外，网站也提供信息查询、酒店预订等基本的功能。

（8）摩洛哥旅游目的地网站（http://www.tourism-in-morocco.com/）除了提供酒店预订、信息查询等基本服务之外，还提供免费电话咨询活动，向游客提供先期服务。

（9）挪威旅游目的地网站（http://www.visitnorway.com/）旅游信息提供得十分全面，各类旅游产品类型细分全面，而且信息查询时使用电子地图的方法，对于游客来讲方便且直观。

（10）南美巴塔戈尼亚旅游目的地网站（http://www.chileaustral.com/）有专门为自驾车旅游提供的租车版块，以及为商务旅游提供信息的版块，充分结合了本地区旅游发展的特点，迎合了游客的旅游需求，促进了旅游目的地的营销。

（11）坦桑尼亚旅游目的地网站（http://www.tanzaniaodyssey.com/）提供了坦桑尼亚旅游的大量信息，引导游客的旅游活动，同时网站可以下载一些影像，极大地宣传了坦桑尼亚国家的整体形象。

（12）新西兰旅游目的地网站（http://www.tourism.net.nz/）提供了专门的预订中心进行旅游活动一系列的预订服务，方便了游客的出行，提升了新西兰国家的旅游形象。同时，网站为旅游企业也设计了专门的版块，提供了一个极好的交易平台。

出现这种繁荣景象的原因是多方面的，其中既有经济的和技术的原因，更深刻的还有对旅游目的地营销系统的发展研究投入及重视程度问题。与传统的旅游目的地营销模式对比，应用信息技术开发适合当地旅游目的地营销特点的旅游目的地营销系统，显然可以带来更加良好的运营效益。此外，国外旅游目的地营销系统飞速发展，与其本身旅游业占据经济比重的大小具有不可分割的关系。相对我国而言，国外很多是旅游业占据了国家经济收入的主要部分，对旅游目的地营销系统的应用关系着本国旅游业的长远发展。正是以上多种因素的综合影响，使得旅游目的地营销系统正越来越受到各国机构的重视。

2. 旅游目的地营销系统的国内发展现状

1）国内旅游目的地营销系统的发展现状

我国旅游信息化发展起步于 20 世纪 80 年代，经过近 30 年的发展，我国旅游业的信息化建设虽取得了长足进步，但仍然落后于西方发达国家，目前尚处于发展初期阶段。我国国家旅游局于 2000 年年底正式启动了“金旅工程”。以互联网为基础平台，结合了数据库技术、多媒体技术和网络营销技术，把基于互联网的、高效的旅游宣传营销和目的地的旅游咨询服务有机地结合在一起，为游客提供全程的周到服务。大连、三亚、粤港澳地区作为推广试点区市率先完成了建设工作。长三角、珠三角、山东、四川等地，在建设 DMS 系统、旅游信息平台、旅游咨询中心、旅游呼叫中心以及利用先进的信息手段开展促销方面做了大量尝试，也取得了宝贵的经验。2003 年 1 月，国家旅游局联合信息产业部下发了《关于在优秀旅游城市建立并推广使用“旅游目的地营销系统”的通知》，开始在全国 138 个城市推广旅游目的地营销系统。近年来，伴随着我国旅游业信息化的发展，旅游目的地信息服务方面的探索也日渐活跃。中国优秀旅游城市的评选中，已经在部分项目条款中明确将城市及企业的信息化建设水平列为评选标准，中国最佳旅游城市评选也将城市信息化建设水平列入其评选标准。

目前国内较成功的旅游目的地营销系统案例如下。

（1）中华人民共和国国家旅游局网站（http://www.cnta.com/）包括政务公开、资讯新闻、公共服务、网上政务四个部分，提供的信息全面，且更侧重于政务方面，有与游客的在线交流，有企业的交流平台，对于目的地来讲，还有内部教育与培训的平台。

（2）浪漫大连旅游网站（http://www.dltour.gov.cn/main/index.html?m=index）设置了预订中心，提供了酒店、娱乐、餐饮预订服务，还提供了旅游超市服务，游客可以通过网站了解所有正规的旅游企业的信息，并且提供免费电话咨询服务。

（3）中国厦门旅游网（http://www.visitxm.com/）的特色功能有电子地图、360 度全景展示、订票电子商务及订房电子商务，为游客、企业提供了交互的平台，同时还具有导游人员的管理、协调功能。

（4）天堂苏州——东方水城旅游网站（http://www.visitsz.com/webpage/index.php）有政务、媒体、企业等系统，在加强为游客和旅游企业提供服务的同时，强化了媒体的作用，加强了媒体与企业、游客之间的交流。

从我国旅游目的地营销系统近两年的发展情况来看，技术层面的问题已取得了很大进步，并有成功系统建设的案例，基本已不是旅游目的地营销系统推广的障碍因素，但就管理、社会角度来讲，仍然存在着一系列急需解决的问题，如怎样筹集系统开发及运行所需的资金，系统如何满足旅游业各利益相关者的需求，系统由政府部门进行管理还是采用其他管理形式等，这些问题已成为阻碍我国旅游目的地营销系统推广和应用的主要因素。

2）国内旅游目的地营销系统的不足

我国的旅游目的地营销系统采用的是国家—省—市的多级系统组织结构。由国家旅游局统一指导，分地区建设，实现各级旅游目的地信息系统的互联互通。系统的经济结构方面，由政府旅游主管部门，即各级旅游局提供系统的开发及运行基金；系统的管理体制方面，由各级旅游主管部门负责管理；系统的信息来源方面，信息由地方旅游局负责收集。进入系统后经分类、整理，有序地表现于相应的目的地信息网上。并向上层汇集，有选择地表现于上层信息网站，最上层的国家级网站呈现经筛选的、最重要的旅游信息，并通过导航和搜索功能，让浏览者方便地获得所需的各级系统中的信息。

从总体上看，我国旅游目的地营销系统目前采用的是一种政府主导型的运作模式，这种模式也存在着许多的问题，主要表现在以下几个方面。

（1）这种政府主导的模式存在着一些潜在障碍。政府主导既有其积极作用，也有其消极的一面。政府在影响旅游发展过程中存在的一些潜在障碍，主要包括：缺乏从事可持续旅游的政治愿望；政府的规划和规章制度不如私营部门的那么受欢迎；缺乏资源、财力和人力；政治家的短期目标破坏了可持续旅游的长期目标，政府的办事效率常常缓慢。这些潜在障碍的存在要求引入政府以外的利益主体参与旅游目的地营销系统的运营，以弥补政府主导的缺陷。

（2）这种运营模式下的旅游目的地营销系统在信息提供的速度和内容上存在着问题。旅游目的地营销系统的一个主要目标是为旅游业各利益相关者提供信息和决策支持。因此，它所提供的信息必须及时，以最大化地发挥信息的效用；同时，所提供的信息必须兼顾旅游业各利益相关者，真实反映旅游业作为一个产业的整体信息需求，而目前我国旅游目的地营销系统的信息采集主要是由地方旅游局负责收集、整理，然后逐级报送上一层旅游目的地营销系统，在信息的传递速度上比较慢，不及时；在信息内容上，由于信息完全由旅游局采集处理，不能真实反映旅游企业或其他利益相关者的信息需求。

（3）现行模式下旅游目的地营销系统的开发和建设完全依靠政府投入，资金筹集渠道单一，难以满足系统运行对资金的大量需求。旅游目的地营销系统的建设和运行需要大量的人、财、物投入，仅仅依靠政府投入是不够的，而且政府的大量投入会增加财政负担，引发其他问题。国外旅游目的地营销系统在开发基金来源方面则显示出多样性，投资主体的范围非常广泛，除政府部门外，还包括电子商务服务商、私营旅游企业、商业性旅游服务公司甚至是私人等。

6.1.5　旅游目的地营销系统的发展趋势

1. 信息服务与客户价值整合

旅游目的地营销系统不能把网站建设成旅游产品大全，而应该是满足不同客户特殊需求的信息工具。这就要求 DMS 系统的建设应进一步强化网站的营销功能，通过优化网站的系统设计能够实现以下功能：识别具有相同特征的客户群和潜在客户，分析他们各自的需求和可接受的成本，创建和传播满足需求的产品与服务信息，集成与客户互动沟通的技术和工具，估算客户的投资回报等。上述功能有助于通过互联网将信息的单向传播转变为与客户的双向信息沟通，旅游企业在信息服务中不断为客户创造满足个性化需求的产品和服务，并最终获取客户价值，实现目的地城市形象成功塑造、企业利润和旅游者利益共同增长的多方受益的局面。

2. 营销方法和技术手段的整合

新技术的引进和推广应用促进了旅游目的地全方位的营销。更多体现的是以旅客为中心的旅游目的地营销理念，是基于对地理信息系统、全球定位系统和掌上电脑的一种集成运用，是利用掌上电脑的强大功能处理全球定位系统实时接收到的数据，再结合电子地图以实现各种功能。旅游目的地营销系统将促进信息技术更为广泛的应用，促使更多目的地营销手段的出现，这些手段如博客营销、网络口碑营销、网络游戏营销等。对游客而言，他们更倾向于相信离他们更近、更草根的信息分享源，携程、旅游博客、播客所传递的个体信息，个性化的游记、出行攻略，亲友的口碑，这些信息源虽然在旅游目的地营销层级结构中处于较为下层的位置，对游客却更有意义。因此，旅游营销者不妨更多地关注博客、论坛、用户推荐、新闻定制、维基百科、社会网络及即时通信等网络传播技术，关注网络口碑营销、社区营销等新概念，在旅游宣传促销中，充分发挥网民的作用。此外，目的地还可以利用卫星地图营销或网络游戏营销等手段进行宣传与推广。

3. 让行业更多地参与到旅游目的地营销系统的运营中

这主要是基于两点考虑。首先，旅游目的地营销系统是旅游目的地营销的重要工具，而成功的目的地营销离不开政府与行业的良好合作。因为目的地营销涉及许多利益相关者，如政府、旅游企业、旅游经营商或中介等，它们之间的关系非常复杂，这使得目的地营销十分困难。只有在政府与行业之间建立良好的合作机制，形成联动，才能使目的地各利益相关者之间的矛盾和冲突得到协调，达到目的地营销的既定效果。其次，旅游目的地营销系统的主要目标之一是为目的地旅游管理部门和行业中的旅游企业提供信息和决策支持，但政府管理部门和旅游企业对信息的需求是不同的，要想真正发挥它的这一功能就必须加强这两者间的合作，让行业更多地参与到系统的运营中来。

4. 系统运作形式和开发投资主体趋于多元化

目前国内旅游目的地营销系统的运作形式单一，政府主导的运作模式不能充分发挥市场经济体制的作用。应该大胆尝试新的系统运作形式，如由独立实体对旅游目的地营销系统进行市场化运作。此外，目前国内建成的旅游目的地营销系统大都由政府部门提供开发资金，或是作为旅游局预算的一部分，或是作为一个独立项目申请经费，系统开发的投资主体单一。投资主体除政府部门外，可以扩展到电子商务服务商、私营旅游企业、商业性旅游服务公司等。

5. 更多、更新的收入渠道将被开辟

旅游目的地营销系统能否及怎样为投资者带来一定的经济收益是一个非常值得关注的问题。从目前国外在这方面的实践来看，旅游目的地营销系统的运行可以为投资者带来经济收益。在收入渠道方面，国外许多旅游目的地营销系统都是向在旅游目的地营销网站上发布信息并接受预订的旅游企业收取佣金，如奥地利提洛省的旅游目的地营销系统，英属格伦比亚旅游目的地营销系统等，都将这种形式作为系统运行的收入来源之一。目前，随着各国实践的不断成熟，另外一些新的收入获得途径被开发出来，例如，与出版商合作出版旅游书籍，或者提供信息增值服务。例如，移动电话短信息服务、传真知会服务是向旅游企业或旅游者收取费用。在这方面，国内应积极向国外学习，开辟更多、更新、适合我国国情的收入渠道。

6. 目的地网络营销与传统营销方式融合，共同促进旅游目的地发展

目的地网络营销又称目的地因特网营销或目的地在线营销，是目的地营销主体借助于互联网所开展的营销活动。目的地网络营销涉及旅游管理部门、旅游企业、旅游行业协会等众多的利益相关者，目的地必须加强利益相关者管理，建立平衡它们之间冲突的一般准则。旅游目的地可以从建立旅游目的地信息传播网络、提供网络虚拟体验、实现形象演示功能、向旅游者提供专业化信息服务、建立旅游者数据库、实施有效的客户关系管理等方面构建旅游目的地网络营销。旅游目的地营销系统是目的地网络营销活动的物质载体，是目的地营销信息传播的重要媒介，是目的地品牌化的重要渠道，有助于目的地营销组织实施有效的客户关系管理，为旅游供应商之间的合作提供了新的机遇；它的建立可以减少一些较偏远的目的地对传统旅游中间商的依赖性。网络营销与传统营销方式逐步融合并相互促进，共同推进旅游目的地旅游业的发展。

6.2　旅游目的地营销系统的规划

6.2.1　旅游目的地营销系统案例分析

本章分析的案例是活力广东——广东省旅游局官方网、三亚旅游官方网和阿拉斯加旅游目的地官方网站，分析主要针对它们各自的功能。

1. 活力广东旅游目的地营销系统

活力广东——广东省旅游局官方网（http://www.visitgd.com/）设置了政务版、同业版、网博会等三个版块，分别为政府、企业及旅游者服务，信息提供全面。其主界面如图 6-1 所示。

图 6-1　活力广东网

1）系统功能

活力广东网是包含有旅游新闻、业界资讯、游历天下、目的地指南、走遍广东、港澳平台、岭南文化、主题旅游、诚信旅游、专家访谈、旅游商城、户外休闲以及社区等旅游资讯的大型门户网站。内容丰富庞杂，可以搜索到广东旅游需要的各类信息。

2）系统优点

（1）实用性。按照目的地城市的实际需要量身定制。例如，利用自己的特殊的地理位置，为旅游者提供了港澳游平台。符合国家旅游局中国优秀旅游城市、中国最佳旅游城市评选标准对城市旅游信息化建设的要求。

（2）先进性。采用国际、国内技术领先的成熟产品，进行了再次开发和定制，以符合旅游行业特定的需要，符合 WTO、OTA 国际旅游信息化标准。

（3）系统性。按照国家旅游局金旅工程统一规划进行设计，目的地城市与全国的旅游信息化建设完全结合在一起，集成已有的行业管理信息系统资源。同时对国内旅游目的地和国际旅游目的地进行了相关链接，方便游客获取其他目的地信息。

（4）丰富性。分门别类地列出各类信息，如“走遍广东”系列，分为游在广东、食在广东、乐在广东和目的地指南；“旅游卖场”系列，分为泡温泉、看风景、玩漂流、住酒店；“旅游社区”系列，分为旅游商机、诚信旅游、热点荟萃等。

3）系统不足

（1）网站信息繁杂，没有重点。

（2）缺乏整体营销特色，很多感觉是政府公务系统、酒店管理系统和门票系统等系统的一个链接合集，没有充分体现旅游目的地营销系统的特点。

2. 三亚旅游官方网

三亚旅游官方网（http://www.sanyatour.com/index.php）是一个服务功能强大、营销效果良好的旅游目的地官方网站。其主界面如图6-2所示。

图6-2 三亚旅游官方网

1）系统功能

该系统包含五个大的功能模块，分别为“三亚 LOOK”模块，包含酒店云集、文化海滨、健康鹿城、蜜月圣地、超凡假期；“体验”模块，包含观光、住宿、美食、购物、娱乐和主题；“目的地”模块，包含亚龙湾地区、大东海地区、三亚湾地区、三亚市区、海棠湾地区和全岛导览；“精彩活动”模块，包含活动年历、最新活动、年度盛事和特色推荐；“旅行规划”模块，包含行程规划、游记攻略和互动中心。可以通过“三亚旅游政务官方网站”链接至三亚市官方网站。

2）系统优点

（1）信息内容丰富，重点突出。该系统将“三亚 LOOK”中的酒店云集、文化海滨、健康鹿城、蜜月圣地、超凡假期模块单独以动画形式重点突出，可以将游客带入不同的感兴趣的页面。

（2）个性化服务。该系统提供专业私人旅行专家，可以定制个性化旅游计划，让游客得到高端的度假配套服务。

（3）提供旅行规划。可以通过浏览旅游信息，寻找喜欢的游玩项目，把喜欢的项目添加到行程，然后登入规划中心进行行程规划，然后打印旅游资料，确定行程。

（4）方便的客户投诉功能。在“品质保障”模块，游客可以根据自身体验给酒店、餐饮、景区、交通、休闲场所、商场评分，如果对旅游服务质量不满的话，还可以在线向旅游局投诉。

（5）方便的交流互动功能。该系统中旅游者可以和旅游者以及旅游项目服务商进行很好的互动交流。

3）系统不足

（1）搜索功能欠佳。因为网站提供的信息比较全面，旅游者若想找到自己需要的信息，有时可能会借助网页上的搜索引擎功能，而三亚旅游官方网中就没有方便的搜索功能。

（2）预订功能欠佳。该网站可以提供将旅游项目添加到旅行规划，但却不能在网站上直接进行预订，还要跳转到旅游项目服务商网站才能预订。

3. 阿拉斯加旅游目的地官方网站

阿拉斯加旅游目的地网站（http://www.travelalaska.com/）为游客提供了全面的信息，其功能包括酒店预订，资料查询，游客与企业间的交流平台构建，游客旅游手册的制定等多个方面，极大地促进了阿拉斯加旅游目的地的营销活动。其主界面如图 6-3 所示。

图 6-3　阿拉斯加旅游局官网

1）系统功能

（1）感受阿拉斯加。提供了图片介绍、视频子模块介绍阿拉斯加旅游景点、历史文化信息；通过经典的旅游线路和当地旅游子模块介绍旅游线路；通过事件、周年庆活动子模块介绍阿拉斯加的节庆活动；通过阿拉斯加新闻介绍阿拉斯加最新旅游动态。

（2）地图和旅游去处。使用电子地图和卫星地图方式可以全面清晰地感受阿拉斯加的地区、城市、小镇、公园等。

（3）旅游景点活动。旅游景点活动分为冒险类、乡村徒步旅行、艺术和历史文化、一日游、购物、潜水、垂钓、观光、野外风光、冬日活动和特殊推荐等。

（4）住宿。提供酒店、汽车旅馆、野营设备、小木屋度假出租和荒野旅馆等。

（5）交通。提供往返阿拉斯加各种交通工具的预订以及在阿拉斯加旅游各种交通信息预订。

（6）包价旅游。提供各种旅游主题的包价旅游，游客可通过比较选择适合自己的旅游规划。

（7）旅游指南。提供了目的地的天气信息查看、目的地介绍的书籍、计划资源、旅行贴士和旅游指导。

2）系统优点

（1）方便的预订功能。旅游者感兴趣的任何旅游项目都可以添加到“阿拉斯加计划”中，然后可以对需要预订的旅游项目进行预订。

（2）信息丰富。阿拉斯加网站提供了丰富的目的地信息，为潜在旅游者提供了很多有用的信息。

（3）多样化旅游活动项目。与国内旅游项目相比，阿拉斯加旅游目的地官方网站提供了很多户外的旅游活动项目，如垂钓、潜水、徒步旅行等，以及多样化的住宿信息，如小木屋、汽车旅馆、野营等。

（4）结构简洁。和国内旅游目的地网站相比，阿拉斯加旅游目的地网站界面更加简洁，只是介绍目的地旅游信息，不涉及太多的旅游政务、促销活动等信息。

3）系统不足

（1）语言。阿拉斯加网站只提供英语、德语、日语、韩语四种语言。如果想要打开国际市场，需要提供更多的语言版本。

（2）缺少交流互动功能。该网站缺少和旅游者交流互动的功能，不能了解旅游者的反馈信息、咨询、投诉等。

6.2.2 旅游目的地营销系统建设的目标

旅游目的地营销系统建设的总体目标是建立起旅游目的地形象宣传和信息化公众网络服务，促进旅游目的地与同行之间及其与海内外同业的沟通交流，并以此建立以旅游目的地为基础延伸至全国乃至海外的全方位的旅游目的地宣传营销体系。通过数字化推进旅游产业的发展，增强旅游宣传的效果，提高旅游市场业务运作水平，积极发展旅游电子商务，提供个性化旅游信息和商务服务。除了一些管理信息系统基本的建设目标之外，如友好的界面、便于操作等，还包括以下几个方面。

1. 利用有效的信息技术提升旅游目的地的综合竞争力

旅游目的地营销系统可以利用电子商务以实现保持与改善旅游业在数字经济中的竞争地位，改进营销沟通以实现更好、更有效地促销旅游目的地。可以利用旅游目的地营销系统中的知识管理工具，改善、促进旅游目的地旅游企业之间的通信、合作与交流，可以将旅游目的地的市场促销扩展到全国乃至全球范围内，增强、改进旅游目的地品牌塑造，提高旅游目的地旅游企业的战略优势，增加旅游目的地旅游企业的利润，支持中小型旅游企业的流程再造。

2. 整合旅游服务链上的各方，提升整体链条的综合竞争力

旅游目的地营销系统要通过对旅游产品及旅游服务价值链的整合，形成链条内的动态合作网络。这不仅有助于降低链条内各企业之间的交易成本，还有助于区域特色旅游产品及服务的形成。通过链条内旅游信息的发布和高效的流通，能逐渐形成各旅游企业和相关机构之间的稳定的合作网络。旅游服务链的稳定性将带来链条内企业交易成本的降低，并且其相互之间的合作能创造出多样化的地方特色旅游产品。这些都是旅游业发展的迫切要求，并且可以提升整个旅游服务链的综合竞争力。

综上所述，旅游目的地营销系统的建设应该定位为一个目的地的电子商务营销平台，通过该平台的建设，参与者利用平台开展各自的营销过程，从而实现目的地营销，带来理想的经济效益。

6.2.3 旅游目的地营销系统的功能

本旅游目的地营销系统根据一般的旅游目的地营销系统设置和业务活动正常展开的要求，将旅游目的地营销系统按职能划分为六个子系统。其功能模块结构图如图 6-4 所示。

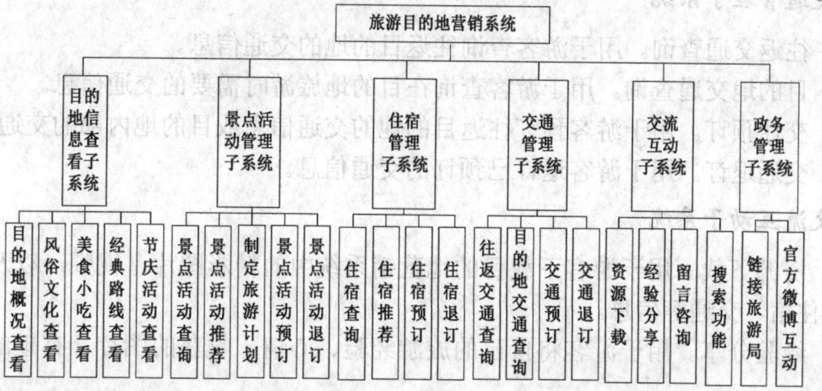

图 6-4　“旅游目的地营销系统”功能模块结构图

1. 目的地信息查看子系统

（1）目的地概况查看。用于游客查看目的地总体概况，可以选择以电子地图或卫星地图的方式查看。

（2）风俗文化查看。用于游客查看目的地的风俗文化，借助于图文及音频视频方式，可使游客充分了解当地的风土人情、文化风貌。

（3）美食小吃查看。用于游客查看目的地有名的特色美食小吃。

（4）经典路线查看。用于游客查看目的地经典的旅游线路。

（5）节庆活动查看。用于游客查看目的地传统或特色节庆活动，可以吸引游客参观。

2. 景点活动管理子系统

（1）景点活动查询。用于游客根据自己的查询条件自定义查询自己感兴趣的景点活动。

（2）景点活动推荐。用于游客推荐自己喜欢的景点活动以及查看别人推荐的景点活动。

（3）制定旅游计划。用于系统将游客添加的感兴趣的景点活动以最短路径方式安排旅游计划，如果游客不满意系统推荐旅游计划，可以自定义旅游计划。

（4）景点活动预订。用于游客将选中的可以预订的景点活动进行预订，并按一定的方式享受优惠价格。

（5）景点活动退订。用于游客退订已预订的景点活动信息。

3. 住宿管理子系统

（1）住宿查询。用于游客查询目的地的住宿信息。

（2）住宿推荐。用于游客推荐自己喜欢的住宿地点或查看别人推荐的住宿地点。

（3）住宿预订。用于游客预订住宿并按一定的方式享受优惠价格。

（4）住宿退订。用于游客退订已预订的住宿信息。

4. 交通管理子系统

（1）往返交通查询。用于游客查询往返目的地的交通信息。

（2）目的地交通查询。用于游客查询在目的地旅游时需要的交通信息。

（3）交通预订。用于游客预订往返目的地的交通信息或目的地内部的交通信息。

（4）交通退订。用于游客退订已预订的交通信息。

5. 交流互动子系统

（1）资源下载。用于游客下载目的地营销系统中的精彩图片、视频，以及需要的景点活动、住宿、交通等信息。

（2）经验分享。用于游客将自己的旅游经验、心情、收获的图片、有趣的见闻分享给其他人。

（3）留言咨询。用于游客咨询遇到的问题。

（4）搜索功能。用于游客使用关键字搜索目的地营销系统中的各类信息。

6. 政务管理子系统

（1）链接旅游局。用于将游客链接到目的地官方旅游局，旅游局也可以通过该功能办理相关旅游政务。

（2）官方微博互动。用于游客通过该模块与目的地官方微博进行互动，方便快捷地了解相关资讯。

6.3　旅游目的地营销系统的分析

本节在 6.2.3 节“旅游目的地营销系统的功能”的基础上，对拟开发的旅游目的地营销系统进行分析。

6.3.1　系统概况表

“旅游目的地营销系统”系统概况表如表 6-1 所示。

表 6-1　系统概况表

旅游目的地营销系统概况表	
输入：	处理：
D1 用户名、密码	P1 验证登录
D2 目的地查看请求	P2.1 目的地概况查看
D3 风俗文化查看请求	P2.2 风俗文化查看
D4 美食小吃查看请求	P2.3 美食小吃查看
D5 经典路线查看请求	P2.4 经典路线查看
D6 节庆活动查看请求	P2.5 节庆活动查看
D7 景点活动查询请求	P3.1 景点活动查询
D8 查看景点活动推荐请求	P3.2 景点活动推荐
D9 景点活动信息	P3.3 制定旅游计划
D12 住宿查询请求	P3.4 景点活动预订
D13 查看住宿推荐请求	P3.5 景点活动退订
D14 住宿信息	P4.1 住宿查询
D16 往返交通查询请求	P4.2 住宿推荐
D17 目的地交通查询请求	P4.3 住宿预订
D18 交通信息	P4.4 住宿退订
D20 资源下载请求	P5.1 往返交通查询
	P5.2 目的地交通查询
	P5.3 交通预订

续表

D22 经验分享请求 D24 留言咨询请求 D26 搜索请求 D28 链接旅游局请求 D30 官方微博互动请求	P5.4 交通退订 P6.1 资源下载 P6.2 经验分享 P6.3 留言咨询 P6.4 搜索功能 P7.1 链接旅游局 P7.2 官方微博互动
存储： F1 目的地电子地图 F2 目的地卫星地图 F3 风俗文化清单 F4 美食小吃清单 F5 经典路线清单 F6 节庆活动清单 F7 旅游计划 F8 景点活动预订单 F9 景点活动退订单 F10 住宿预订单 F11 住宿退订单 F12 交通预订单 F13 交通退订单	输出： D10 旅游计划 D11 景点活动预订信息 D15 住宿预订信息 D19 交通预订信息 D21 请求下载的资源 D23 旅游心情、经验 D25 留言咨询信息 D27 搜索到的信息 D29 旅游政务信息 D31 微博互动信息

6.3.2 系统数据流图

1. 顶层图

旅游目的地营销系统顶层图如图 6-5 所示。

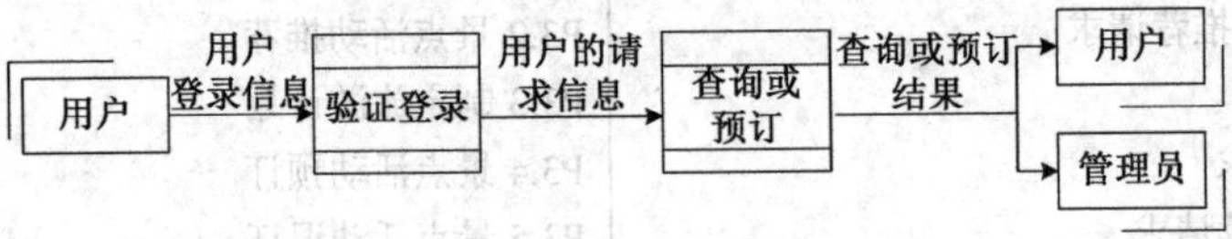

图 6-5 系统数据流图顶层图

2. 一级细化图

旅游目的地营销系统一级细化图如图 6-6 所示。

3. 二级细化图

旅游目的地营销系统二级细化图如图 6-7 所示。

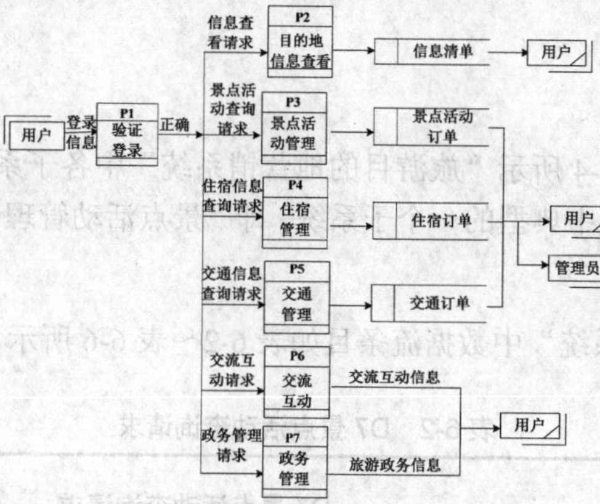

图 6-6　系统数据流图一级细化图

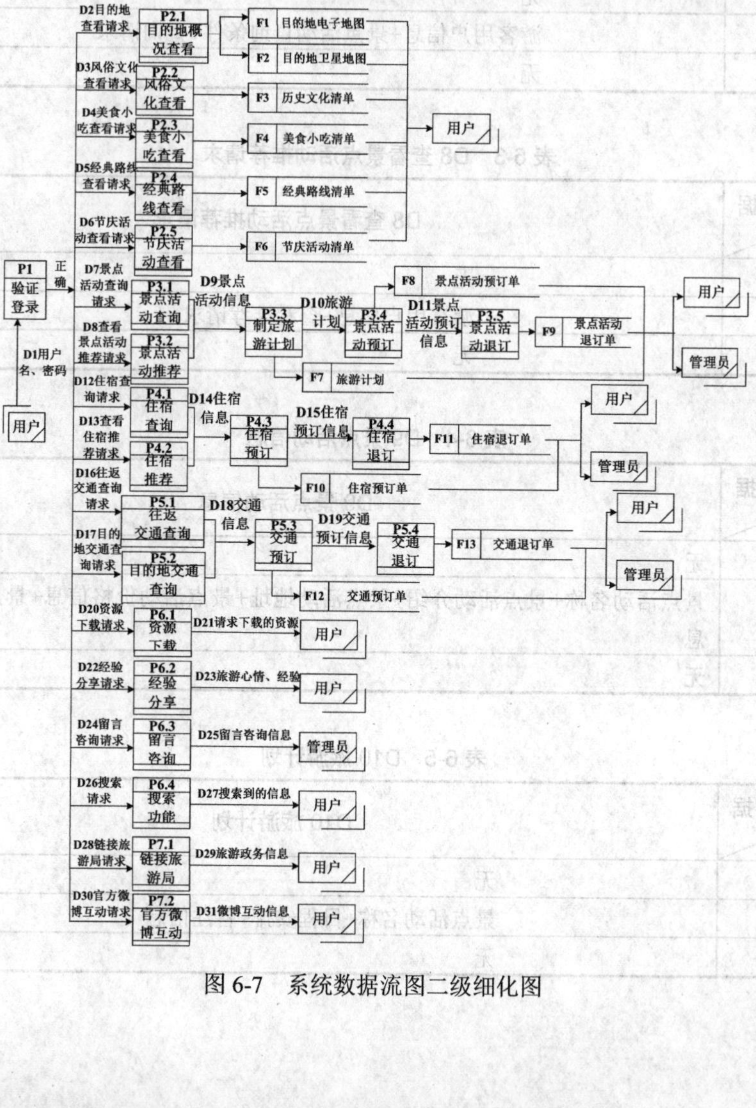

图 6-7　系统数据流图二级细化图

6.3.3 系统数据字典

由于篇幅所限，图 6-4 所示“旅游目的地营销系统”中各子系统不能逐一进行数据字典的详细分析，故选择其中典型的一个子系统，即“景点活动管理子系统”进行详细分析。

1. 数据流条目

“景点活动管理子系统”中数据流条目如表 6-2～表 6-6 所示。

表 6-2 D7 景点活动查询请求

数据 名称	D7 景点活动查询请求
别名	无
组成	游客用户信息+景点活动查询条件+查询请求
注释	无

表 6-3 D8 查看景点活动推荐请求

数据 名称	D8 查看景点活动推荐请求
别名	无
组成	游客用户信息+查看推荐请求
注释	无

表 6-4 D9 景点活动信息

数据 名称	D9 景点活动信息
别名	无
组成	景点活动名称+景点活动介绍+景点活动地址+景点活动价格信息+景点活动预订信息
注释	无

表 6-5 D10 旅游计划

数据 名称	D10 旅游计划
别名	无
组成	景点活动名称+日程安排+备注信息
注释	无

表 6-6　D11 景点活动预订信息

名称＼数据	D11 景点活动预订信息
别名	无
组成	游客用户信息+景点活动信息+预订信息
注释	无

2. 文件条目

“景点活动管理子系统”中包含的文件条目如表 6-7～表 6-9 所示。

表 6-7　旅游计划

名称＼文件	旅 游 计 划
编号	F7
组成	旅游计划编号+游客用户代码+景点活动名称+景点活动编号+日程安排+备注信息
结构	以旅游计划编号为关键字、索引存取
注释	无

表 6-8　景点活动预订单

名称＼文件	景点活动预订单
编号	F8
组成	景点活动预订单号+游客用户姓名+景点活动名称+景点活动价格+预订数量+付款状态+优惠金额+付款金额+联系方式
结构	以景点活动预订单号为关键字、索引存取
注释	无

表 6-9　景点活动退订单

名称＼文件	景点活动退订单
编号	F9
组成	景点活动退订单号+游客用户姓名+景点活动名称+付款状态+付款金额+扣取金额+联系方式
结构	以景点活动退订单号为关键字、索引存取
注释	无

3. 数据项条目

“景点活动管理子系统”中包含的数据项条目如表6-10～表6-12所示。

表6-10 “旅游计划”中数据项条目

数据项名	代码	类型	长度	小数位	注释
旅游计划编号	LVJHBH	字符型	17		
游客用户代码	YKYHDM	字符型	13		
景点活动名称	JDHDMC	字符型	20		
景点活动编号	JDHDBH	字符型	14		
日程安排	RCAP	字符型	200		
备注信息	BZXX	字符型	100		

表6-11 “景点活动预订单”中数据项条目

数据项名	代码	类型	长度	小数位	注释
景点活动预订单号	JDHDYDDH	字符型	16		
游客用户姓名	YKYHXM	字符型	8		
景点活动名称	JDHDMC	字符型	20		
景点活动价格	JDHDJG	数值型	4		
预订数量	YDSL	整数型	3		
付款状态	FKZT	字符型	8		
优惠金额	YHJE	数值型	8	1	
付款金额	FKJE	数值型	8	1	
联系方式	LXFS	字符型	11		

表6-12 “景点活动退订单”中数据项条目

数据项名	代码	类型	长度	小数位	注释
景点活动退订单号	JDHDTDDH	字符型	16		
游客用户姓名	YKYHXM	字符型	8		
景点活动名称	JDHDMC	字符型	20		
付款状态	FKZT	字符型	8		
付款金额	FKJE	数值型	8	1	
扣取金额	KQJE	数值型	8	1	
联系方式	LXFS	字符型	11		

6.3.4　加工说明

“景点活动管理子系统”各模块的加工说明如表 6-13～表 6-17 所示。

表 6-13　景点活动查询

加工 名称	景点活动查询
编号	P3.1
输入	景点活动查询请求
加工逻辑	输入旅游主题 如果 输入文化之旅　则显示目的地有名的博物馆、剧院、画廊、古建筑等项目及下属景点活动名称 　　输入冒险之旅　则显示目的地攀岩、漂流、越野等项目及下属景点活动名称 　　输入休闲之旅　则显示目的地沙滩、高尔夫、垂钓、特色酒吧等项目及下属景点活动名称 　　输入购物之旅　则显示目的地著名购物街名称 　　输入温馨之旅　则显示目的地公园、动物园、游乐园等项目及下属景点活动名称 如果 选择以详细视图查看　则显示各景点活动名称、图片、介绍、地址、联系方式、预订功能 　　选择以列表视图查看　则显示各景点活动名称 　　选择以地图视图查看　则显示谷歌地图中各景点、活动地点分布 输出选中的景点活动信息
输出	景点活动信息

表 6-14　景点活动推荐

加工 名称	景点活动推荐
编号	P3.2
输入	查看景点活动推荐请求
加工逻辑	如果 推荐景点活动 A 　　如果 推荐列表中没有景点活动 A 　　　　则新建景点活动 A 并推荐一次 　　否则 推荐景点活动 A 一次 否则 　　如果 推荐列表中有满意的景点活动 　　　　则输出该景点活动信息
输出	景点活动信息

表 6-15　制定旅游计划

加工 名称	制定旅游计划
编号	P3.3
输入	景点活动信息
加工逻辑	输入游客用户出发点 系统自动匹配出相对符合游客要求的计划 如果 游客用户对此旅游计划满意 　　则输出该旅游计划 否则 显示各景点活动及空日程表 　　输出“请自定义旅游计划” 输出旅游计划
输出	旅游计划

表 6-16　景点活动预订

加工 名称	景点活动预订
编号	P3.4
输入	旅游计划
加工逻辑	如果 游客不是会员 　　则输入手机号快速预订 否则 输入用户名、密码登录预订 对于会员 　　如果 预订金额≥5 000 且已付款 　　　　则返还预订金额的 10%到游客用户付款账户 　　否则 　　　　如果 3 000≤预订金额<5 000 且已付款 　　　　　　则返还预订金额的 8%到游客用户付款账户 　　　　否则 　　　　　　如果 1000≤预订金额<3 000 且已付款 　　　　　　　　则返还预订金额的 6%到游客付款账户 　　　　　　否则 返还预订金额的 4%到游客付款账户
输出	景点活动预订信息

表 6-17　景点活动退订

加工 名称	景点活动退订
编号	P3.5
输入	景点活动预订信息

续表

加工 名称	景点活动退订
加工逻辑	如果 该景点活动有具体观赏体验时间 　如果 退订时间在具体观赏体验时间七日之前 　　不扣取退订费用 　否则 　　如果 退订时间在具体观赏体验时间一日之前 　　　则收取 4%的退订费用 　　否则 不能退订 否则 不能退订
输出	景点活动退订信息

6.4　旅游目的地营销系统的设计

6.4.1　代码设计

“信息管理”模块和“营销交易管理”模块代码设计如表 6-18～表 6-21 所示。

表 6-18　景点活动编号代码

代码对象名	景点活动编号代码				
代码类型	层次码	位数	14	校验位	1
代码数量	10 万	使用期限		使用范围	系统内

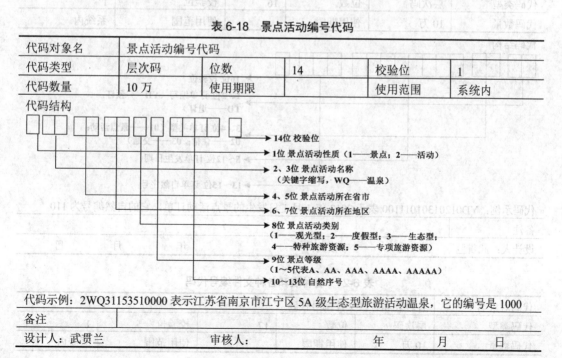

代码结构

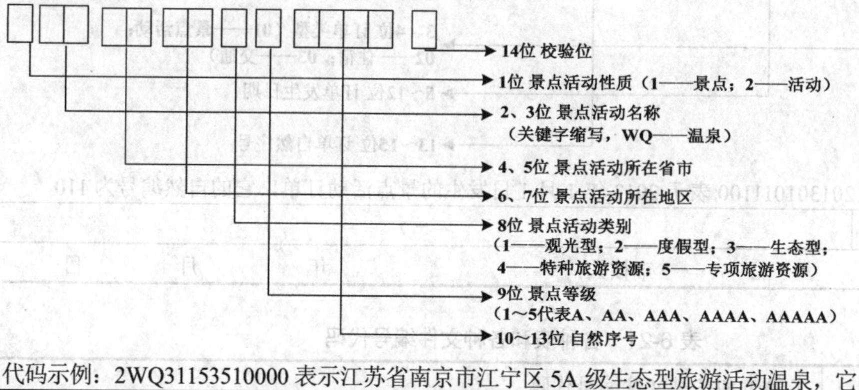

代码示例：2WQ31153510000 表示江苏省南京市江宁区 5A 级生态型旅游活动温泉，它的编号是 1000

备注	
设计人：武贯兰	审核人：　　　　　　　　年　　　月　　　日

表 6-19　游客用户编号代码

代码对象名	游客用户编号代码				
代码类型	层次码	位数	15	校验位	1
代码数量	10 万	使用期限		使用范围	系统内

代码结构

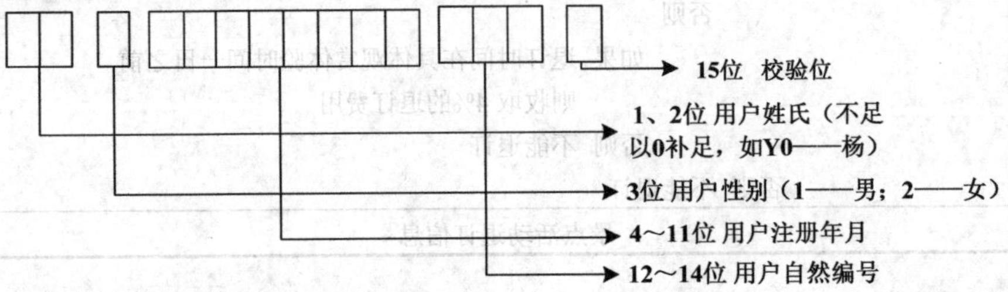

代码示例：Y02201201011100 表示 2012 年 1 月 1 日注册成为用户的杨氏女用户，她的自然编号为 110

备注	

设计人：武贯兰　　　　审核人：　　　　年　　月　　日

表 6-20　订单编号代码

代码对象名	订单编号代码				
代码类型	层次码	位数	16	校验位	1
代码数量	10 万	使用期限		使用范围	系统内

代码结构

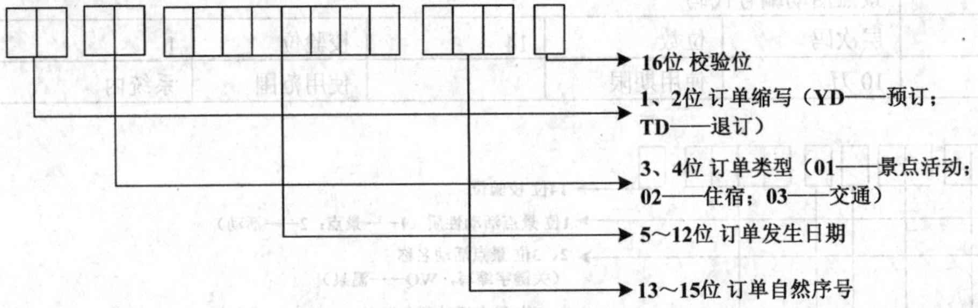

代码示例：YD01201301011100 表示 2013 年 1 月 1 日发生的景点活动订单，它的自然编号为 110

备注	

设计人：武贯兰　　　　审核人：　　　　年　　月　　日

表 6-21　各种表和各种文件编号代码

代码对象名	各种表和各种文件编号代码				
代码类型	层次码	位数	17	校验位	1
代码数量	10 万	使用期限		使用范围	系统内

续表

代码结构	
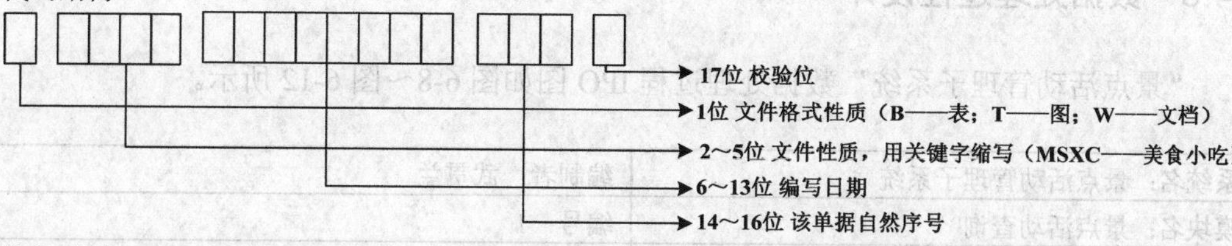	
代码示例：WMSXC201301010010 表示该文档是美食小吃清单介绍，编写时间是 2013 年 1 月 1 日，自然序号为 001	
备注	
设计人：武贯兰　　　　审核人：　　　　年　　月　　日	

6.4.2 数据库设计

“景点活动管理子系统”包含的表如表 6-22～表 6-24 所示。

表 6-22　旅游计划

旅游计划编号	游客用户代码	景点活动名称	景点活动编号	日 程 安 排	备 注 信 息
BLYJH201301010010	Y02201201011000	故宫、颐和园、后海	1GG01061500060	第一天上午 8:00 出发去故宫，12:00 点用餐，下午 13:30 出发去颐和园，18:00 到后海，21:00 回酒店	无
BLYJH201303012000	OY1201301013000	汤山颐尚温泉	2WQ31153510000	第一天下午 16:00 到达，18:00 返回	带冰茶进去以防口渴；带面膜敷脸

表 6-23　景点活动预订单

景点活动预订单号	游客用户姓名	景点活动名称	景点活动价格/元	预订数量	付款状态	优惠金额/元	付款金额/元	联 系 方 式
YD01201301011000	张三	故宫	60	4	已付款	9.6	230.4	12345678901
YD01201303012000	李四	颐尚温泉	200	4	已付款	32	768	10987654321

表 6-24　景点活动退订单

景点活动退订单号	游客用户姓名	景点活动名称	付款状态	付款金额/元	扣取金额/元	联 系 方 式
TD01201301022000	张三	故宫	已付款	230.4	0	12345678901
TD01201303114000	李四	颐尚温泉	已付款	768	30.7	10987654321

6.4.3 数据处理过程设计

“景点活动管理子系统”数据处理过程 IPO 图如图 6-8～图 6-12 所示。

系统名：景点活动管理子系统	编制者：武贯兰
模块名：景点活动查询	编号：1
由哪些模块调用：制定旅游计划	调用哪些模块：无
输入：景点活动查询请求	输出：景点活动信息

算法说明：（问题分析图）

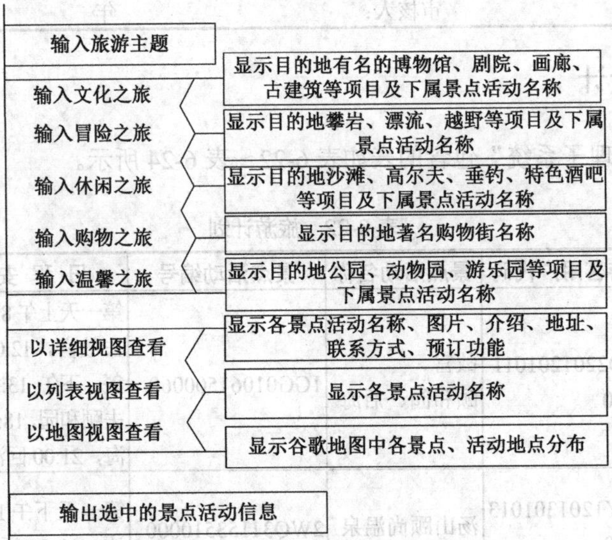

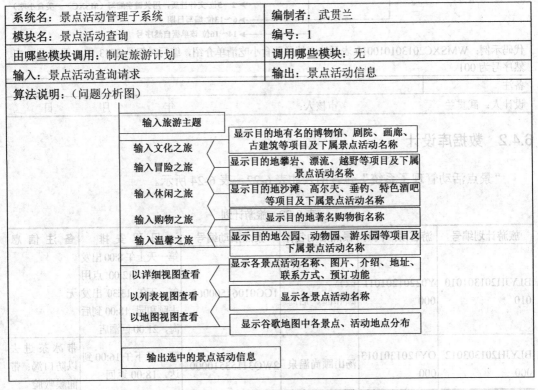

图 6-8 “景点活动查询”IPO 图

系统名：景点活动管理子系统	编制者：武贯兰
模块名：景点活动推荐	编号：2
由哪些模块调用：制定旅游计划	调用哪些模块：无
输入：查看景点活动推荐请求	输出：景点活动信息

算法说明：（问题分析图）

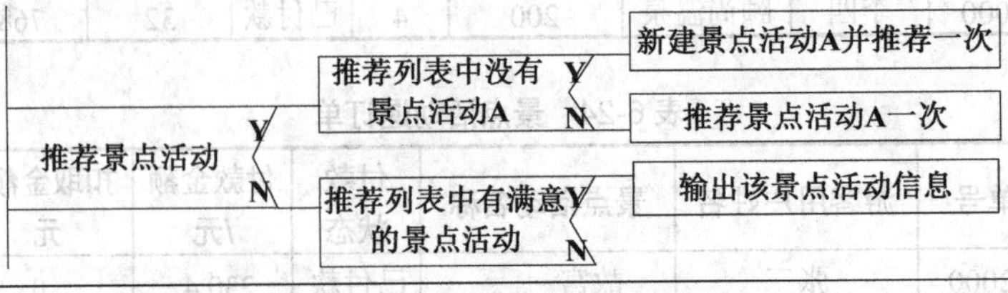

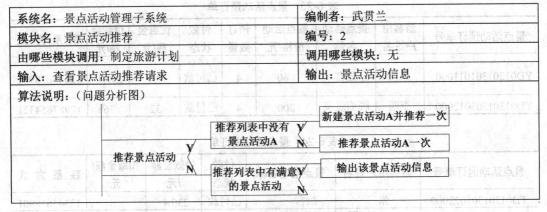

图 6-9 “景点活动推荐”IPO 图

系统名：景点活动管理子系统	编制者：武贯兰
模块名：制定旅游计划	编号：3
由哪些模块调用：景点活动预订	调用哪些模块：景点活动查询、景点活动推荐
输入：景点活动信息	输出：旅游计划
算法说明：（问题分析图）	

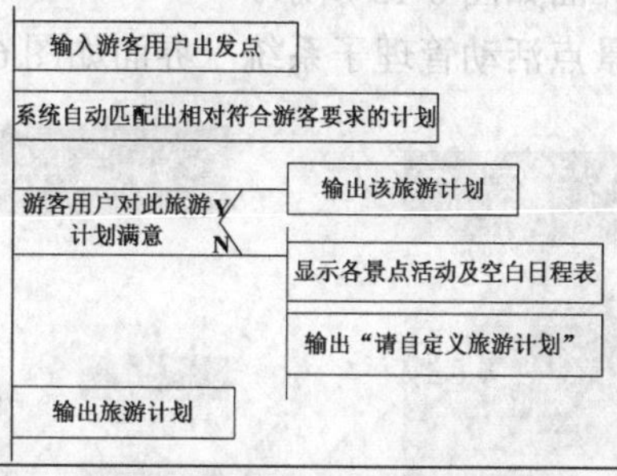

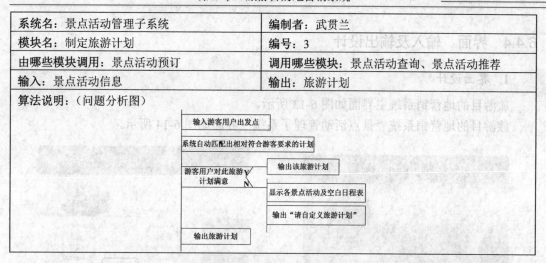

图 6-10　“制定旅游计划”IPO 图

系统名：景点活动管理子系统	编制者：武贯兰
模块名：景点活动预订	编号：4
由哪些模块调用：景点活动退订	调用哪些模块：制定旅游计划
输入：旅游计划	输出：景点活动预订信息
算法说明：（问题分析图）	

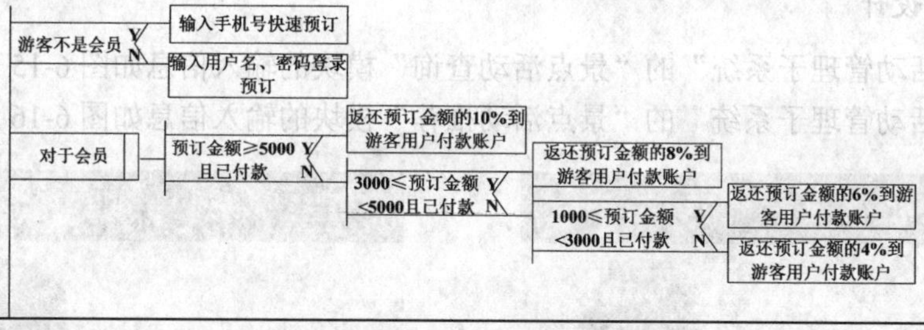

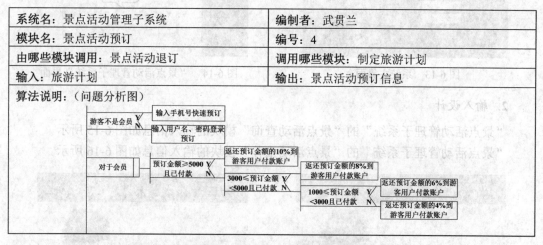

图 6-11　“景点活动预订”IPO 图

系统名：景点活动管理子系统	编制者：武贯兰
模块名：景点活动退订	编号：5
由哪些模块调用：无	调用哪些模块：景点活动预订
输入：景点活动预订信息	输出：景点活动退订单
算法说明：（问题分析图）	

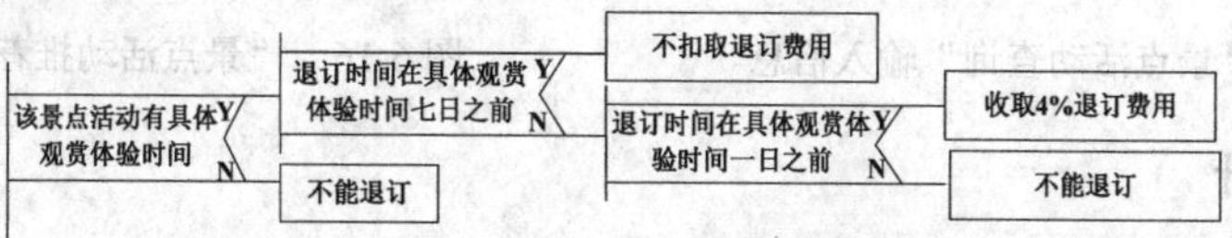

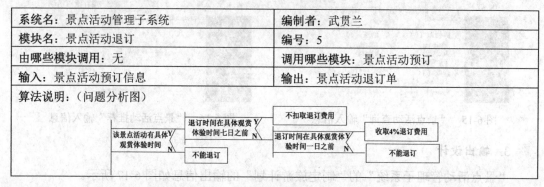

图 6-12　“景点活动退订”IPO 图

6.4.4 界面、输入及输出设计

1. 界面设计

旅游目的地营销系统主界面如图 6-13 所示。

旅游目的地营销系统“景点活动管理子系统”界面如图 6-14 所示。

图 6-13　系统主界面

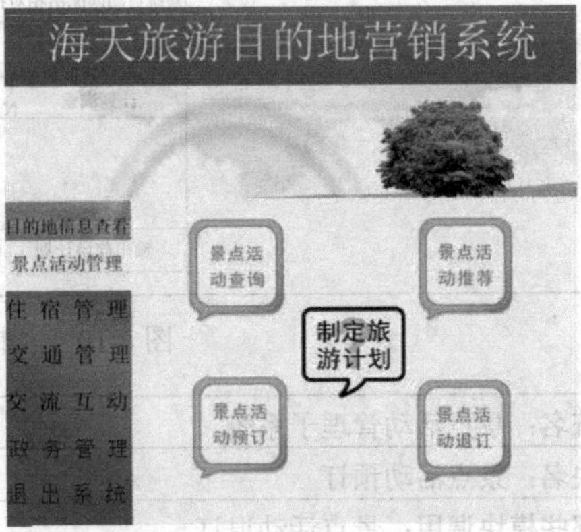

图 6-14　“景点活动管理子系统”界面

2. 输入设计

“景点活动管理子系统”的“景点活动查询”模块的输入信息如图 6-15 所示。

“景点活动管理子系统”的“景点活动推荐”模块的输入信息如图 6-16 所示。

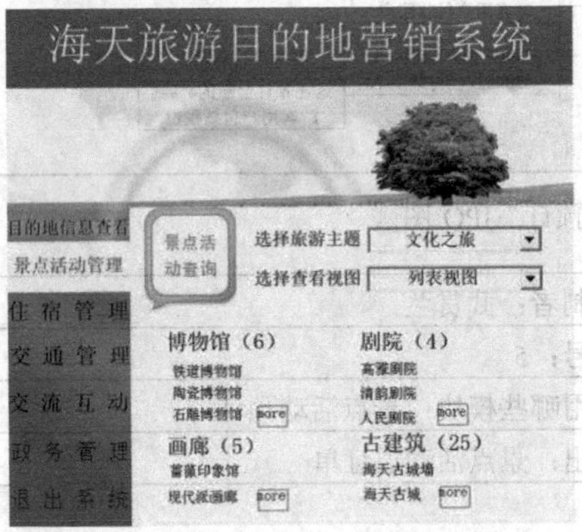

图 6-15　“景点活动查询”输入信息

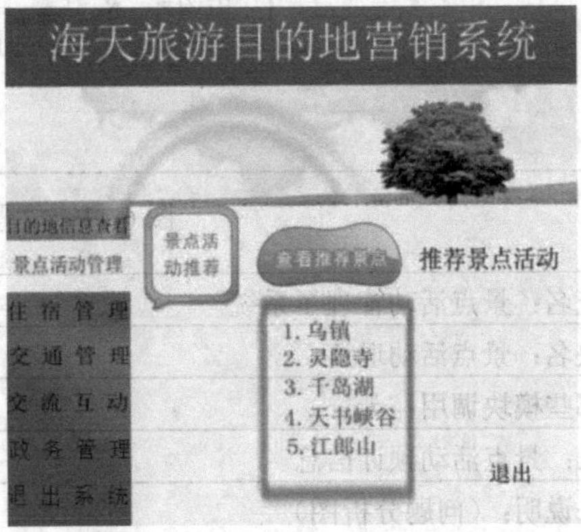

图 6-16　“景点活动推荐”输入信息

3. 输出设计

“景点活动管理子系统”的“制定旅游计划”的输出信息如图 6-17 所示。

“景点活动管理子系统”的“景点活动预订”的输出信息如图 6-18 所示。

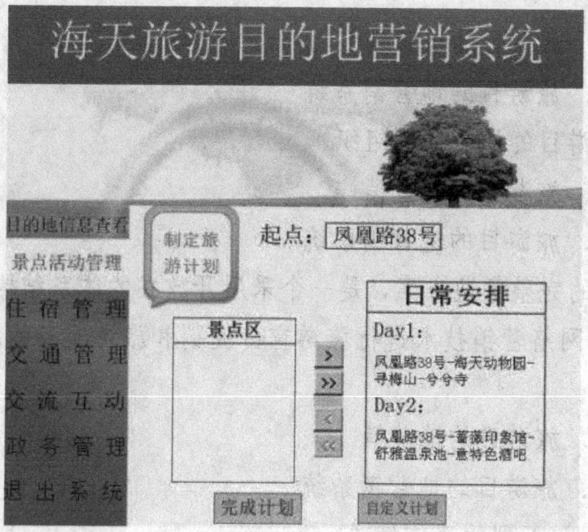

图 6-17　“制定旅游计划”输出界面

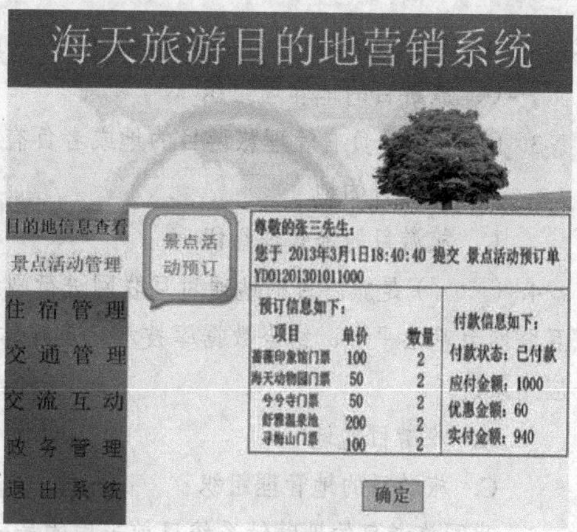

图 6-18　“景点活动预订”输出界面

本章小结

- 旅游目的地是拥有特定性质的旅游资源，具备了一定旅游吸引力，能够吸引一定规模数量的旅游者进行旅游活动的特定区域。
- 旅游目的地是一种集旅游资源、旅游活动项目、旅游地面设施、旅游交通和市场需求为一身的空间复合体。
- 旅游目的地营销系统是旅游目的地通过互联网进行网络营销的完整解决方案，是一个采用开放式的体系结构，以互联网为基础平台，结合数据库技术、多媒体技术和网络营销技术进行旅游宣传促销和旅游服务的综合应用系统。
- 旅游目的地营销系统的分析是通过使用概况表、数据流图、数据字典、加工说明对旅游交通信息系统进行详细分析的。
- 旅游目的地营销系统的设计是对该系统进行详细设计，包括代码设计、数据库设计、数据处理过程设计、界面设计、输出设计及输入设计。

综合练习

一、单项选择题

1.（　　）是拥有特定性质的旅游资源，具备了一定旅游吸引力，能够吸引一定规模数量的旅游者进行旅游活动的特定区域。

A. 旅游目的地　　　　　　　　B. 旅游目的地营销

C. 旅游目的地管理组织　　　　D. 旅游目的地营销系统

2.（　　）是旅游营销的发展和深化，是对旅游资源和产品的整合、策划、包装、推广等一系列活动的总称。

A. 旅游目的地　　B. 旅游目的地营销

C. 旅游目的地管理组织　　D. 旅游目的地营销系统

3.（　　）是负有管理旅游目的地或者负有营销旅游目的地责任的组织。

A. 旅游目的地　　B. 旅游目的地营销

C. 旅游目的地管理组织　　D. 旅游目的地营销系统

4.（　　）是旅游目的地通过互联网进行网络营销的完整解决方案，是一个采用开放式的体系结构，以互联网为基础平台，结合数据库技术、多媒体技术和网络营销技术进行旅游宣传促销和旅游服务的综合应用系统。

A. 旅游目的地　　B. 旅游目的地营销

C. 旅游目的地管理组织　　D. 旅游目的地营销系统

5. 我国旅游目的地营销系统目前采用的是一种（　　）型的运作模式。

A. 政府主导　　B. 企业主导　　C. 用户主导　　D. 客户主导

6. 金旅工程将旅游目的地营销系统定义为（　　）。

A. 旅游目的地营销系统为游客信息系统，认为旅游目的地营销系统的基本主题和常用占主导地位的功能是发布某一特定旅游地区所有旅游活动相关的组织和吸引物的信息和处理预订业务，用于旅游信息管理、公共信息服务、行业交流和旅游网络营销等领域的若干基于核心数据库的应用系统

B. 向旅游者提供某一特定地区最完整、最现时的旅游目的地的信息

C. 用来收集、整理、储存和发布信息，用来处理预订业务和执行其他的商业功能。旅游目的地组织的信息技术基础设施用来收集、整理、储存和发布信息，用来处理预订业务和执行其他商业活动

D. 目的地城市旅游信息化建设完整解决方案，它通过一系列的信息技术产品和相应的支持服务来实现城市旅游信息化

7. 我国自（　　）年开始推广旅游目的地营销系统，它是国家“金旅工程”的主体内容之一。

A. 2001　　B. 2002　　C. 2003　　D. 2004

8. 目前我国旅游目的地营销系统的信息采集主要是（　　）。

A. 由地方旅游局负责收集、整理，然后逐级报送上一层旅游目的地营销系统

B. 由国家统一进行收集、整理

C. 由地方旅游局负责收集、整理，直接报送国家级的旅游目的地营销系统

D. 由区域性的旅游局进行收集、整理

9. 一个特定的地区要成为旅游目的地，必须具备的条件不包括（　　）。

A. 要拥有一定数量的旅游资源，同时这种旅游资源可以满足旅游者某些旅游活动的需要

B. 要拥有各种与旅游资源性质相适应的地面旅游设施和交通条件

C. 要有内容丰富的旅游网站

D. 该地区具有一定的旅游需求流量

10. 关于旅游目的地营销系统的说法，不正确的是（　　）。

A. 可以利用电子商务以实现保持与改善旅游业在数字经济中的竞争力的地位，改进营销沟通以实现更好、更有效地促销旅游目的地

B. 通过其空间分析功能实现对旅游资源的科学评价

C. 可以利用知识管理工具改善、促进旅游的目的地与旅游企业之间的通信、合作与交流

D. 将旅游目的地的市场促销扩展到全国乃至全球范围内，增强、改进旅游目的地的品牌塑造

二、多项选择题

1. 根据 WTO 的定义，旅游目的地管理组织可分为（　　）三种类别。

A. 世界级　　B. 国家级　　C. 区域级　　D. 地方级

2. 旅游目的地管理组织的主要活动包括（　　）。

A. 促销　　B. 营销

C. 信息收集活动、预订服务　　D. 旅行社的建立

3. 旅游目的地营销系统所包含的基本功能有（　　）。

A. 信息管理　　B. 发布　　C. 预订　　D. 组团

4. 旅游目的地营销系统建设的现实需求有（　　）。

A. 对于旅游者而言，希望旅游目的地营销系统可以提供旅游目的地行业门户网站，网络广告商、电子零售商、旅游目的地内容提供商、目的地市场创建者、社区服务商的管理信息系统

B. 对于旅游企业而言，希望旅游目的地营销系统可以提供市场/交易所、应用服务提供商、旅游目的地营销电子信息库的管理信息系统

C. 对于旅游企业而言，希望旅游目的地营销系统可以提供信息发布平台，信息管理、共享与信息交换平台与通信工具，内部管理平台与工具，专业培训平台，营销信息库的管理信息系统

D. 对于旅游目的地政府部门而言，希望旅游目的地营销系统可以提供信息发布平台，信息管理、共享与信息交换平台与通信工具，内部管理平台与工具，专业培训平台，营销信息库的管理信息系统

5. 政府主导型的运作模式存在着许多的问题，有（　　）。

A. 这种政府主导的模式存在着一些潜在障碍

B. 这种运营模式下的旅游目的地营销系统在信息提供的速度和内容上存在着问题

C. 现行模式下旅游目的地营销系统的开发和建设完全依靠政府投入，资金筹集渠道单一，难以满足系统运行对资金的大量需求

D. 政府的大量投入会增加财政负担，不会引发其他问题

6. 旅游目的地营销系统的发展趋势有（　　）。

A. 将让行业更多地参与到旅游目的地营销系统的运营

B. 新的系统运作形式将不断涌现

C. 开发投资主体将趋于多元化

D. 推动目的地网络营销

7. 旅游目的地营销系统主要服务于（　　）。

A. 旅游资源管理者　　B. 当地旅游企业　　C. 旅游消费者　　D. 酒店

8. 旅游目的地营销系统是一个开放性平台，一个完整的营销系统应该具备的三大基本业务是(　　)。

A. 营销　　B. 管理　　C. 交流　　D. 组织

9. 旅游目的地营销系统应该具备（　　）功能。

A. 景点信息介绍与管理　　B. 旅游信息交流

C. 旅游广告宣传　　　　　　　　　　D. 业务预订

10. 旅游目的地营销系统建设的意义有（　）。

A. 促使传统的营销模式向采用现代化信息经济手段竞争的模式过渡

B. 促使由产品营销逐步向品牌营销过渡

C. 促使分散营销逐步向区域整合和深度联合方式过渡

D. 促使国内营销为主向国际营销为主过渡

三、判断题

1. 旅游目的地的支撑作用主要体现在旅游目的地营销对旅游发展的刺激作用。(　)

2. 旅游目的地可理解为一个特定的旅游区域可利用的旅游产品和服务的综合体。(　)

3. 旅游目的地营销是指由某地旅游组织将本地作为旅游目的地而负责的营销活动。其活动的开展只有对目的地的直接促销。(　　)

4. 旅游目的地管理组织是管理旅游目的组织、实施旅游目的地管理活动的主体。(　)

5. 我国自 2002 年开始推广旅游目的地营销系统，它是国家“金旅工程”的主体内容之一，也是我国旅游信息化建设的重要组成部分。(　　)

6. 从总体上看，我国旅游目的地营销系统目前采用的是一种政府主导型的运作模式。(　　)

7. 与传统的旅游目的地营销模式对比，应用信息技术开发适合当地旅游目的地营销特点的旅游目的地营销系统显然可以带来更加良好的运营效益。(　　)

8. 旅游目的地管理组织具有两种功能；对外功能是旅游目的促销、营销；对内功能是旅游目的地开发。(　　)

9. 旅游目的地是一种集旅游资源、旅游活动项目、旅游地面设施、旅游交通和市场需求为一身的空间复合体。(　　)

10. 旅游目的地营销系统要通过对旅游产品及旅游服务价值链的整合，形成链条内的动态合作网络。(　　)

四、简答题

1. 什么是旅游目的地营销系统？其主要用途有哪些？

2. 旅游目的地管理组织与旅游目的地营销组织有怎样的关系？

3. 建立旅游目的地营销系统的作用和意义是什么？

4. 旅游目的地营销系统的建设有哪些现实需求？

5. 旅游目的地营销系统的发展趋势包括哪些方面？

五、论述题

1. 论述旅游目的地营销系统在国内外的应用现状，分析在国内外发展的特点。

2. 论述我国旅游目的地营销系统运作模式的不足之处，分析该从哪些方面改进。

六、案例分析题

新亚洲—新加坡（http://www.newasia-singapore.com/）不仅是一个网站，还是一个复杂的多媒体旅游向导。不仅提供各类相关信息，还为新加坡进行旅游目的地的形象定位，协助旅游机构开展促销活动。图 6-19 是新亚洲—新加坡网站首页截图。

图 6-19　新亚洲—新加坡网站截图

1. 该网站提供了哪些功能？
2. 该网站作为旅游目的地营销网站，分别为旅游者、旅游企业和旅游目的地提供了哪些帮助？
3. 该网站有何优点？

第 7 章　旅游汽车公司管理信息系统

学习目标

- 了解旅游汽车公司管理信息系统的功能
- 理解建立旅游汽车公司管理信息系统的意义
- 培养分析旅游汽车公司管理信息系统的能力
- 建立旅游汽车公司管理信息系统的分析模型
- 掌握旅游汽车公司管理信息系统的设计过程

导言

近年来，旅游业发展迅猛，年出行流量节节攀升，对旅游汽车的需求和要求也越来越高。对于旅游汽车公司来说，这既是机遇又是挑战。为了抓住机遇，旅游汽车公司必须建立健全规范、高效、有序的旅游汽车公司管理信息系统，充分发挥信息引导作用，给旅客提供方便、及时、经济的服务，从而提升其竞争力，在激烈的市场竞争中赢得一席之地。本章介绍了旅游汽车公司管理信息系统的建设意义及作用，通过对几个典型系统和网站的分析，明确旅游汽车公司管理信息系统的功能特点，接下来详细介绍系统分析与设计的过程。

7.1　概　　述

由于旅游汽车公司的生产经营是在广泛的社会空间进行的，旅游客运市场、车况、路况及司乘人员的变化都会影响到车辆的运行情况，影响到管理决策和经营决策的确定。因此，建立一个反应敏锐、处理及时的旅游汽车公司管理信息系统是非常有必要的。旅游汽车公司管理信息系统建设就是借助信息化的技术，实现对旅游汽车公司现代化的管理，以便企业能在现代化的高速生产服务节奏中脱颖而出。

7.1.1　旅游汽车公司管理信息系统的基本概念

1. 旅游汽车公司

旅游汽车公司是指从事旅游汽车客运活动的实行自主经营、自负盈亏、独立核算的运输劳务企业。

2. 旅游汽车公司管理信息系统

旅游汽车公司管理信息系统是为旅游汽车公司设计的管理信息系统，该系统不仅能为公司提供数据处理功能，同时还能为公司的管理者和决策者提供预测、计划、控制和辅助决策的功能。

旅游汽车公司管理信息系统的建设应符合以下要求。

（1）旅游汽车公司管理信息系统的建设必须遵照统一规划、统一标准、合理布局、互联互通、资源共享的原则。

（2）旅游汽车公司管理信息系统设计应满足旅游业生产、管理的需要，并综合考虑各业务部门系统的功能和信息共享要求。

（3）旅游汽车公司管理信息系统要符合旅游汽车公司的工作特点，能对汽车公司大量的各类信息进行采集、分类，并按相应标准对有关数据进行科学计算、统计及分析，及时、准确、客观地反映客运市场对运输的要求，随时提供运输工具的动态信息和企业内部资源的动态信息，并能及时将这些内容反映给有关部门。

（4）旅游汽车公司管理信息系统设计分为近期和远期，对基础设施，宜按远期考虑，留有发展余地，其他一般设施可按近期考虑。

7.1.2　旅游汽车公司管理信息系统建设的现实需求

在国内，旅游汽车公司原有的管理方式已不适应形势的新发展。为实现从静态到动态管理的转变，树立企业形象，必须全面实行信息化管理，对车辆运行实行动态监控，实现旅游汽车公司管理档次、水平上的提高。旅游汽车公司管理信息系统的建设是旅游汽车行业适应市场形势、谋求发展的必由之路。

旅游汽车公司管理信息系统的设计和开发，不仅能为公司提供数据处理功能，同时还能为公司的管理者和决策者提供预测、计划、控制和辅助决策的功能。

旅游汽车公司管理信息系统可以及时准确地反映旅游客运的市场需求，公司实时营运情况的各种形式的数据信息，以支持决策；能运用数学模型和过去的信息对未来进行预测；针对不同的管理层提出不同的要求报告，达到控制公司管理工作活动的要求；及时准确反映旅游客运的市场需求，能辅助管理人员进行监督和控制，以便有效地利用人力资源和财力资源；根据旅游客运市场的需要，不断发展旅游汽车客运，不断提高服务质量和运输效率，以满足旅游者日益增长的乘车需要；同时，在讲求经济效益、力图降低运输成本的基础上，为社会创造更多的财富，提供更多的资金积累，以满足扩大再生产和提高人民生活水平的需要。

7.1.3　旅游汽车公司管理信息系统建设的意义

数字化技术的迅猛发展和广泛运用给旅游业带来了新的机遇，使旅游业的深度、广度和高度都有长足的发展。旅游业的可持续发展必然要建立在对旅游及其相关信息的大量拥有，并根据所拥有的信息作必要的调整。因此，建立健全规范、高效、有序的旅游汽车公司管理信息系统，充分发挥信息引导作用，这对实现旅游业的可持续发展有着特殊的意义。

（1）旅游汽车公司管理信息系统的建设是实现旅游汽车公司经营管理现代化的重要途径。随着地理信息系统、遥感技术、全球定位系统、网络技术及虚拟现实技术的发展，旅游管理手段、思维和方式都发生了革命性的变化。旅游汽车公司管理信息系统的建设不仅可以提高劳动效率、节省人力，而且可以使管理工作迅速、准确，是旅游业管理高技术化、最优化的实现途径，并尽可能满足旅游业迅猛发展的需要。

（2）旅游汽车公司管理信息系统的建设可以完善现代旅游汽车市场经济个性。旅游汽车公司管理信息系统能为旅游汽车公司市场体制的完善创造良好的信息流通环境，使信息导向下的旅游市场的发展有通畅的旅游信息网络和优质的旅游信息服务的支持，满足科学决策的要求和游客的信息消费需求。同时，可以协调各种管理职能，从而增强旅游汽车市场的基础性调节和宏观调控的灵活性与有效性。

（3）旅游汽车公司管理信息系统的建设可以拓展现代旅游业的国际化功能。随着国际经济一体化的发展，国际、国内旅游业市场日趋统一，无国界的经济发展带来旅游活动的国际化，这使得世界各国的旅游业越来越相互依赖、紧密联系。旅游汽车公司管理信息系统的建设使旅游产品和旅游服务越来越趋于标准化，呈现一体化的无国界旅游状态。

7.1.4 旅游汽车公司管理信息系统的应用

1. 旅游汽车公司管理信息系统的国外发展现状

西方国家最先将管理信息系统应用到旅游汽车公司中，帮助公司进行业务管理、经营决策。随着信息技术和旅游业的不断发展，西方旅游汽车公司管理信息系统的建设和应用更加广泛和深入，更好地满足了旅游业的迅猛发展。目前借助于管理信息系统，旅游汽车公司不仅可以实现营运情况动态跟踪、需求预测、管理决策，还可以实现不同层次管理者、不同层次旅游汽车公司的管理要求。从而可以满足旅游业急剧增加的乘车要求和追求高效优质服务的要求，实现全面信息化管理。

为了给旅客提供方便、及时、经济的服务，在管理信息系统应用的基础上，西方国家部分旅游汽车公司管理信息系统之间已经互联，实现了旅游汽车业信息资源的共享。除此之外，旅游汽车公司管理信息系统也实现了与上下游的旅游相关企业之间互联，如与旅行社管理信息系统、酒店管理信息系统、旅游交通信息系统、车辆维修公司管理信息系统等进行实时的链接，实现了信息共享、实时调度、实时联系，不仅提高了各旅游相关企业的业务效率，降低了营运成本，还扩大了公司的业务范围，提高了公司的形象和旅客的满意度，使公司在激烈的旅游市场上更具有竞争力。信息系统互联使得旅游汽车公司实现了车辆的高效管理、科学调度、实时监控，还可以帮助公司实现最优路线的选择。且国外旅游汽车公司在对散客服务方面比较完善，设计也更加人性化和合理化。

2. 旅游汽车公司管理信息系统的国内发展现状

1）国内旅游汽车公司管理信息系统的发展

我国旅游汽车公司管理信息系统建设起步较晚，虽然经过这些年的开发建设已经越来越完善，但国内的旅游汽车公司管理信息系统基本都只是关注团队游客，其服务也是围绕团队游客展开，因此系统也是围绕这个中心进行设计的。但是随着我国旅游的发展，越来越多自驾游游客出现，散客对于汽车服务的需求也越来越多，汽车公司应对散客的需求予以重视，并在系统的维护和改进中加入对于散客服务的功能模块，将系统进行完善。

同时，随着网络技术的发展、企业管理水平的不断提高，旅游汽车公司管理信息系统存在着较大的市场空间，应用前景广阔。旅游汽车公司急需既具备车辆管理知识又懂软件开发的人才以及针对企业管理现状开发的旅游汽车公司管理信息系统。与此同时，针对旅游汽车公司管理信息系统开发的软件公司也在不断发展，他们可以通过与汽车公司进行深入沟通，为他们量身定做管理信息系统。

一般旅游汽车公司利用管理信息系统需要实现以下操作与管理。

（1）对于客户的管理。即对旅行社、会员、长期合作单位的管理，可以实时查询客户在公司的业务记录。

（2）自身业务登记。车辆的预约、车辆的派遣以及目前在团的车辆流量。

（3）自身车辆的信息管理。即车辆登记、保险信息。

（4）车辆的维修记录或者配件的使用。这些可以为车辆调度提供信息。

（5）外派车辆的财务数据。例如，旅行社使用车辆是签单还是先付，签单就需要对账，包括应收款是否收回以及车辆的成本统计。

除了上述传统的应用外，随着科学技术的发展，需将一些新的系统接入旅游汽车公司管理信息系统，为客户提供更优质的服务。

（1）车用电话系统的接入。在车里安装移动电话，加快车辆运行信息的传递，提高了车辆调度命令的准确性、及时性。

（2）自动车辆监控系统的接入。主要应用于具有固定行驶路线的旅游汽车公司管理信息系统。

（3）全球定位系统的接入。主要用于无线接收和数字显示旅游路线及车辆行驶状况，能够将接收的无线电定位信号以准确的经度和纬度数据显示在屏幕上，使旅游汽车公司管理信息的监控功能很好地发挥。

（4）电子地图系统的接入。将旅游车辆可能运行的区域内的所有道路详细状况预先存储起来，当司机需要时，可以将所见到的路标或地形信息输入计算机，由计算机对电子地图进行检索，指示旅游汽车当前所处的位置。

（5）智能车牌识别系统的接入。汽车车牌是汽车“身份证”，是在公众场合能够唯一确定汽车身份的凭证。采用智能车牌识别系统可以极大地提高汽车的安全管理水平及管理效率。

（6）车辆服务系统的接入。可以提供专业的汽车状态图及到期提醒功能，包括年检到期提醒、保险到期提醒、保养到期提醒、规费到期提醒、驾照到期提醒等，极大地减少了对汽车的管理时间和费用，提高了车辆管理效率。

2）国内旅游汽车公司管理信息系统建设的不足

（1）与客户的交互性不足。很多的旅游汽车公司管理信息系统没有留言板子系统，使得客户对公司的了解只能单方面关注公司发布的信息，而不能通过互动来了解自己想要得到的信息。应该增加在线咨询服务，使得沟通更为便利和有效。

（2）没有搜索引擎。大多数旅游汽车公司管理信息系统内容繁多，但是却没有建设搜索引擎，不利于用户方便快速查找自己需要的信息，有可能造成客户的流失。

（3）系统功能模块划分不清晰。一些旅游汽车公司管理信息系统的功能模块与公司的业务不符，不利于从根本上提高旅游汽车公司管理水平。

（4）各子系统间信息交互不及时。由于不同部门不同子系统之间没有实现信息交流，会造成信息交互不及时。例如，在物资采购时，由于不清楚零配件的要求，无法确定合理的零件采购量和安全库存量，部分零件在急需时很难迅速取得，不利于提高旅游汽车公司车辆运行的效率。

（5）很多公司基本上只针对团队游客，对散客的服务功能模块涉及较少。由于人们物质生活水平不断提高，自驾游出行的要求也越来越迫切，提高对散客服务的关注和管理，会有很大的潜力。

（6）缺少车辆耗材管理方面的功能模块。车辆是损耗比较快的资产，也是公司最主要的资产和竞争力，加强对车辆耗材的管理是非常必要的，也是公司实现规范化管理的重要方面。

（7）缺少退订或续订的功能模块。由于人们的生活决策会受很多方面的影响，但如果没有方便的退订或续订的举措，会大大降低人们租用车辆的热情，如果能改善这个方面，会促使业务量增加。

7.1.5 旅游汽车公司管理信息系统的发展趋势

1. 智能化的旅游汽车公司管理信息系统

人工智能领域的专家系统是建立在知识库和推理机基础上的计算机智能程序系统，它根据用户提出的问题给出完整的解答，它的主要特点是智能化，通过辅助和引导来为用户服务，用户对内部复杂的推理不必了解，只要给出完整的条件，系统自动进行分析，同时一步一步地引导用户将问题深入。将专家系统应用到旅游汽车公司管理信息系统中，通过构建知识库、数据库、方法库、模型库等，建立旅游汽车公司管理专家咨询系统及旅游汽车公司管理专家预警系统。这样，不仅可以为系统用户提供方便、快捷、准确的服务，为公司提供各种有用的分析数据，还可以为管理者决策提供依据和辅助，促进管理工作的科学化和现代化，相应地提高旅游汽车公司的管理水平。

2. 综合化的旅游汽车公司管理信息系统

旅游汽车公司管理信息系统的服务对象主要包括三类：旅游管理部门、旅游汽车公司和公共用户。建立同时为三类用户提供服务的综合性“三位一体”旅游汽车公司管理信息系统，将成为未来旅游汽车公司管理信息系统的发展方向。

3. 电子商务化的旅游汽车公司管理信息系统

电子商务化的旅游汽车公司管理信息系统，以网络为主体，以旅游汽车公司信息库、电子银行为基础，利用先进的电子手段运作旅游汽车公司业务，最大限度地整合旅游资源，为游客提供多种网上消费服务。电子商务化的旅游汽车公司管理信息系统缩短了空间距离，加快了交易速度，符合旅游业产品销售特点。同时，也可以促进旅游企业更快速、便捷地走入国际市场。

4. 人本化的旅游汽车公司管理信息系统

人本化的旅游汽车公司管理信息系统强调以人为本。首先，更加关注公司外部的游客，为游客提供更加人性化的服务，如在车辆调度过程，会根据游客的个性化需求选择可以放置轮椅、婴儿车等的车辆，增加了游客的便利性。其次，更加关注公司内部员工，将员工学习、休闲福利纳入旅游管理汽车公司管理信息系统中，增加员工对公司的认同感，使公司成为更有活力的有机体。同时，对于旅游线路也增加了对其人文历史文化的关注。

5. 集成化的旅游汽车公司管理信息系统

集成化的旅游汽车公司管理信息系统是指为了完成旅游汽车公司的经营目标，将系统中包含的多个子系统集成在一起，以便更好地发挥它们的作用。集成化的核心是强调运用集成的思想和理念指导旅游汽车管理信息系统的建立，并贯穿系统管理实践中，通过将业务管理子系统、车辆管理子系统、线路管理子系统及员工管理子系统等集成起来，可以实现业务的即时高效办理、车辆的科学有效调度、员工及绩效的科学人性管理，并能帮助管理者进行高效业务分析、管理决策。

7.2　旅游汽车公司管理信息系统的规划

7.2.1　旅游汽车公司管理信息系统案例分析

本章选择旅游客运运输管理系统作为软件分析对象，具体分析其功能与特点，并选择比较典型的旅游汽车公司浙江外事旅游汽车有限公司网站和西班牙旅游汽车公司网站进行分析，分析其优缺点，为我们之后建立旅游汽车公司管理信息系统奠定基础。

1. 旅游客运运输管理系统分析

1）系统简介

旅游客运运输管理系统适用于旅游汽车公司、旅游客运公司及经营旅游汽车服务的相关企业，它是在客运运输管理的基础上，针对旅游客运进行了相关的设计。系统设计了业务管理、车辆及油料管理、财务管理和经营分析等模块，不仅能对日常的业务流程、财务、车辆及相关油料配件进行管理，还能进行经营统计分析，极大地方便了业务员工及公司领导的管理控制。其主界面如图 7-1 所示。

图 7-1 旅游客运运输管理系统主界面

2）系统功能

旅游客运运输管理系统具有很综合的系统功能，不仅能为公司提供数据处理功能，同时还能为公司的管理者和决策者提供预测、计划、控制和辅助决策的功能。具体功能如图 7-2 所示。

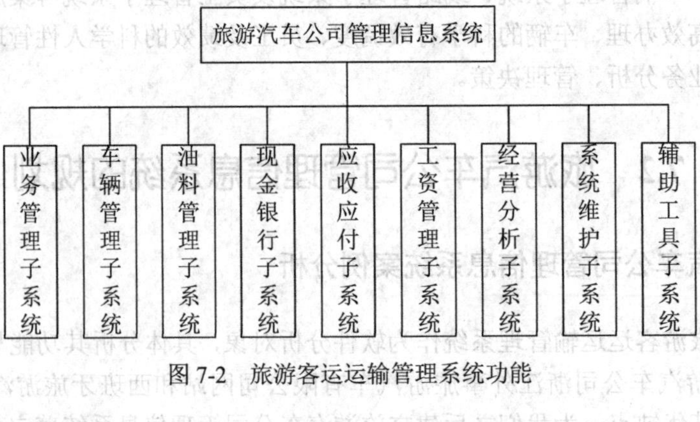

图 7-2 旅游客运运输管理系统功能

该系统的核心功能是业务管理和车辆管理。业务管理涉及车辆调派的整个过程，从订单录入开始，到车辆调派，直至最后回车报账。可以支持跟踪订单的状态，然后根据车辆的状态来安排车辆的附加辅助功能，根据车辆绑定设置好的司机，从而完成车辆调派。回车报账可以实现出车费用、加油情况、应收已收运费、外包运费、公司运费、回车还款、司机提成和车辆状态的完整记录，从而可以实现与其他功能，如车辆管理、油料管理、现金银行、工资管理等的自动连接。

车辆是旅游汽车公司的主要资产，所以车辆管理是本系统的主要功能子系统。该子系统包括配件采购、配件库存、维修登记、保养登记、车辆规费和事故登记，能够实现对汽车的日常维修保养及应急装备需求供应。

3）系统优点

该系统具有以下优点。

（1）清晰的财务管理功能。该系统将财务管理分为现金银行子系统、应收应付子系统、工资管理子系统，分别对公司现金收支情况、与外部相关企业财务结算、公司员工工资进行管理，各子系统分工明确，管理起来也很方便。

（2）方便的经营分析子系统。对单车费用、利润、耗油量及月报表进行分析，可以为车辆购置提供决策信息；对运输路线台账表分析，可以为优势路线管理提供决策信息；对驾驶员产值分析，可以为员工管理提供信息。其界面如图 7-3 所示。

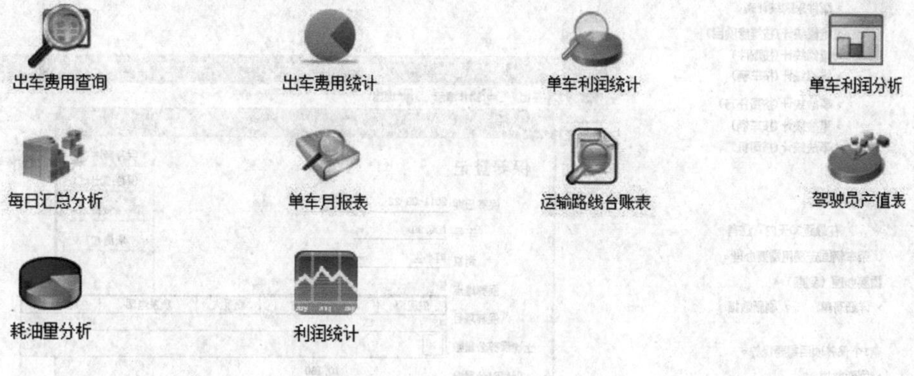

图 7-3　经营分析子系统

（3）会弹出提示窗口，方便操作人员及时处理信息。在每次进入系统或将系统最小化时，均会出现与当前用户操作权限相关的提示窗口。一方面提醒用户未完成的工作，方便用户安排新一天的工作；另一方面也省去了用户点击各模块确认未完成工作的时间和精力，能够更加高效地完成工作。

（4）不同角度派车情况状态图。运用图表从业务角度、车辆角度、司机角度展示派车情况，可以一目了然看出与哪些单位业务往来最多、哪些车辆在哪个时间段有任务以及司机任务分配图。其界面如图 7-4 所示。

图 7-4　不同角度派车情况状态图

（5）方便的查询功能。每个子系统都具有和本系统相关的查询功能，可以随时查询相关信息。其界面如图 7-5 所示。

（6）可以同时保留多个窗口，方便查找和调用所需信息。在每次点击打开一个窗口后，会在系统界面的最下端出现相对应的提示，只有点击退出后才会将这个界面提示关闭。这样在用户可以同时保留几个窗口方便进行窗口间的切换，而不需要再去别的模块调用所需界面查找到数据信息后再返回。

（7）具有操作演示功能。如果用户不熟悉某个操作，可以点击“操作演示”功能。系统就会出现该功能项的演示操作。其界面如图 7-6 所示。

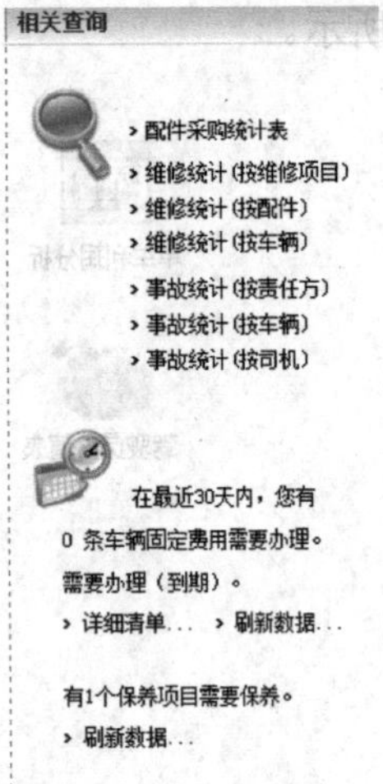

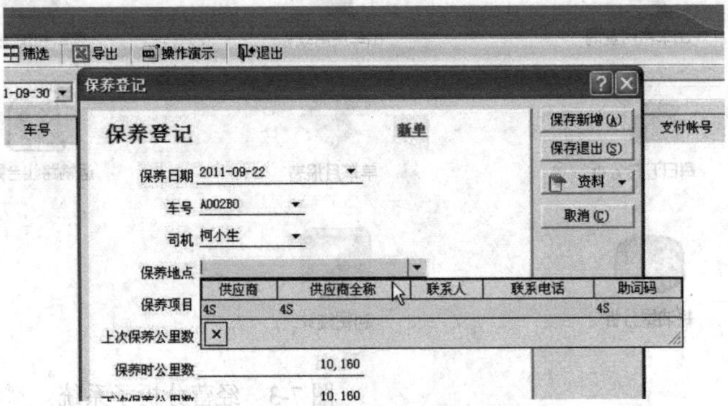

图 7-5　方便的查询功能　　　　　　图 7-6　操作演示功能

4）系统不足

虽然系统功能很强大，但仍有几个地方需要改进。

（1）查询条件过少，无法进行选择。例如在客户信息的管理模块下，由图 7-7 可以看出，查询条件只有客户简称一项。当用户所掌握的信息中如果没有客户简称一项的话则无法查询，这给用户的查询带来了较大的不便。其界面如图 7-7 所示。

（2）对数据进行删除时只能依次进行删除，无法批量删除。

（3）在将信息删除后只能将信息重新录入，而没有恢复机制。这样如果发生误删误操作时就会很难处理。

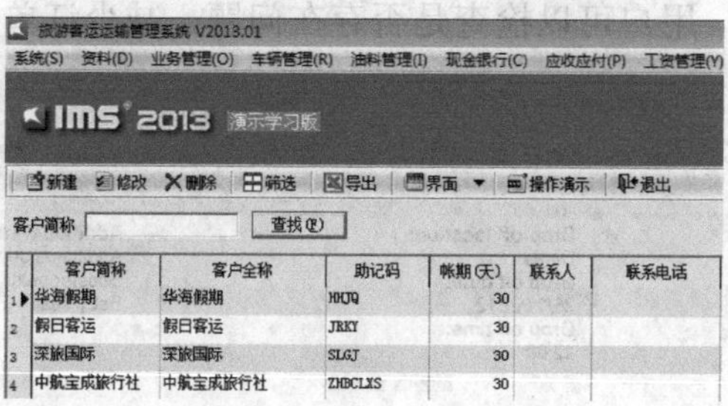

图 7-7　查询条件较少

（4）不能提供模糊查找的功能。这样如果不能清晰地知道查询条件，将很难找出需要的信息。

2. 西班牙旅游汽车公司网站分析

西班牙旅游汽车公司（http://www.spain-travel-car.com/）是西班牙比较典型的旅游汽车公司，可以为客户提供简单、快捷、个性化的租车服务。下面介绍该系统的特点。

（1）简洁明了的首页面。西班牙旅游汽车公司的页面设计简单明了，客户能够方便快捷地在首页找到自己所需要的信息。其主界面如图 7-8 所示。

（2）西班牙旅游汽车公司的系统设计时将预订的界面放于首页，可以使用户方便快捷地完成车辆查询和预订，节省时间，如图 7-8 所示。

（3）快捷的查询功能。西班牙旅游车辆公司可以进行查询，可以通过客户填写的订单信息完成与用户需求向匹配的车辆的搜索工作。搜索结果按照价格的由高到低的顺序进行排序，减少了用户对各车型进行了解然后进行选择的时间和成本，给客户提供了更多的有效信息，方便快捷，如图 7-9 所示。

（4）为客户提供更多人性化和个性化服务，并对这些服务针对的需求进行了解，如图 7-9 所示。

图 7-8　简洁明了的主界面

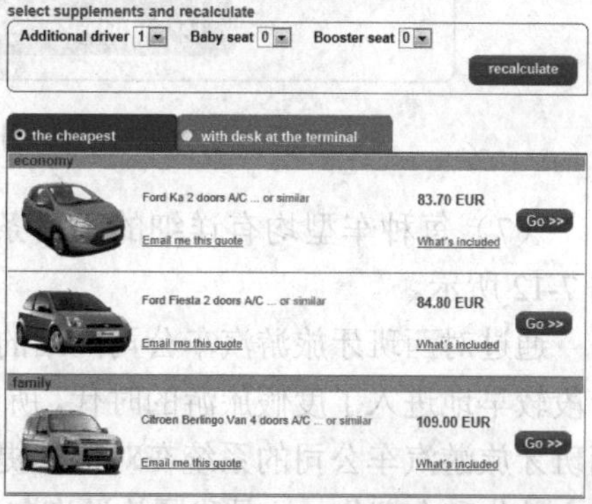

图 7-9　人性化、个性化服务

（5）在用户完成了对于车辆车型的选择，进入到预订界面后，系统会将用户之前确定的信息进行整合显示，用户可以检查是否存在问题，减少订单错误的出现，如图 7-10 所示。

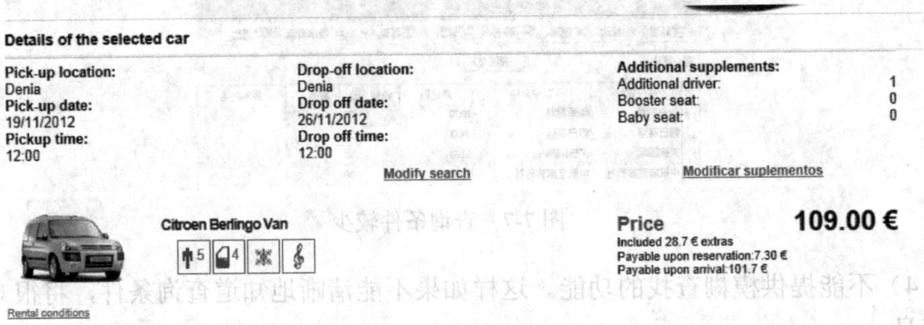

图 7-10 订单信息确认

（6）支持银联等系统，可以接受网上付款的方式，方便客户更快、更便捷地完成车辆的预订。同时采取一定方式保护客户的信息不外泄，保证客户信息的安全性，如图 7-11 所示。

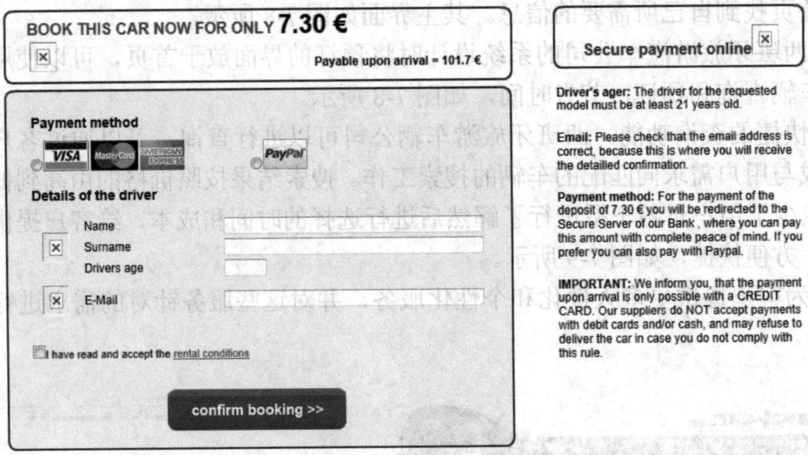

图 7-11 在线支付

（7）每种车型均有详细的租赁条件，用户必须符合这些条件才可以进行预订，如图 7-12 所示。

通过对西班牙旅游汽车公司网站的分析，我们知道由于国外旅游起步早，旅游发展的阶段较早地进入了度假旅游的时代，所以散客是旅游汽车公司主要提供服务的对象。因此，西班牙旅游汽车公司的系统在对散客提供车辆预订等的服务方面做得更加完善，设计也更加人性化和合理化。这是我国旅游汽车公司在进行系统设计时应该学习和借鉴的主要方面。

Rental conditions

Included in the rental price
- Unlimited mileage
- Local taxes (VAT included)
- 24 hours road assistance
- Airport tax included
- Full risk insurance without excess (*)
- Delivery of the car in office hours

  Every day: 09:00:00 -- 13:30:00 : 16:00:00 -- 19:30:00
  Saturday: 09:00:00 -- 13:30:00
  Sunday: Closed
  (Out of office hours delivery service not available)

NOT included in the rental price
- Fuel; the amount depends on the model supplied and/or fuel type
- Boosterseat (4-7 years) 4.61 € / day (Maximum price 55.37 €)
- Babyseat (8-36 months) 4.61 € / day (Maximum price 55.37 €)
- Additional driver 4.10 € / day (Maximum price 49.22 €)
- Young driver 4.25 € / day (Maximum price 49.25 €)

* Damages caused by reckless driving or under the influence of alcohol are not covered by the insurance. Generally the damages to wheels, tires, undercarriage of the vehicle, windows, etc., are also excluded from the insurance, as well as expenses caused by refueling the wrong fuel, lost keys or broken accessories (mirrors, seats, warning triangles, tools, etc.).

Insurance for windscreens, wheels and tyres. The car hire company offers an optional insurance which covers windscreens, wheels and tyres. Depending on the vehicle category the price for this supplement is 3,10 - 4,10 euros per day, minimum 25,00 euros and maximum 49,00 euros per rental for rentals up to 28 days. For rentals longer than 28 days the price is 2,60 - 3,60 euros per day depending on the vehicle category. In case the client does not wish to contract the supplement a deposit of 300,00 euros has to be left. Additionally you may include damages to the underparts of the vehicle, lost keys and clutch (relax insurance). Depending on the vehicle category the price for the relax insurance is 6,10 - 8,20 euros per day, minimum 36,00 euros and maximum 98,00 euros per rental for rentals up to 28 days. For rentals longer than 28 days the price is 3,60 - 4,60 euros per day depending on the vehicle category. Inexperienced drivers. There is a supplement for drivers with less than 4 years driving experience of 4,25 euros per day and maximum 49,25 euros per rental. Inexperienced drivers under 25 years only pay the young driver surcharge. Driving abroad. It is not allowed to drive the car outside of Spain. If you want to drive the car abroad please contact us in order to offer you an alternative quote with a different car hire company.

At www.spain-travel-car.com we work with many different rental companies and while we strive to unify the criteria, in terms of fuel not all car hire companies apply the same rules. Please note that for logistical reasons the company will deliver the car with a full tank of petrol and request to return it as empty as possible, as there will be no refund of the amount of unused fuel. If you have any questions related with this issue please do not hesitate to contact us.

图 7-12　车型详细租赁条件

3. 浙江外事旅游汽车有限公司网站分析

1）公司简介

浙江外事旅游汽车有限公司（http://www.zjws.cn/）是浙江省旅游集团有限责任公司的全资子公司，国家涉外旅游汽车服务定点单位，经营业务涉及旅游客运、班线客运、出租汽车、商务租赁汽车、西湖游船和汽车维修等领域。其网站首页如图 7-13 所示。

浙江外事旅游汽车有限公司系统界面非常清新简洁，客户可以很容易找到自己感兴趣的模块。

2）系统优点

（1）在主界面上即可提供方便快捷的预订服务，如图 7-14 所示。

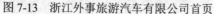

图 7-13　浙江外事旅游汽车有限公司首页

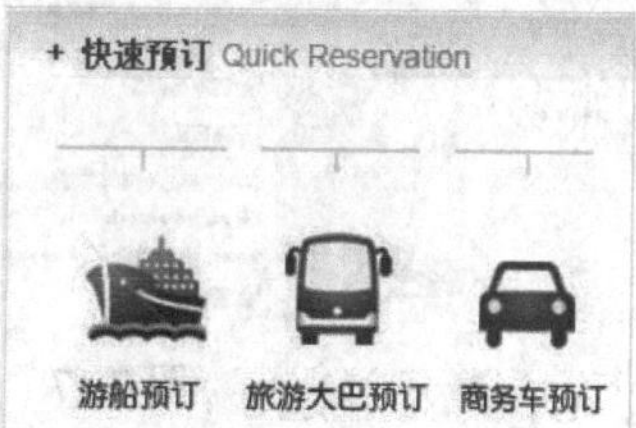

图 7-14　快速预订

（2）车型展示详细，给客户提供的信息量较大，方便客户进行预订车辆的选择；同时，客户在选定要预订的车型后，可以直接单击“预订”按钮进入订单填写的界面；客户通过在线填写订单即可完成车辆预订，减少了中间环节，节约了交易成本，如图 7-15

和图 7-16 所示。

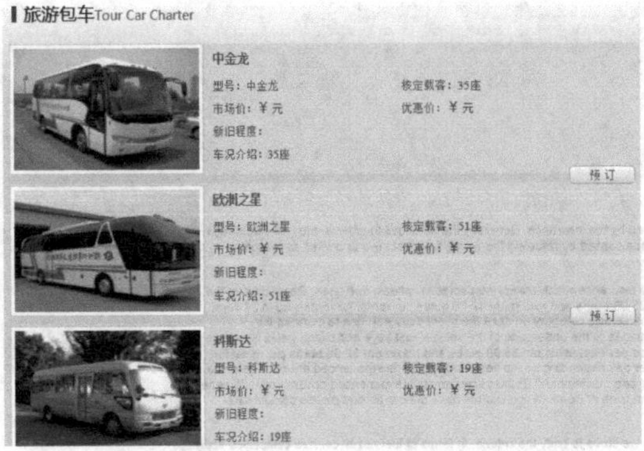

图 7-15　详细车型展示

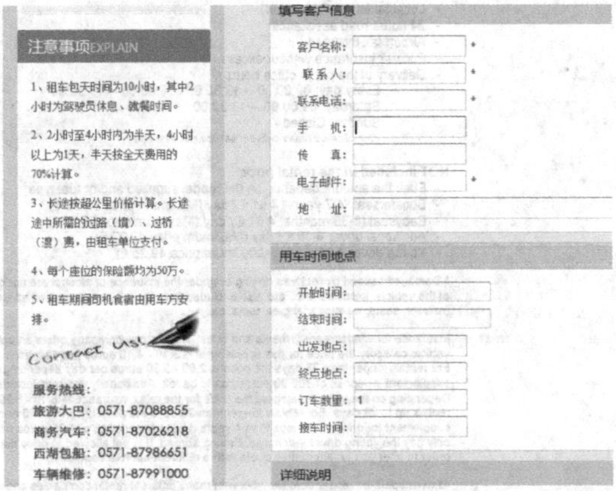

图 7-16　详细的在线预订

（3）服务中心提供服务包括售前咨询、投诉举报、好人好事、意见建议和资料下载。首先将留言分为意见建议、投诉、咨询等主题，管理员可以按照不同主题进行分类管理，增加反馈管理的有效性。其次，客户在进行反馈时可以看到其他客户的反馈信息，如果有相同或类似的反馈信息，则可以通过查看管理员的回复获得自己需要的信息，这样一方面可以方便客户，另一方面可以减少管理者的工作量。其界面如图 7-17 所示。

（4）对业务进行了拓展，不仅包括本公司业务，还对其他分公司业务进行链接介绍，如图 7-18 所示。

图 7-17　分类明确的服务中心

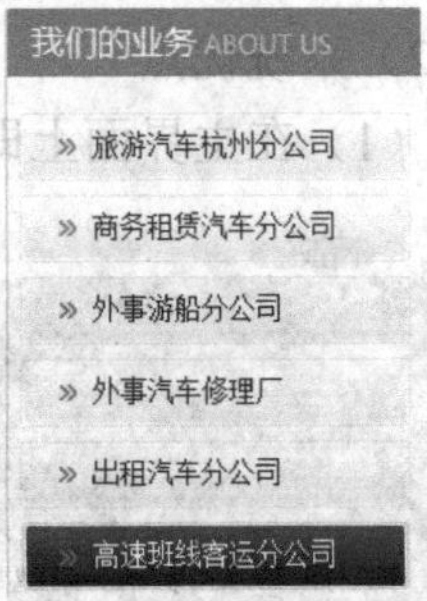

图 7-18　其他分公司业务链接

3）需要改进的地方

（1）在车型展示部分，可以设计查询功能。现在系统中只是把所有车型全部展示出来，比较花费时间和精力，如果设置查询功能，客户可直接输入查询条件，找到满足自己条件的车型。

（2）优化预订过程并增加车辆续租功能、车辆退租功能。

（3）设计在线咨询，方便客户与工作人员进行及时有效的沟通，提高沟通效率。

（4）增加模拟订车功能。因为没有退订功能，所以应该增加模拟订车功能，可以让客户熟悉订车过程。

（5）个性化网站信息。可以增加图片秀、旅行时光等功能，客户把自己旅游过程中美好的瞬间记录下来与大家分享，也增加了公司与客户的联系。

（6）可以增加客户奖励子系统，对与公司进行多次合作的客户进行奖励，能够有效吸引新的客户和留住老的客户。

7.2.2　旅游汽车公司管理信息系统建设的目标

考虑到旅游汽车公司的信息处理要求，目标的设计必须具有长期性和战略性。这就要求在确定系统目标时，必须以整个信息系统而不是某一个或几个子系统为考虑对象，来规定系统的服务方向、服务范围、服务质量，要根据旅游市场的变化，通过采用先进的技术手段，不断提高服务质量和运输效率。

（1）提高汽车调派效率。对旅游汽车公司来说，将旅行团快速、准确地送达目的地是他们首先必须考虑的头等大事。要实现这个目的，就离不开对旅游车辆的合理调派，即根据调派计划，按照一定的调派规则依次排序，安排旅游汽车公司的车辆上团，同时合理安排汽车公司司机。

（2）提高汽车安全生产水平。在旅游汽车公司中，不论如何强调安全的重要性都是不为过的。通过建立旅游汽车公司管理信息系统，可以使旅游汽车公司工作人员更好地掌握车况，做好汽车的维护和检修、物品设备管理、运行操作管理、安全监督以及各类人员的管理，从而减少设备的突发故障和人员误操作的概率，提高旅游汽车公司车辆营运的安全性和可靠性。

（3）规范业务流程。传统的旅游汽车公司中，现有的某些业务处理流程存在不合理的地方，旅游汽车公司管理信息系统的建立，能够对现有业务流程进行比较彻底的分析，从而对这些不合理的流程进行改造，以提高流程的运行效益和效率。

（4）促进公司现代化管理水平的提高。通过旅游汽车公司管理信息系统的建立，可以促进旅游汽车公司各项管理方式及管理制度的进一步完善，使公司的人力、物力、财力等各种宝贵资源得到更合理的利用。

（5）促使企业稳定、健康发展。通过开发旅游汽车公司管理信息系统这一过程，一些经验性的业务处理能力可以被移植到管理信息系统中作为旅游汽车公司的一种永久性资源，以减少对部分公司骨干的依赖，最大限度地降低由于人员变动给公司带来的负面影响，保证公司的稳定健康发展。

（6）更好地利用现有人力资源。旅游汽车公司业务处理过程中有许多工作被各部门重复操作，各部门信息共享上存在一定困难。通过旅游汽车公司管理信息系统的实施，可以使大量人力从繁重的低级劳动中解放出来，同时可以辅助旅游汽车公司各级管理人员进行决策。

（7）提高经济效益。旅游汽车公司管理信息系统的建设要使旅游公司经济效益有显著提高，综合竞争力有极大增强。

7.2.3 旅游汽车公司管理信息系统的功能

本旅游汽车公司管理信息系统根据一般的旅游汽车公司机构设置和业务活动正常展开的要求，将旅游汽车公司的业务系统按职能划分为六个子系统。其功能模块结构图如图 7-19 所示。

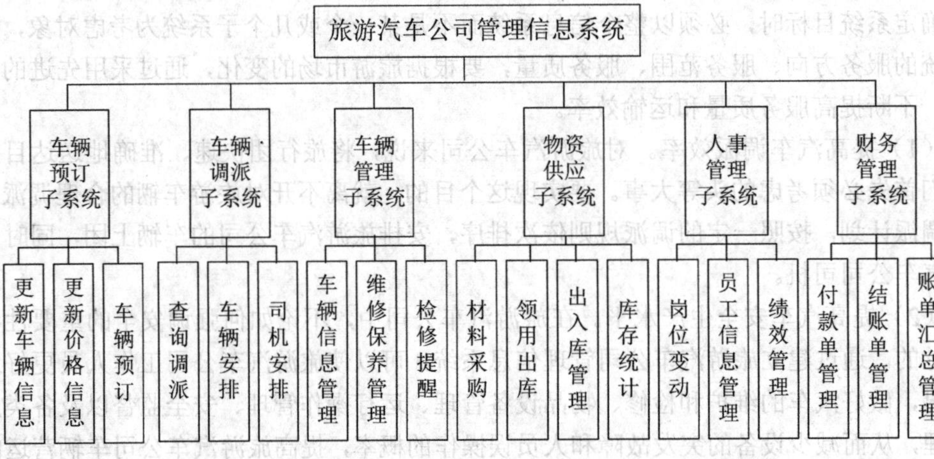

图 7-19 “旅游汽车公司管理信息系统”功能模块结构图

1. 车辆预订子系统

“车辆预订子系统”包括如下模块。

（1）更新车辆信息。用于更新车辆信息，该功能模块主要是以图片的形式进行车辆信息展示，当新购置车辆、车辆报废等可租用车辆信息发生变化时，系统管理员对网页信息进行更新，使客户能及时对预订的车辆信息进行了解。

（2）更新价格信息。用于对各种车辆的预订价格的展示与更新，当车辆预订价格变动时，系统管理员通过对价格信息进行更新，使顾客能及时了解汽车预订价格信息。

（3）车辆预订。用于顾客进行预订单的填写、提交，系统对预订单的保存。通过前面对车辆信息和预订价格的了解，顾客将会决定是否进行车辆租赁，如果决定租赁汽车，将通过车辆预订模块进行预订单的提交。

2. 车辆调派子系统

“车辆调派子系统”是整个旅游汽车公司管理信息系统的核心。这里指的是旅游汽车公司的二级调派，即根据车辆预订计划安排汽车公司车辆上岗，安排汽车工作司机，并进行初步统计工作。在调派工作中应用的科学原理有很多，如运筹学的运用就非常普遍。不管采取何种科学原理，其主要目的都是为了平衡客源和运力之间的矛盾。“车辆调派子系统”包括如下模块。

（1）查询调派。用于对用车情况、司机上岗、用车时间及调派状态进行查询、打印。例如，可以在计算机中查询已事先录入的“业务接待登记单”及已据此形成的“任务调派表”、“计划调派表”等。

（2）车辆安排。用于根据预订单中对车辆车型、用车天数和人数的要求以及车辆状态对车辆进行选择。这是本子系统的核心模块。用车计划的实施，必须同时考虑如安检、车辆安全记录等综合安排。

（3）司机安排。根据车辆选择结果，选择符合条件的司机。同时也要综合考虑司机本人的具体情况，如司机的身体状况等。其中，涉及运筹学、人体学等多方面的知识。例如，根据“人体三节律”的理论，可以用计算机很快地计算并绘制出每个司机的体力、情绪、智力高低潮循环图，为安排用车的司机提供依据。

3. 车辆管理子系统

车辆购入、投入营运之后，就必须对每辆车的技术状况进行管理，根据维修保养记录和维修保养周期制订维修保养计划，并对实际维修保养情况进行管理。“车辆管理子系统”包括如下模块。

（1）车辆信息管理。用于对每辆车的状况、运行里程等技术状况进行管理，同时包括对车辆定期维修保养项目的管理，如车辆要定期打黄油等。

（2）维修保养管理。根据维修保养记录、车辆定期检修信息和维修保养周期制订每辆车的维修、保养计划，并根据实际运营情况对该计划进行调整，对维修保养的实际执行情况进行管理，查询、打印维修保养计划和实际执行情况表。

（3）检修提醒。对车辆定期维修保养项目、车辆年检、车辆季检等固定信息进行提醒，可以防止忘记车辆的重要维修保养日期，减少平时维护时间。

4. 物资供应子系统

该系统的主要功能是根据用车计划及实际用车情况，实现对燃料、耗材及配件的采购、供应及保管。“物资供应子系统”包括如下模块。

（1）材料采购。用于根据库存信息情况及公司采购策略，对燃料、耗材、汽车配件等旅游汽车公司的一系列常用品进行采购申请、审核、通过乃至采购入库过程的管理。

（2）领用出库。根据车辆日常耗用、实际维修保养情况，对燃料、耗材、汽车配件等旅游汽车公司的一系列常用品进行领用出库的申请、审核及实际领用过程的管理。

（3）出入库管理。对于物资日常出入库都有详细记录及统计，可以分析物资使用规律，以最经济的方式保持最佳库存量。

（4）库存统计。用于根据用车计划制定燃料、耗材、汽车配件的采购计划，同时根据实际领用数，对各种燃料、耗材、汽车配件的库存数量进行统计。

5. 人事管理子系统

“人事管理子系统”包括的模块有岗位变动、员工信息管理和绩效管理。“人事管理子系统”用于完成对企业各类人员信息的管理及人员历史档案的管理，提供人事信息增、删、改、查询、统计分析等功能，并根据员工的实际工作情况对员工进行考核，计算员工的工资标准，上报财务部门。

（1）岗位变动。用于对岗位变动情况进行管理，将对应员工的职务、薪酬、绩效考核等信息进行更新，并将此变动记录到员工档案中。

（2）员工信息管理。用于记录员工的各种信息，如人事档案、教育培训情况、奖惩情况、考勤情况等进行管理。

（3）绩效管理。用于对员工绩效进行管理，通过对不同岗位上员工的绩效设置、绩效考核，从而形成考核表，为员工考核及工资管理提供依据。

6. 财务管理子系统

“财务管理子系统”包括如下模块。

（1）付款单管理。用于对公司支出进行记账登记，便于用以对公司的支出状况进行精密的管理，以实现公司的成本领先优势。

（2）结账单管理。用于对公司的运营收入进行登记记录。该功能模块可以作为公司的决策支持系统的一个分系统，通过对公司运营收入的了解，公司决策者可以得出公司以后的利润增长点。

（3）账单汇总管理。用于对公司每日的业务收支进行登记记录并汇总，便于财务人员及公司管理者对每天的业务收支情况进行分析。

7.3 旅游汽车公司管理信息系统的分析

本节在 7.2.3 节“旅游汽车公司管理信息系统的功能”的基础上，对拟开发的旅游汽车公司管理信息系统进行分析。

7.3.1 系统概况表

旅游汽车公司管理信息系统概况表如表 7-1 所示。

表 7-1　系统概况表

旅游汽车公司管理信息系统概况表	
输入： D1 用户名、密码 D2 车辆更新信息 D3 价格更新信息 D4 车辆预订条件 D5 调派查询条件 D7 预订单中车辆安排相关信息 D9 车辆信息 D10 检修信息 D11 车辆定期检修信息 D12 材料采购请求 D13 材料采购信息 D14 领用出库请求 D15 领用出库信息 D17 岗位变动信息 D20 付款请求 D22 结账请求	处理： P1 密码验证 P2.1 更新车辆信息 P2.2 更新价格信息 P2.3 车辆预订 P3.1 查询调派 P3.2 车辆安排 P3.3 司机安排 P4.1 车辆信息管理 P4.2 维修保养管理 P4.3 检修提醒 P5.1 材料采购 P5.2 领用出库 P5.3 出入库管理 P5.4 库存统计 P6.1 岗位变动 P6.2 员工信息管理 P6.3 绩效管理 P7.1 付款管理 P7.2 结账管理 P7.3 账单汇总管理
存储： F1 可租用车辆清单 F2 车辆价格清单 F3 预订单 F4 调派单 F5 车辆状况表 F6 司机状况表 F7 检修通知单 F8 维修保养计划 F9 库存日记账 F10 员工信息 F11 绩效表 F12 汇总单	输出： D6 调派查询结果 D8 车辆安排信息 D16 出入库信息 D18 岗位变动结果 D19 员工绩效信息 D21 付款管理信息 D23 结账管理信息

7.3.2　系统数据流图

1. 顶层图

旅游汽车公司管理信息系统顶层图如图 7-20 所示。

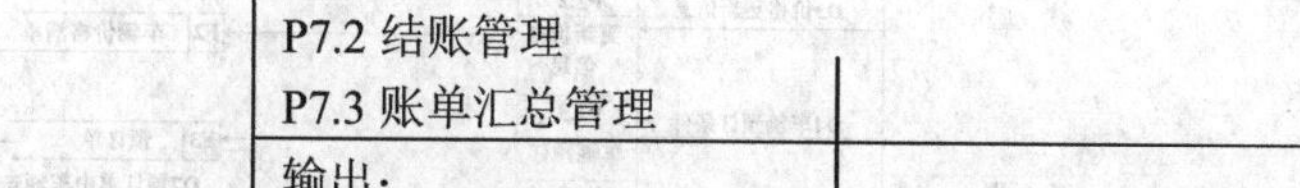

图 7-20　系统数据流图顶层图

2. 一级细化图

旅游汽车公司管理信息系统一级细化图如图 7-21 所示。

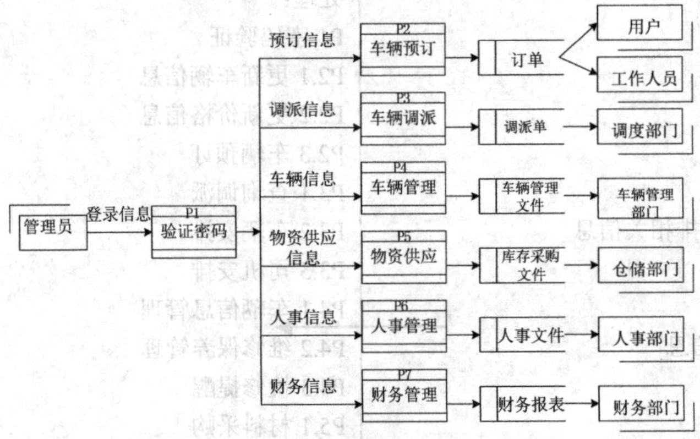

图 7-21　系统数据流图一级细化图

3. 二级细化图

旅游汽车公司管理信息系统二级细化图如图 7-22 所示。

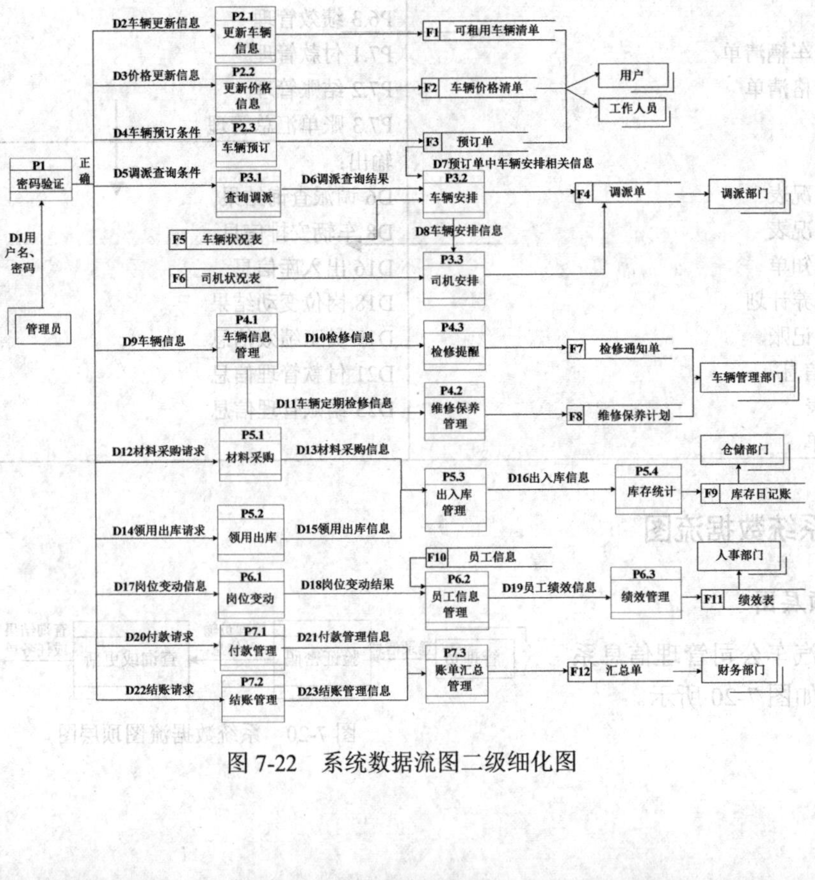

图 7-22　系统数据流图二级细化图

7.3.3　数据字典

由于篇幅所限，图 7-19 所示“旅游汽车公司管理信息系统”中各子系统不能逐一进行数据字典的详细分析，故选择其中典型的一个子系统，即“车辆调派子系统”进行详细分析。

1. 数据流条目

“车辆调派子系统”中数据流条目如表 7-2～表 7-5 所示。

表 7-2　D5 调派查询条件

名称＼数据	D5 调派查询条件
别名	无
组成	车辆型号+司机名称+用车时间+调派状态
注释	无

表 7-3　D6 调派查询结果

名称＼数据	D6 调派查询结果
别名	无
组成	调派单号+车辆型号+出车数量+出车时间+回车时间+司机名称+司机状况+线路编号+调派状态
注释	无

表 7-4　D7 预订单中车辆安排相关信息

名称＼数据	D7 预订单中车辆安排相关信息
别名	无
组成	用车日期起+用车日期止+指定车型+人数+线路编号
注释	无

表 7-5　D8 车辆安排信息

名称＼数据	D8 车辆安排信息
别名	无
组成	车辆型号+出车数量+出车时间+回车时间+线路编号
注释	无

2. 文件条目

“车辆调派子系统”中包含的文件条目如表7-6～表7-9所示。

表7-6 预订单

名称＼文件	预 订 单
编号	F3
组成	预订单编号+接单日期+用车日期起+用车日期止+线路编号+人数+指定车型+包车金额+预收金额
结构	以预订单编号为关键字、索引存取
注释	无

表7-7 调派单

名称＼文件	调 派 单
编号	F4
组成	调派单号+车辆型号+出车数量+出车时间+司机名称+司机状况+线路编号+调派状态
结构	以调派单号为关键字、索引存取
注释	无

表7-8 车辆状况表

名称＼文件	车辆状况表
编号	F5
组成	车辆型号+车辆状况+间隔运行里程
结构	以车辆型号为关键字、索引存取
注释	无

表7-9 司机状况表

名称＼文件	司机状况表
编号	F6
组成	司机编号+司机名称+司机状况+一周工作记录+行车安全记录+联系方式
结构	以司机编号为关键字、索引存取
注释	无

3. 数据项条目

“车辆调派子系统”中包含的数据项条目如表7-10～表7-13所示。

表 7-10　“预订单”数据项条目表

数据项名	代码	类型	长度	小数位	注释
预订单编号	YDDBH	字符型	15		
接单日期	JDRQ	日期型	8		
用车日期起	YCRQQ	日期型	8		
用车日期止	YCRQZ	日期型	8		
线路编号	XLBH	字符型	11		
人数	RS	数值型	4		
指定车型	ZDCX	字符型	12		
包车金额	BCJE	数值型	8		
预收金额	YSJE	数值型	8		

表 7-11　“调派单”数据项条目表

数据项名	代码	类型	长度	小数位	注释
调派单号	DPDH	字符型	15		
车辆型号	CLXH	字符型	12		
出车数量	CCSL	数值型	3		
出车时间	CCSJ	日期型	8		
司机名称	SJMC	字符型	8		
司机状况	SJZK	字符型	40		
线路编号	XLBH	字符型	7		
调派状态	DPZT	字符型	12		

表 7-12　“车辆状况表”数据项条目表

数据项名	代码	类型	长度	小数位	注释
车辆型号	CLXH	字符型	12		
车辆状况	CLZK	字符型	40		
间隔运行里程	JGYXLC	数值型	8		

表 7-13　“司机状况表”数据项条目表

数据项名	代码	类型	长度	小数位	注释
司机编号	SJBH	字符型	13		
车辆型号	CLXH	字符型	12		
司机名称	SJMC	字符型	8		
司机状况	SJZK	字符型	40		

续表

数据项名	代码	类型	长度	小数位	注释
一周工作记录	YZGZJL	字符型	40		
行车安全记录	XCAQJL	字符型	40		
联系方式	LXFS	字符型	11		

7.3.4 加工说明

“车辆调派子系统”各模块的加工说明如表7-14～表7-16所示。

表7-14 查询调派

加工 / 名称	查询调派
编号	P3.1
输入	调派查询条件
加工逻辑	如果 对用车情况进行查询 则显示输入的车辆型号在30天内用车情况 对司机上岗进行查询 则显示输入的司机名称在30天内上岗情况 对用车时间进行查询 则显示输入出车时间、回车时间内所有调派信息 对调派状态进行查询 则显示处于输入的调派状态（完成调派、已调派未回车、已调派未出车、未调派）下的调派信息
输出	调派查询结果

表7-15 车辆安排

加工 / 名称	车辆安排
编号	P3.2
输入	预订单信息
加工逻辑	如果 客户有特殊要求 则按客户要求安排汽车 否则 如果 人数≤9 则安排小型客车 否则 如果 人数≤19 则安排中型客车

续表

名称 \ 加工	车 辆 安 排
加工逻辑	否则 如果　人数≤大型汽车核载人数 则安排一辆大型客车 否则 安排两辆客车
输出	车辆安排结果

表 7-16　司机安排

名称 \ 加工	司 机 安 排
编号	P3.3
输入	车辆型号
加工逻辑	如果　是小型客车 则安排 C1 驾照司机 否则 如果　是中型客车 则安排 B1 驾照司机 否则　安排 A1 驾照司机 根据调派查询结果，优先调派对预订单中路线熟悉的司机
输出	司机安排结果

7.4　旅游汽车公司管理系统设计

7.4.1　代码设计

“车辆调派子系统”所涉及的代码如表 7-17～表 7-21 所示。

表 7-17　用户代码

代码对象名	用户代码				
代码类型	层次码	位数	13	校验位	1
代码数量	10 万	使用期限		使用范围	系统内

续表

代码结构

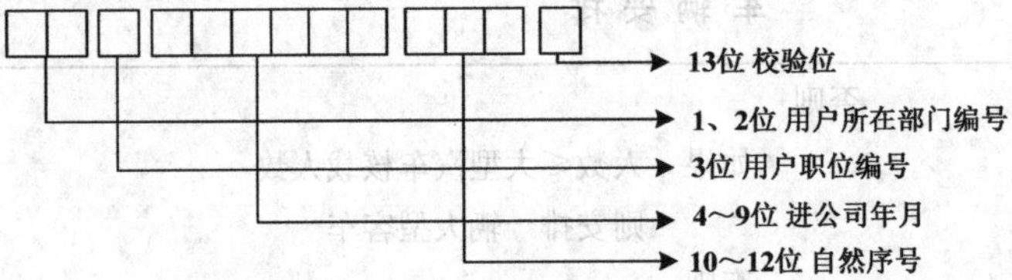

代码示例：DD02006110880 表示 2006 年 11 月份进公司，是公司的第 88 号员工的调派部门部长

备注	

设计人：路冬冬　　审核人：　　年　　月　　日

表 7-18　车辆代码

代码对象名	车辆代码				
代码类型	层次码	位数	12	校验位	1
代码数量	10 万	使用期限		使用范围	系统内

代码结构

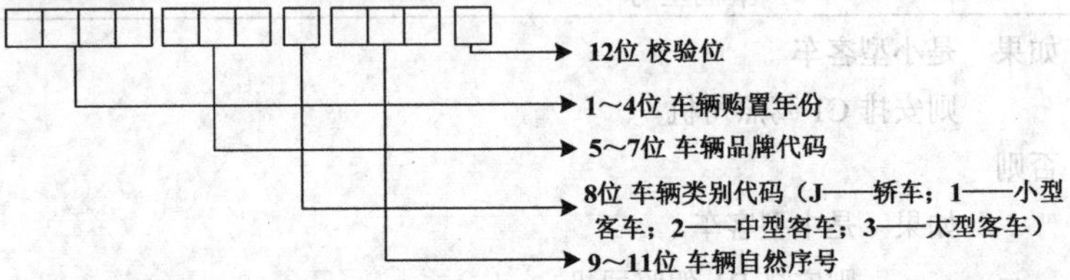

代码示例：2009JAC20670 表示 2009 年购置的编号为 067 的江淮中型客车

备注	

设计人：路冬冬　　审核人：　　年　　月　　日

表 7-19　司机代码

代码对象名	司机代码				
代码类型	层次码	位数	13	校验位	1
代码数量	10 万	使用期限		使用范围	系统内

代码结构

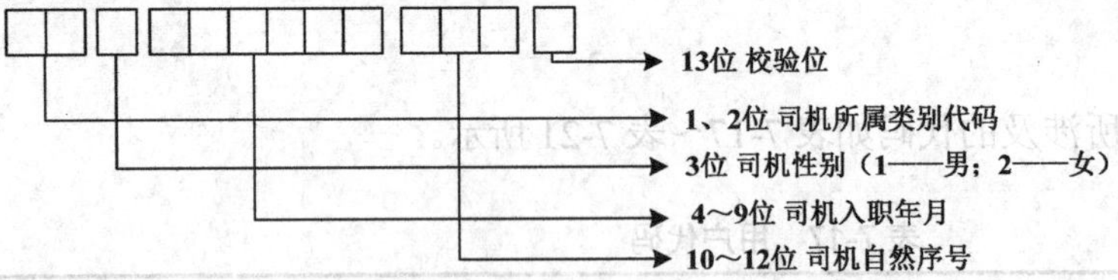

代码示例：A112008121010 表示 2008 年 12 月份入职，编号为 101 的男性大客车司机

备注	

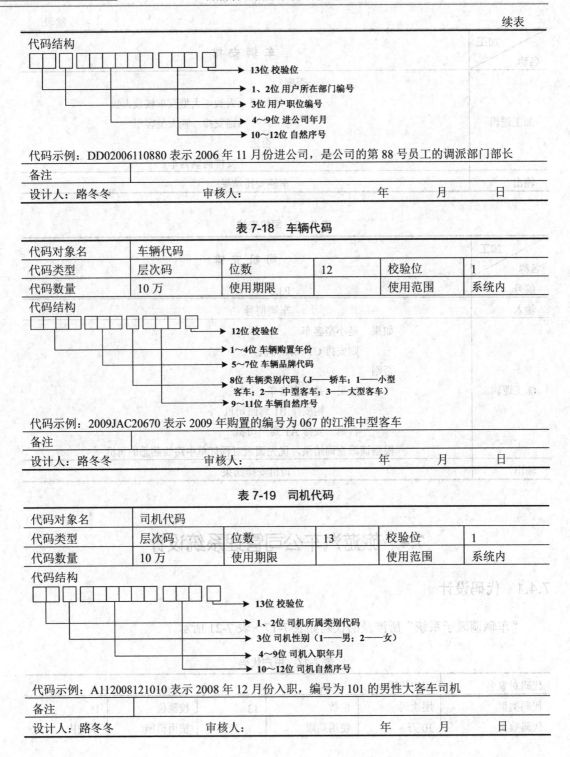

设计人：路冬冬　　审核人：　　年　　月　　日

表 7-20　路线代码

代码对象名	路线代码				
代码类型	层次码	位数	11	校验位	1
代码数量	10 万	使用期限		使用范围	系统内
代码结构					

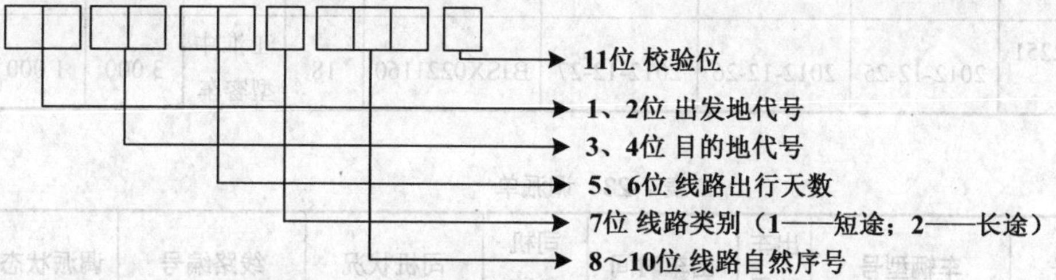

代码示例：BJSZ0321230 表示北京到深圳的为期三天的第 123 条长途路线					
备注					
设计人：路冬冬		审核人：		年　　　月	日

表 7-21　各种表和各种文件编号代码

代码对象名	各种表和各种文件编号代码				
代码类型	层次码	位数	15	校验位	1
代码数量	10 万	使用期限	.	使用范围	系统内
代码结构					

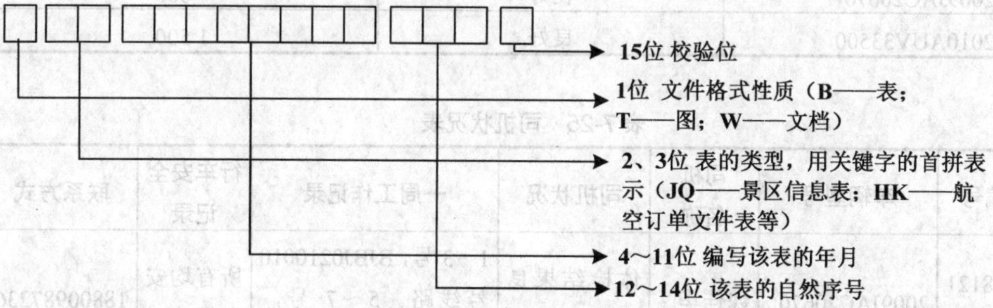

代码示例：BDD201212201050 表示该表为 B 表的调派单，编写时间是 2012 年 12 月 20 日，自然序号为 105					
备注					
设计人：路冬冬		审核人：		年　　　月	日

7.4.2　数据库设计

“车辆调派子系统”包含的表如表 7-22～表 7-25 所示。

表 7-22 预订单

预订单编号	接单日期	用车日期起	用车日期止	线路编号	人数	指定车型	包车金额/元	预收金额/元
BYD201212201010	2012-12-20	2012-12-22	2012-12-24	BJSZ0321230	50	无	5 000	2 000
BYD201212251590	2012-12-25	2012-12-26	2012-12-27	BJSX0221160	18	江淮中型客车	3 000	1 000

表 7-23 调派单

调派单号	车辆型号	出车数量	出车时间	司机名称	司机状况	线路编号	调派状态
BDD201212201050	2009JAC20670	2	2012-12-20	魏佳华	体检结果良好，状态良好	BJSZ0422230	已调派未回车
BDD201211251001	2010AUV32350	1	2012-12-11	何宇	体检结果良好，状态良好	BJSX0321110	已完成调派

表 7-24 车辆状况表

车 辆 型 号	车 辆 状 况	间隔运行里程/公里
2009JAC20670	良好	1 000
2010AUV33500	良好	1 500

表 7-25 司机状况表

司机编号	车辆型号	司机名称	司机状况	一周工作记录	行车安全记录	联系方式
A112008121010	2009JAC20670	魏佳华	体检结果良好，状态良好	1～3 号，BJBJ0210010 号线路。5～7 号，BJBJ0110020 号线路	所有均安全驾驶	18800987236
B112009122110	2010AUV33550	何宇	体检结果良好，状态良好	1～4 号，BJSX0421560 号线路。6～7 号，BJHB0212220 号线路	所有均安全驾驶	18806245367

7.4.3 处理过程设计

“车辆调派子系统”涉及的处理过程如图 7-23～图 7-25 所示。

系统名：车辆调派子系统	编制者：路冬冬
模块名：查询调派	编号：1
由哪些模块调用：无	调用哪些模块：车辆安排
输入：调派查询条件	输出：调派查询结果
算法说明：（问题分析图）	

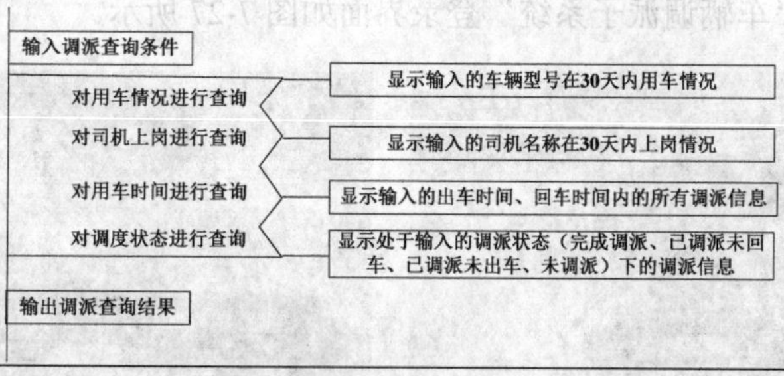

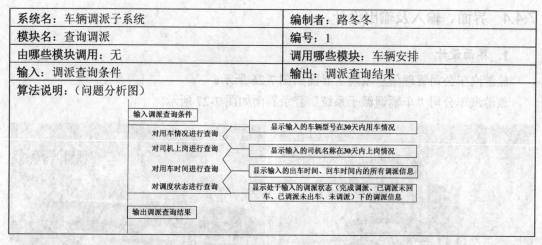

图 7-23　“查询调派”IPO 图

系统名：车辆调派子系统	编制者：路冬冬
模块名：车辆安排	编号：2
由哪些模块调用：查询调派	调用哪些模块：司机安排
输入：预订单中车辆安排相关信息、调派查询结果、车辆状况表	输出：车辆安排信息
算法说明：（问题分析图）	

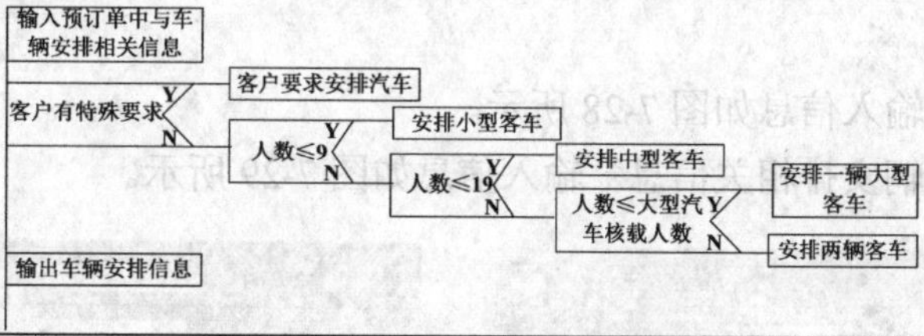

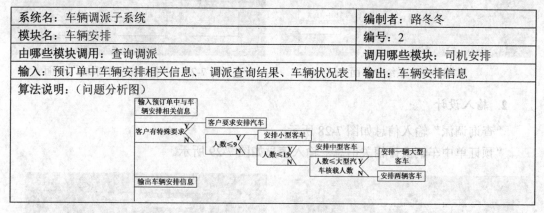

图 7-24　“车辆安排”IPO 图

系统名：车辆调派子系统	编制者：路冬冬
模块名：司机安排	编号：3
由哪些模块调用：车辆安排	调用哪些模块：无
输入：车辆安排信息、司机状况表	输出：司机安排信息
算法说明：（问题分析图）	

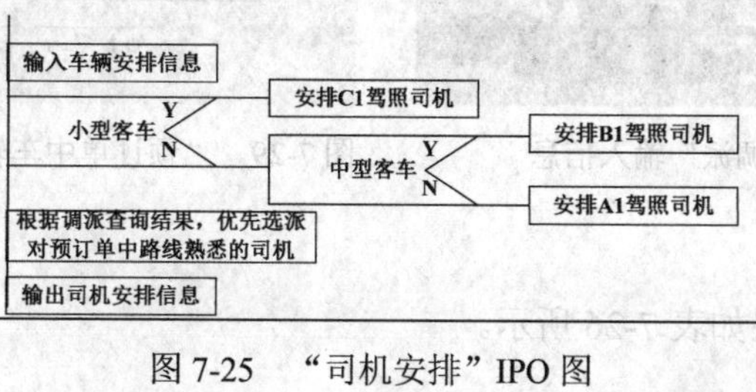

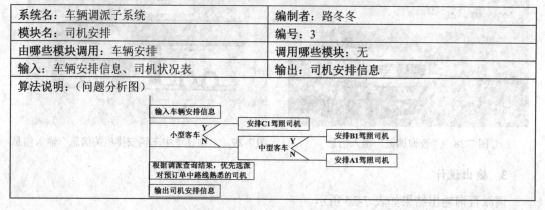

图 7-25　“司机安排”IPO 图

7.4.4 界面、输入及输出设计

1. 界面设计

旅游汽车公司管理信息系统主界面如图 7-26 所示。

旅游汽车公司“车辆调派子系统”登录界面如图 7-27 所示。

图 7-26 系统主界面

图 7-27 “车辆调派子系统”界面

2. 输入设计

“查询调派”输入信息如图 7-28 所示。

“预订单中车辆安排相关信息”输入信息如图 7-29 所示。

图 7-28 “查询调派”输入信息

图 7-29 “预订单中车辆安排相关信息”输入信息

3. 输出设计

调派查询输出结果如表 7-26 所示。

表 7-26　调派查询-调派状态为“已调派未回车”输出结果

调派单号	车辆型号	出车数量	出车时间	司机名称	司机状况	线路编号	调派状态
BDD201212201070	2009JAC11340	1	2012-12-21	张予	体检结果良好，状态良好	BJHB0210090	已调派未回车
BDD201212201090	2008JAC21000	1	2012-12-21	李立君	体检结果良好，状态良好	BJHB0110070	已调派未回车
BDD201212211250	2011AUV33460	2	2012-12-22	王君梦	体检结果良好，状态良好	BJSX0421890	已调派未回车
BDD201212232460	2012AUV24450	1	2012-12-25	赵华奇	体检结果良好，状态良好	BJSX0311110	已调派未回车

车辆安排输出结果如表 7-27 所示。

表 7-27　车辆安排结果

车辆型号	出车数量	出车时间	回车时间	线路编号
2009JAC11560	1	2012-12-24	2012-12-25	BJHB0211010
2008JAC20890	1	2012-12-24	2012-12-26	BJHB0311220
2011AUV33890	2	2012-12-25	2012-12-28	BJHB0411450
2012AUV24110	1	2012-12-26	2012-12-28	BJHB0311380

本章小结

- 旅游汽车公司管理信息系统发展趋势为：智能化的旅游汽车公司管理信息系统；综合化的旅游汽车公司管理信息系统；电子商务化的旅游汽车公司管理信息系统；人本化的旅游汽车公司管理信息系统；集成化的旅游汽车公司管理信息系统。
- 旅游汽车公司管理信息系统的建设意义包含：实现旅游汽车公司经营管理现代化的重要途径；完善现代旅游汽车市场经济个性；拓展现代旅游业的国际化功能。
- 旅游汽车公司管理信息系统的核心子系统是车辆调派子系统。
- 旅游汽车公司管理信息系统的分析是通过使用概况表、数据流图、数据字典、加工说明对旅游汽车公司管理信息系统进行详细分析的。
- 旅游汽车公司管理信息系统的设计是对系统进行详细设计，包括代码设计、数据库设计、数据处理过程设计、界面设计、输入设计及输出设计。

综合练习

一、单项选择题

1.（　　）是指从事旅游汽车客运活动的实行自主经营、自负盈亏、独立核算的运输劳务企业。

A. 旅游汽车　　B. 旅游汽车公司

C. 旅游汽车公司系统　　D. 旅游汽车公司管理信息系统

2.（　　）是为旅游汽车公司设计的管理信息系统，该系统不仅能为公司提供数据处理功能，同时还能为公司的管理者和决策者提供预测、计划、控制和辅助决策的功能。

A. 旅游汽车　　B. 旅游汽车公司

C. 旅游汽车公司系统　　D. 旅游汽车公司管理信息系统

3.（　　）是整个旅游汽车管理信息系统的核心。

A. 车辆预订子系统　　B. 车辆调派子系统

C. 车辆管理子系统　　D. 物资供应子系统

4.（　　）是建立在知识库和推理机基础上的计算机智能程序系统，它根据用户提出的问题给出完整的解答。

A. 人工智能领域的专家系统　　B. 综合化汽车公司管理信息系统

C. 电子商务系统　　D. 电子政务系统

5.（　　）以网络为主体，以旅游汽车公司信息库、电子化商务银行为基础，利用先进的电子手段运作旅游汽车公司业务，最大限度地整合旅游资源，为游客提供多种网上消费服务。

A. 智能化的旅游汽车公司管理信息系统

B. 综合化的旅游汽车公司管理信息系统

C. 电子商务化的旅游汽车公司管理信息系统

D. 电子政务化的旅游汽车公司管理信息系统

6. 由于旅游汽车公司的生产经营是在广泛的社会空间中进行的，影响车辆的运行情况和管理决策、经营决策的确定不包括（　　）。

A. 旅游客运市场　　B. 车况　　C. 酒店　　D. 路况

7.（　　）用于顾客进行租赁单的填写、提交，系统对租赁单的保存。

A. 车辆信息管理　　B. 车辆预租管理　　C. 车辆调度管理　　D. 付款单管理

8. 旅游汽车公司管理信息系统建设的原因不包括（　　）。

A. 实现从静态到动态管理的转变，树立企业形象

B. 全面实行信息化管理，对车辆运行实行动态监控

C. 实现旅游汽车公司管理档次、水平上的提高

D. 实现与旅行社业务的分离

9. 旅游汽车公司管理信息系统的功能可以不包括（　　）。

A. 车辆预订　　B. 车辆调度　　C. 酒店信息查询　　D. 财务管理

10.（　　）用于对每辆车的状况、运行里程等技术状况进行管理，并打印车辆技术状况表。

A. 车辆信息查询 B. 车辆信息管理 C. 计划调度管理 D. 车辆预租管理

二、多项选择题

1. 旅游汽车公司管理信息系统的建设应符合的要求有（　　）。

A. 旅游汽车公司管理信息系统的建设必须遵照统一规划、统一标准、合理布局、互联互通、资源共享的原则

B. 旅游汽车公司管理信息系统设计应满足旅游业生产、管理的需要，并综合考虑各业务部门系统的功能和信息共享要求

C. 旅游汽车公司管理信息系统要符合旅游汽车公司的工作特点

D. 旅游汽车公司管理信息系统设计分为近期和远期，对基础设施，宜按远期考虑，留有发展余地，其他一般设施可按近期考虑

2. 旅游汽车公司管理信息系统建设的意义有（　　）。

A. 是实现旅游汽车公司经营管理现代化的重要途径

B. 可以完善现代旅游汽车市场经济个性

C. 可以增加旅行社的出团数量

D. 可以拓展现代旅游业的国际化功能

3. 旅游汽车公司管理信息系统（　　）。

A. 可以及时反映旅游客运的市场需求，及时掌握运营情况的各种形式的数据信息，以支持决策

B. 能用数学模型和过去的信息对未来进行预测

C. 针对不同的管理层提出不同的要求报告，达到控制公司管理工作活动

D. 及时准确地反映旅游客运的市场需求

4. 国内旅游汽车公司管理信息系统接入的有（　　）。

A. 车用电话系统 B. 自动车辆监控系统 C. 全球定位系统 D. 电子地图系统

5. 车辆信息管理模块可以实现的功能有（　　）。

A. 对每辆车的状况、运行里程等技术状况进行管理，并打印车辆技术状况表

B. 根据维修保养记录和维修保养周期制订每辆车的维修、保养计划

C. 根据实际运营情况对该计划进行调整，对维修保养的实际执行进行管理

D. 根据用车计划合理安排司机和车辆上岗

6. 旅游汽车公司管理信息系统的发展趋势包括（　　）。

A. 智能化 B. 综合化 C. 高速化 D. 电子商务化

7. 旅游汽车公司管理信息系统中的“三位一体”是指（　　）三类服务对象。

A. 旅游管理部门 B. 旅游汽车公司 C. 公共用户 D. 旅行社

8. 旅游汽车管理信息系统建设的目标有（　　）。

A. 提高汽车安全生产水平 B. 提高汽车调派效率

C. 规范业务流程 D. 促进公司现代化管理水平的提高

9. 旅游汽车公司管理信息系统可以（　　）。

A. 为旅游汽车公司市场体制的完善创造良好的信息流通环境

B. 使信息导向下的旅游市场的发展有通畅的旅游信息网络和优质的旅游信息服务的支持

C. 满足科学决策的要求和游客的信息消费需求

D. 协调各种管理职能，从而增强旅游汽车市场的基础性调节和宏观调控的灵活性与有效性

10. 旅游汽车公司管理信息系统的建设（　　）。

A. 可以提高劳动效率、节省人力　　B. 可以使管理工作迅速、准确

C. 是旅游业管理高技术化、最优化的实现途径　D. 尽可能满足旅游业迅猛发展的需要

三、判断题

1. 旅游汽车公司管理信息系统设计分为近期和远期，对基础设施，宜按远期考虑，留有发展余地，其他一般设施可按近期考虑。（　　）

2. 旅游汽车公司管理信息系统设计应满足旅游业生产、管理的需要，并综合考虑各业务部门系统的功能和信息共享要求。（　）

3. 自动车辆监控系统的接入主要应用于具有固定行驶路线的旅游汽车公司信息系统。（　　）

4. 旅游汽车公司是指从事旅游汽车客运活动的实行自主经营、自负盈亏、独立核算的信息劳务企业。（　　）

5. 由于旅游汽车公司的生产经营是在广泛的社会空间进行的，旅游客运市场、车况、路况及司乘人员的变化都会影响到车辆的运行情况，影响到管理决策和经营决策的确定。（　　）

6. 旅游汽车公司管理信息系统是为旅游汽车公司设计的管理信息系统，该系统不仅能为公司提供数据处理功能，同时还能为公司的管理者和决策者提供预测、计划、控制和辅助决策的功能。（　　）

7. 旅游汽车公司管理信息系统能运用数学模型和过去的信息对未来进行预测，但是不能针对不同的管理层提出不同的要求报告，达到控制公司管理工作活动的要求。（　　）

8. 国内大多数的旅游汽车公司管理信息系统都存在留言板子系统，使得客户对公司的了解不仅能单方面关注公司发布的信息，还能通过互动来了解自己想要得到的信息。（　　）

9. 通过开发旅游汽车公司管理信息系统这一过程，一些经验性的业务处理能力可以被移植到管理信息系统中作为旅游汽车公司的一种永久性资源，以减少对部分公司骨干的依赖，最大限度地降低由于人员变动给公司带来的负面影响，保证公司的稳定健康发展。（　　）

10. 在车里安装自动车辆监控系统，加快车辆运行信息的传递，提高了车辆调度命令的准确性、及时性。（　　）

四、简答题

1. 旅游规划信息系统的功能模块包括哪些内容？
2. 旅游汽车公司管理信息系统建设的现实需求是什么？
3. 旅游汽车公司管理信息系统建设的意义有哪些？
4. 旅游汽车公司管理信息系统的建设应符合哪些要求？
5. 旅游汽车公司管理信息系统的建设有什么样的目标？

五、论述题

1. 随着科技的发展，有哪些新的系统接入到旅游汽车公司管理信息系统中？试论述各系统的功能。
2. 请论述旅游汽车公司管理信息系统在国内外的发展趋势及各自的着重点的区别。

六、案例分析题

云南旅游汽车有限公司（http://yntac.com.cn/）是云南世博旅游控股集团有限公司下属旅游交通企业，

是云南省专业从事外事、旅游和大型活动客运接待任务和城际高快班线运输的法人独资有限责任公司。公司主要经营：旅游客运，汽车零配件，开展车辆对外服务，国际、省际、省内班车客运，旅游包车客运，客运站经营，普通货运，停车场经营，货运代办，信息配载，仓储服务，汽车租赁，汽车维修，货物进出口，技术进出口等业务。公司下设营销中心、旅游汽车营运中心，主要经营旅游交通高快班线、旅游专线和租包车业务，业务覆盖昆明、大理、丽江、香格里拉、红河、西双版纳等重要旅游景区。

公司网站内容丰富，涵盖旅游线路、景区景点、票务预订、酒店预订、车型介绍、汽车维修和旗下分公司介绍等版块。将各特色景区用图文方式展示，可以给游客直观的感受；旅游线路则详细介绍该线路所有行程的吃住玩及特色景点；可以方便在网站上进行票务、酒店等的预订；车型展示区详细展示各类车型、规格、车况等，并可以实现网上方便预订。其网站截图如图 7-30 和图 7-31 所示。

图 7-30　云南旅游汽车公司网站截图 1

图 7-31　云南旅游汽车公司网站截图 2

分析云南旅游汽车公司网站，试回答以下问题：

1. 该网站提供了哪些功能？
2. 与你知道的旅游汽车公司网站相比，该网站有何优点？
3. 该网站有哪些需要改进的地方？

第 8 章　旅游电子商务系统

学习目标

- 理解旅游电子商务系统的相关概念
- 了解旅游电子商务系统建设的意义
- 培养熟练使用旅游电子商务系统的能力
- 培养分析旅游电子商务系统的能力
- 掌握旅游电子商务系统的设计过程

导言

互联网技术的兴起，社会经济技术的持续发展，引起了电子商务的高速发展，它作为世界信息技术应用最为广泛的一个领域，其市场规模在全球急剧扩大，各发达国家都把发展电子商务作为拓展市场的重要手段。高速增长的旅游市场和日益增长的网络消费人群，给旅游业带来了新的契机，网络的交互性、实时性、丰富性和便捷性等优势促使传统旅游业迅速融入网络旅游的浪潮。同时，由于旅游产业的特殊性，特别适合于发展电子商务，所以电子商务与旅游业结合是一种必然趋势。本章就介绍了旅游电子商务系统的相关概念及发展现状与趋势，通过对几个典型旅游电子商务系统的分析，探索旅游电子商务系统的功能与特点，并在此基础上进行分析和阐述，最后详细地介绍其设计开发的全过程。

8.1　概　　述

在信息化进程中，与其他行业一样，旅游业普遍开始重视应用信息技术提高行业的管理效率和运营水平。旅游、旅游业、旅游管理对信息技术的内在需求是旅游电子商务系统产生和发展的内在动力。

8.1.1　旅游电子商务系统的基本概念

1. 电子商务的概念

电子商务源于英文 Electronic Commerce，简写为 EC。电子商务是利用电子通信方式进行的各种商业贸易活动。

它可以分成以下两种类型。

（1）广义电子商务，泛指企业利用电子手段实现的商务及运作管理的整个过程，是各参与方通过电子方式而不是直接物理交换或直接物理接触方式来完成的任何业务交易。

（2）狭义电子商务，是指通过 Internet 或电子数据交换（EDI）进行的交易活动，从这一点出发，也有人将电子商务称为 IC（Internet Commerce）。目前，电子商务则主要指狭义的电子商务。

2. 电子商务系统的概念

电子商务系统，广义上讲是支持商务活动的电子技术手段的集合。狭义上看，电子商务系统则是指在 Internet 和其他网络的基础上，以实现企业电子商务活动为目标，满足企业生产、销售、服务等生产和管理的需要，支持企业对外业务协作，从运作、管理和决策等层次全面提高企业信息化水平，为企业提供商业智能的计算机系统。

3. 旅游电子商务的概念

旅游电子商务是指通过先进的网络信息技术手段实现旅游商务活动多个环节的电子化，包括通过网络发布、交流旅游基本信息和商务信息，以电子手段进行旅游宣传促销、开展旅游售前售后服务，通过网络查询、预订旅游产品并进行支付，也包括旅游企业内部流程的电子化及管理信息系统的应用等。

可以从以下几个方面来理解旅游电子商务。

1）从技术基础角度来看，旅游电子商务采用数字化电子方式进行旅游信息交换和开展旅游商务活动。旅游电子商务开始于互联网诞生之前的 EDI 时代，并随着互联网的普及而飞速发展。近年来，移动网络、多媒体终端、语音电子商务等新技术的发展，不断丰富和扩展着旅游电子商务的形式和应用领域。

2）从应用层次来看，旅游电子商务可分为以下两个层次。

（1）面向市场，以市场活动为中心，包括促成旅游交易实现的各种商业行为，网上发布旅游信息、网上公关促销，旅游市场调研和实现旅游交易的电子贸易活动，网上旅游企业洽谈、售前咨询、网上旅游交易、网上支付、售后服务等。

（2）面向旅游企业/机构内部建设利用网络重组，整合旅游企业/机构内部的经营管理活动，实现旅游企业内部电子商务，包括建设内部网；利用计算机管理信息系统，实现旅游企业/机构内部管理信息化，促进旅游电子商务发展到成熟阶段。这将实现旅游企业和机构外部电子商务与内部电子商务的无缝对接，极大地提高旅游业的运作效率。

3）旅游电子商务是包括应用现代网络信息技术手段进行的有商业目的的发布、传递、交流旅游信息的活动。旅游信息服务是旅游电子商务的重要内容。如今许多旅游者在网上查询旅游信息，据此规划行程，作出旅游决策，但又能在网下预订旅游产品。如果仅把旅游电子商务理解为旅游电子交易，就无法全面反映现代信息技术服务于旅游商务活动的丰富内涵和巨大影响。

4. 旅游电子商务系统的定义

旅游电子商务系统是指以旅游企业为主导的，应用 Internet 技术和网上支付结算，拓展市场，加强旅游市场主体间的信息交流与沟通，整合旅游信息资源，实现网上交易，调整企业同消费者、企业同企业、企业内部关系，并实现内部电子化管理的商业体系。

8.1.2 旅游电子商务系统建设的现实需求

旅游电子商务使消费者可以自行到产品生产地（即目的地）提取产品和服务，省去了产品配送的任务。旅游目的地和客源市场都很分散，而且两者之间又存在距离，大量分处在不同地方的服务供应企业，需要组成一个庞大的网络，才能完成产品销售和接待任务，这是旅游运行成本很高的原因所在。因此，旅游电子商务系统的建设迫在　　眉睫。

传统的旅游市场销售渠道以间接销售为主，难以实现直销，这不仅使成本增加，还大大影响了旅游企业开拓市场的能力。如果旅游业应用旅游电子商务系统，不仅可以增加直销产品的比重，减少销售中介和促销的费用，而且可以扩大市场覆盖面，提高工作效率，大大降低运行成本。以互联网为核心，实行集中管理模式，所有的东西都通过网络中心的后台进行处理，所有客户销售的需要，所有客户的管理，产品的管理，销售渠道的管理及交互方式的发生，都采用互联网进行中央集中管理的模式，这种以技术为核心，为客户提供个性化、人性化服务的手段是传统手段所不能企及的。所以，旅游电子商务系统的建设是旅游行业发展的需要，也是时代发展的必然结果。

8.1.3 旅游电子商务系统建设的意义

电子商务是很适合旅游业的，旅游电子商务系统的建设在技术上最具有可行性，利用网络可以迅速整合各种资源，这非常适合于开发散客和小团体旅游市场。旅游电子商务客户可以通过网上结算的方式直接付款，免去消费者携款到旅行社办理各种手续的麻烦，并且可以使旅游产品迅速走向世界。例如，美国最大的旅游电子商务网站之一的 Travelocity 公司，不仅从事电话咨询和预订的旅游服务，还包括在线预订客房，代售各种旅游景点及演出场所、体育场馆、博物馆门票，网上组团，出租车辆等，全面提供旅游代理服务。

旅游电子商务系统的建设是旅游经济活动的一种新态势，随着现代科技和信息产业的发展，互联网的兴起给旅游业带来了新的奇迹，网络的实时性、丰富性和便捷性等优势促使传统旅游业迅速融入网络旅游的浪潮。旅游电子商务系统的建设正在对我国旅游市场固有的市场壁垒带来革命性的冲击，通过网络查询信息，进行酒店预订、机票预订和购买支付旅游产品早已成为一种时尚，新的市场关注点正在涌现。旅游电子商务系统的建设可以为旅游业的发展发挥桥梁纽带作用，也可以为会展旅游、酒店网络预订、旅行社业务经营等提供全面、周到的服务。所以，旅游电子商务系统的建设能够推动旅游业及国民经济的快速发展。

8.1.4　旅游电子商务系统的应用

1. 旅游电子商务系统的应用领域

旅游电子商务系统的应用领域主要包括以下四个方面。

1）网上预订服务

包括计算机预订系统和全球分销系统。计算机预订系统是一个专供旅游业内部使用的计算机预订网络，它将航空公司、酒店等旅游服务供应单位与旅行社等旅游服务销售单位联系起来，辅助旅游产品销售，并辅助这些单位进行费用结算。全球分销系统是新型电子商务营销网络，通常以国际性航空公司为龙头，与酒店、汽车公司、铁路公司、旅游企业等旅游相关企业共同建设，提供航班订位、订房等旅游预订服务。

2）基于互联网的旅游信息服务

采集、整理、提供旅游信息，为旅游者的决策过程提供建议，并通过多种信息的展示，吸引潜在的旅游者，促进旅游消费。

3）旅游产品的网络营销

包括旅游企业网上促销、网上采购等。旅游企业可以通过互联网采购产品，并向其他企业销售自己的产品。互联网的广泛应用为旅游企业提供了一个全新的信息传播媒介，也开辟了一条新的产品流通渠道。

4）客户关系管理

客户关系管理系统由客户数据库和电子商务职能模块组成，实现收集、整理、加工客户信息，准确把握并快速响应客户的个性化需求，为客户提供便捷的购买渠道、良好的售后服务和经常性的客户关怀，达到留住老客户、吸引新客户的目的。

2. 旅游电子商务系统的国内发展现状

1）旅游电子商务系统国内发展的特点

（1）旅行预订用户规模不断扩大。根据中国互联网络信息中心《2011 年中国网民旅行及预订行为调查报告》显示，我国网民中有 34.3%的人在 2011 年 2～10 月时间内外出旅行或旅游过，这一群体规模达到 1.66 亿。休闲旅游是网民最主要的出行原因，占 56.9%的比例；其次是个人或家庭事务出行，有 36.5%的比例；因为工作原因出行旅游的网民有 28.8%。网民选择在自己休假时间出游的占到 52.2%，利用五一、十一等节假日出游的有 45.4%，利用周末时间出游的占 31.3%。

（2）旅游市场交易规模快速增加。艾瑞咨询的《2010—2011 年中国在线旅游行业年度监测报告》统计研究分析显示，2010 年中国在线旅游市场交易规模达 103.4 亿元，同比增长 58.0%，呈高速增长的态势。从长期趋势来看，未来 4 年中国在线旅游市场交易规模仍将保持高增长，增速维持在 45%左右。同时，考虑到旅游市场受突发事件和政策环境影响较大，艾瑞咨询作出保守、正常、乐观三种预期，预计到 2014 年，按照正常预估，中国在线旅游市场交易规模将达到 4 516.3 亿元，保守估计将达到 2 800.1 亿元，乐观估计将达到 6 322.8 亿元。2010 年中国在线旅游市场交易规模占整体旅游交易规模的比例为 7.2%，随着在线旅游市场的快速发展，预计 2014 年该比例将增长至 20.4%，旅游市场交易规模增加。

（3）第三方在线代理商规模日益增大。2010 年中国在线旅游市场第三方在线代理商营收规模为 67.6 亿元，同比增长 56.0%。同时据预测，未来几年内，随着第三方在线代理商的日益发展，保守估计第三方在线代理商的营收规模 2014 年将会达到 155.1 亿元，正常估计将达到 250.1 亿元，乐观估计将达到 350.1 亿元，第三方在线代理商规模不断增大。

旅游市场结构情况 2010 年中国在线旅游市场结构中，订房、订票、度假产品比重分别为 44.3%、4.2%、1.5%。根据调查统计，2010 年中国在线旅游市场结构中，订房营收比重为 4.3%，机票营收比重为 44.2%，度假产品及其他旅游营收比重为 11.5%。据预测，未来 4 年，机票的营收比重将会持续微降；订房和度假的营收比重相对提升。

2）我国旅游电子商务系统建设存在的问题

（1）网站信息和服务缺乏互动性。大多数旅游网站，通常是国内外其他旅游网站的山寨版，缺乏鲜明的个性特色。虽然大多数旅游网站对旅游景点和酒店都有介绍，但内容不全面且更新缓慢，很难吸引客户的关注和兴趣。网站服务项目单一，例如旅游线路、景点介绍、游记作品似乎已经成为必不可少的版块，但是内容仅限于浏览。自助旅游、3D 虚拟实景旅游体验等能与客户产生良好互动的项目却较少涉及，导致客户预订的成功率较低，旅游电子商务发展受阻。

（2）网站市场细分不明确。市场细分不明确是目前国内旅游网站普遍存在的一个问题。大多数旅游网站所发布的信息和旅游产品“老少皆宜”。网络访问者多种多样，不同访问者的兴趣爱好、经济能力、职业和年龄不一样，因此访问者的旅游需求也就有所不同。如果不顾不同层次的需求，不针对性地进行市场细分，很难引起访问者的旅游欲望，旅游网站的供给与消费者的个性化需求便难以实现有效对接。

（3）优秀旅游电子商务资源流失。从各大旅游电子商务企业的投资背景看，具有良好发展前景的优秀旅游电子商务企业往往受到国际资本的青睐，如携程、艺龙在纳斯达克上市，易网通随后在伦敦上市。国际资本对我国旅游电子商务的投资促进了我国旅游电子商务行业的发展，同时也使得我国优秀旅游电子商务资源流失。

（4）电子商务软环境不完善。我国电子商务相关的法律法规建设还处于起步阶 段，电子商务认证（Certificate Authority，CA）、电子合同、数字签名、电子凭证、电子支付等辅助交易工具的标准还不统一，导致旅游电子商务无标准可循，并且许多人对电子商务依然存有疑虑，实践中仍以线下交易为实现手段。

8.1.5 旅游电子商务系统的发展趋势

1. 系统应用技术现代化

旅游电子商务是旅游行业与计算机及信息技术发展的产物，随着计算机技术的飞速进步、信息技术的不断完善、网络发展的日新月异，旅游电子商务将发展到更高层次。

1）智能导购机器人

智能导购机器人是电子商务与智能信息结合的一个新亮点，运用到旅游电子商务中将为旅游者提供一对一的对话服务，克服了旅游信息的海量、无序、无方向等问题，实现人性化的购买模式。用户通过信息平台能很快孵化建设属于自己的旅游电子商务信息化交易平台或“领养”自己的智能导购机器人，并根据自己的喜好设计机器人形象。它相当于专家导购员、售后服务员、贴身专家秘书，过去人工繁琐的操作过程可以交由智能机器人代劳，甚至能实现完全自然化语言对话式的销售过程，让旅游者像在现实生活场景中一样与其进行交流。智能导购机器人在旅游电子商务中的应用，将摒弃传统电子商务单一的营销模式，必将成为旅游电子商务发展的一个新的趋势。

2）3D 技术的运用

3D 技术与旅游电子商务的结合，除了能将实际的景区，如泰山、故宫等通过 3D 技术实现为完全虚拟的 3D 景区，使旅游者可以足不出户地体验千姿百态的风景胜迹，而且它还能为游客提供一个 3D 的社区空间，游客能够在这里实现与其他游客的互动，使旅游者有更好、更直观的体验。借助以 Web 3D 为核心的先进技术构建的虚拟景区，游客可以通过建立个性化的 3D 虚拟化身，在 3D 的景区环境中直接试玩旅游景区部分景点，身临其境地查看拟真的景点信息，由此增加对于景点深层次的了解与熟悉，引发旅行需求。景点管理人员或导游也可以在线主动推荐特色旅游景点，更好地推广旅游景点。同时，通过这个平台，营运商可以听取游客的建议及点评，更好地规划与建设现实中的旅游景区。

3）移动旅游电子商务将成为主流

移动电子商务将成为一个新的切入点，结合智能网络技术，真正实现以人为中心的旅游电子商务的应用。未来对旅游业最重要的移动电子商务技术包括：移动支付——顾客无论在何时何地，通过移动电话等终端就能完成对企业或个人的资金的安全支付；短信息服务——以低成本高效率的信息交流方式，随时随地把顾客、旅游中间商和旅游服务企业联系在一起，预订的结果、航班的延迟等信息皆可随时通知旅游者。

2. 经营模式多元化

旅游电子商务行业发展至今，已经进入到一个快速整合的阶段，行业价值链越来越清晰，能否尽快找准自己的方向将决定一个企业的生存。以“机票+酒店”的核心经营模式，是目前绝大多数旅游电子商务的主要经营模式。但是，当拥有数亿用户的移动 12580 和中国电信号码百事通 168114 跻身旅游信息界，酒店、机票这种传统业务遭遇到了空前强劲的竞争。2008 年起，旅游垂直搜索引擎成为众多旅游企业开始尝试的新范畴，这一系统让越来越多的用户体验专业且智能的旅游垂直搜索服务。以多元化、一站式为特色的“网上旅行超市”模式也将是未来旅游电子商务企业的重要经营模式，它的内容包括了“酒店+机票+景点门票+旅游线路+演唱会门票+租车”等多项业务范畴。而一些基于游客点评的网络平台在未来也将大行其道，它让游客在网上分享自己的旅行经历，以获得积分兑换，同时使经营者从网络评价中获取消费参考信息。

3. 品牌竞争差异化

对于任何一个企业来说，品牌都是企业的核心竞争力。但是，随着旅游电子商务的加速发展，企业之间的品牌特色差异势必成为各自客源市场占有率的核心竞争力。当市场相对固定，服务日趋完善，消费者甄选营运商的标准则更加广泛和严格。对旅游电子商务企业而言，获胜的条件绝不仅仅是结合旅游相关知识及信息技术，还包括具有一项或多项业务达到竞争领域一流水平，具有不可替代性或不可轻易被竞争对手模仿，使利润最大化。这就要求企业在诸如技术创新、顾客服务、营销手段、企业文化、组织结构等方面要有自己独特的优势，以提高自己的核心竞争力，特别是服务质量的优劣。高水平的服务是建立优质品牌的必要手段，需要注意的是旅游电子商务的服务不仅指态度，更多的是情感渗透，以顾客的需求和利益为中心，如企业与客户沟通的互动平台，其设计必须要以服务为导向，客户服务的方式必须是可双向沟通的参与方式，有电子邮件、即时通信、论坛在线答疑、电话服务等。

4. 网络管理规范化

完善法律，健全机制，是一个行业发展的先决条件。随着电子商务的蓬勃发展，传统领域的法律法规在某种程度上已经不能完全覆盖到这个不断创新的行业。虽然目前已经颁发了一些关于电子商务的法律法规和在线交易规则，但切实应用于旅游电子商务的还为之甚少，如税收、保险、资信评估、电子合同等方面的问题仍亟待解决。就消费者权益保护这个方面而言，在未来的发展中，旅游电子商务将通过明确网络交易平台提供商、网络服务提供商及消费者的法律责任，以帮助解决双方合同约定、信息与真实产品相符程度、网络交易售后服务等多种问题，以保障在发生纠纷时有法律法规可以遵循，也使消费者在纠纷发生之前对从事网络交易过程中涉及的权利和责任有所了解。同时，旅游电子商务行政管理部门将着力于网络交易平台提供商对网络服务提供商的经营资质的审核，并通过适当方法公布，使消费者可以查询和知悉。对于涉及网络交易中的个人信息、隐私的保护，也将作出相应规定，如通过网络交易平台提供商与用户之间签订隐私权保密协议，借以限定网络交易平台提供商披露用户信息的情况。

5. 服务功能个性化

互联网上旅游信息的广泛传播，为喜爱自由不愿受拘束的旅行者提供了前所未有的广阔舞台和崭新的生活空间。一种新型的以个体为中心的DIY旅游文化应运而生。DIY电子商务平台为旅游者提供旅游点、旅游酒店、机票、餐馆、旅游地图等旅游信息，可以让旅游者按照自身的喜爱和条件，自由地为自己制订旅游计划，同时通过网络交互平台，旅游者可以发布“网络召集令”，与志同道合的旅游者共同出行旅游。

8.2　旅游电子商务系统的规划

8.2.1　旅游电子商务系统案例分析

本节以携程旅行网、去哪儿网和 Expedia 旅游电子商务网站三个旅游电子商务网站为例，对实际的旅游电子商务系统进行分析。

1．携程旅行网

1）系统简介

携程旅行网（http://www.ctrip.com/）创立于 1999 年，总部设在中国上海，员工 16 000 余人，目前公司已在北京、广州、深圳、成都、杭州、南京、厦门、重庆、青岛、沈阳、武汉、三亚、丽江、香港、南通等 15 个城市设立分支机构，在南通设立服务联络中心。2010 年，携程旅行网战略投资台湾易游网和香港永安旅游，完成了两岸三地的布局。作为中国领先的综合性旅行服务公司，携程旅行网成功整合了高科技产业与传统旅行业，向超过 6 000 万会员提供集酒店预订、机票预订、旅游度假、商旅管理、美食订餐及旅游资讯在内的全方位旅行服务，被誉为互联网和传统旅游无缝结合的典范。

携程旅行网首页截图如图 8-1 所示。

图 8-1　携程旅行网首页截图

2）系统服务内容

“旅游度假”下设 10 个子版块，分别为“国内旅游”、“出境旅游”、“周边/当地游”、“邮轮”、“门票/交通”、“签证”、“欧铁”、“旅游攻略”、“包团定制”、“鸿鹄逸游”。网站已开拓 30 余个出发城市，拥有千余条度假线路，覆盖国内外 200 多个度假地，拥有丰富的旅游产品服务。

“国内酒店”和“海外酒店”版块提供覆盖全国数百个城市和全球 172 个国家的酒店

预订及酒店价格查询，涵盖了国内外数十万酒店、宾馆、旅社、客栈、经济连锁等住宿信息查询，提供“未住先知，从容选房，到店无房，赔付首晚”的质量保证，同时提供酒店电话、房间图片、地图地址、酒店评论等信息。

“惠选酒店”版块提供了酒店特惠的信息查询、预订和点评等服务，此版块以低价优势和新奇的预订方式为主要特点。

“国内机票”和“国际机票”版块提供覆盖国内、国际各大航空公司的航线与航班的机票查询预订服务，实现国内 50 多个城市市内免费送票，实现异地机票的本地预订和异地取送。同时，提供航班时刻表查询、航班动态查询、机票排行榜、热门机票、机场查询，以及各大航空机票查询。

“团购特卖”版块下设三个子版块，分别是“团购”、“机+酒特惠”、“特卖汇”，提供旅游线路、酒店及机票的团购服务，承诺“未消费退款、过期返还、不满意免单真实评论”的质量保证，并和美团、58 团购等网站有快速链接。

3）系统特点

（1）携程旅行网建立了一整套现代化服务系统，包括客户管理系统、房量管理系统、呼叫排队系统、订单处理系统、E-Booking 机票预订系统、服务质量监控系统等。依靠这些先进的服务和管理系统，携程为会员提供更加便捷和高效的服务。

（2）携程旅行网提到了一个 One-stop Shop 的概念，不只可以在门店里订到酒店，还能订到机票，在目的地指南和社区里还能看到游记和目的地介绍。

（3）携程旅行网提供了丰富的预订和支付方式。携程旅行网不仅提供了网络预订系统，还成功建立了中国旅行界第一大“Call Center”呼叫中心，中心具有 90 个席位，预订服务员 107 名。携程的呼叫中心采用最先进的第三代呼叫核心技术 CTI（计算机电话综合运用），大大提高了工作效率，日接电话最高可达 45 000 只，是国内旅行界技术最先进、规模最大的呼叫中心。在支付方式方面，携程网可以接收不同的信用卡、借记卡、支付宝等多种支付方式。

（4）UGC 在携程旅行网的运用。UGC，全称为 Users Generate Content，也就是用户生成内容的意思。实际上消费者也在分享这样一个信息，旅游者就成了一个积极主动的信息的创造者。让消费者通过旅游资讯了解消息，最后能够转化为产品。携程网通过网上社区，积累知识以后，可以提供相应的旅行服务包括使业务更加多元化，另外通过线上线下的服务，共同推广这个产品。携程网的网络评价系统，在“酒店点评”方面，已经有了 23 万条回复。携程网的评价系统，消费者一定要通过携程预订才能写这个评语，这大大排除恶意灌水和诋毁的行为，相对来说质量有了明显提高。通过酒店点评，客户能得到真实、全面、及时的消息反馈。

2. 去哪儿网

1）系统简介

去哪儿网（Qunar.com）（http://www.qunar.com/）是全球最大的中文旅行网站，网站上线于 2005 年 5 月，公司总部位于北京。去哪儿网通过网站及移动客户端的全平台覆盖，随时随地为旅行者提供国内外机票、酒店、度假、旅游团购及旅行信息的深度搜索，帮助旅行者找到性价比最高的产品和最优质的信息，聪明地安排旅行。去哪儿网凭借其便捷、先进的智能搜索技术对互联网上的旅行信息进行整合，为用户提供实时、可靠、全面的旅游产品查询和信息比较服务。

去哪儿网首页截图如图 8-2 所示。

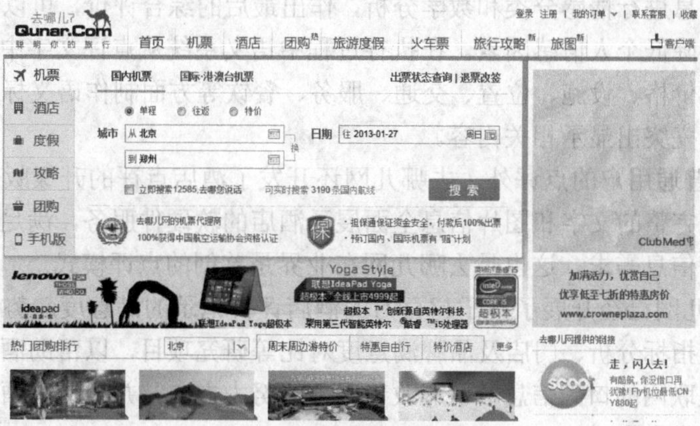

图 8-2　去哪儿网首页截图

2）系统服务内容

“机票”版块分 5 部分，分别为“国内机票”、“国际·港澳台机票”、“国内特价机票”、“国际·港澳台特价机票”、“机票价格趋势查询”，提供国内外各类机票的查询与预订功能。

“酒店”版块分 5 部分，分别为“酒店搜索”、“客栈民宿”、“酒店一口价”、“酒店夜销”、“精品酒店”，提供国内外各类酒店的查询与预订功能。

“团购”版块分 7 部分，分别为“全部团品”、“酒店”、“周边游”、“国内游”、“出境游”、“门票”、“温泉滑雪”，提供与旅行相关的各类团购功能。

“旅游度假”版块分 9 部分，分别为“独家首页”、“主题度假”、“国内度假”、“出境度假”、“周边度假”、“温泉”、“邮轮度假”、“签证”、“门票”，对网站策划的各种旅游度假线路进行宣传与营销功能。

“火车票”版块分 3 部分，分别为“站站搜索”、“车站搜索”、“车次搜索”，提供国内火车票的查询与预订功能。

“旅行攻略”版块分 6 部分，分别为“旅行首页”、“攻略库”、“旅游地图”、“目的地”、“手机版”、“我的旅行空间”，提供旅游相关信息的搜索功能，并能制作和分享旅游攻略。

“旅图”版块分 4 部分，分别为“发现”、“达人”、“手机版”、“我的旅图”，提供旅行中拍摄的照片的分享功能。

3）系统特点

（1）去哪儿网针对旅游行业的特点，采用专业的垂直搜索，是搜索引擎的细分和延伸，这种搜索引擎对网页库中的旅游类信息进行一次整合，定向分字段抽取出需要的数据进行处理后再显示给用户。采用先进的垂直搜索技术，克服了旅游信息海量无序，使得旅游信息的搜索更加具体和专业，成为了旅游垂直搜索的经典网站。

（2）去哪儿网不仅关注酒店点评数量的增长，更关注酒店点评质量的提升。去哪儿网对用户评价信息进行情感分类和数学分析，作出最后的综合评价，可以最大程度上防范虚假点评并尽量降低个人情感因素。在执行过程中语义系统从点评文字中抽取分析维度，对用户最关注的价格、设施、位置、交通、服务、餐饮等方面制作语义标签，用户根据选择查看标签，高亮突出显示相关内容。

（3）除了普通用户的点评外，去哪儿网还开发了酒店点评的升级版——“砖家”点评，即通过详细完整的文字和图片信息全面展示酒店的软硬件服务，满足专业“驴友”及特殊人士的酒店信息需求。这也是去哪儿网在业界是首创的点评模式。

（4）去哪儿网已经开展了基于超百万的酒店评价记录的满意度趋势分析、点评量趋势分析、五维度指标分析、门店及品牌满意度对比等研究项目，以帮助酒店了解自身及竞争对手的基于互联网的口碑信息，了解改善服务的努力方向，并为这些酒店最终提升运营收益管理水平提供参考。

（5）去哪儿网特设的旅游攻略和旅图两个游客互动分享的平台，人性化地为游客提供了旅游信息的获取和传播，增加了网站的吸引力。

3. Expedia 旅游电子商务网

1）系统简介

Expedia 旅游电子商务网（http://www.expedia.com/）是总部设在美国的一家互联网旅游电子商务网站，所属 WWTE 公司（Worldwide Travel Exchange）。Expedia 旅游电子商务网提供机票预订、酒店预计、汽车出租、游船等服务，是世界一流的旅游电子商务网站，并为许多地区的旅客设立本地化网站，例如加拿大、法国、德国、马来西亚等。Expedia 旅游电子商务网收购的第一家中国互联网公司是艺龙，它在 2004 年 12 月成为在纳斯达克上市的艺龙网的最大股东。5 年之后的 2009 年，Expedia 旅游电子商务网在华业务拓展提速，先在 4 月推出旅游点评网站到到网，又在 10 月以超过 1 200 万美元的价格收购旅游搜索引擎酷讯网。Expedia 旅游电子商务网提供机票预订、租车公司、全球超过 3 000 个地点的旅馆及超值优惠的房价，旅馆的详细资讯亦可于线上浏览。旅客只要输入心中理想的价位与地区等，在最短的时间内，即可得到最即时且准确的报价。

Expedia 旅游电子商务网首页截图如图 8-3 所示。

2）系统服务内容

Expedia 旅游电子商务网下设九个版块，分别是 Vacation Packages、Hotels、Cars、Flights、Cruises、Things to Do、DEALS&OFFERS、GROUPON Getaways、Rewards。

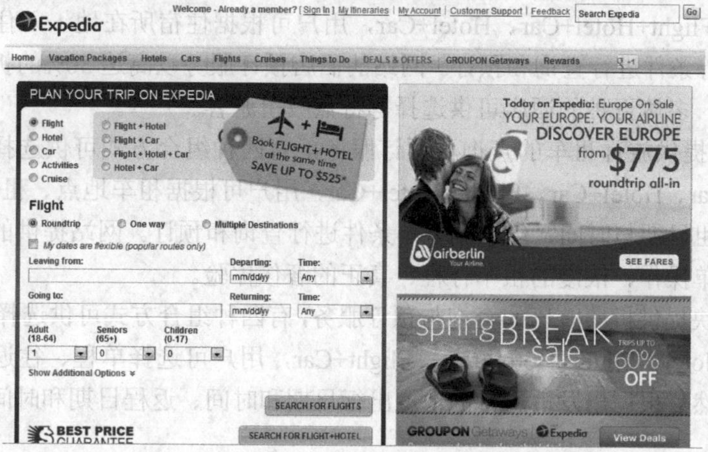

图 8-3　Expedia 旅游电子商务网首页截图

Expedia 旅游电子商务网提供了强大的预订功能，可以自行设计自己的旅游行程，提供了丰富的旅游路线和旅游节事活动供顾客选择，用户可在网站上预订家庭休闲度假产品、个人周末短途行程、商务行程等。此外，用户可以通过网站搜索、比较、预订和点评旅行产品，可预订航空机票、酒店、租车、游轮等单一产品或打包服务。系统的具体服务内容如图 8-4 所示。

图 8-4　服务内容截图

Vacation Packages 版块提供旅行度假产品的组合查询与预订，有四种方式可供选择，分别是 Flight+Hotel、Flight+Hotel+Car、Flight+Car、Hotel+Car，用户可根据出发地，出行时间，目的地，返回时间，同行的成人、老人或儿童数量等条件进行查询和预订，帮助用户快速安排旅行行程。

Hotels 版块提供旅游酒店的查询与预订，有四种方式可供选择，分别是 Hotel only、

Flight+Hotel、Flight+Hotel+Car、Hotel+Car，用户可根据住宿所在地、入住日期、退房日期、房间数量等条件进行查询和预订。网站的酒店预订服务以高达 50%的折扣、近 60%的无纠纷交易率、多达百种的酒店可供选择等特点吸引游客。

Cars 版块提供旅行租车的查询与预订服务，有四种组合方式可供选择，分别是 Car only、Flight+Car、Hotel+Car、Flight+Hotel+Car，用户可根据租车地点、租借日期与时间、退租地点、退租日期与时间、汽车类型等条件进行查询和预订。网站提供的租车服务特点是快速租车下单操作、浪漫的租车行程、真正的奢侈体验。

Flights 版块提供机票航班的查询与预订服务，有四种组合方式可供选择，分别是 Flight only、Flight+Hotel、Flight+Hotel+Car、Flight+Car，用户可选择单程、往返、多目的地组合三种类别，然后根据出发地、目的地、出行日期和时间、返程日期和时间等条件进行查询和预订。

Cruises 版块提供三种方式的旅行类别可供选择，分别是 Popular Cruises、Luxury Cruises、River Cruises，用户可根据出行目的地、出行日期、出行线路、参加者人数等条件查询和预订合适的旅行线路。

Things to Do 版块提供多达 7 000 多种的旅游景点、演出表演、主题公园等活动的查询和预订，用户可以根据所在地及日期条件进行查询和预订。

DEALS&OFFERS 版块为用户提供管理查询记录和处理订单交易功能。GROUPON Getaways 版块为用户提供旅行产品的团购功能。Rewards 版块为用户提供旅游记录，用户可以在此版块建立自己的旅行成就记录册。

3）系统特点

（1）强大的信息采集能力。通过浏览 Expedia 旅游电子商务网，可以轻松地预订到几乎世界上任何一个城市的酒店以及几乎所有的商业航班。Expedia 旅游电子商务网不仅显示出两条直飞航线的时间、航空公司、机型等相关信息，同时显示中转航班的相关信息，增加了自助游旅游者的可选范围。

（2）良好的网站浏览体验效果以及预订的便捷性。在 Expedia 旅游电子商务网的首页，可单独预订机票、酒店、租车、游船等业务，同时也可将其中任意几项进行选择，只需输入出发地和目的地，网站自动将航班、酒店等相关信息进行罗列，且相比单项预订会有较大幅度的折扣，同时根据预订者的需要进行排序。首页的右侧是促销广告，下侧根据热门航线，热门旅游目的地，区域划分进行分类，此类版面布置可以使旅游者根据需求快速定位，可大大提高游客的效率。

（3）较高的国际化程度。Expedia 旅游电子商务网除建有 Expedia.com 官方网站 外，还在 26 个国家和地区建立子网站，通过对子网站的浏览可以看出除语言不同之外，在首页及子页风格上都遵循 Expedia 旅游电子商务网官网的统一风格，这也是 Expedia 旅游电子商务网能够在世界旅游运营在线服务商中脱颖而出的一大原因。针对中国旅游市场，Expedia 旅游电子商务网则采用不同的营销手段进行市场的开发，其中最重要的一点就是本土化的营销，中国民众广为熟知的艺龙旅行网、酷讯网的控股股东均为 Expedia 旅游电子商务网，艺龙的本土资源同 Expedia 旅游电子商务网的国际资源相辅相成，为 Expedia 旅游电子商务网进入中国旅游市场奠定了强有力的伙伴基础。

8.2.2　旅游电子商务系统建设的目标

旅游电子商务系统建设的目标是：通过对旅游市场细分和旅游商品细分的研究，将各种旅游信息更有效地展示给游客，便于游客根据自己的需求快速地查找相关的信息。

旅游电子商务系统旨在以有效的方式给游客展示信息，便于游客根据自己的需求查找信息，突出此系统的特点，实现系统的有效性、实用性、便捷性。

旅游电子商务系统的定位就是满足旅游市场的发展需求，顺应旅游战略创新的趋势，探索新的旅游业务模式，建设有特色的、个性化的旅游电子商务，降低成本，提高效率，寻求新的利润增长点。旅游电子商务系统的建设突破了传统经营模式与手段，建立现代旅游管理信息系统，避免传统规模扩张中的机构庞大、管理失效的弊病，形成规模化、产业化、标准化的旅游发展新格局，同时提供丰富的旅游资讯和服务，全面解决旅游产品促销的问题，提供标准的合同式文本，确保旅游产品和服务的品质与信誉。

旅游电子商务系统建设可以提供与旅游产业有关的全方位、多层次的服务，提供个性化的自主型旅游散客消费模式，给旅游者的吃、住、行、游、购等带来种种方便，再通过多种媒介宣传，突出其个性化的特性，多角度激发民众的网络旅游、自主旅游意识，使之不再仅仅是一种时尚。随着互联网的普及、社会富裕程度的提高和闲暇时间的增多，随着网络降低技术门槛、操作简便化，旅游电子商务成为人们日常生活的一种习惯，进入大众网络、自主旅游的阶段。

8.2.3　旅游电子商务系统的功能

本旅游电子商务系统总体分为两部分：管理员子系统和用户子系统。其具体功能结构图如图 8-5 所示。

1. 管理员子系统

（1）管理员登录：供管理员登录使用。

（2）度假管理：用于管理员对度假信息进行更新、添加、删除等管理操作。

（3）酒店管理：用于管理员对酒店信息进行更新、添加、删除等管理操作。

（4）机票管理：用于管理员对机票信息、航班信息等进行更新、添加、删除等管理操作。

（5）火车票管理：用于管理员对火车票、列车时刻表等信息进行更新、添加、删除等管理操作。

（6）团购管理：用于管理员对团购信息进行发布、修改、删除等管理操作。

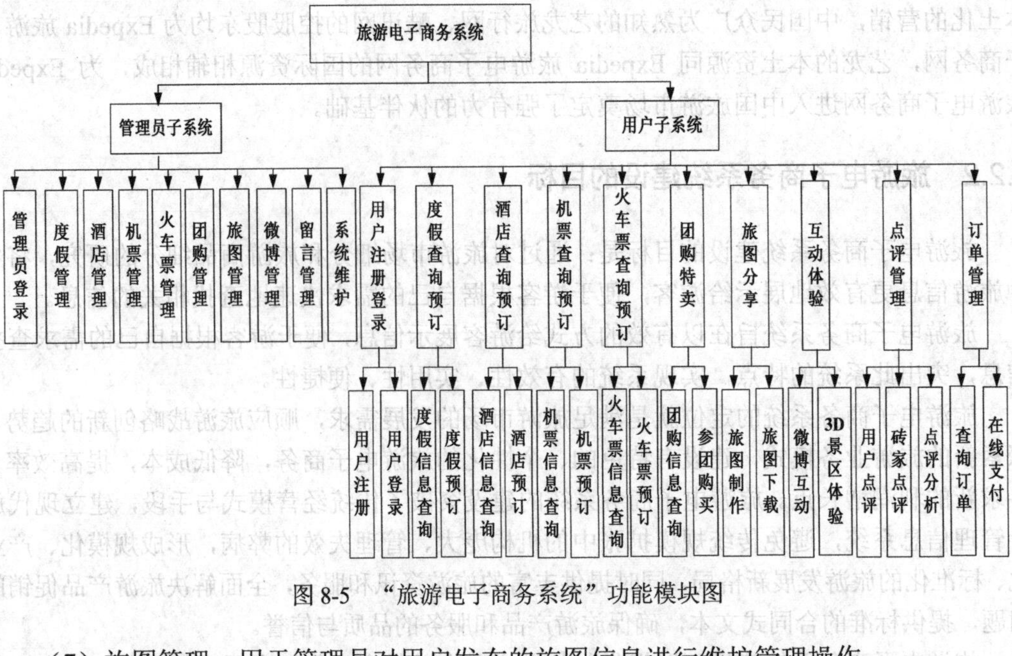

图 8-5 “旅游电子商务系统”功能模块图

（7）旅图管理：用于管理员对用户发布的旅图信息进行维护管理操作。

（8）微博管理：用于管理员对系统官方微博进行及时更新，定期发布优惠信息，起到宣传营销的良好作用。

（9）留言管理：用于管理员对用户留言进行及时的回复和解决。

（10）系统维护：用于管理员对旅游电子商务系统进行日常维护工作。

2. 用户子系统

1）用户注册登录

（1）用户注册：供新用户注册。

（2）用户登录：供注册用户登录使用。

2）度假查询预订

（1）度假信息查询：用于用户根据个人出游度假情况对系统中度假信息进行查 询，找到适合的旅游度假产品。

（2）度假预订：用于用户预订旅游度假产品。

3）酒店查询预订

（1）酒店信息查询：用于用户根据个人住宿情况对系统中旅游酒店信息进行查 询，找到符合用户标准的旅游酒店信息。

（2）酒店预订：用于用户对自己满意的旅游酒店进行预订。

4）机票查询预订

（1）机票信息查询：用于用户根据个人出行情况对系统中的机票、航班时刻表等信息进行查询。

（2）机票预订：用于用户对符合自己要求的机票进行预订。

5）火车票查询预订

（1）火车票信息查询：用于用户根据个人出行情况对系统中的火车票、列车时刻表等信息进行查询。

（2）火车票预订：用于用户预订火车票。

6）团购特卖

（1）团购信息查询：用于用户对参团旅游产品进行查询。

（2）参团购买：用于用户对团购商品进行参团购买操作。

7）旅图分享

（1）旅图制作：用于用户对旅行中所拍摄的旅游照片和旅游心得感受制作成旅图册。

（2）旅图下载：用于用户对喜欢的旅图册进行下载。

8）互动体验

（1）微博互动：用于用户关注系统官方微博，从官方微博中获取及时的优惠信息。

（2）3D 景区体验：用于用户使用 3D 技术身临其境地感受旅游景区景点。

9）点评管理

（1）用户点评：用于用户对网站提供的服务进行反馈和点评，通过用户对网站提供的服务、酒店、景点等进行点评，使旅游电子商务网站更贴切地满足用户的需求，帮助酒店、景点提升服务质量。

（2）“砖家”点评：用于通过详细完整的文字和图片信息全面展示酒店的软硬件服务，满足专业“驴友”及特殊人士的酒店信息需求。

（3）点评分析：用于系统基于超百万的用户点评记录和“砖家”点评记录进行满意度趋势分析、点评量趋势分析、五维度指标分析、门店及品牌满意度对比等研究项目，以帮助酒店了解自身及竞争对手的基于互联网的口碑信息，了解改善服务的努力方向，并为这些酒店最终提升运营收益管理水平提供参考。

10）订单管理

（1）查询订单：用于用户查询预订订单。

（2）在线支付：用于用户支付订单。

8.3 旅游电子商务系统的分析

8.3.1 系统概况表

“用户子系统”的系统概况表如表 8-1 所示。

表 8-1 “用户子系统”概况表

旅游电子商务用户子系统概况表	
输入： D1 用户信息 D2 登录信息 D3 度假查询条件 D4 度假信息查询结果 D6 酒店查询条件 D7 酒店信息查询结果 D9 机票查询条件 D10 机票信息查询结果 D12 火车票查询条件 D13 火车票信息查询结果 D15 团购信息查询条件 D16 团购信息查询结果 D18 旅图制作请求 D20 旅图下载请求 D22 微博互动请求 D24 3D 景区体验请求 D26 用户点评请求 D28 砖家点评请求 D30 点评分析请求 D32 订单查询条件 D33 在线支付请求	处理： P1.1 用户注册 P1.2 用户登录 P2.1 度假信息查询 P2.2 度假预订 P3.1 酒店信息查询 P3.2 酒店预订 P4.1 机票信息查询 P4.2 机票预订 P5.1 火车票信息查询 P5.2 火车票预订 P6.1 团购信息查询 P6.2 参团购买 P7.1 旅图制作 P7.2 旅图下载 P8.1 微博互动 P8.2 3D 景区体验 P9.1 用户点评 P9.2 砖家点评 P9.3 点评分析 P10.1 查询订单 P10.2 在线支付
数据存储： F1 度假预订单 F2 酒店预订单 F3 机票预订单 F4 火车票预订单 F5 团购单 F6 旅图信息表 F7 用户点评表 F8 砖家点评表 F9 点评分析表 F10 支付单	输出： D5 度假预订信息 D8 酒店预订信息 D11 机票预订信息 D14 火车票预订信息 D17 团购购买信息 D19 旅图信息 D21 下载信息 D23 微博信息 D25 体验信息 D27 用户点评信息 D29 砖家点评信息 D31 点评分析信息 D34 支付信息

8.3.2　系统数据流图

1. 顶层图

“用户子系统”顶层图如图 8-6 所示。

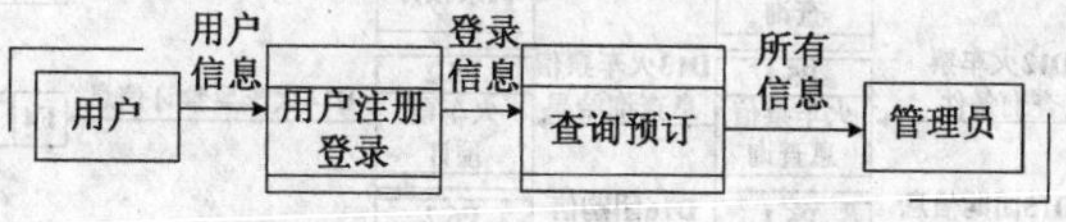

图 8-6　“用户子系统”顶层图

2. 一级细化图

“用户子系统”一级细化图如图 8-7 所示。

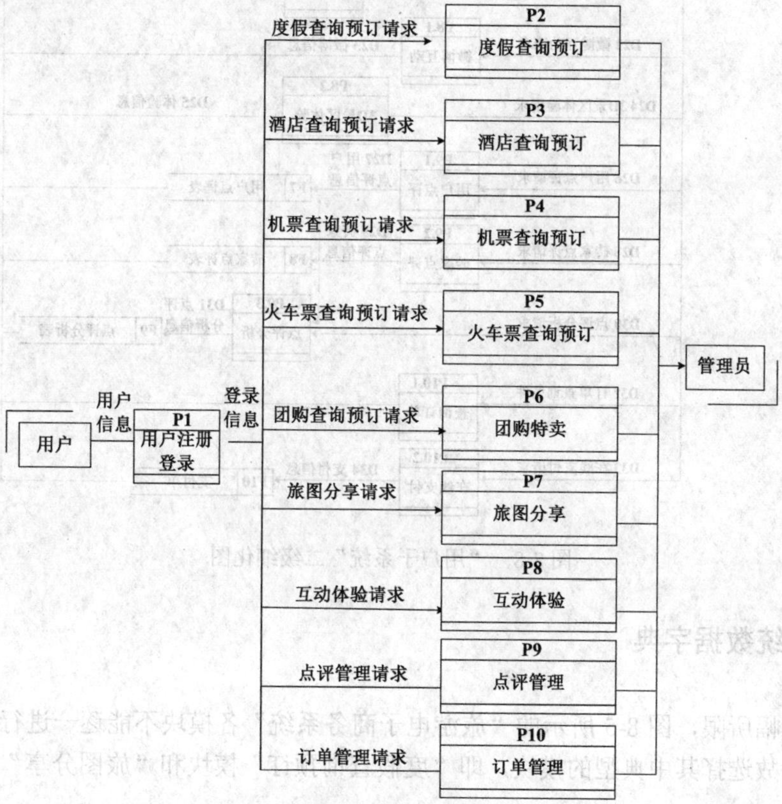

图 8-7　“用户子系统”一级细化图

3. 二级细化图

“用户子系统”二级细化图如图 8-8 所示。

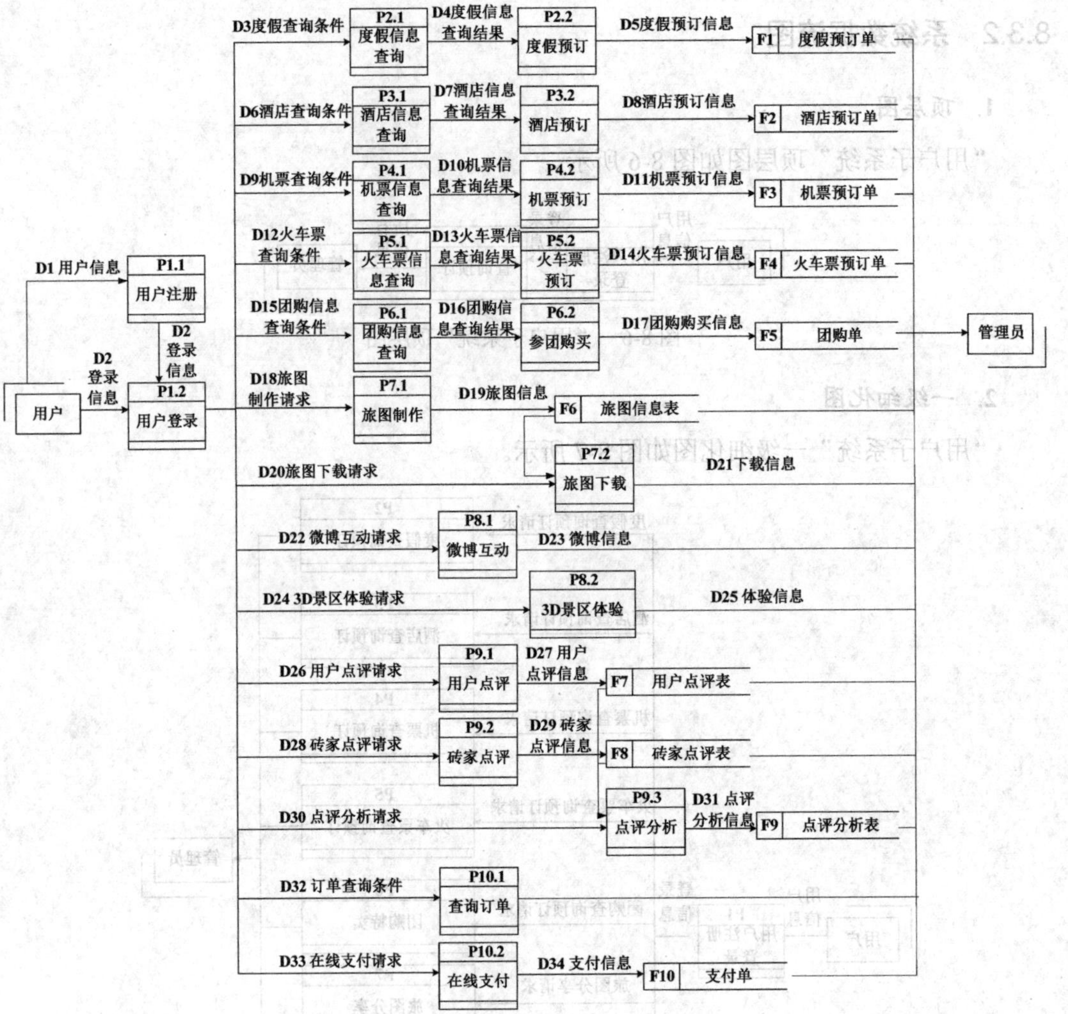

图 8-8　“用户子系统”二级细化图

8.3.3　系统数据字典

由于篇幅所限，图 8-5 所示的“旅游电子商务系统”各模块不能逐一进行数据字典的详细分析，故选择其中典型的模块，即“度假查询预订”模块和“旅图分享”模块，进行详细分析。

1. 数据流条目

“度假查询预订”模块和“旅图分享”模块所包含的数据流条目如表 8-2～表 8-8 所示。

表 8-2　D3 度假查询条件

名称 \ 数据	D3 度假查询条件
别名	无
组成	用户信息+度假查询条件
注释	无

表 8-3　D4 度假信息查询结果

名称 \ 数据	D4 度假信息查询结果
别名	无
组成	用户信息+度假查询条件+度假信息查询结果
注释	无

表 8-4　D5 度假预订信息

名称 \ 数据	D5 度假预订信息
别名	无
组成	用户信息+度假查询条件+度假信息查询结果+度假预订信息
注释	无

表 8-5　D18 旅图制作请求

名称 \ 数据	D18 旅图制作请求
别名	无
组成	用户信息+旅图制作请求
注释	无

表 8-6　D19 旅图信息

名称 \ 数据	D19 旅图信息
别名	无
组成	用户信息+旅图制作请求+旅图信息
注释	无

表 8-7　D20 旅图下载请求

数据 \ 名称	D20 旅图下载请求
别名	无
组成	用户信息+旅图下载请求
注释	无

表 8-8　D21 下载信息

数据 \ 名称	D21 下载信息
别名	无
组成	用户信息+旅图下载请求+旅图信息+下载信息
注释	无

2. 文件条目

“度假查询预订”模块和“旅图分享”模块所包含的文件条目如表 8-9 和表 8-10 所示。

表 8-9　度假预订单

文件 \ 名称	度假预订单
编号	F1
组成	度假预订单编号+旅游线路编号+预订日期+人数+订单金额+订单状态+联系人+联系电话
结构	以度假预订单编号为关键字、索引存取
注释	无

表 8-10　旅图信息表

文件 \ 名称	旅图信息表
编号	F6
组成	旅图信息表编号+游记标题+目的地数量+照片数量+用户名+制作日期+下载次数
结构	以旅图信息表编号为关键字、索引存取
注释	无

3. 数据项条目

“度假查询预订”模块和“旅图分享”模块所包含的数据项条目如表 8-11 和表 8-12 所示。

表 8-11　“度假预订单”数据项条目

数据项名	代　码	类　型	长　度	小数位	注　释
度假预订单编号	DJYDDBH	字符型	13		
旅游线路编号	LYXLBH	字符型	13		
预订日期	YDRQ	日期型	8		
人数	RS	整数型	3		
订单金额	DDJE	数值型	8	2	
订单状态	DDZT	字符型	10		
联系人	LXR	字符型	10		
联系电话	LXDH	字符型	11		

表 8-12　“旅图信息表”数据项条目

数据项名	代　码	类　型	长　度	小数位	注　释
旅图信息表编号	LTXXBBH	字符型	14		
游记标题	YJBT	字符型	30		
目的地数量	MDDSL	整数型	2		
照片数量	ZPSL	整数型	2		
用户名	YHM	字符型	30		
制作日期	ZZRQ	日期型	8		
下载次数	XZCS	整数型	4		

8.3.4　加工说明

“度假查询预订”模块和“旅图分享”模块的加工说明如表 8-13～表 8-16 所示。

表 8-13　度假信息查询

加工 名称	度假信息查询
编号	P2.1
输入	度假查询条件
加工逻辑	提示选择度假类型 如果　选择主题度假　则　转到以春暖踏青、蜜月海岛、购物之旅等主题分类旅游景点 选择国内游　则　转到以华南、华东、华北等区域分类旅游景点 选择出境游　则　转到以欧洲、非洲、美洲等区域分类旅游景点 选择周边游　则　显示用户所在地周围旅游景点 提示选择排序方式

续表

加工 名称	度假信息查询
加工逻辑	如果　选择价格排序　　　　则　按景点价格从低到高排序旅游景点 　　　选择热度排序　　　　则　按景点热度从高到低排序旅游景点 　　　选择住宿等级排序　　则　按住宿等级从高到低排序旅游景点 输出度假信息查询结果
输出	度假信息查询结果

表 8-14　度假预订

加工 名称	度 假 预 订
编号	P2.2
输入	度假信息查询结果
加工逻辑	如果　用户不是会员 　　　则 提示用户注册登录 否则 　　　输入用户名、密码登录预订 输入预订信息 对于订单中预订金额 　　如果 预订金额≥2 000 且已付款 　　　　则 返还预订金额的 15%优惠券到游客用户付款账户 　　否则 　　　　如果 1 000≤预订金额<2 000 且已付款 　　　　　　则 返还预订金额的 10%优惠券到游客用户付款账户 　　　　否则 　　　　　　如果 300≤预订金额<1 000 且已付款 　　　　　　　　则 返还预订金额的 5%优惠券到游客付款账户 　　　　　　否则 　　　　　　　　不返还任何优惠券到游客付款账户
输出	度假预订信息

表 8-15　旅图制作

加工 名称	旅 图 制 作
编号	P7.1
输入	旅图制作请求
加工逻辑	输入游记标题 如果　游记标题字数>30

续表

加工 \ 名称	旅 图 制 作
加工逻辑	则　输出“请精简标题”
	否则
	提示输入添加目的地
	如果　目的地数量>15
	则输出“目的地过多，建议多次分享”
	否则
	提示添加照片
	如果　照片数量>50
	则　输出“照片数量过多，请再挑选”
	否则
	输出制作的旅图册
输出	旅图信息

表 8-16　旅图下载

加工 \ 名称	旅 图 下 载
编号	P7.2
输入	旅图下载请求+旅图信息
加工逻辑	如果　用户不是会员
	则 提示用户注册登录
	否则
	输入用户名、密码登录预订
	如果　用户积分>5 分
	则　下载选择的旅图并扣除 5 积分
	否则
	输出“积分不足，无法下载”
输出	下载信息

8.4　旅游电子商务系统的设计

8.4.1　代码设计

“度假查询预订”模块和“旅图分享”模块中模块代码设计如表 8-17～表 8-20 所示。

表8-17　度假预订单编号代码

代码对象名	度假预订单编号代码				
代码类型	层次码	位数	13	校验位	1
代码数量	10万	使用期限		使用范围	系统内

代码结构

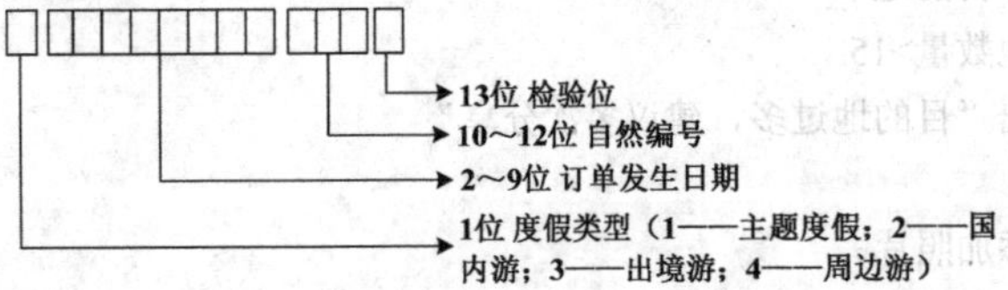

代码示例：2201206090380 表示 2012 年 6 月 9 日提交的预订单，自然编号为 038，校验位为 0

备注			
设计人：马海疆	审核人：	年　　月　　日	

表8-18　旅游线路编号代码

代码对象名	旅游线路编号代码				
代码类型	层次码	位数	13	校验位	1
代码数量	10万	使用期限		使用范围	系统内

代码结构

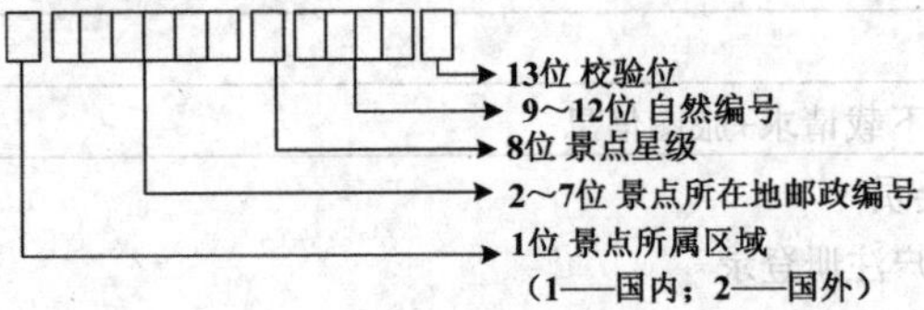

代码示例：1110000040860 表示北京市 4A 级旅游景点，自然编号为 086，校验位为 0

备注			
设计人：马海疆	审核人：	年　　月　　日	

表8-19　旅图信息表编号代码

代码对象名	旅图信息表编号代码				
代码类型	层次码	位数	14	校验位	1
代码数量	10万	使用期限		使用范围	系统内

代码结构

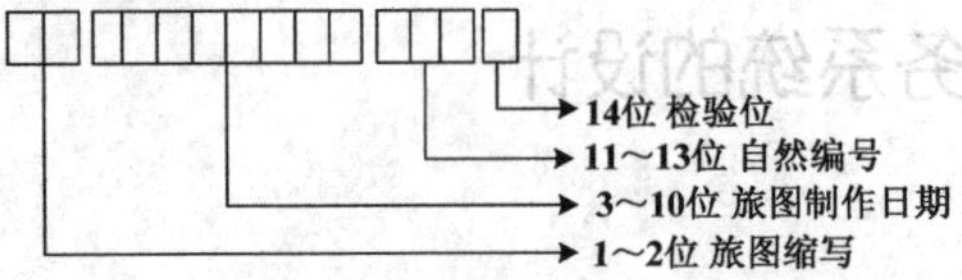

代码示例：LT201108030690 表示 2011 年 8 月 3 日制作的旅图册，自然编号为 069，校验位为 0

备注			
设计人：马海疆	审核人：	年　　月　　日	

表 8-20　各种表和各种文件编号代码

代码对象名	各种表和各种文件编号代码				
代码类型	层次码	位数	17	校验位	1
代码数量	10 万	使用期限		使用范围	系统内

代码结构

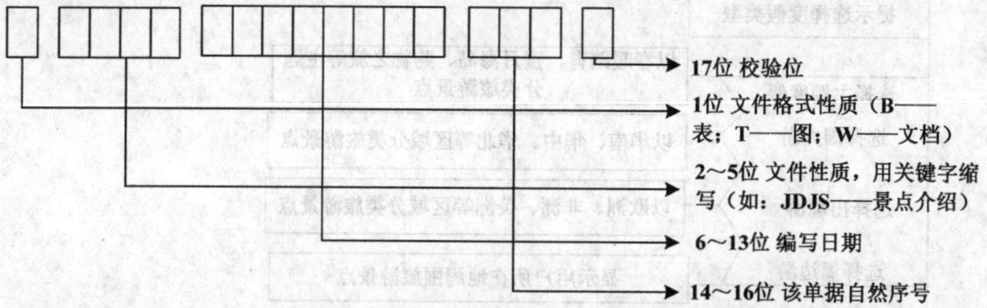

代码示例：WJDJS201101013450 表示该文档为景点介绍，编写时间是 2011 年 1 月 1 日，自然序号为 345，校验位为 0

备注	
设计人：马海疆	审核人：　　年　　月　　日

8.4.2　数据库设计

“度假查询预订”模块和“旅图分享”模块所包含的数据库设计如表 8-21 和表 8-22 所示。

表 8-21　度假预订单

度假预订单编号	旅游线路编号	预订日期	人数	订单金额	订单状态	联系人	联系电话
2201206090380	110000040860	2012-06-09	2	125.00	已付款	Pony	18811436520
2201206090390	131000040200	2012-06-09	1	520.00	已付款	Jelly	18801761520

表 8-22　旅图信息表

旅图信息表编号	游记标题	目的地数量	照片数量	用户名	制作日期	下载次数
LT201208210690	上海之行	1	13	Pony	2012-08-21	520
LT201206180320	英国自由行	4	49	Jelly	2012-06-18	521

8.4.3　数据处理过程设计

“度假查询预订”模块和“旅图分享”模块数据处理过程设计 IPO 图如图 8-9～图 8-12 所示。

系统名：用户子系统	编制者：马海疆
模块名：度假信息查询	编号：1
由哪些模块调用：用户登录	调用哪些模块：度假预订
输入：度假查询条件	输出：度假信息查询结果

算法说明：（问题分析图）

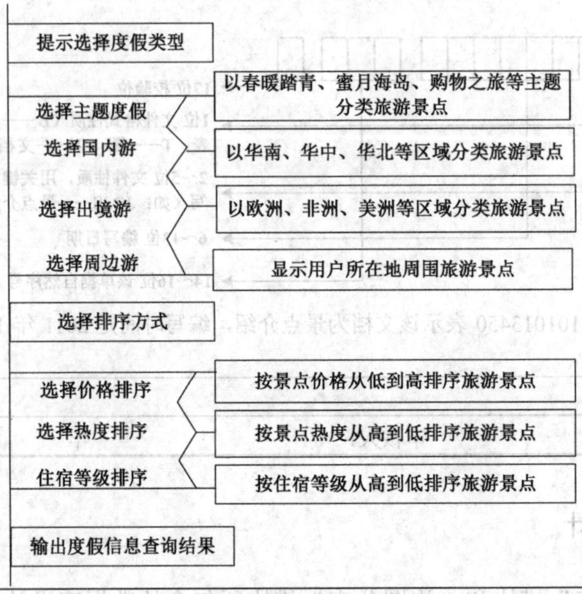

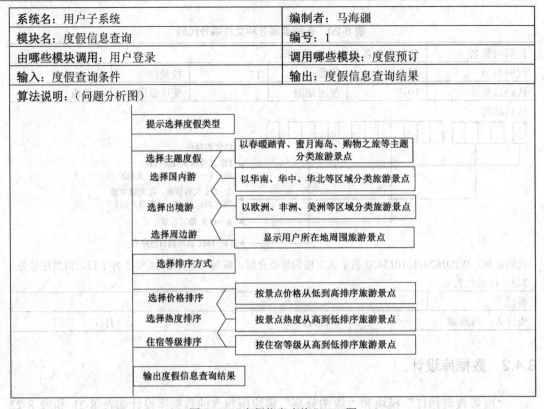

图 8-9 “度假信息查询”IPO 图

系统名：用户子系统	编制者：马海疆
模块名：度假预订	编号：2
由哪些模块调用：度假信息查询	调用哪些模块：无
输入：度假信息查询结果	输出：度假预订信息

算法说明：（问题分析图）

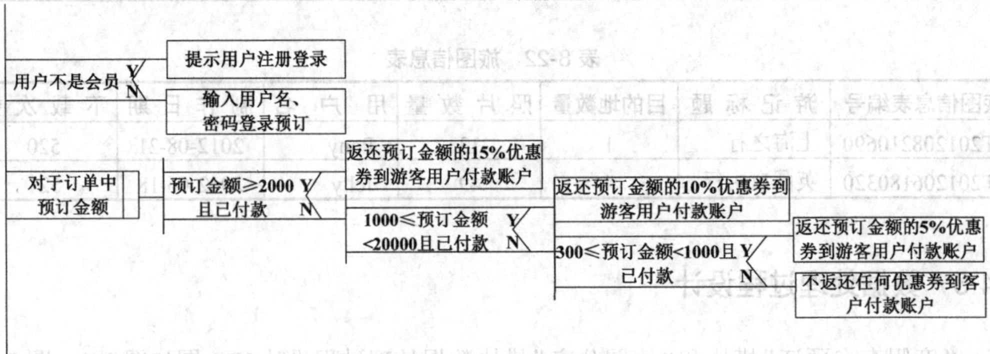

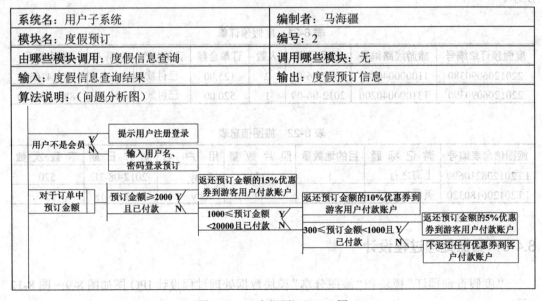

图 8-10 “度假预订”IPO 图

系统名：用户子系统	编制者：马海疆
模块名：旅图制作	编号：3
由哪些模块调用：用户登录	调用哪些模块：无
输入：旅图制作请求	输出：旅图信息
算法说明：（问题分析图）	

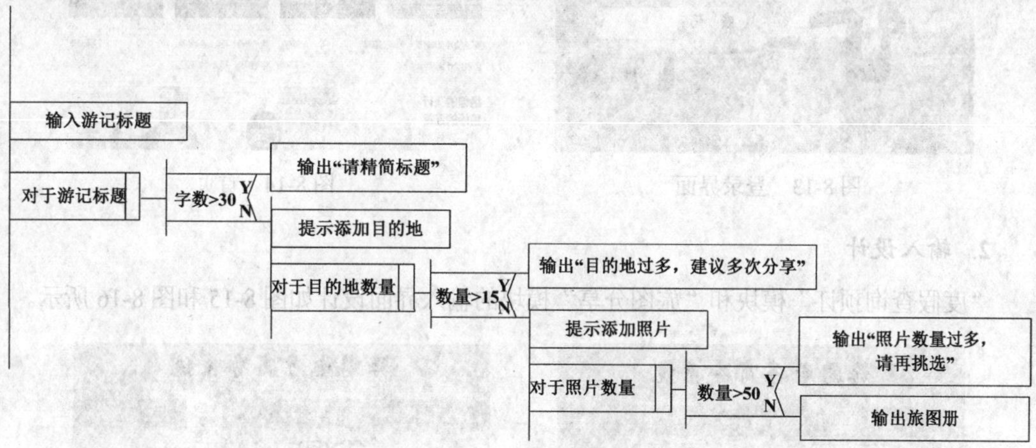

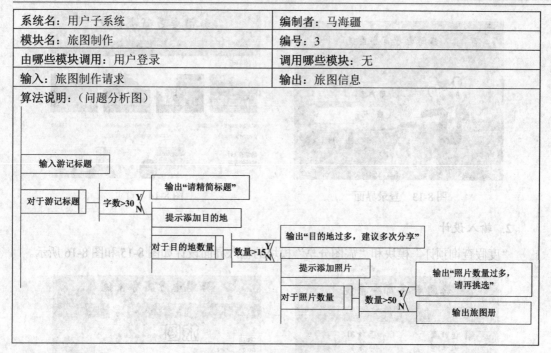

图 8-11　"旅图制作"IPO 图

系统名：用户子系统	编制者：马海疆
模块名：旅图下载	编号：4
由哪些模块调用：用户登录	调用哪些模块：无
输入：旅图下载请求	输出：下载信息
算法说明：（问题分析图）	

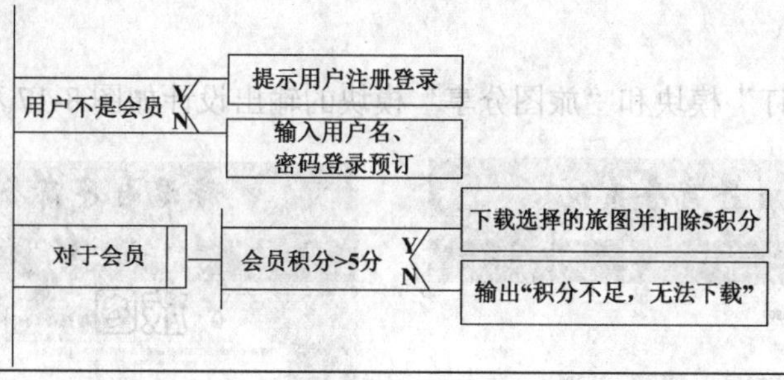

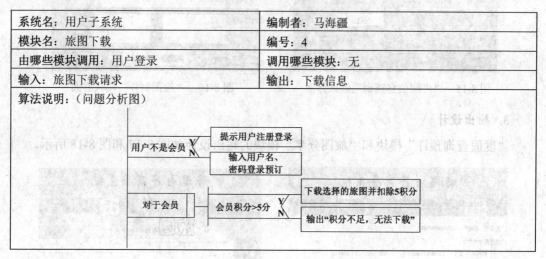

图 8-12　"显示所有订单"处理过程设计

8.4.4　界面及输入、输出设计

1. 登录界面及首页

登录界面和首页设计如图 8-13 和图 8-14 所示。

图 8-13　登录界面

图 8-14　首页

2. 输入设计

“度假查询预订”模块和“旅图分享”模块的输入界面设计如图 8-15 和图 8-16 所示。

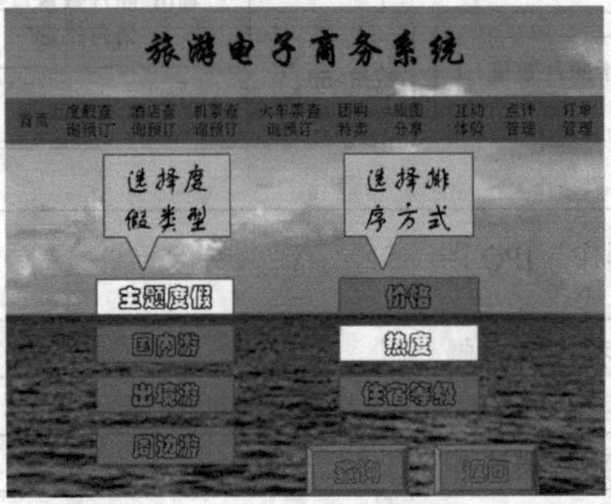

图 8-15　“度假信息查询”输入界面

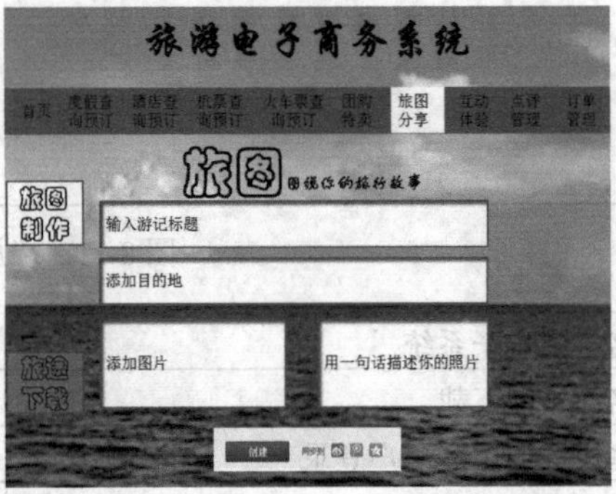

图 8-16　“旅图制作”输入界面

3. 输出设计

“度假查询预订”模块和“旅图分享”模块的输出设计如图 8-17 和图 8-18 所示。

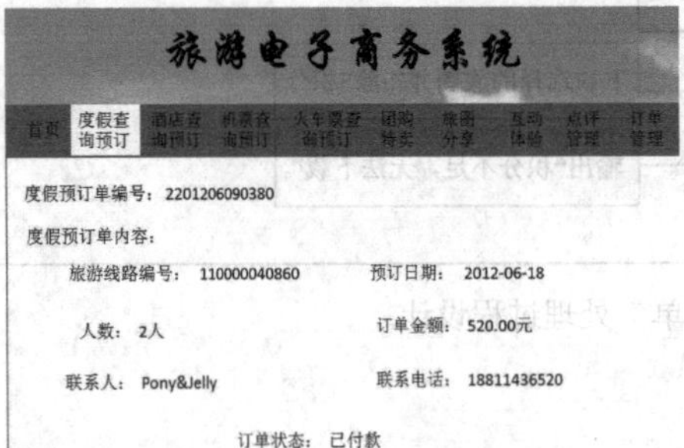

图 8-17　“度假预订单”输出设计

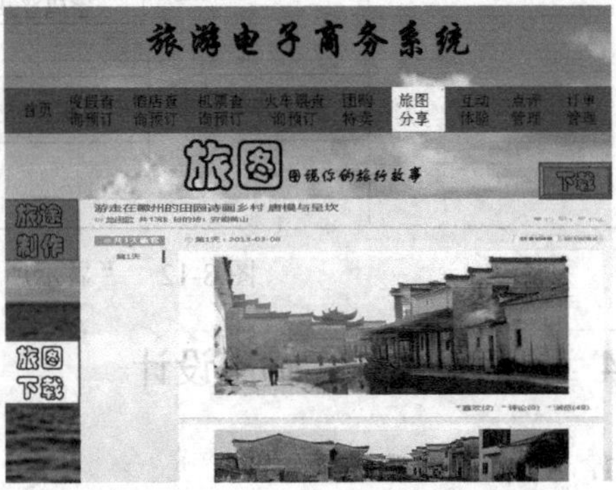

图 8-18　“旅图下载”输出设计

本章小结

- 旅游电子商务系统是指以旅游企业为主导的，应用 Internet 技术和网上支付结算，拓展市场，加强旅游市场主体间的信息交流与沟通，整合旅游信息资源，实现网上交易，调整企业同消费者、企业同企业、企业内部关系，并实现内部电子化管理的商业体系。
- 旅游电子商务系统未来的发展趋势将朝着系统应用技术现代化、经营模式多元化、品牌竞争差异化、网络管理规范化、服务功能个性化五方面迈进。
- 旅游电子商务系统的分析是通过使用概况表、数据流图、数据字典、加工说明对旅游电子商务系统进行详细分析的。
- 旅游电子商务系统的设计是对系统进行详细设计，包括代码设计、数据库设计、数据处理过程设计、界面设计、输入设计及输出设计。

综合练习

一、单项选择题

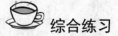

1.（　　）是利用电子通信方式进行的各种商业贸易活动。

A. 电子商务　B. 电子商务系统　C. 旅游电子商务　D. 旅游电子商务系统

2.（　　）是保证以电子商务为基础的网上交易实现的体系。

A. 商务　B. 电子商务系统　C. 旅游电子商务　D. 旅游电子商务系统

3.（　　）是指通过先进的网络信息技术手段实现旅游商务活动多个环节的电子化，包括通过网络发布、交流旅游基本信息和商务信息，以电子手段进行旅游宣传促销、开展旅游售前售后服务，通过网络查询、预订旅游产品并进行支付；也包括旅游企业内部流程的电子化及管理信息系统的应用等。

A. 商务　B. 电子商务　C. 旅游电子商务　D. 旅游电子商务系统

4.（　　）是指以旅游企业为主导的，应用 Internet 技术和网上支付结算，拓展市场，加强旅游市场主体间的信息交流与沟通，整合旅游信息资源，实现网上交易，调整企业同消费者、企业同企业、企业内部关系，并实现内部电子化管理的商业体系。

A. 商务　B. 电子商务　C. 旅游电子商务　D. 旅游电子商务系统

5. 将电子商务称为 IC（Internet Commerce）指的是（　　）。

A. 广义的电子商务　B. 狭义的电子商务

C. 电子商务系统　D. 旅游电子商务

6.（　　）是指在 Internet 和其他网络的基础上，以实现企业电子商务活动为目标，满足企业生产、销售、服务等生产和管理的需要，支持企业对外业务协作，从运作、管理和决策等层次全面提高企业信息化水平，为企业提供商业智能的计算机系统。

A. 电子商务　B. 电子商务系统　C. 旅游电子商务　D. 旅游电子商务系统

7. 旅游电子商务系统在技术上最具有可行性，利用网络可以迅速整合各种资源，这非常适合于开发（　　）旅游市场。

A. 大团体　　B. 散客和小团体　　C. 集中的团体　　D. 固定的团体

8. 酒店电子商务系统的发展趋势不包括（　　）。

A. 网络服务与传统服务相结合　　B. 满足大众化需求

C. 满足个性化需求　　D. 树立网络管理的新理念

9.（　　）是一个专供旅游业内部使用的计算机预订网络，它将航空公司、酒店等旅游服务供应单位与旅行社等旅游服务销售单位联系起来，辅助旅游产品销售，并辅助这些单位进行费用结算。

A. 全球分销系统　　B. 计算机预订系统　　C. 客户关系管理系统　　D. 以上都不是

10.（　　）是新型电子商务营销网络，通常以国际性航空公司为龙头，与酒店、汽车公司、铁路公司、旅游企业等旅游相关企业共同建设，提供航班订位、订房等旅游预订服务。

A. 全球分销系统　　B. 计算机预订系统　　C. 客户关系管理系统　　D. 以上都不是

二、多项选择题

1. 广义电子商务是指（　　）的任何业务交易。

A. 企业利用传统交易手段实现的商务及运作管理的整个过程

B. 企业利用电子手段实现的商务及运作管理的整个过程

C. 不是直接物理交换或直接物理接触方式来完成

D. 是直接物理交换或直接物理接触方式来完成

2. 下面对旅游电子商务理解正确的有（　　）。

A. 旅游电子商务是采用数字化电子方式进行旅游信息交换和开展旅游商务　活动

B. 面向市场，以市场活动为中心，包括促成旅游交易实现的各种商业行为，网上发布旅游信息、网上公关促销，旅游市场调研和实现旅游交易的电子贸易活动，网上旅游企业洽谈、售前咨询、网上旅游交易、网上支付、售后服务等

C. 利用网络重组和整合旅游企业或机构内部的经营管理活动，实现旅游企业内部电子商务

D. 包括应用现代网络信息技术手段进行的，有商业目的的发布、传递、交流旅游信息的活动

3. 旅游电子商务系统在国内发展的特点有（　　）。

A. 旅游网站建设初见成效　　B. 旅游电子商务给酒店发展带来新的契机

C. 旅行社业“社网合一”已经成为历史　　D. 旅游电子商务发展参差不齐

4. 旅游电子商务系统的应用领域主要包括（　　）。

A. 网上预订服务　　B. 基于互联网的旅游信息服务

C. 旅游产品的网络营销　　D. 客户关系管理

5. 我国旅游电子商务系统存在的问题有（　　）。

A. 内容简单　　B. 功能单一

C. 功能复杂　　D. 市场细分不明确

6. 旅游电子商务系统内容和功能方面的问题主要包括（　　）。

A. 内容的有效性、及时性、准确性　　B. 功能太简单、不能满足游客的需求

C. 缺少个性化定制　　D. 缺少共性的内容

7. 旅游电子商务系统的建设可以（　　）。

A. 为旅游业的发展发挥桥梁纽带作用　　B. 为会展旅游提供全面、周到的服务

C. 为酒店网络预订提供全面、周到的服务　　D. 为旅行社业务经营提供全面、周到的服务

8. 旅行社电子商务系统的发展趋势包括（　　）。

A. 开展旅游电子商务，现实经营与网络虚拟经营有机结合

B. 由单纯中间商变为特色旅游的开发商

C. 加强人性化、专业化的咨询服务及其他专业服务

D. 建立旅行社网络联合体，实现网络化经营

9. 旅游电子商务系统的定位包括（　　）。

A. 满足旅游市场的发展需求，顺应旅游战略创新的发展趋势

B. 探索新的旅游业务模式

C. 建设有特色的、个性化的旅游电子商务

D. 降低成本，提高效率，寻求新的利润增长点

10. 旅游电子商务系统的建设要达到的目标有（　　）。

A. 突破传统经营模式与手段，建立现代旅游管理信息系统

B. 避免传统规模扩张中的机构庞大

C. 形成规模化、产业化、标准化的旅游发展新格局

D. 全面解决旅游产品促销的问题，提供标准的合同式文本

三、判断题

1. 旅游电子商务是指通过先进的网络信息技术手段实现旅游商务活动多个环节的电子化，包括通过网络发布、交流旅游基本信息和商务信息，以电子手段进行旅游宣传促销、开展旅游售前售后服务，通过网络查询、预订旅游产品并进行支付；也包括旅游企业内部流程的电子化及管理信息系统的应用等。（　　）

2. 电子商务系统，狭义上讲是支持商务活动的电子技术手段的集合。（　　）

3. 从技术基础角度来看，旅游电子商务是采用数字化电子方式进行旅游信息交换和开展旅游商务活动。（　　）

4. 旅游电子商务是包括应用现代网络信息技术手段进行的，有商业目的的发布、传递、交流旅游信息的活动。（　　）

5. 旅游电子商务系统是指以旅游企业为主导的，应用 Internet 技术和网上支付结算，拓展市场，加强旅游市场主体间的信息交流与沟通，整合旅游信息资源，实现网上交易，调整企业同消费者、企业同企业、企业内部关系，并实现内部电子化管理的商业体系。（　　）

6. 旅游电子商务开始于互联网诞生之前的 EDI 时代，并随着互联网的普及而飞速发展。近年来，移动网络、多媒体终端、语音电子商务等新技术的发展不断丰富和扩展着旅游电子商务形式和应用领域。（　　）

7. 旅游电子商务系统的建设没有对我国旅游市场固有的市场壁垒带来革命性的冲击，通过网络查询信息，进行酒店预订、机票预订和购买支付旅游产品早已成为一种时尚，新的市场关注点正在涌现。（　　）

8. 旅行社开展旅游电子商务，要将现实经营与网络虚拟经营有机结合。首先要在观念上把旅游电子商务与传统旅行社业务对立起来。（　　）

9. 旅游电子商务系统旨在以有效的方式向游客展示信息，便于游客根据自己的需求查找信息，突出此系统的特点，实现系统的有效性、实用性、便捷性。（　　）

10. 旅游酒店电子商务系统的设计必须以强大的专业资源为基础，以市场为中心，以满足客户的要

求为宗旨，增加产品的知识含量和技术含量，适应旅游需求个性化的发展趋势。(　　)

四、简答题

1. 什么是旅游电子商务系统？它有哪些功能？
2. 旅游电子商务系统的应用领域有哪些？
3. 旅行社电子商务系统的发展趋势有哪些？
4. 酒店电子商务系统的发展趋势是什么？
5. 我国旅游电子商务系统建设存在的问题有哪些？

五、论述题

1. 针对我国旅游电子商务系统建设存在的问题，请详细论述解决对策。
2. 请充分利用网络资源，结合对本地区旅游电子商务系统建设的实地调研，详细论述旅游电子商务系统建设的目标。

六、案例分析题

北京旅游信息网（http://www.visitbeijing.com.cn/）是以北京旅游为对象的旅游电子商务网站，共分为八个部分，即“魅力北京”、“旅游景区”、“住宿服务”、“旅游线路”、“吃喝玩乐”、“旅游出行”、“自助旅游”、“京郊旅游”、“旅游问答”。其网站截图如图8-19所示。

图8-19　北京旅游信息网首页截图

通过亲身游览北京旅游信息网，结合本章所学知识，试回答以下问题：

1. 用自己的语言总结网站提供了哪些功能？
2. 课下通过亲身游览体验北京旅游信息网，总结其优点有哪些？
3. 与其他旅游电子商务网站相比，该网站有哪些需要改进的地方？

第 9 章　旅游电子政务系统

学习目标

- 理解旅游电子政务系统的相关概念
- 了解旅游电子政务系统建设的意义
- 培养熟练使用旅游电子政务系统的能力
- 培养分析旅游电子政务系统的能力
- 掌握旅游电子政务系统的设计过程

导言

近年来，随着计算机和网络的发展和普及，以信息技术和网络技术为基础发展起来的电子政务，正在逐步取代传统政府管理方式而成为信息时代下政府管理的基本形式，这就迫切需要旅游监管部门顺应时代发展，积极推动管理方式的变革。与此同时，旅游行业的高速发展也给旅游监管部门的传统管理方式带来了诸多压力与考验。如何在旅游行业开展电子政务，如何开发出符合旅游行业特点的电子政务系统等问题，是目前旅游监管部门所面临的首要任务。本章介绍了旅游电子政务系统的相关概念及发展现状与趋势，通过对几个典型旅游电子政务网站的分析，探索旅游电子政务系统的功能与特点，并在此基础上进行详细的分析与设计。

9.1　概　述

计算机技术的飞速发展使得一个全球性的信息社会正在逐步形成，信息网络技术的发展使得政府机构拥有、生产、使用与传递信息的方式都发生了深刻的变化。电子政务已成为当代信息技术最重要的应用领域之一，一个信息化的政府已经成为一个国家或地区在全球竞争中非常关键的因素。本章探讨旅游电子政务系统建设的意义和现状，重点研究旅游电子政务系统分析与设计的相关问题。

9.1.1　旅游电子政务系统的基本概念

1. 电子政务的概念

电子政务是利用信息技术和网络技术，突破时空限制，创新政府职能，优化政府办公模式，以更好地为公众服务，从而实现政府与公众之间的关系协调。它是由英文 E-Government 翻译而来的，所以，电子政务又有其他很多种说法，例如电子政府、网络政府、数字政府、政府信息化等。

2. 旅游电子政务的概念

旅游电子政务是指各级旅游管理机关，通过构建旅游管理网络和业务数据库，建立一个旅游系统内部信息上传下达的渠道和公共信息的发布平台，实现各项旅游管理业务处理和公共信息服务。

3. 旅游电子政务系统的概念

旅游电子政务系统是指各级旅游政府机关为促进各种旅游信息资源的广泛使用，提升旅游政府机构的工作效率，加速旅游政府部门电子化、智能化、信息化的发展，促使其快速成为开放型、扁平型、服务型的公共管理机构，而建立的处理各类旅游信息的计算机网络及各种应用系统组成的综合性系统。

9.1.2 旅游电子政务系统建设的现实需求

随着经济的发展、人民生活的富裕，世界旅游业的发展都呈现出欣欣向荣的态势，旅游业的发展给各国的国民收入做出了重要的贡献。在我国，随着全面建设小康社会不断推进，必将对旅游需求增长发挥基础性的支撑作用。进入 21 世纪，我国由旅游大国向旅游强国迈进，在促进旅游业成为国民经济的重要产业的过程中，旅游信息化已经成为重要的发展手段，这是我国旅游业发展的战略要求，也是我国旅游业与国际接轨、参与国际竞争的需要。

旅游业作为信息依赖型产业需要大量信息，而政府是社会信息资源的最大拥有者、生产者、使用者和传送者，政府部门掌握的信息量占全社会信息总量的80%以上，是信息化的先导，对社会信息资源的开发与利用起着主导作用，这就必然要求加强旅游电子政务系统的建设。旅游电子政务系统的开放性和服务性可以打开政府与社会之间的信息壁垒，减少信息不对称性导致的政府寻租行为。通过互联网的应用，政府可以向公众公开办事程序，提高政府的办事透明度。旅游电子政务系统作为旅游信息化最重要的部分之一，它的建设能够推进旅游信息的进展，改变传统旅游业落后的旅游管理手段及方式，不断提高旅游信息服务质量，为公众出游、企业经营和行业管理提供高效优质的旅游信息服务，进一步提升旅游产业的核心竞争力，使旅游电子政务系统为国民经济做出更大的贡献，促进旅游事业的良性发展。

9.1.3 旅游电子政务系统建设的意义

旅游电子政务系统建设有助于政府通过互联网这种快捷、廉价的通信手段，让公众迅速了解政府机构的组成、职能和办事章程，以及各项政策法规，增加办事执法的透明度，并自觉接受公众的监督。同时，政府也可以在网上与公众进行信息交流，听取公众的意见与心声，在网上建立起政府与公众之间交流的桥梁，为公众与政府部门打交道提供方便，并为公众提供网上行使对政府进行民主监督的途径。

旅游电子政务系统建设是实现旅游政府部门的核心价值观向“以公民为中心”、“以需求为导向”转变的重要体现，对推进政务公开、廉洁、透明、高效和信息共享等具有重要意义。

1. 公开、廉洁

通过网络，将旅游管理部门的机构职能、工作流程及旅游政策、法规等信息传递给公众，做到政务公开，提升公众及网络的监督机制，促进政府廉政建设。

2. 透明、高效

信息传递不受时间、空间的限制，提高了政府工作效率，信息透明度的增强使社会公众对政府的监督更加容易、更加全面。

3. 信息共享

通过政府部门之间、政府与企业、公众之间交互式的信息传递，达到真正意义上的共享。

9.1.4 旅游电子政务系统的应用

随着经济社会的发展，旅游业已成为全球经济中发展势头最强劲和规模最大的产业之一，计算机技术和网络技术的发展给旅游业带来了新的机遇，旅游电子政务网站就是在网络上实现组织结构和工作流程的优化重组，向社会提供优质和全方位、规范而透明的服务，并向公众提供宣传的有效渠道。因此，旅游电子政务系统的建设得到了世界各国的重视。

1. 旅游电子政务系统的国外发展现状

旅游电子政务系统建设最早起源于美国。1993 年，克林顿政府在一份名为《运用信息技术改造政府》的报告中提出了构建“电子政府”的计划。1993—2001 年，在美国开始启动电子政务建设的过程中同时启动了 13 个电子政务项目，其中一个项目是“电子旅行”，这个项目是为联邦各机构提供一个共同的旅游管理系统，是为提高联邦政府内部服务效率的。美国各个州的旅游局都有自己的门户网站，网站的首页都设有服务栏目，能提供一站式的服务，网站的安全意识非常强，注重成本管理。美国的旅游电子政务未来发展趋势是进行深层的政府职能重组，建立一个“以公众为中心的政府”。

相对美国而言，德国旅游电子政务系统的建设有其自身的特点，德国政府更注重信息网络安全方面的保护。联邦信息安全局提供了电子政务软件的基础平台、防火墙和数据加密系统等，各部门可根据各自的特点在共用平台上设计各自的软件解决方案，编写相应的网页，德国旅游电子政务系统建设在信息安全方面做了充分的准备。

在亚洲地区，韩国政府从 1992 年开展了第二期国家骨干网的建设，二期建设就把旅游交通提上了日程，并加快发展了旅游电子政务系统的建设。韩国的旅游电子政务系统的发展是以改善服务为导向的，韩国非常重视旅游业的发展，政府通过旅游网站宣传自己国家的文化，推广韩国与众不同之处。

国外旅游电子政务系统建设的总体特点是将对企业和公众的管理和服务放在首要地位，以信息共享和数据获取为基础，以网络智能化办公为依托，并以信息安全为支撑。

2. 旅游电子政务系统的国内发展现状

我国旅游电子政务系统的建设相对于国外发达国家来说，起步较晚。2001 年年初作为国家信息网络系统的一个重要组成部分，我国旅游业信息化工程“金旅工程”开始启动。“金旅工程”是覆盖全国旅游部门的国家—省—市—企业四级的计算机网络工程系统，重点建立起面向全国旅游部门、包含旅游业的业务处理、信息管理和执法管理的现代化信息系统，初步形成旅游电子政务的基本骨架。建成后，为提高旅游行业整体管理水平和运行效率、改进企业流程、重组行业资源等方面提供有力的技术支持。

“金旅工程”实施以来，国家旅游局对原有的中国旅游网进行了改版并更名为中华人民共和国国家旅游局，并不断充实内容。到 2004 年年底，中华人民共和国国家旅游局网站已拥有 30 多个栏目、1.7 万张静态页面、信息库容量 2GB，年度报道各类旅游信息 2 万余条，开通中文简体、中文繁体、英文三种语言，是全国信息量最大的旅游电子政务平台。同时，中华人民共和国国家旅游局网站还具备“旅行社管理系统”、“假日旅游预报系统”、“导游管理系统”、“饭店统计管理系统”、“统计与财务系统”、“景区管理系统”、“旅游突发事件报送系统”等七大全国性行业管理网络办公系统，初步实现了旅游行业行政办公和业务管理功能的信息化。其中，“假日旅游预报系统”实现了假日旅游预报工作的电子化和网络化，极大地提高了工作效率和工作质量；“导游管理系统”是我国第一个全国性行业管理智能卡应用项目，为导游管理网络化和旅游市场治理整顿提供了有效手段。

地方旅游主管部门也积极按照“金旅工程”框架规范和当地政府要求，积极开展旅游信息化建设工作。除在上述系统与国家旅游局联网运营外，还投入极大热情建设地方旅游电子政务分系统。大多数省份旅游局的政府网站功能齐全、页面美观，例如北京、上海、浙江、河北等。有些网站地方特色浓郁，引人入胜，例如吉林、福建、黑龙江、陕西、江苏、河南等。西藏等部分省市旅游政府网站还在建设中，大多数省级旅游局的政府网站，都在宣传旅游、服务旅游方面起到了积极作用。

1）我国旅游电子政务系统建设的特征

（1）旅游电子政务系统建设较好的多为旅游业较为发达的地区。

（2）网站以政府或有政府背景的机构为主。

2）我国旅游电子政务系统建设存在的主要问题

（1）信息化基础薄弱。许多旅游政府部门，尤其是一些地方旅游管理部门，办公设备仍然比较落后，无法满足旅游电子政务系统建设的要求。

（2）中央政府主导推动，地方政府缺乏积极性。我国旅游电子政务系统从倡导到推动是自上而下被动发展，地方政府往往出于资金、技术等各方面的顾虑而缺乏主动性。

（3）发展不平衡，存在地方差异。由于各省市的经济条件和信息化水平不同，旅游电子政务系统的发展水平也各有差异。

（4）政府管理体制改革不配套。旅游电子政务系统建设与政府体制尚未形成配 套。要迅速实现电子政务要求的“一站式”、“一体化”服务存在很大的困难。

9.1.5　旅游电子政务系统的发展趋势

1. 旅游电子政务系统发展的趋势

（1）发挥政府的统一和协调作用

从国外的情况看，无论是中央各部门还是地方政府，在旅游电子政务系统建设中均以政府的业务流为主线，逐个实现政府业务流的信息化，从而通过信息化来实现政府的重构。

以政府的业务流为主线就是要根据轻重缓急，将政府职能中的业务流逐渐地计算机化和网络化，既满足政府急需，又有利于政府的职能转变和组织重构。

（2）以公众为中心，强化政府服务理念

未来的政府强调的是民众的政府，各国政府将利用信息技术增强民众对政府政务的参与程度，及时获悉民众所需。以民众需求为导向，把未来的政府建设成以公众为中心的“电子政务”。

（3）以规范化和标准化的方式发展旅游电子政务

规范化和标准化是旅游电子政务系统建设的基础性工作，是与其他电子政务系统间实现互通互联、信息共享、业务协同的前提。首先是建设的数据标准、技术标准及安全标准应遵循统一的规范；其次是要重视旅游电子政务系统的规范化和标准化。

2. 应对策略

（1）加强旅游行政主管部门的管理现代化，加强计算机的软硬件建设，实现本部门管理的电子化和办公自动化，建立网络办公管理系统。贯彻政府“上网”工程，实行网上办公，实现电子政府。

（2）加强旅游专家决策系统的建设，实现统计功能和对各种旅游活动数据的综合管理功能。同时应集成旅游信息预报、交通和导游调度、旅游线路评估、旅游销售预测、旺季游客应急安排、旅游服务系统的优化配置等大量专业应用方案和模型，实现旅游各部门的决策应用，从而提高决策支持的科学性和合理性。

（3）加强旅游区环境监测系统的建设。

（4）加强旅游企业管理系统的建设，帮助旅游企业根据市场的变化做出快速、准确的反应。

9.2 旅游电子政务系统的规划

据国家旅游局最新发布的 2011 年中国旅游业统计公报显示，2011 年，我国旅游业保持平稳较快发展。全年共接待入境游客 1.35 亿人次。实现国际旅游（外汇）收入 484.64 亿美元；国内旅游人数 26.41 亿人次，收入 19 305.39 亿元人民币；中国公民出境人数达到 7 025.00 万人次，旅游业总收入 2.25 万亿元人民币。旅游投资规模大幅增长，旅游产业对经济社会带动作用进一步加强，旅游业已成为国家的重点发展产业之一，所以加强对旅游业电子政务的建设迫在眉睫。旅游电子政务系统网站作为旅游部门的门户网站，起着宣传、服务公众的作用，近年来旅游电子政务系统的建设已经取得了长足的发展，但总体来说，旅游电子政务系统的建设仍然滞后于旅游业发展的需要。本章的系统规划将首先从案例分析入手，然后总结要实现的旅游电子政务系统的功能。

9.2.1 旅游电子政务系统案例分析

本章的案例分析选择中华人民共和国国家旅游局网站、山东旅游政务网和美国旅游政府官方网站，分析主要针对旅游局政府门户网站，即电子政务服务企事业社会公众方面的外网的功能。

1. 中华人民共和国国家旅游局

1）网站简介

中华人民共和国国家旅游局（http://www.cnta.gov.cn/）网站是国家旅游局的官方网站，对各级旅游行政机构的电子政务工作起着指导作用。作为国家旅游局官方政务网站，网站首先对旅游局的组织结构进行了明确的介绍，并提供日常政务的网上办公和公示，提高了政府办公效率并实现了政务透明化。其次，网站提供全国旅游名录、优秀旅游目的地和旅游电子刊物三种方式对全国旅游景点信息进行详细的统计和介绍，帮助国家旅游局宣传和推广国家旅游局的整体形象，同时网上政务大厅为旅游资源的普查、规划、开发和保护等相关工作提供了便捷的自动化服务。

图 9-1 和图 9-2 为中华人民共和国国家旅游局网站首页的截图。

2）网站服务内容

中华人民共和国国家旅游局网站包括 9 个母版块，即“关于我们”、“焦点新闻”、“政务公开”、“网上政务”、“文献调研”、“公众互动”、“在线访谈”、“旅游名录”、“优秀旅游目的地”，其中每一个母版块下面又细分为多个子版块。作为国家政府部门的电子政务网站，中华人民共和国国家旅游局网站涵盖的内容十分丰富、全面，不仅做到了日常政务的网上办公与公示，同时实现了各地区、各种类旅游信息的宣传和查询。

“关于我们”版块分为“旅游局简介”、“局长致辞”、“局领导介绍”、“部门网站”、“驻外办事处”、“机构设置”、“旅游协会”7 个子版块，对国家旅游局组织机构进行了详细明确的介绍，为公众了解旅游局组织机构设置起到了良好的指导作用，并且能通过“机构设置”子版块快速查询到各地方旅游机构的地址、电话等相关信息。

图 9-1　中华人民共和国国家旅游局网站截图一

图 9-2　中华人民共和国国家旅游局网站截图二

“焦点新闻”版块分为“每日更新”、“新闻列表”、“通知公告”、“数字新闻”、“行业动态”、“地方新闻”、“驻外报道”7 个子版块，及时快捷地发布国内外有关旅游方面的新闻与报道，方便公众通过国家旅游局网站获取准确、有用的旅游资讯。

“政务公开”版块分为“法规标准”、“市场监督”、“行政审批”、“旅游规划”、“旅游统计”、“财政预算”、“政府采购”7 个子版块，对有关旅游行业的相关工作进行网上公开公示，提高了国家旅游局行政工作的透明化程度，提升了国家旅游局的公信度。

“网上政务”版块分为“办事指南”、“网上咨询”、“网上建议”、“旅行社管理系统”、“导游管理系统”、“饭店管理系统”、“景区管理系统”、“统计与财务系统”、“假日旅游预报系统”9 个子版块，其中主要包含的“旅行社管理系统”、“导游管理系统”等 6 个旅游相关管理系统，实现了对全国旅游资源的整合与管理，帮助政府部门对旅游信息进行统计。

“文献调研”版块分为“旅游调研”、“旅游文献”、“教育培训”、“电子刊物”4 个子版块，发布各组织机构对于旅游相关方面的调研报告和教育培训活动，并提供在线阅读《中国旅游报》功能。

“公众互动”版块分为“旅游咨询”、“旅游投诉”、“在线调查”、“诚信榜”、“曝光台”5个子版块，在线帮助公众解答旅游方面的疑问，接受旅游投诉信息，曝光各类虚假欺骗游客的旅游机构。

“在线访谈”版块分为“政策解读”、“专家视角”、“行业人物”3个子版块，发布国家旅游局领导的相关视频谈话，介绍地区旅游的相关政策，宣传优秀旅游行业人物的光荣事迹。

“旅游名录”版块分为“旅行社”、“宾馆饭店”、“旅游景区”3个子版块，提供国内与国际旅行社、各地区宾馆饭店、不同等级旅游景区等信息的查询功能。

“优秀旅游目的地”版块分为“最佳旅游城市”、“优秀旅游城市”、“A级景区”、“星级饭店”、“工农业示范点”、“旅游强县”、“世界遗产”7个子版块，介绍相关旅游资源信息。

3）网站优点

中华人民共和国国家旅游局网站有如下几个优点。

（1）作为国家行政部门的官方网站，网站版块划分细致，内容覆盖全面，更新及时准确，界面庄重，布局合理。

（2）网站对于信息的划分，种类清晰，层次分明，分为焦点新闻、通知公告、专题聚焦、地方新闻、行业动态五大种类，每个种类下又分为不同类别，如通知公告下又将新闻标注为出行提示、出行通知、人事任免和招标公告，有助于用户快速定位所需信息。

（3）网站设有在线访谈版块，里面有对我国旅游政策权威的解读，也有对我国旅游行业的发展现状和未来的发展趋势权威的解读和预测，都用视频的形式呈现出来。

（4）网站提供《中国旅游报》的电子刊物，供用户网上在线阅读或下载观看，实现了旅游刊物的网络传播。

4）网站不足

通过与其他旅游电子政务网站的横向和纵向比较可以发现，中华人民共和国国家旅游局网站也存在有诸多不足之处，具体有如下几点。

（1）网站与新加坡旅游局网站相比，后者所包含的不同语言版本多达六种，而前者仅中文简体、中文繁体、英文三种基本语言版本，对于旅游资源与对外程度大于后者的国家来说是远远不够的。

（2）对于国外游客密切相关的签证、海关等入境手续办理问题，没有明确的版块进行介绍。

（3）随着手机网络的高速发展，大部分旅游电子政务网站都设有手机版本，如厦门市旅游政务网站，级别高于此的国家旅游局网站却没有手机版本。

2. 山东旅游政务网

1）网站简介

山东旅游政务网（http://www.sdta.gov.cn/）于2001年1月建成开通，主要政务系统有旅游项目管理系统、旅游资源数据库系统、旅游区（点）质量等级评定系统、人力资源管理系统、旅行社申报系统、山东省旅行社业务年检系统、旅行社出境游申报系统、旅游预报系统、旅游统计系统、旅游政务信息发布系统、旅游图片库、旅游资料库、山东省旅游局网络讨论室、山东省旅游媒体平台、山东省旅游局年度考核系统、全国导游资格考试网上报名系统等。

如图 9-3 所示为山东旅游政务网的截图。

图 9-3　山东旅游政务网

2）网站服务内容

（1）“政务公开”版块分为“关于山东省旅游局”、“领导介绍”、“行业概况”、“工作计划”、“人事信息”、“内设机构”、“直属事业单位”、“各市机构”、“依申请公开”、“专题专栏”、“政务信息公开情况”，此版块实现了对行政部门相关信息的全面介绍。

（2）“政务大厅”版块分为“政策法规”、“规划统计”、“市场营销”、“行业管理”、“教育培训”、“监督投诉”、“旅游信息化”、“旅游商品”、“电子认证”、“在线咨询”，此版块实现了各种行政事务的管理功能。

（3）“办事指南”版块提供了“旅游经营者”、“旅游从业者”、“旅游管理者”及“媒体记者”四种类别的不同办事指南，分别实现了四种旅游工作者在网上事务的指导和办理。

（4）“公共服务”版块分为“领导访谈”、“旅游咨询”、“答复情况”、“建议投诉”、“资料检索”、“电子认证”、“导游员查询”、“电子地图”，为公众提供在线的咨询投诉平台，提供山东省旅游信息认证通道和导游员查询服务，此外“电子地图”链接到山东省旅游电子地图系统，提供旅游电子地图服务。

（5）“政策法规”版块分为“国家政策法规”、“地方政策法规”、“行业标准”、“政府文件”、“相关法规标准”、“办公室”，提供在线阅读各级旅游行政部门制定的有关旅游行业的相关政策法规、行业标准和政府文件功能。

（6）“旅游资料”版块分为“资料检索”、“旅游统计”、“电子杂志”、“旅游协会简报”

及“内部资料”子版块，提供旅游检索和统计，电子杂志和旅游系会简报在线阅读与查看，并设有行政部门内部资料网上共享版块。

（7）“在线下载”版块分为“政策法规”、“规划统计”、“市场营销”、“行业管理”、“教育培训”、“监督投诉”、“旅游信息化”、“旅游商品”、“多媒体资料”、“导游词”，提供旅游文件资料的下载功能。

（8）“招商项目”版块显示有目前山东省内各地在建和拟建的旅游项目相关信息，类型主要为休闲度假、文化旅游、生态休闲、温泉疗养、航空旅游等，为有关企业投标提供准确及时的项目资料。

（9）“电子邮箱”版块链接的是山东省旅游局邮件系统，为旅游局工作人员在线办公提供快捷入口。

（10）“局长信箱”版块是山东省旅游局局长工作邮箱的链接，为游客或其他旅游相关人员与局长进行沟通提供快速通道。

3）网站特点

山东旅游政务网主要有以下几个特点。

（1）旅游局门户网站在内容安排上体现了“简单、实用、重点突出”的特征，在服务上充分体现了“用户至上”的理念。

（2）网站资料查询功能强大，可以设置类型、标题、内容、来源、日期五种查询条件，方便用户快速准确查询需要的相关信息。

（3）网站的网上办事大厅提供了不同类型使用者身份的快速服务通道，设置了旅游经营者、旅游从业者、旅游管理者、媒体记者四种身份，当用户选择办事身份后，网站会自动为其匹配出对应身份所可以使用的信息和办事系统，方便快捷，人性化的身份选择服务大大提高了政府的网上办公效率。

（4）网站在页面顶端提供了山东旅游体验网与山东旅游资讯网的标签，提高了旅游信息相关网站的关联程度。

3. 美国旅游政府官方网站

1）网站简介

美国旅游政府官方网站（http://travel.state.gov/）是美国政府开设的旅游电子政务网站。网站主要以电子政务功能为主，介绍到美国旅游或移民所需通行证或签证的办理流程和相关信息，并且有关于美国法律和政治的专题介绍。

如图9-4所示为美国旅游政府官方网站的截图。

2）网站服务内容

（1）INTERNATIONAL TRAVEL版块主要是为国际旅游的游客提供旅行过程中可能发生的意外事件和危机信息，旅游警告和警示，在国外旅游或居住的提示，以及网站信息的索引。

（2）PASSPORTS版块主要介绍关于美国通行证的信息，包括如何申请、更新、办理时间、费用、形式等方面的详细说明。

图 9-4　美国旅游政府官方网站截图

（3）VISAS 版块主要介绍美国人移民国外办理签证的信息，包括如何移民、如何找到当地美国大使馆、签证的相关问题等方面的内容。

（4）CHILD ABDUCTION 版块介绍的美国儿童拐骗案件的申报处理办法，包括如何防止儿童拐骗、应急预案、法律条例等方面的内容。

（5）LAW & POLICY 版块介绍的是美国的法律和政治，使访问网站的游客能得到正规、及时的美国信息。

3）系统优点

（1）网站首页设有旅游提示和旅游警示的专栏，专门发布世界各国与旅游相关的事件信息，警示可能去往相关国家旅游的游客。

（2）网站提供有移动手机应用服务。网站特别为 iPhone 和 Android 手机系统提供名为 Smart Traveler 的应用程序，提高了网站的服务范围。

（3）网站对于签证信息、移民问题设有专门的版块，方便了游客全面了解美国的签证、移民办理流程。

4）系统不足

（1）作为国家级旅游电子政务网站，美国旅游政府官方网站仅支持一种语言，这对于国际化的旅游大国来说是远远不够的。

（2）美国旅游政府官方网站对于政务信息的介绍还显得十分不足，只对国家政务信息有介绍，缺少对于地方旅游相关政务信息的说明。

9.2.2　旅游电子政务系统建设的模式和目标

1. 旅游电子政务系统的模式

参照一般电子政务系统模式，完整的旅游电子政务系统应当是下述四类模式的有机结合。

1）政府部门内部的电子政务（E2E）

政府部门内部的电子政务就是通常所说的政府部门办公自动化。政府部门内部的旅游电子政务业务主要包括：公文收发业务、文档管理业务、人事管理业务、公共信息业务、会议管理业务、领导日程安排业务、个人办公业务。

2）政府之间的电子政务（G2G）

政府之间的电子政务是上下级政府、不同地方政府、不同政府部门之间的电子政务，通过计算机网络实现信息共享和实时通信。政府部门之间的旅游电子政务业务主要包括：旅游电子法规政策、电子公文业务、电子财政管理业务、电子培训业务、业绩评价业务。

3）政府与旅游企业之间的电子政务（G2B）

政府与企业之间的电子政务实际上是政府向旅游企事业单位提供的各种公共服务。政府与旅游企业之间的旅游电子政务业务主要包括：信息咨询服务、电子证照办理业务、电子采购与招标业务、中小旅游企业电子服务。

4）政府与公众之间的电子政务（G2C）

政府与公众之间的电子政务是指政府通过电子网络系统为公众提供各种服务。政府与公众之间的旅游电子政务业务主要包括：旅游教育培训服务、就业服务、公众信息服务。

2. 旅游电子政务系统建设的目标

旅游管理部门通过旅游电子政务系统的建设来更好地实现其基本职能。旅游电子政务系统的建设目标如下。

1）监督电子化

通过对旅游电子政务网站的建设，将旅游行政办公事务流程向社会公开，让公众迅速了解管理机构的组成、职能和办事章程、各项法规，增加办事的透明度，并自觉接受公众的监督。

2）资料电子化

公开政府部门的各项活动、资料、档案、数据等信息，使公众可方便地获取上述信息，同时可以使旅游行政管理部门的工作受到公众的监督。

3）沟通电子化

在网上建立起政府与公众之间相互交流的桥梁，为公众与政府部门打交道提供方便。

4）办公电子化

网上办公是政务系统的一个非常重要的功能，旅游电子政务系统的一个目标就是提高旅游部门的办事效率，同时也方便旅游部门与公众的联系，政府可以在网上公开办事流程，做到公正、公平、合理，这样也能提高政府在人民心中的形象，增强政府的威信。

9.2.3　旅游电子政务系统的功能

本章讨论的旅游电子政务系统主要针对旅游政府部门门户网站的建设，在包括了旅游电子政务系统基本功能的基础上，重点放在旅游门户网站的界面设计上，设计出一个界面友好、简捷的旅游电子政务系统。

本旅游电子政务系统分为两个子系统：管理员子系统及用户子系统。其功能模块结构图如图 9-5 所示。

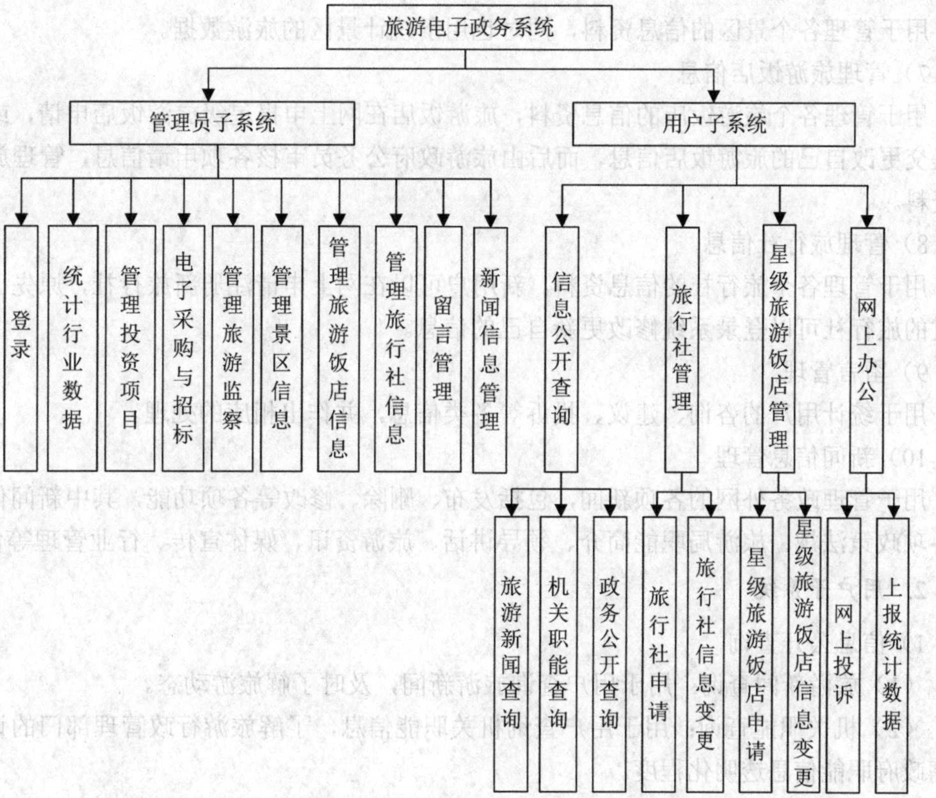

图 9-5　“旅游电子政务系统”功能模块结构图

1. 管理员子系统

1）登录

供管理员登录使用。

2）统计行业数据

用于旅游企业自主上报本企业接待服务数量等各方面的数据，旅游行政管理人员收集统计数据，进行分析汇总，最后发布统计数据。

3）管理投资项目

用于管理投资项目的申报、审批业务。

4）电子采购与招标

通过网络公布政府采购与招标信息，为旅游企业特别是中小型旅游企业参与政府采购与招标提供必要的帮助。

5）管理旅游监察

用于监督旅游质量，管理旅行社、旅游饭店、景区等的服务信息。

6）管理景区信息

用于管理各个景区的信息资料，同时也用于统计景区的旅游数据。

7）管理旅游饭店信息

用于管理各个旅游饭店的信息资料，旅游饭店在网上申报星级旅游饭店申请，或是登录提交更改自己的旅游饭店信息，而后由旅游政府公务员审核各项申请信息，管理旅游饭店资料。

8）管理旅行社信息

用于管理各个旅行社的信息资料，新用户可以在网上申请注册新旅行社，原先已经注册过的旅行社可以登录系统修改更新自己的信息。

9）留言管理

用于统计用户的咨询、建议、投诉等各类信息，并作出相应的处理。

10）新闻信息管理

用于管理政务外网的各项新闻，包括发布、删除、修改等各项功能，其中新闻信息包括各项政策法规、旅游局职能简介、领导讲话、旅游资讯、媒体宣传、行业管理等信息。

2. 用户子系统

1）信息公开查询

（1）旅游新闻查询：用于用户查询旅游新闻，及时了解旅游动态。

（2）机关职能查询：用于用户查询机关职能信息，了解旅游行政管理部门的设置，提高政府职能信息透明化程度。

（3）政务公开查询：用于用户查询旅游行政单位依法公开的政务信息，实现公民对政府部门的监督权利。

2）旅行社管理

（1）旅行社申请：用于新用户在网上申请注册新旅行社。

（2）旅行社信息变更：用于原先已经注册过的旅行社登录系统修改更新自己的信息，以及提交年终审核信息。

3）星级旅游饭店管理

（1）星级旅游饭店申请：用于星级旅游饭店用户在网上提交星级旅游饭店申请信息。

（2）星级旅游饭店信息变更：用于已经注册过的星级旅游饭店用户在网上管理、修改更新旅游饭店的信息。

4）网上办公

（1）网上投诉：用于供用户在线咨询、投诉、发表建议意见等。

（2）上报统计数据：用于旅游企业自主上报旅游统计数据。

9.3　旅游电子政务系统的分析

9.3.1　系统概况表

“用户子系统”的系统概况表如表 9-1 所示。

表 9-1　“用户子系统”概况表

旅游电子政务用户子系统概况表	
输入： D1 用户信息 D2 旅游新闻查询条件 D4 机关职能查询条件 D6 政务公开查询条件 D8 旅行社申请请求 D10 旅行社信息变更请求 D12 星级旅游饭店申请请求 D14 星级旅游饭店信息变更请求 D16 网上投诉请求 D18 上报统计数据请求	处理： P1.1 旅游新闻查询 P1.2 机关职能查询 P1.3 政务公开查询 P2.1 旅行社申请 P2.2 旅行社信息变更 P3.1 星级旅游饭店申请 P3.2 星级旅游饭店信息变更 P4.1 网上投诉 P4.2 上报统计数据
数据存储 F1 旅游新闻 F2 机关职能信息 F3 政务公开信息 F4 旅行社申请表 F5 旅行社信息表 F6 星级旅游饭店申请表 F7 星级旅游饭店信息表 F8 投诉信息表 F9 统计数据表	输出： D3 旅游新闻信息 D5 机关职能信息 D7 政务公开信息 D9 旅行社申请信息 D11 旅行社信息 D13 星级旅游饭店申请信息 D15 星级旅游饭店信息 D17 投诉信息 D19 统计数据

9.3.2 系统数据流图

1. 顶层图

“用户子系统”顶层图如图9-6所示。

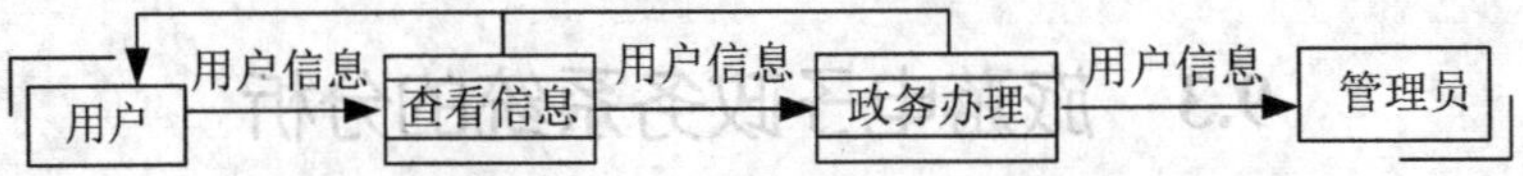

图9-6 “用户子系统”顶层图

2. 一级细化图

“用户子系统”一级细化图如图9-7所示。

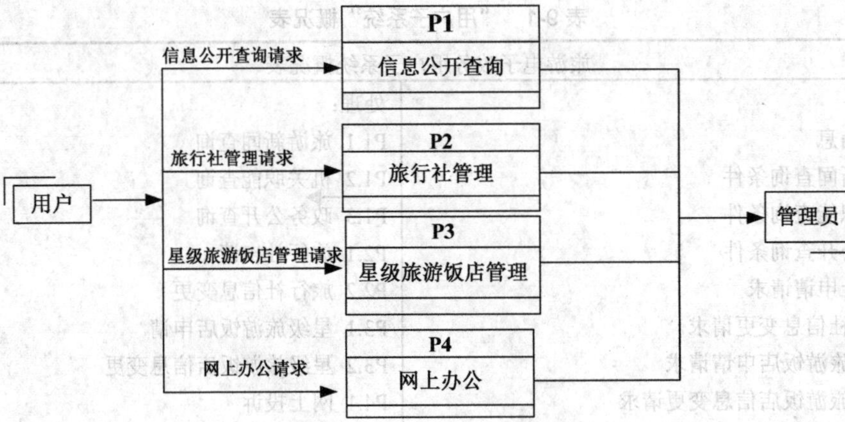

图9-7 “用户子系统”一级细化图

3. 二级细化图

“用户子系统”二级细化图如图9-8所示。

9.3.3 系统数据字典

由于篇幅所限，图9-5所示“旅游电子政务系统”各模块不能逐一进行数据字典的详细分析，故选择其中典型的两个模块，即“信息公开查询”模块和“星级旅游饭店管理”模块进行详细分析。

1. 数据流条目

“信息公开查询”模块和“星级旅游饭店管理”模块所包含的数据流条目如表9-2～表9-11所示。

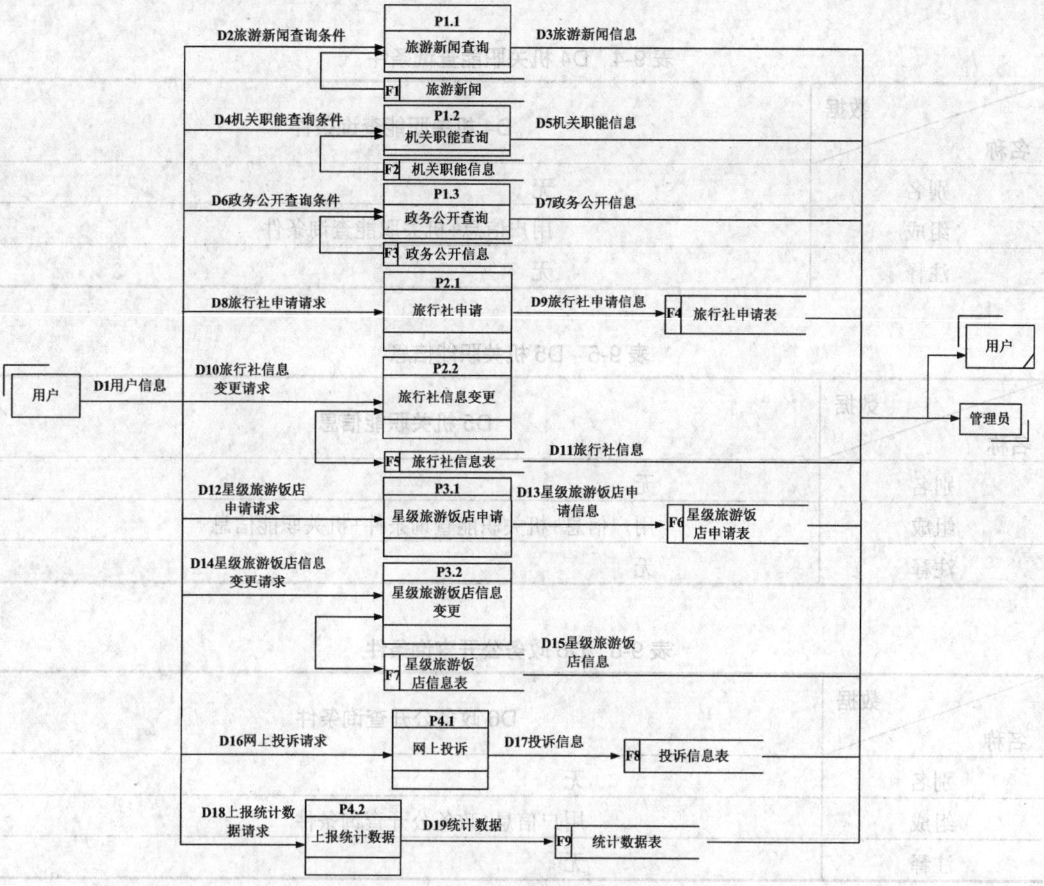

图 9-8　“用户子系统”二级细化图

表 9-2　D2 旅游新闻查询条件

名称＼数据	D2 旅游新闻查询条件
别名	无
组成	用户信息+旅游新闻查询条件
注释	无

表 9-3　D3 旅游新闻信息

名称＼数据	D3 旅游新闻信息
别名	无
组成	用户信息+旅游新闻查询条件+旅游新闻信息
注释	无

表 9-4　D4 机关职能查询条件

名称＼数据	D4 机关职能查询条件
别名	无
组成	用户信息+机关职能查询条件
注释	无

表 9-5　D5 机关职能信息

名称＼数据	D5 机关职能信息
别名	无
组成	用户信息+机关职能查询条件+机关职能信息
注释	无

表 9-6　D6 政务公开查询条件

名称＼数据	D6 政务公开查询条件
别名	无
组成	用户信息+政务公开查询条件
注释	无

表 9-7　D7 政务公开信息

名称＼数据	D7 政务公开信息
别名	无
组成	用户信息+政务公开查询条件+政务公开信息
注释	无

表 9-8　D12 星级旅游饭店申请请求

名称＼数据	D12 星级旅游饭店申请请求
别名	无
组成	用户信息+星级旅游饭店申请请求
注释	无

表 9-9　D13 星级旅游饭店申请信息

名称＼数据	D13 星级旅游饭店申请信息
别名	无
组成	用户信息+星级旅游饭店申请信息
注释	无

表 9-10　D14 星级旅游饭店信息变更请求

名称＼数据	D14 星级旅游饭店信息变更请求
别名	无
组成	用户信息+星级旅游饭店信息变更请求
注释	无

表 9-11　D15 星级旅游饭店信息

名称＼数据	D15 星级旅游饭店信息
别名	无
组成	用户信息+星级旅游饭店信息
注释	无

2. 文件条目

“信息公开查询”模块和“星级旅游饭店管理”模块所包含的文件条目如表 9-12～表 9-16 所示。

表 9-12　旅游新闻

名称＼文件	旅 游 新 闻
编号	F1
组成	旅游新闻编号+新闻来源+新闻内容+时间
结构	以旅游新闻编号为关键字、索引存取
注释	无

表 9-13　机关职能信息

名称＼文件	机关职能信息
编号	F2
组成	机关职能编号+姓名+职务+个人基本信息+职能分工

续表

文件 名称	机关职能信息
结构	以机关职能编号为关键字、索引存取
注释	无

表 9-14　政务公开信息

文件 名称	政务公开信息
编号	F3
组成	政务公开编号+政务类别+政务公开信息+时间
结构	以政务公开编号为关键字、索引存取
注释	无

表 9-15　星级旅游饭店申请表

文件 名称	星级旅游饭店申请表
编号	F6
组成	星级旅游饭店申请号+申请星级+饭店名称+饭店地址+饭店电话+时间
结构	以星级旅游饭店申请号为关键字、索引存取
注释	无

表 9-16　星级旅游饭店信息表

文件 名称	星级旅游饭店信息表
编号	F7
组成	星级旅游饭店编号+饭店星级+饭店名称+饭店地址+饭店电话
结构	以星级旅游饭店编号为关键字、索引存取
注释	无

3. 数据项条目

“信息公开查询”模块和“星级旅游饭店管理”模块所包含的数据项条目如表 9-17～表 9-21 所示。

表 9-17　“旅游新闻”数据项条目

数 据 项 名	代　码	类　型	长　度	小 数 位	注　释
新闻编号	XWBH	字符型	14		
新闻来源	XWLY	字符型	30		

续表

数据项名	代　码	类　型	长　度	小数位	注　释
新闻内容	XWNR	字符型	254		
时间	SJ	日期型	8		

表 9-18　“机关职能”数据项条目

数据项名	代　码	类　型	长　度	小数位	注　释
机关职能编号	JGZNBH	字符型	14		
姓名	XM	字符型	8		
职务	ZW	字符型	20		
个人基本信息	GRJBXX	字符型	254		
职能分工	ZNFG	字符型	50		

表 9-19　“政务公开”数据项条目

数据项名	代　码	类　型	长　度	小数位	注　释
政务公开编号	ZWGKBH	字符型	14		
政务类别	ZWLB	字符型	10		
政务公开信息	ZWGKXX	字符型	50		
时间	SJ	日期型	8		

表 9-20　“星级旅游饭店申请表”数据项条目

数据项名	代　码	类　型	长　度	小数位	注　释
星级旅游饭店申请号	XJLYFDSQH	字符型	13		
申请星级	SQXJ	字符型	2		
饭店名称	FDMC	字符型	20		
饭店地址	FDDZ	字符型	50		
饭店电话	FDDH	数值型	11		
时间	SJ	日期型	8		

表 9-21　“星级旅游饭店信息表”数据项条目

数据项名	代　码	类　型	长　度	小数位	注　释
星级旅游饭店编号	XJLYFDBH	字符型	12		
饭店星级	FDXJ	字符型	2		
饭店名称	FDMC	字符型	20		
饭店地址	FDDZ	字符型	50		
饭店电话	FDDH	数值型	11		

9.3.4 加工说明

“信息公开查询”模块和“星级旅游饭店管理”模块所包含的加工说明如表 9-22～表 9-26 所示。

表 9-22 旅游新闻查询

名称 \ 加工	旅游新闻查询
编号	P1.1
输入	旅游新闻查询条件
加工逻辑	提示输入查询旅游新闻关键字 如果　关键字字数>10 　　则输出“字数过多，重新输入” 否则 　　提示输入查询时间范围 　　如果　查询年份<1990 　　　　则输出“查询年份过早” 　　否则 　　　　如果　查询日期>当前系统日期 　　　　　　则输出“查询日期输入错误” 　　　　否则 　　　　　　输出查询旅游新闻查询结果
输出	旅游新闻信息

表 9-23 机关职能查询

名称 \ 加工	机关职能查询
编号	P1.2
输入	机关职能查询条件
加工逻辑	提示输入查询机关职能关键字 如果　关键字字数>10 　　则输出“字数过多，重新输入” 否则 　　输出查询机关职能查询结果
输出	机关职能信息

表 9-24　政务公开查询

名称＼加工	政务公开查询
编号	P1.3
输入	政务公开查询条件
加工逻辑	提示输入查询政务公开关键字 如果　关键字字数>10 　　则输出“字数过多，重新输入” 否则 　　提示输入查询时间范围 　　如果　查询年份<1990 　　　　则输出“查询年份过早” 　　否则 　　　　如果　查询日期>当前系统日期 　　　　　　则输出“查询日期输入错误” 　　　　否则 　　　　　　输出查询政务公开查询结果
输出	政务公开信息

表 9-25　星级旅游饭店申请

名称＼加工	星级旅游饭店申请
编号	P3.1
输入	星级旅游饭店申请请求
加工逻辑	如果　客房数<20 或有卫生间客房比例<75%或冷热水供应时间<12 小时 　　则　不具备星级饭店申请资格 否则 　　如果　有卫生间客房比例<95%或冷热水供应时间<16 小时 　　　　则　具备一星级旅游饭店资格，请填写星级饭店申请表 　　否则 　　　　如果　冷热水供应时间<24 小时 　　　　　　则　具备二星级旅游饭店，请填写星级饭店申请表 　　　　否则　具备三星级及以上星级旅游饭店资格，请填写星级饭店申请表
输出	星级旅游饭店申请信息

表 9-26　星级旅游饭店信息变更

名称＼加工	星级旅游饭店信息变更
编号	P3.2
输入	星级旅游饭店信息变更请求
加工逻辑	提示输入星级旅游饭店登录信息 如果 密码验证正确 则 变更星级旅游饭店信息 否则 提示“用户名或密码错误”
输出	星级旅游饭店信息

9.4　旅游电子政务系统的设计

9.4.1　代码设计

“信息公开查询”模块和“星级旅游饭店管理”模块中代码设计如表 9-27～表 9-32 所示。

表 9-27　旅游新闻编号代码

代码对象名	旅游新闻编号代码				
代码类型	层次码	位数	14	校验位	1
代码数量	10 万	使用期限		使用范围	系统内
代码结构					

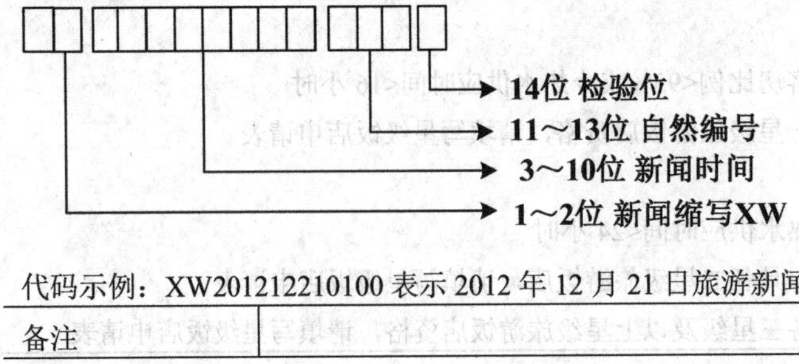

代码示例：XW201212210100 表示 2012 年 12 月 21 日旅游新闻中第 10 条新闻，检验位为 0	
备注	
设计人：马海疆　　审核人:	年　月　日

表 9-28　机关政务编号代码

代码对象名	机关职能编号代码				
代码类型	层次码	位数	14	校验位	1
代码数量	10万	使用期限		使用范围	系统内
代码结构					

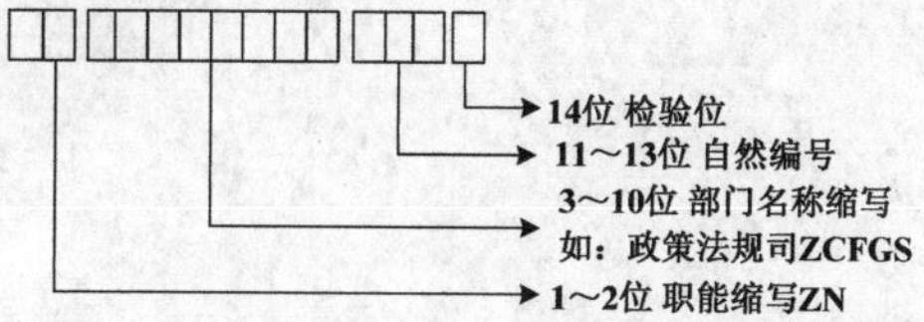

代码示例：ZN000ZCFGS0100 表示政策法规司编号 10 的机关职能信息，检验位为 0	
备注	
设计人：马海疆　　审核人：　　年　月　日	

表 9-29　政务公开编号代码

代码对象名	政务公开编号代码				
代码类型	层次码	位数	14	校验位	1
代码数量	10万	使用期限		使用范围	系统内
代码结构					

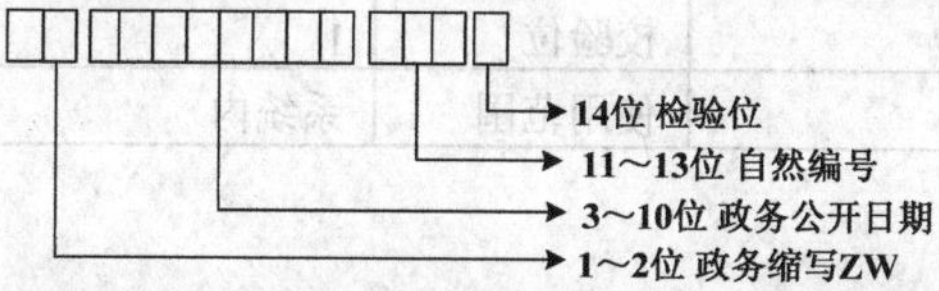

代码示例：ZW201212210100 表示 2012 年 12 月 21 日公开的第 10 条政务信息，检验位为 0	
备注	
设计人：马海疆　　审核人：　　年　月　日	

表 9-30　星级饭店申请号代码

代码对象名	星级饭店申请号代码				
代码类型	层次码	位数	13	校验位	1
代码数量	10万	使用期限		使用范围	系统内
代码结构					

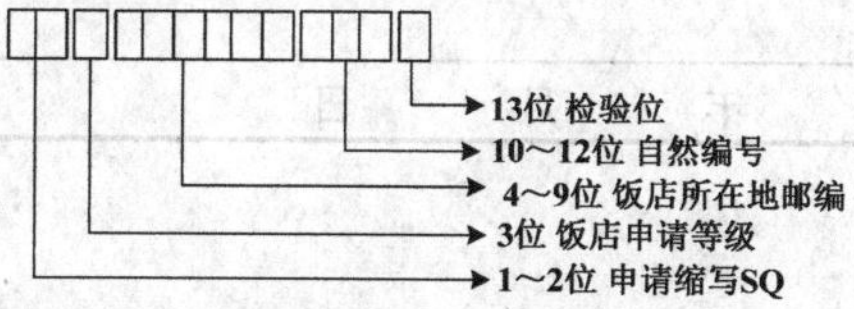

代码示例：SQ51000220100 表示北京市朝阳区编号为 10 的饭店申请五星级饭店，检验位为 0	
备注	
设计人：马海疆　　审核人：　　年　月　日	

表 9-31　星级饭店编号代码

代码对象名	星级饭店编号代码				
代码类型	层次码	位数	12	校验位	1
代码数量	10万	使用期限		使用范围	系统内

代码结构

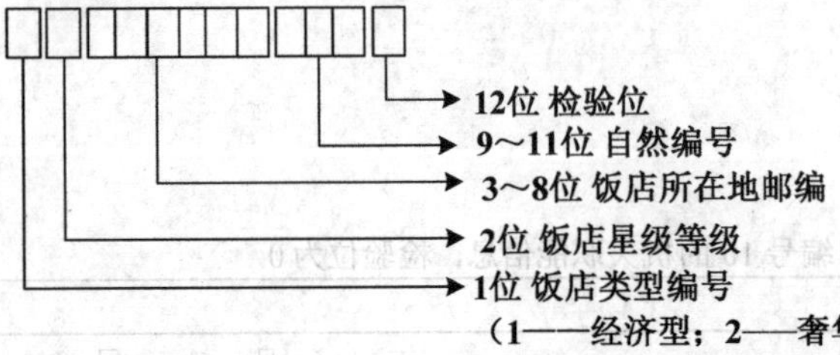

代码示例：251000220100 表示北京市朝阳区编号为 10 的奢华型五星级饭店，检验位为 0

备注	
设计人：马海疆	审核人：　　　　　　年　　月　　日

表 9-32　各种表和各种文件编号代码

代码对象名	各种表和各种文件编号代码				
代码类型	层次码	位数	17	校验位	1
代码数量	10万	使用期限		使用范围	系统内

代码结构

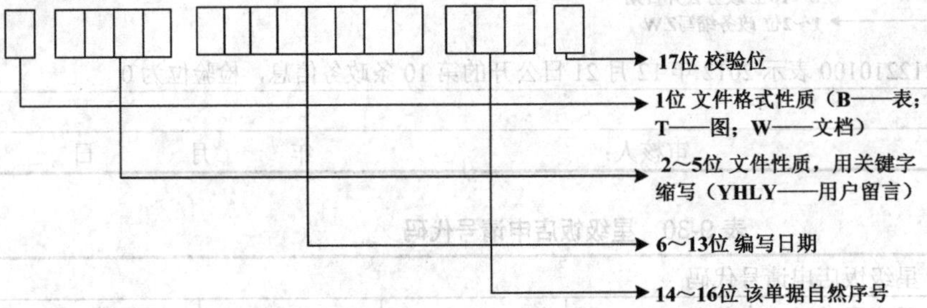

代码示例：BYHLY201101013450 表示该表为用户留言，编写时间是 2011 年 1 月 1 日，自然序号为 345，检验位为 0

备注	
设计人：马海疆	审核人：　　　　　　年　　月　　日

9.4.2　数据库设计

“信息公开查询”模块和“星级旅游饭店管理”模块中数据库设计如表 9-33～表 9-37 所示。

表 9-33　旅游新闻

旅游新闻编号	新闻来源	新闻内容	时　间
XW201212190100	高端旅游发展处	关于填报 2012 年协会（学会）类国际会议信息的通知	2012-12-19
XW201212210100	旅游协调与区域合作处	湘北市旅委召开 2012 年湘北市旅游业运行监测统计分析课题启动会	2012-12-21

表 9-34　机关职能信息

机关职能编号	姓名	职　务	个人基本信息	职能分工
ZN000FZWYH0100	Pony	湘北市旅游发展委员会党组书记	1990 年 8 月 21 日参加工作，中共党员，北京交通大学硕士研究生	主持旅游委全面工作
ZN000FZWYH0100	Jelly	湘北市旅游发展委员会委员	1991 年 8 月 16 日参加工作，中共党员，北京交通大学硕士研究生	分管旅游环境与公共服务处，协助机关党委工作

表 9-35　政务公开信息

政务公开编号	政务类别	政务公开信息	时　间
ZW201203230100	年度报告	湘北市旅游发展委员会 2011 年政府信息公开工作年度报告	2012-03-23
ZW201212300100	获奖信息	公示 2011—2012 年度湘北市会奖旅游奖励资金第一批获奖项目	2012-12-30

表 9-36　星级旅游饭店申请表

星级旅游饭店申请号	申请星级	饭店名称	饭店地址	饭店电话	时　间
SQ31000220100	三星	清水苑旅游饭店	湘北市陵南区 18 号	025612345678	2012-03-23
SQ51000220100	五星	金凤凰旅游饭店	湘北市翔阳区 53 号	025698765432	2012-11-30

表 9-37　星级旅游饭店信息表

星级旅游饭店编号	饭店星级	饭店名称	饭店地址	饭店电话
231000220100	三星	清水苑旅游饭店	湘北市陵南区 18 号	025612345678
251000220100	五星	金凤凰旅游饭店	湘北市翔阳区 53 号	025698765432

9.4.3　数据处理过程设计

“信息公开查询”模块和“星级旅游饭店管理”模块中数据处理过程设计 IPO 图如图 9-9～图 9-13 所示。

系统名：用户子系统	编制者：马海疆
模块名：旅游新闻查询	编号：1
由哪些模块调用：无	调用哪些模块：无
输入：旅游新闻查询条件	输出：旅游新闻信息

算法说明：（问题分析图）

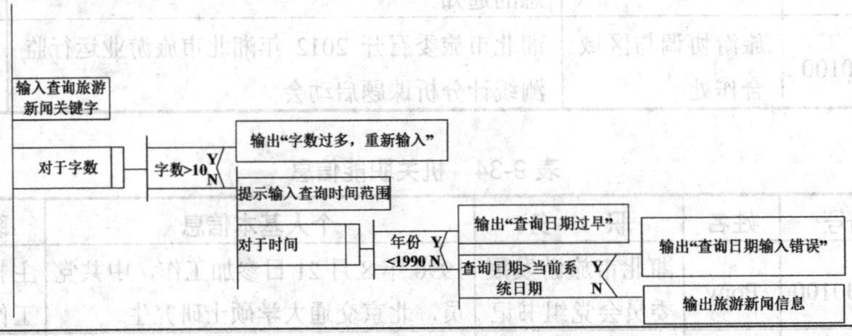

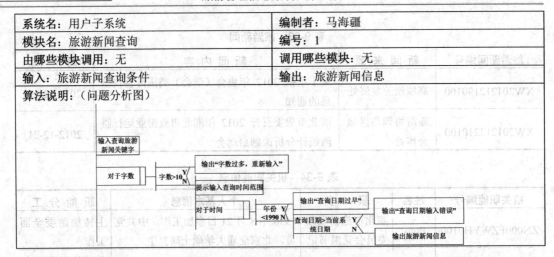

图 9-9 “旅游新闻查询” IPO 图

系统名：用户子系统	编制者：马海疆
模块名：机关职能查询	编号：2
由哪些模块调用：无	调用哪些模块：无
输入：机关职能查询条件	输出：机关职能信息

算法说明：（问题分析图）

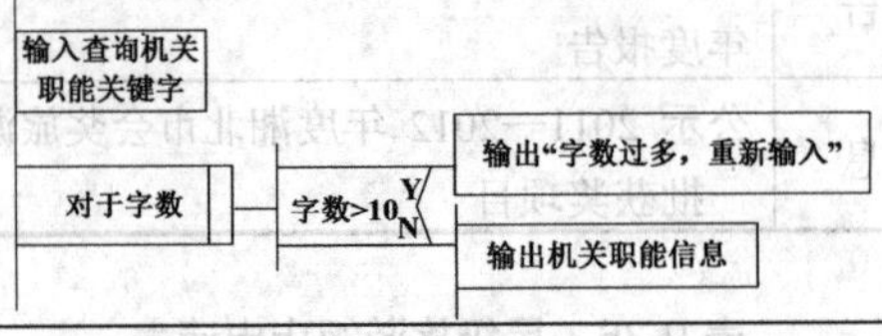

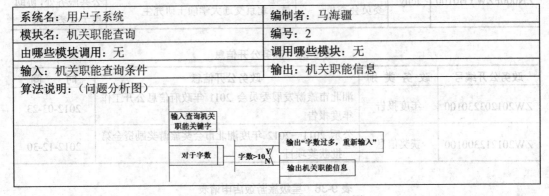

图 9-10 “机关职能查询” IPO 图

系统名：用户子系统	编制者：马海疆
模块名：政务公开查询	编号：3
由哪些模块调用：无	调用哪些模块：无
输入：政务公开查询条件	输出：政务公开信息

算法说明：（问题分析图）

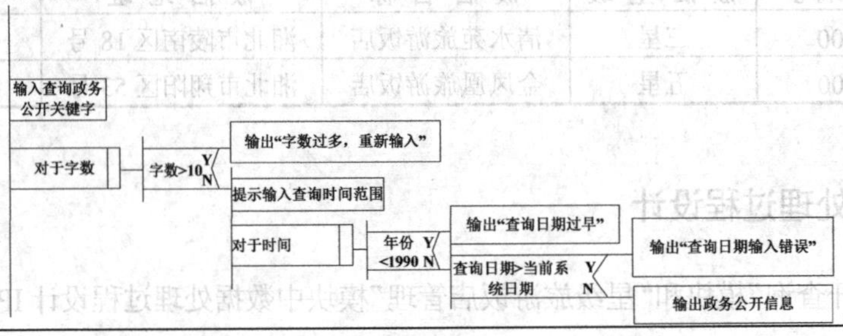

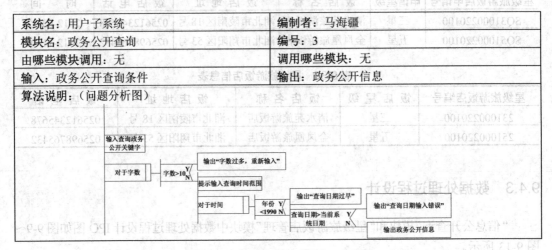

图 9-11 “政务公开查询” IPO 图

系统名：用户子系统	编制者：马海疆
模块名：星级旅游饭店申请	编号：4
由哪些模块调用：　无	调用哪些模块：　无
输入：星级旅游饭店申请请求	输出：星级旅游饭店申请信息
算法说明：（问题分析图）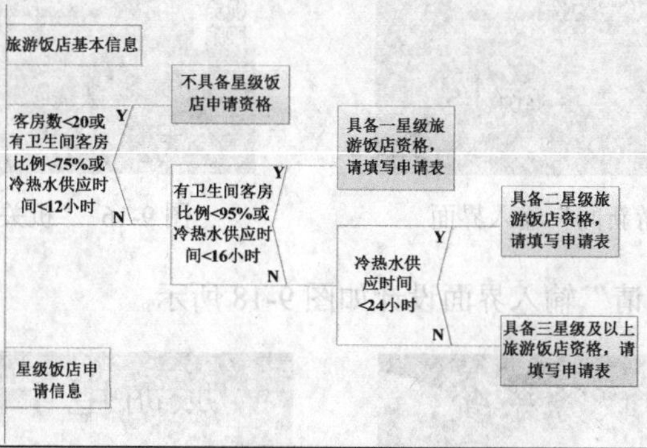	

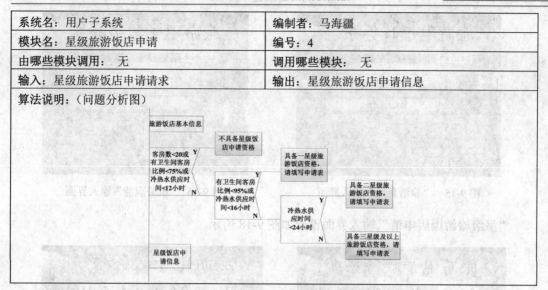

图 9-12　“星级旅游饭店申请”IPO 图

系统名：用户子系统	编制者：马海疆
模块名：星级旅游饭店信息变更	编号：5
由哪些模块调用：　无	调用哪些模块：　无
输入：星级旅游饭店信息变更请求	输出：星级旅游饭店信息
算法说明：（问题分析图）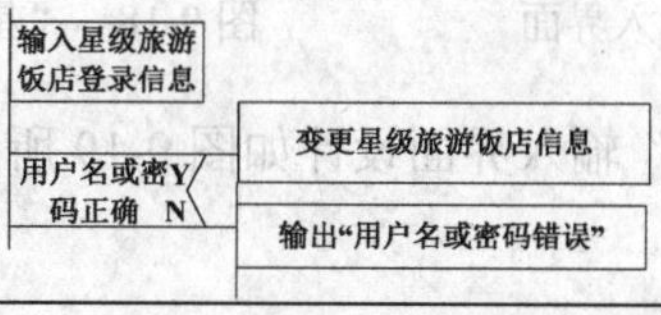	

图 9-13　“星级旅游饭店信息变更”IPO 图

9.4.4　界面及输入、输出设计

1. 主界面

主界面设计如图 9-14 所示。

2. 输入设计

“旅游新闻”输入界面设计如图 9-15 所示。

“机关职能”输入界面设计如图 9-16 所示。

“政务公开”输入界面设计如图 9-17 所示。

图 9-14　主界面

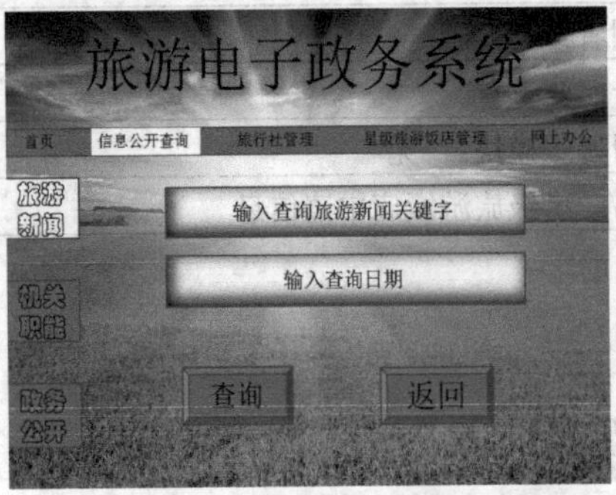

图 9-15　“旅游新闻”输入界面

图 9-16　“机关职能”输入界面

“星级旅游饭店申请”输入界面设计如图 9-18 所示。

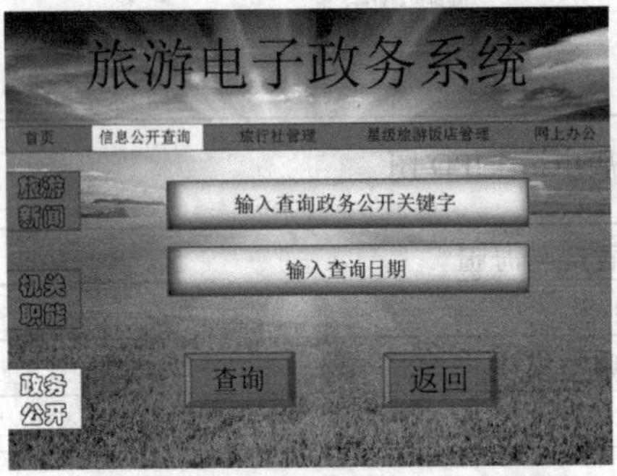

图 9-17　“政务公开”输入界面

图 9-18　“星级旅游饭店申请”输入界面

“星级旅游饭店信息变更”输入界面设计如图 9-19 所示。

3. 输出设计

“旅游新闻”输出界面设计如图 9-20 所示。

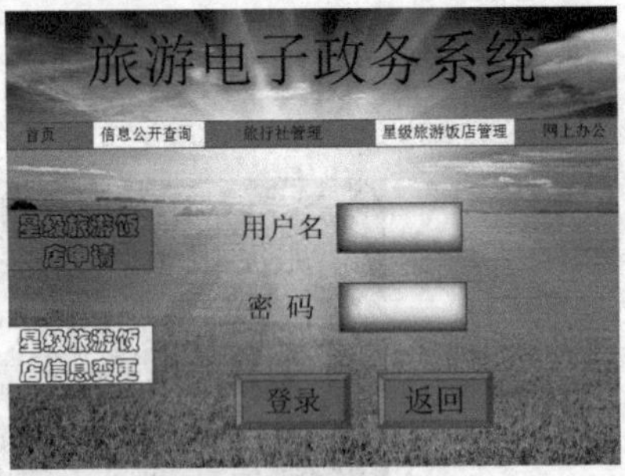

图 9-19　“星级旅游饭店信息变更”输入界面

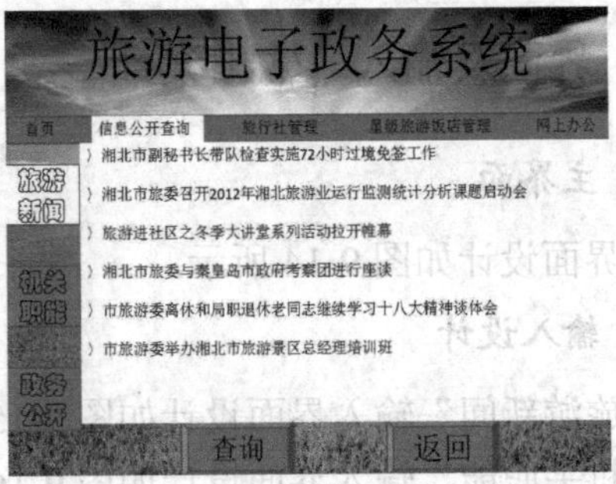

图 9-20　“旅游新闻”输出界面

“机关职能”输出界面设计如图 9-21 所示。

“政务公开”输出界面设计如图 9-22 所示。

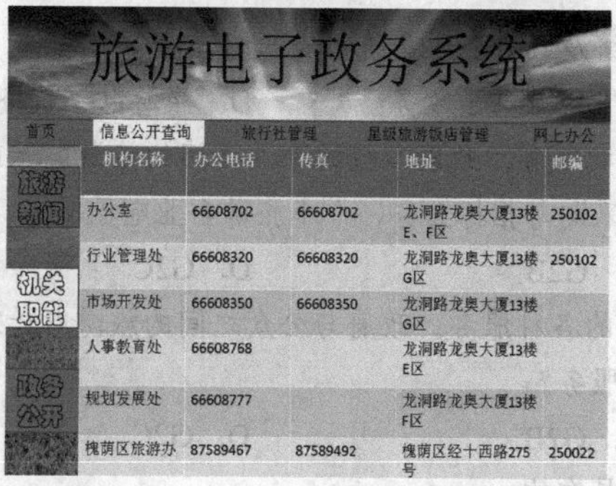

图 9-21　“机关职能”输出界面

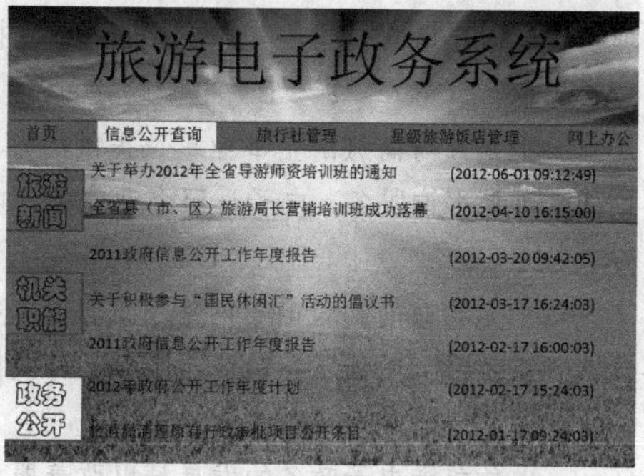

图 9-22　“政务公开”输出界面

本章小结

- 旅游电子政务是指各级旅游管理机关，通过构建旅游管理网络和业务数据库，建立一个旅游系统内部信息上传下达的渠道和公共信息的发布平台，实现各项旅游管理业务处理和公共信息服务。
- 旅游电子政务系统是指各级旅游政府机关为促进各种旅游信息资源的广泛使用，提升旅游政府机构的工作效率，而建立的处理各类旅游信息的计算机网络及各种应用系统组成的综合性应用系统。
- 旅游电子政务系统主要功能分为两个部分：管理员子系统及用户子系统。建设旅游电子政务系统，除了其系统基本功能外，要把重点放在旅游门户网站的界面设计上，设计出一个界面友好、简捷的旅游电子政务系统。
- 旅游电子政务系统的分析内容包括系统概况表、系统数据流图、系统数据字典及加工说明。
- 旅游电子政务系统的设计内容有代码设计、数据库设计、数据处理过程设计和界面设计及输入设计、输出设计。

综合练习

一、单项选择题

1. (　　) 是利用信息技术和网络技术，突破时空限制，创新政府职能，优化政府办公模式，以更好地为公众服务，从而实现政府与公众之间关系的协调。

A. 政务　　B. 电子政务　　C. 旅游电子政务　　D. 旅游电子政务系统

2. (　　) 指各级旅游管理机关，通过构建旅游管理网络和业务数据库，建立一个旅游系统内部信息上传下达的渠道和公共信息的发布平台，实现各项旅游管理业务处理和公共信息服务。

A. 政务　　B. 电子政务　　C. 旅游电子政务　　D. 旅游电子政务系统

3. (　　) 是指各级旅游政府机关为促进各种旅游信息资源的广泛使用，提升旅游政府机构的工作效率，加速旅游政府部门电子化、智能化、信息化的发展，促使其快速成为开放型、扁平型、服务型的公共管理机构，而建设的处理各类旅游信息的计算机网络及各种应用系统组成的综合性应用系统。

A. 政务　B. 电子政务　C. 旅游电子政务　D. 旅游电子政务系统

4. (　　) 是政府向旅游企事业单位提供的各种公共服务。政府与旅游企业之间的旅游电子政务业务主要包括：信息咨询服务、电子证照办理业务、电子采购与招标业务、中小旅游企业电子服务。

A. E2E　B. G2G　C. G2B　D. G2C

5. (　　) 是指政府通过电子网络系统为公众提供的各种服务。政府与公众之间的旅游电子政务业务主要包括：旅游教育培训服务、就业服务、公众信息服务。

A. E2E　B. G2G　C. G2B　D. G2C

6. (　　) 的旅游电子政务的发展是以改善服务为导向的。

A. 英国　B. 美国　C. 德国　D. 韩国

7. 从国外的情况看，无论是中央领导各部门，还是地方政府，在电子政务的发展中均以 (　　) 为主线。

A. 企业的业务流　B. 政府的业务流　C. 民众的心声　D. 联盟的业务流

8. 未来的政府建设将成为以 (　　) 为中心的“电子政务”。

A. 企业　B. 政府　C. 公众　D. 企业联盟

9. 中华人民共和国国家旅游局政务网站的优点不包括 (　　)。

A. 网站版块划分细致，内容覆盖全面，更新及时准确，界面庄重，布局合理

B. 网站对于信息的划分，种类清晰，层次分明

C. 网站提供《中国旅游报》的电子刊物，供用户网上在线阅读或下载观看

D. 网站采用了针对触控操作优化的用户界面——Metro 界面

10. 旅游电子政务的建设目标不包括 (　　)。

A. 监督电子化　B. 资料电子化　C. 沟通电子化　D. 接待电子化

二、多项选择题

1. 电子政务又有其他很多种说法，例如 (　　)。

A. 电子政府　B. 网络政府　C. 数字政府　D. 政府信息化

2. 政府与旅游企业之间的旅游电子政务业务主要包括 (　　)。

A. 信息咨询服务　B. 电子证照办理业务

C. 电子采购与招标业务　D. 中小旅游企业电子服务

3. 政府部门之间的旅游电子政务业务主要包括 (　　)。

A. 旅游电子法规政策　B. 电子公文业务

C. 电子财政管理业务　D. 电子培训业务

4. 旅游电子政务系统建设的意义有 (　　)。

A. 公开、廉政　B. 透明、高效　C. 快捷、廉价　D. 信息共享

5. 完整的旅游电子政务系统应当是 (　　) 模式的有机结合。

A. 在政府部门内部的电子政务（E2E）　B. 政府之间的电子政务（G2G）

C. 政府与旅游企业之间的电子政务（G2B）　D. 政府与公众之间的电子政务（G2C）

6. 旅游电子政务作为旅游信息化最重要的部分之一，能够 (　　)。

A. 推进旅游信息的进展

B. 改变传统旅游业落后的旅游管理手段及方式，不断提高旅游信息服务质量

C. 为公众出游、企业经营和行业管理提供高效优质的旅游信息服务

D. 进一步提升旅游产业的核心竞争力，使旅游业为国民经济作出更大的贡献

7. 我国旅游电子政务系统发展的特征有（　　）。

A. 旅游电子政务系统建设较好的多为旅游业欠发达地区

B. 旅游电子政务系统建设较好的多为旅游业发达地区

C. 网站以旅行社背景的机构为主

D. 网站以政府或有政府背景的机构为主

8. 国外电子政务系统建设的总体特点是（　　）。

A. 将对企业和公众的管理和服务放在首要地位　　B. 以信息共享和数据获取为基础

C. 以网络智能化办公为依托　　D. 以信息安全为支撑

9. 旅游电子政务系统发展存在的主要问题有（　　）。

A. 信息化基础薄弱　　B. 中央政府主导推动，地方政府缺乏积极性

C. 发展不平衡，存在地方差异　　D. 政府管理体制改革不配套

10. 旅游电子政务系统的发展趋势有（　　）。

A. 发挥政府的统一和协调作用　　B. 以公众为中心，强化政府服务理念

C. 以规范化和标准化的方式发展旅游电子政务　　D. 以政府为中心，强化政府服务理念

三、判断题

1. 电子政务是利用信息技术和网络技术，突破时空限制，创新政府职能，优化政府办公模式，以更好地为公众服务，从而实现政府与公众之间关系的协调。（　　）

2. 旅游电子政务系统的建设是实现旅游政府部门的核心价值观向“以公民为中心”、“以需求为导向”转变的重要体现，对推进政务公开、廉政、透明、高效和信息共享等具有重要意义。（　　）

3. 旅游电子政务作为旅游信息化最重要的部分之一，能够推进旅游信息的进展，改变传统的旅游业的落后的旅游管理手段及方式，不断提高旅游信息服务质量，为公众出游、企业经营和行业管理，提供高效优质的旅游信息服务，进一步提升旅游产业的核心竞争力，使旅游业为国民经济作出更大的贡献，促进旅游事业的良性发展。（　　）

4. 旅游电子政务要求政府通过互联网这种快捷、昂贵的通信手段，让公众迅速了解政府机构的组成、职能和办事章程，以及各项政策法规，增加办事执法的透明度，并自觉接受公众的监督。（　　）

5. 国内的旅游局门户网站看起来相当庞杂，内容很多，给人眼花缭乱的感觉，可是往往找不到真正需要的东西。（　　）

6. 旅游电子政务指各级旅游管理机关，通过构建旅游管理网络和业务数据库，建立一个旅游系统内部信息上传下达的渠道和公共信息的发布平台，实现各项旅游管理业务处理和公共信息服务。（　　）

7. 旅游电子政务系统是指各级旅游政府机关为促进各种旅游信息资源的广泛使用，提升旅游政府机构的工作效率，加速旅游政府部门电子化、智能化、信息化的发展，促使其快速成为开放型、扁平型、服务型的公共管理机构，而建设的处理各类旅游信息的计算机网络及各种应用系统组成的综合性应用系统。（　　）

8. 电子政务系统的开放性和服务性可以打开政府与社会之间的信息壁垒，减少信息不对称性导致的政府寻租行为。（　　）

9. 美国的旅游电子政务未来发展趋势是进行深层的政府职能重组，建立一个“以公众为中心的政府”。(　　)

10. 在亚洲地区，韩国政府从 1998 年开展了第二期国家骨干网的建设，二期建设就把旅游交通提上了日程。(　　)

四、简答题

1. 旅游电子政务系统建设的意义是什么？
2. 我国旅游电子政务系统建设存在的特征和主要问题有哪些？
3. 旅游电子政务系统的发展趋势是什么？
4. 针对旅游电子政务系统的发展趋势，简述应对策略。
5. 简述旅游电子政务系统的建设模式有哪些。

五、论述题

1. 请论述电子政务、旅游电子政务和旅游电子政务系统的定义。
2. 请叙述旅游电子政务系统建设的目标。

六、案例分析题

北京市旅游发展委员会的“北京市旅游发展委员会电子政务网站”（http://www. bjta.gov.cn）的开通就是本着全面实现电子政务透明化运作，最大程度地提高效率，发挥政府在信息的占有、利用、搜集、共享上的优势，最大限度地为旅游企业服务。本旅游电子政务系统功能强大，包括一个内部网和一个外部网。内部网是为了提高政府办公效率，外部网则是为了加强和企业的交流，监督政府人员的对外行为，“里应外合”就实现了政务透明化。北京市旅游发展委员会电子政务网首页如图 9-23 所示。

图 9-23　北京市旅游发展委员会电子政务网首页截图

通过亲身游览北京市旅游发展委员会电子政务网，结合本章所学知识，试回答以下问题：

1. 简述网站提供的功能与服务有哪些。
2. 与其他旅游电子政务网站相比，该网站有哪些优点？
3. 与其他旅游电子政务网站相比，该网站有哪些缺点？

第 10 章　旅游管理信息系统建设项目的风险管理

学习目标

- 理解项目管理和风险管理的相关概念
- 了解旅游管理信息系统建设项目的风险种类
- 学会识别旅游管理信息系统建设项目的风险并进行分析
- 掌握旅游管理信息系统建设项目的风险应对与监控
- 能够对旅游管理信息系统建设项目进行风险管理

导言

随着科技的飞速发展和人们生活节奏的不断加快，社会环境瞬息万变，旅游管理信息系统建设项目所涉及的不确定因素日益增多，面临的风险也越来越多，风险所致损失规模也越来越大，这些都促使科研人员和实际管理人员从理论上和实践上重视对旅游管理信息系统建设项目的风险管理。本章应用项目管理的相关理论，研究旅游管理信息系统建设项目风险管理的相关问题。

10.1　旅游管理信息系统建设项目的风险管理概述

10.1.1　项目管理概述

1. 项目

项目是为完成某一独特的产品或服务所做的一次性努力活动。

2. 项目管理

项目管理是在一个确定的时间范围内，为了完成一个既定的目标，并通过特殊形式的临时性组织运行机制，通过有效的计划、组织、领导与控制，充分利用既定有限资源的一种系统管理方法。

项目管理主要包括九大知识领域：项目整体管理、项目时间管理、项目范围管理、项目成本管理、项目人力资源管理、项目沟通管理、项目质量管理、项目风险管理、项目采购管理。

3. 项目管理的起源

论起项目管理的起源，其实很早。古代诸如金字塔、长城等著名的伟大工程项目的成功，都得益于当时对工程项目进行的严密和科学的管理。现代项目管理的概念起源于美国。20 世纪 50 年代后期，美国的 Booz-Allen Lockheed 公司首次在北极星导弹计划中运用了 PERT 技术。同一时期，美国的 Dupont and RamintonnRand 公司创造了 CPM 方法，用于研究和开发、生产控制和计划编排，结果大大缩短了完成预定任务的时间，之后它们分别被称为“计划评审技术”和“关键路径法”。现代项目管理科学便是从这两项技术的基础上迅速发展起来的，融合了后来发展起来的 WBS 工作分解技术、蒙特卡罗（Monte Carlo）模拟技术和 EV 挣值分析技术，形成了一门关于项目资金、时间、人力等资源控制的管理科学。著名的阿波罗登月计划、曼哈顿计划等都是采用项目管理的理论和方法而取得成功的经典案例。

20 世纪 60 年代初，在著名数学家华罗庚教授的倡导下，项目管理的概念被引入到我国，并在当时的国民经济各个部门进行试点应用，将这种方法命名为“统筹法”。之后，中国科学院管理科学与科技政策研究所，还牵头成立了“中国统筹法、优选法与经济数学研究会”。改革开放后，项目管理在水利、建筑、化工等领域开始被大量地应用起来。2000 年年底，联想在“天麒”、“天麟”两款计算机产品的开发过程中，结合业务对项目管理的需求，配合项目管理相关理论、方法编制软件方案，使该项目在 8 个月的时间内便全部完成，并达到了国际上 PC 生产技术的最高水平。

10.1.2 风险的定义、特点及分类

1. 风险的定义

风险是人们因对未来行为的决策及客观条件的不确定性而可能引起的后果与预定目标发生多种负偏离的综合。

要全面理解上述定义，应注意以下几点。

（1）风险是与人们的行为相联系的，这种行为既包括个人的行为，也包括群体或组织的行为。行为受决策左右，因此风险与人们的决策有关。

（2）客观条件的变化是风险的重要成因，尽管人们无力控制客观状态，却可以认识并掌握客观状态变化的规律性，对相关的客观状态作出科学的预测，这也是风险管理的重要前提。

（3）风险是指可能的后果与个体发生负偏离，负偏离是多种多样的，且重要程度不同，而在复杂的现实经济生活中，“好”与“坏”有时很难截然分开，需要根据具体情况加以分析。

（4）尽管风险强调负偏离，但实际中肯定也存在正偏离。由于正偏离是人们的渴求，属于风险收益的范畴，因此在风险管理中也应予以重视，以它激励人们勇于承担风险，获

得风险收益。

2. 项目风险的特点

（1）风险存在的客观性和普遍性。作为损失发生的不确定性，风险是不以人们的意志为转移并超越人们主观意识的客观实在，而且在项目的全生命周期内，风险是无处不在、无时不有的。这也说明为什么虽然人类一直希望认识和控制风险，但直到现在也只能在有限的空间和时间内改变风险存在和发生的条件，降低其发生的频率，减少损失程度，而不能也不可能完全消除风险。

（2）某一具体风险发生的偶然性和大量风险发生的必然性。任一具体风险的发生都是诸多风险因素和其他因素共同作用的结果，是一种随机现象。个别风险事故的发生是偶然的、杂乱无章的，但对大量风险事故资料的观察和统计分析，发现其呈现出明显的运动规律，这就使人们有可能用概率统计方法及其他现代风险分析方法去计算风险发生的概率和损失程度，同时也导致风险管理的迅猛发展。

（3）风险的可变性。这是指在项目的整个过程中，各种风险在质和量上的变化，随着项目的进行，有些风险会得到控制，有些风险会发生并得到处理，同时在项目的每一阶段都可能产生新的风险。尤其是大型项目中，由于风险因素众多，风险的可变性更加明显。

（4）风险的多样性和多层次性。旅游管理信息系统建设项目周期长、规模大、涉及范围广、风险因素数量多且种类繁杂，致使大型项目在全生命周期内面临的风险多种多样，而且大量风险因素之间的内在关系错综复杂，各风险因素又与外界因素交叉影响，又使风险显示出多层次性，这是旅游管理信息系统建设项目中风险的主要特点之一。

3. 项目风险的分类

根据不同的需要，从不同的角度，按不同的标准，可以对风险进行不同的分类。其目的在于理论上便于研究，实践上便于根据不同类别的风险采取不同的管理策略。

按风险的潜在损失形态，可将风险分为财产风险、人身风险和责任风险；按风险事故的后果，可将风险分为纯粹风险和投机风险；按风险产生的原因，可将风险分为静态风险和动态风险；按风险波及的范围，可将风险分为特定风险和基本风险；按损失产生的原因，可将风险分为自然风险和人为风险；按风险作用的对象，可将风险分为微观风险和宏观风险；按风险能否处理，可将风险分为可管理风险和不可管理风险。

10.1.3 风险管理的定义、产生和发展

1. 风险管理的定义

风险管理是指经济单位对可能遇到的风险进行预测、识别、评估、分析，并在此基础上有效地处置风险，以最低成本实现最大安全保障的科学管理方法。

要正确理解上述定义，应注意以下几点。

（1）风险管理的主体是经济单位，即个人、家庭、企业或政府单位。由此可知，风

险管理这个概念的外延很大。

（2）风险管理是由风险的预测、识别、评估、分析、处置等环节组成的，是通过计划、组织、指导、控制等过程，通过综合、合理地运用各种科学方法来实现其目标。

（3）风险管理以选择最佳的管理技术为中心，要体现成本效益的关系。

（4）风险管理的目标是实现最大的安全保障。

2. 风险管理的产生

人们在一切社会经济活动中，面临着各种各样的风险。从总体上看，风险是一种客观存在，是不可避免的，而且在一定条件下还带有某些规律性。因此，人们只能把风险缩减到最小的程度，而不可能将其完全消除。这就要求社会经济各部门、各行业主动地认识风险，积极管理风险，有效地控制风险，把风险减至最低的程度，以保证社会生产和人民生活的正常进行。正是在这样的背景下，随着生产力和科学技术的不断发展，风险管理问题最先起源于第一次世界大战后的德国，风险管理作为系统的科学在20世纪初产生于西方工业化国家。

3. 风险管理的发展

1931年美国管理协会首先倡导风险管理，并在以后的若干年里，以学术会议及研究班等多种形式集中探讨和研究风险管理问题。风险管理问题逐渐得到了理论探讨和一些大企业的初步实践，但风险管理问题真正在美国工商企业中引起足够的重视并得到推广则始于20世纪50年代。1963年，美国出版的手册中刊载了“企业的风险管理”一文，引起欧美各国的普遍重视。此后，对风险管理的研究逐步趋向系统化、专门化，使风险管理成为企业管理中的一门独立学科。

在西方发达国家，各企业都相继建立风险管理机构，专门负责风险的分析和处理方面的工作。美国还成立了全美范围的风险研究所和美国保险与风险管理协会等专门研究工商企业风险管理的学术团体，拥有3 500多家大型工商企业会员。

风险管理协会的建立和风险管理教育的普及，表明风险管理已渗透到社会的各个领域。美国的风险与保险管理协会（RIMS）和美国风险与保险协会（ARIS）是美国最重要的两个风险管理协会。20世纪70年代中期，全美大多数大学工商管理学院均普遍开设风险管理课。美国还设立了ARM（Associate in Risk Management）风险管理资格证书，授予通过风险管理资格考试者。协会的活动为风险管理在工商企业界的推广、风险管理教育的普及和人才培养诸方面作出了突出的贡献，促进了全球性风险管理运动的发展。1978年日本风险管理协会（JRMS）成立。英国建立有工商企业风险管理与保险协会（AIRMIC）。风险管理方面的课程及论著数量大增。

1983年在美国风险与保险管理协会年会上，云集纽约的各国专家学者，讨论并通过了“101条风险管理准则”，作为各国风险管理的一般原则。这标志着风险管理已达到一个新的水平。1986年10月在新加坡召开的风险管理国际学术讨论会表明，风险管理运动已经走向全球，成为全球范围的国际性运动。

10.1.4　旅游管理信息系统建设项目风险管理的主要内容

要保证旅游管理信息系统建设项目的成功实施，必须在旅游管理信息系统项目建设中运用项目风险管理的相关理论，主要包括如下几个方面的工作。

1. 制订风险管理计划

制订旅游管理信息系统建设项目的风险管理计划，是指规划和设计如何进行项目风险管理活动的过程。用于描述旅游管理信息系统建设项目的整个生命周期内，项目组和成员如何组织和执行风险识别、风险评估、风险量化、风险应对计划及风险监控等风险管理的活动。

旅游管理信息系统建设项目的风险管理计划应根据以下情况来制订。

（1）项目承担者的风险管理政策和方针。

（2）项目计划中包含涉及的有关内容。例如项目的目标、项目的规模、项目利益相关者的情况、项目复杂程度、所需资源、项目时间段、约束条件及假设前提。

（3）项目组及个人所经历的风险管理时间和积累的相应风险管理经验。

（4）项目利益相关者对项目风险的敏感程度和承受能力。

（5）可获得的数据及管理系统的情况。

（6）风险管理模板，以使管理标准化、程序化，可持续改进。

（7）工作分解结构、活动时间估算、费用估算。

（8）相应的法律、法规和相应的标准。

制订风险管理计划时应当注意要全面考虑项目生命周期各阶段的风险管理，逐步细化并提高。由于整个项目周期各个阶段的风险对项目的影响不同，在制订项目风险管理计划时，应该从各个阶段的典型风险出发来进行管理，在风险管理过程中一些步骤并不是只进行一次就停止，而是不断重复，即在出现新的风险和异常情况时，进行更新。所以在制订项目风险管理计划时一定要考虑保证其灵活性，即使再周密的计划，也不能预料到所有的风险。因此在制订风险管理计划时，应该适当地留有余地，可以容纳新的风险加入，这就要保证时间、资金、人员上的一定灵活性，计划变更的及时性和有效性。

2. 风险识别

风险识别作为风险管理的第一步，是识别和评估潜在的风险领域，这个环节是项目风险管理中最重要的步骤。风险识别包括识别确定风险的来源、产生条件，风险识别不是一次就可以完成的，而应该是贯穿于项目的始终系统地、连续地识别这些风险。

3. 风险评估

对风险有了充分的认识以后，如何估计风险发生的频率及风险发生时带来多大的损失，就需要对风险进行评估。

风险评估是指在对过去损失资料分析的基础上，运用概率论和数理统计的方法，对某一（或某几个）特定风险事故发生的概率及风险发生后所造成的损失作出定量分析，从而预测出比较精确的结果的过程。风险管理者可以根据损失概率分布的状况，分配风险管理费用，采取相应的风险控制技术，将风险控制在最低限度。

一般来说，风险评估有定性和定量两种分析方法。常用的定性分析方法有故障树分析法、外推法、头脑风暴法、德尔菲法、主观评分法。常用的定量分析方法有期望值优化法、计划评审技术、模拟技术和层次分析法、列表排序法、矩阵分析法。

4. 风险应对措施的确定

风险应对措施是针对风险定性与定量分析的结果，为了降低项目风险带来的不良后果而制定的相关应对措施。风险的应对措施应该与风险的严重程度、成功实现目标的费用有效性相适应。它也必须得到项目所有利益者相关的认可，应该由专人负责。

风险的应对是从几个备选方案中挑选出最优的一个。

5. 风险监控

风险监控是指跟踪已识别的风险，监视残余风险，识别新出现的风险，修改风险管理计划，保证风险计划的顺利实施，并评估风险减轻的效果。

风险监控依据风险管理计划、风险应对计划、附加风险识别和分析、项目审计，利用核对表、定期项目风险评估、附加风险应对计划和独立风险分析，得出工作计划、纠正计划、项目变更请求、风险应对计划更新等成果。

10.2 旅游管理信息系统建设项目的风险识别

项目风险管理首要任务是项目风险识别。项目风险识别的过程一般可以分为五个步骤：确定目标、明确最重要的参与者、收集资料、估计项目风险形势以及根据直接和间接的症状将潜在的项目风险识别出来。

为了便于进行风险的分析、量化评价和管理，还应该对识别出来的风险进行分组或者是分类。分组和分类的角度有很多种，一般可以按项目阶段来进行分类，也可以按管理者来分类。而项目风险识别过程中必须借助于一些技术和工具，这样不但项目风险识别的效率高，而且操作规范，不容易疏漏。风险的识别主要有检查表、流程图、头脑风暴法、情景分析法、德尔菲法及SWOT分析法等工具结合使用。

10.2.1 旅游管理信息系统建设项目的阶段性风险

1. 旅游管理信息系统建设项目开发的风险

对旅游管理信息系统建设项目开发的不现实估算会导致许多困难，一般来说是预算的超支和时间的超期，致使成本很高的项目被放弃。在开发阶段还存在软件和硬件开发工具不适当的问题，这样可以导致重新设计系统和重新编码，使得项目的成本增加，致使最后不得不放弃。

2. 旅游管理信息系统建设项目在实施阶段的程序性风险

（1）旅游管理信息系统建设项目运行的风险。旅游管理信息系统建设项目的运行风险是有关旅游管理信息系统建设项目的风险管理和控制中最为关键的，它涵盖了旅游企业依靠旅游管理信息系统进行企业运营的各个方面。除了企业是否有足够且称职的人力资源、物质资源来维持这套系统的运行风险外，还包括数据存储和传输过程中风险和旅游管理信息系统的安全性风险。由于互联网系统的分散性、开放性等特点，计算机系统一方面面临系统故障风险，另一方面面临来自计算机病毒和黑客的攻击。例如，利用电子邮件系统散播病毒，通过特洛伊木马盗取密码或用穷举法攻击系统，非法对企业的信息进行访问、篡改、泄密和破坏。由于电子商务中消费者和商家并不直接见面，而是通过网络传输交易信息，在传输过程中，交易信息可能被竞争对手截取和恶意修改；买方的信用卡密码可能被窃或泄漏，从而资金被盗用等。而在企业内部，也存在内部员工对信息的破坏和威胁，以及内部操作上的失误，导致信息的丢失、泄漏等。

（2）旅游管理信息系统的维护风险。由于外在环境的不断变化和企业自身经营手段的持续调整，为了保证系统有效性、安全性和完整性，企业将面临着系统维护风险。一方面，不存在绝对安全的防护体系；另一方面，也没有哪个旅游管理信息系统可以永远适应旅游企业的要求，旅游管理信息系统必须面对新的问题，不断进行维护和升级。另外，为了减少由于事故造成的损失，必须对重要的信息进行周期性备份，在紧急事件或事故发生时，采用应急辅助软件和应急措施保障计算机信息系统继续运行或紧急恢复。

10.2.2　旅游管理信息系统建设项目的决策风险

1. 适当性风险

旅游管理信息系统为企业的决策者提供管理报告，它对保证信息及时有效起着关键作用。旅游管理信息系统建设项目的决策风险主要表现为适当性风险问题。适当性风险涉及应用旅游管理信息系统输入和输出信息的及时性和适用性。这种风险不仅包括决策过程中所需信息的适当性风险，而且还直接涉及决策执行过程中所需信息的适当性风险。它是指未能及时为需要信息的人员（过程或系统）提供适当的信息，以致未能采取正确的行为的风险。

伴随着企业实施信息化的不断深入，适当性风险问题在采用旅游管理信息系统提高服务质量和水平的企业中越来越重要。如何对企业客户的行为资源进行合理的收集、分析和利用，提高客户满意度，辅助管理者进行决策，改进企业的管理，实现企业的经营目标，关键在于解决好适当性风险问题。因此，数据的适当性强，且系统具有充分的弹性，对于满足管理者潜在的多变的需求信息具有十分重要的意义。

2. 旅游管理信息系统导入阶段的决策风险

旅游管理信息系统导入阶段主要涉及系统战略规划、系统软硬件方案等决策风险。战略规划的适用与否决定着实施旅游管理信息系统的进程；硬件及网络方案直接影响系统的性能、运行的可靠性和稳定性；而系统功能的强弱决定企业需求的满足程度。同时，在旅游管理信息系统的导入阶段还可能遇到有关组织和人员的各种风险，主要风险控制包括：如何组织实施队伍、项目时间和进度的控制、实施成本的控制，以及实施质量的控制和实施结果的评价。有效地实施控制表现在科学的实施计划、明确的阶段成果和严格的成果审核，还表现在积极的协调和通畅的信息传递渠道。

在这一阶段项目评估是一个有效的控制方法。项目评估的结果是旅游管理信息系统建设项目实施效果的直接反映。正确地评价实施成果，离不开清晰的实施目标、客观的评价标准和科学的评价方法。目前普遍存在着忽视项目评估的问题，这会给旅游管理信息系统的引入带来风险。另外，在控制系统中如何转变人员的观念也是一个非常关键的控制因素。

旅游管理信息系统带来的不仅是一套软件，更重要的是带来了整套先进的管理、营销思想。只有深刻理解、全面消化吸收新的经营理念，并结合企业实际情况加以运用，才能充分发挥旅游管理信息系统带来的效益。因此，在实施过程中企业管理人员和业务人员转变管理思想是一个必不可少的过程。此外，还包括组织机构和考察评定系统的相应转变。

10.2.3 旅游管理信息系统建设项目的组织风险和外部风险

1. 组织风险

组织风险中的一个重要的风险就是项目决策时所确定的项目范围、时间与费用之间的矛盾。项目范围、时间与费用是项目的三个要素，它们之间相互制约。不合理的匹配必然导致项目执行的困难，从而产生风险。项目资源不足或资源冲突方面的风险同样不容忽视，如人员到岗时间、人员知识与技能不足等。组织中的文化氛围同样会导致一些风险的产生，如团队合作和人员激励不当导致人员离职等。

2. 外部风险

外部风险主要是指项目的政治、经济环境的变化，包括与项目相关的规章或标准的变化、自然灾害、组织中雇佣关系的变化，如公司并购等。这类风险项目的影响和项目性质的关系较大。

10.3 旅游管理信息系统建设项目的风险评估

10.3.1 旅游管理信息系统建设项目风险评估的定性分析

1. 定性分析概述

旅游管理信息系统建设项目风险评估的定性分析是对项目管理的整个过程中可能的

风险进行识别、确认和分析并进行评价的过程，它解决的主要是项目实施过程中有没有风险、风险程度如何，以及项目运作过程中的某一内在或者外在时间是不是该项目的风险，对项目的影响程度如何等，定性分析是对项目风险进行认识和研究的最根本的方法，通过定性分析可以对项目风险的具体特征和性质进行比较准确的把握，从而帮助项目的管理人员对项目风险有一个整体的认识。

项目的定性分析主要凭项目管理者的直觉和经验，依据过去和现在的发展状况及最新的信息资料，对项目风险的性质、特点、发展变化规律作出分析与判断。这种分析法的可靠性在一定程度上依赖于项目管理者的知识和经验。因此最突出的特点就是方便、简捷，同时还可以节省费用。但是它存在一定的主观性，可能会出现判断误差，这就需要将定性与定量分析方法结合起来。项目风险的定性分析的技术与方法，主要有故障树分析法、头脑风暴法、德尔菲法及外推法等。

2. 定性分析的目的

（1）确认风险来源的性质。这是项目的定性分析的首要目的，如果项目的定性分析不能准确辨别项目的风险究竟有哪些，就可能造成旅游管理信息系统建设项目在实施过程中出现对风险的认识和防范的不严密，造成项目的损失。

（2）确保风险发生的后果。如果在旅游管理信息系统最初的分析与设计阶段就没有做好对项目风险的定性分析，就有可能造成项目在实施阶段的意外和失败。如果是在实施阶段的风险定性分析工作没有做好，就会使分析与设计阶段的工作变得毫无意义，而且实施阶段的计划也成为空谈。因此，项目风险的定性分析在项目风险来源的确定上必须保证准确的原则。

（3）分析和确认风险的性质。对风险的来源确定之后，还要对这些风险的性质进行分析和确认。由于不同的风险对项目的影响程度是不同的，这时就必须确认项目的性质，以利于以后进行有针对性的、有效的管理。根据不同的角度和类型把项目的风险分成很多种类，对于不同性质的风险所采取的措施就会有很大的差别。

（4）明确风险的影响范围与程度。在分析项目风险来源的性质之后，就要对风险的可能性进行分析，从而明确风险的影响范围与程度。

（5）为项目风险的定量分析提供了基础。定性与定量分析是相互支持的，在进行项目风险管理时，必须把两者结合起来对风险进行分析，首先通过定性分析了解项目的概况，然后再通过定量分析进一步深化对风险的分析，扩展定性分析的结果。

10.3.2　旅游管理信息系统建设项目风险评估的定量分析

1. 项目风险量化的主要功能

项目中的每一个风险都有自身的规律和特点、影响范围和影响量，通过量化可以将它们的影响统一成一个目标的形式。

（1）在风险评估的基础上进一步量化已经识别的项目风险的发生概率和后果，以减少风险发生的概率和后果估计中的不确定性，如果项目形式有重大变化，则必须重新分析风险发生的概率。

（2）比较和评价项目的各个风险来源，按照不确定性和大小排列先后顺序。

（3）找出各个风险因素之间可能存在的内在联系，例如项目费用、进度、质量缺陷都有可能由于项目经理的沟通能力不足，或是因为遇到了不曾遇到的技术难题而产生。

（4）风险是随条件的变化而变化的，风险量化的一个重要作用就是考虑各种不同的风险在什么样的条件下可以互相转化。

2. 项目风险量化的关键因素

（1）风险可能存在于项目的每一个阶段，有许多风险具有明显的阶段性，有的风险是直接与具体的活动相联系的。这种分析对风险的预警有很大的作用，因为一般情况下对于一个项目风险的控制是根据项目发生的时间来安排的，越是早发生的项目风险，就越应该优先控制。

（2）风险的影响和损失的分析，主要是分析和估计项目风险的后果严重程度，也就是说，项目风险可能带来的项目损失的多少，因为即使一个风险发生的概率不大，一旦发生可能对项目造成无法估量的损失。风险的影响是一个十分复杂的问题，有的对项目的影响较小，而有的影响覆盖面比较广，甚至会引起整个项目的瘫痪。而且很多风险之间有着非常密切的联系。

（3）风险发生的可能性分析，这是研究风险自身的规律性，一般用风险发生的概率来描述，即项目风险发生的可能性的大小。如果在项目中某个风险发生的概率比较高，它造成项目的损失的可能性就比较大，在进行风险控制时就应该更加严格。

（4）风险计算的关键因素是对不良结果带来的损失进行估价，对此类事件在一段时间发生的频率进行预测。由于工作人员不可能完全了解众多事件造成的损失和事件发生的频率，因此这些估测必须根据历史数据、分析员的系统知识和他们自己的经验与判断才能得到。

3. 项目风险量化的具体内容

一般对已经识别出来的项目风险进行量化估计，需要进行下面的工作。

（1）风险影响。它是指一旦风险发生可能对项目造成的影响大小。如果损失的大小不容易直接估计，可以将损失分解为更小部分再评估它们。风险影响可用相对数值表示，建议将损失大小折算成对计划影响的时间表示。

（2）风险概率。它用风险发生可能性的百分比表示，是一种主观判断。

（3）风险值。它是评估风险的重要参数。风险值=风险概率×风险影响。

由于项目进行的不同阶段范围所识别的各种风险对于项目的影响是不同的，所以必须随时进行排序，这样在采取措施时就可以分清主次，使项目得到更好的实施。

10.4　旅游管理信息系统建设项目的风险应对与监控

掌握旅游管理信息系统建设项目的大概状况之后，就可以根据风险性质和项目对风险的承受能力，制定相应的风险应对与监控策略。风险的应对策略在某种程度上决定了采用什么样的项目开发方案。制定风险应对策略主要考虑以下四个方面的因素：可规避性、可转移性、可缓解性、可接受性。对于应“规避”或“转移”的风险在项目策略与计划时必须加以考虑。而风险监控是指当风险事件发生时实施风险管理计划中预定的规避措施。

10.4.1　旅游管理信息系统建设项目风险应对的措施种类

风险应对措施是指为降低已识别出并已衡量的风险所采取的措施，也称风险管理工具的选择。

1. 风险回避

风险回避是指当项目的风险潜在威胁发生的可能性太大，但是没有其他措施可以减轻或消除这种风险，主动放弃项目或者是改变项目目标。采取这种措施必须对风险有充分的认识，对威胁出现的可能性和所产生的后果有足够的认识，如在旅游管理信息系统建设项目的分析与设计阶段，如果遇到不成熟的技术，就绝不要在项目中采用，这就是一种项目风险的回避措施。

在下面两种情况下适合采用风险回避的措施：（1）某一特定的风险所导致的损失概率和损失程度很大；（2）应用其他风险处理的措施的成本超过了项目本身的效益，采取回避措施可以使项目蒙受的损失小一些。

但是回避措施是风险管理技术中最简单也是最为消极的一种方法，虽然它确实回避了一些重大风险的发生，但是在回避风险的同时也丧失了很多机会。

2. 风险转移

风险转移是将项目本身面临的损失风险转移给个人或单位去承担的行为，它的目的不是为了降低风险发生的概率和不利后果的大小，而是在风险发生之后将风险转移到项目以外的第三方身上。采取这种策略重点取决于风险发生的可能性大小，主要适用于那些概率小损失大的风险。

3. 风险缓解

缓解、减轻风险的措施是一种积极的风险处理手段，可以通过降低损失发生的可能性，缩小其后果的不利影响的损失程度来达到控制风险的目的。

4. 风险自留

风险自留是指项目组自己承担风险发生以后造成的损失。风险自留是最普遍的方法，可以是被动的，也可以是主动的。可以是有计划的，也可以是无计划的。

除了上面的一些措施之外，项目的应对措施还可以有应急措施、风险分担措施等。

10.4.2 旅游管理信息系统建设项目的程序性风险措施

企业在控制和管理旅游管理信息系统建设项目风险的过程中，首先要制定行为管理条例。对各种行为进行分类管理，规定行为的范围和期限；确定安全管理等级和安全管理范围；制定有关网络操作使用规程和人员出入机房管理制度等。

其次，在操作系统方面，应提供对旅游管理信息系统的硬件和软件资源的有效控制，能够为所管理的资源提供相应的安全保护，对网络行为、各种操作进行实时监控；在旅游管理信息系统的数据库安全方面，采用多种安全机制与操作系统相结合，对数据库系统所管理的数据和资源提供安全保护；在网络边界上通过建立起相应的网络通信监控系统来隔离内部和外部网络，以阻挡外部网络的侵入，如防火墙；在网络选择上，采用虚拟专用网；在交易过程中采用鉴别防护、加密和数字签名认证技术等。

10.4.3 旅游管理信息系统建设项目的风险监控

1. 旅游管理信息系统建设项目风险监控的必要性

制订了旅游管理信息系统建设项目的风险管理计划后，风险仍然存在，在项目推进过程中还可能会增大或者衰退。因此，在旅游管理信息系统建设项目执行过程中，需要跟踪已识别的风险，监视残余风险，识别新出现的风险，修改风险管理计划，保证风险计划的顺利实施，并评估风险减轻的效果。

旅游管理信息系统建设项目风险监控是建立在项目风险的阶段性、渐进性和可控制性基础上的一种项目风险管理工作，当风险事件发生时实施风险管理计划中预定的回避措施；在项目的情况发生变化时，重新进行风险分析，并制定新的回避措施。一个好的旅游管理信息系统建设项目风险监控系统可以在风险发生之前，就提供给决策者有用的信息，并使之作出有效的决策。旅游管理信息系统建设项目风险监控包括在整个项目中根据项目风险管理计划和项目实际发生的风险与变化，所开展的项目风险控制活动。

旅游管理信息系统建设项目的风险是发展和变化的，在人们对其进行监视和控制的过程中，这种发展与变化会随着项目管理人员进行的风险控制活动而改变。因为项目风险的控制过程必然会影响到整个项目及项目的风险形势，引导项目向目标前进。与此同时，从这一过程中掌握的信息也会进一步改变项目组对于旅游管理信息系统建设项目风险的认识和掌握程度，使项目组对风险的认识更为深刻，对旅游管理信息系统建设项目风险的控制更加符合客观规律。因此对于旅游管理信息系统建设项目风险的监控是一个不断认识项目风险的特性，不断修订项目风险控制与决策行为的过程。

2. 旅游管理信息系统建设项目风险监控的内容

旅游管理信息系统建设项目的风险监控包括两个层面的工作：一是跟踪已识别风险的发展变化情况，包括在整个项目周期内，风险产生的条件和导致的后果变化，衡量风险减缓计划需求。二是根据风险的变化情况及时调整风险应对计划，并对已发生的风险及其产生的遗留风险和新增风险及时识别、分析，并采取适当的应对措施。对于已发生过和已解决的风险也应及时从风险监控列表中调整出去。

旅游管理信息系统建设项目风险监控的依据主要有：风险管理计划、风险应对计划、项目沟通、附加的风险识别和分析、项目评审。

旅游管理信息系统建设项目风险监控的内容主要包括：反复进行项目风险的识别和度量、监控项目潜在风险的发展、监测项目风险发生的征兆、采取各种风险防范措施减小风险发生的可能性、应对和处理发生的风险事件、减轻项目风险事件的后果、管理和使用项目的不可预见费用、实施项目风险管理计划等。

旅游管理信息系统建设项目风险监控的主要技术和方法有：项目风险应对审计、定期项目评估、挣值分析、技术因素度量、附加风险应对计划、独立风险分析等。

旅游管理信息系统建设项目风险监控的成果主要有：随机应变措施、纠偏措施、变更请求、修改风险应对计划、风险数据库、更新风险判别核查表等。

10.5　旅游管理信息系统建设项目风险管理的案例分析

10.5.1　某旅游管理信息系统建设项目背景介绍

A 公司是有政府背景的企业，机制比较灵活，目前该公司正在进行的一个项目是某国企的旅游管理信息系统建设，现在该系统的规划、分析、设计与实现基本完成，系统已经试运行两个月左右，目前运行情况比较顺利。但是，目前该系统面临不可预测的项目变更风险，客户不断提出新的需求，项目经理就要相应处理需求变更。项目经理在项目组中本来负责软件开发设计，开发后期被部门经理任命为项目主管，对于客户的需求变更，项目经理目前努力与客户沟通，以确保该系统的顺利实施。

该案例是目前旅游管理信息系统开发公司面对的一个典型问题，研究表明，多数项目的失败在于项目范围的随意变更，使许多业内人士感到无所适从，这也是许多旅游管理信息系统建设项目没能取得预期效果的一个重要原因。但作为项目结果的接受者，客户的要求应该放在第一位，旅游管理信息系统建设项目是为了满足客户的需求而存在的，应付客户需求变更产生的风险正是一个成熟的软件开发公司必须具备的能力。

10.5.2　某旅游管理信息系统建设项目风险量化的应用

A 公司在该旅游管理信息系统建设项目的系统分析和设计阶段，项目组遇到了项目成员的风险，有的项目成员想离开自己的工作岗位，可是现在公司的项目正在进行之中，如果处在重要位置的职员有变动，对项目的完成造成很大的影响，而在最初的项目合同中如果在35周之内完成整个项目，将获得项目款项10%的奖励，但是如果完工时间超过45周，从项目款中扣除10%，那么项目部就需要对项目进行分析，而项目计划为40周，针对项目中出现的风险，就必须充分估计每一种情况出现的概率大小并对其作出计算，从而作出了以下判断。项目状况表如表10-1所示。

表10-1　项目状况表

状　　态	项目成员不离开	虽然不离开但无工作热情	离开项目组
概率	0.5	0.3	0.2
完成工作的时间/周	35	45	60

接下来可以进行风险分析了，选择概率法作为工具进行分析：

项目完成所需时间的期望值为 $E(T)=0.5\times35+0.3\times45+0.2\times60=43$。

完成所需时间的方差为 $D(T)=64\times0.5+4\times0.3+289\times0.2=91$。

那么项目完成时间的标准差为9.54。

P（T≤45）=0.5832

P（T≤35）=1−0.7981=0.2019

也就是说，项目被扣款的概率为58.32%，而获得项目款10%奖励的概率为20.19%，这个可能性较小。

而项目不能按时完成的风险值分以下两种情况来讨论。

（1）如果项目成员不离开但无工作热情的情况：风险值为0.3×5=1.5（周）。

（2）如果项目成员离开的情况：风险值为0.2×20=4（周）。

这就是对项目某一风险的具体分析，但是这只是项目风险量化的一种方法，项目风险量化的技术和方法还有很多，例如，期望值法、决策树法，这些都是很常用而且很容易接受的方法。

10.5.3　某旅游管理信息系统建设项目风险管理的主要活动

在旅游管理信息系统建设项目的实施过程中，应用风险管理的思想可以保证项目负责人作出科学的、合理的决策，减少决策的风险，从而保证项目的顺利实施。通过展示A公司的旅游管理信息系统建设项目风险管理的主要活动，可以大致了解旅游管理信息系统建设项目风险管理活动的过程。

1. 项目成员职责分工

为了更好地开展旅游管理信息系统建设项目，必须对项目成员的风险管理职责进行分工，做到责任到人，从而保证项目的顺利实施。项目成员职责分工如表10-2所示。

表 10-2　项目成员职责分工

人　员	职　责
项目成员	识别新风险 估计可能性、影响和随时间的变化情况 将风险分类 推荐方法和行动 跟踪风险和风险缓解计划的状态（获取信息、编辑、报告）
技术、质量保证和财务组织	确保对出现的概率、时间结构、影响的估计和风险分类的正确性 审查推荐的方法和行动 制订行动计划（决定方法、定义范围和行动） 向项目负责人报告前 40%的风险和问题 收集和报告一般风险管理的方法
项目负责人和系统的管理人员	集成来自技术、质量保证和财务组织的风险信息 根据全部风险的优先级来决定各个领域前 40%的风险。例如，系统的软件、硬件 对前 40%的项目风险的控制问题作出决策 批准风险缓解计划所需要的项目资源的支出 在项目内不分配或者变更风险计划的责任

2. 项目风险识别

当风险发生时，旅游管理信息系统建设项目成员要努力识别风险，并对所识别的风险进行记录。该旅游管理信息系统建设项目的基本风险来源及优先级状况如表 10-3 所示。

表 10-3　基本的风险来源及优先级状况表

优　先　级	基本的风险来源
1	资金来源不足或者形成亏损
2	系统及系统服务的连续性
3	系统在实施过程中的安全性
4	项目人员的更换
5	网络和网络服务中断或者出现故障
6	合伙人撤资
7	组织冲突
8	所选用的技术设备过时

3. 项目风险评估

接下来就应该用五级属性评价法来评价旅游管理信息系统建设项目风险的影响、发生概率和时间结构等属性。每一个行动计划都被指定了一个估计的时间结构。这个时间结构用于指示一个行动应该什么时候执行，并已经给出了可能产生的结果。该旅游管理信息系统建设项目的基本风险来源影响、可能性和时间结构如表 10-4 所示。

表 10-4　基本风险来源的影响、可能性和时间结构

基本风险来源	影　　响	可 能 性	时 间 结 构
资金来源不足或者形成亏损	VH	H	I
系统及系统服务的连续性	VH	M	I
系统在实施过程中的安全性	VH	M	N
项目人员的更换	VH	M	N
网络和网络服务中断或者出现故障	H	M	M
合伙人撤资	H	M	M
组织冲突	VH	L	I
所选用的技术设备过时	H	M	M

影响指标的分类：很高（VH）、高（H）、中等（M）、低（L）、很低（VL）。

可能性指标分类：很高（VH）、高（H）、中等（M）、低（L）、很低（VL）。

时间结构指标分类：即将（I）、近期（N）、中期（M）、长期（F）、加长期（VF）。

4. 风险应对措施的确定

针对每一个基本的风险因素，旅游管理信息系统建设项目成员必须确认每一项风险发生时对整个项目所造成的影响，并为每一个风险采取一定的措施来消除或者减小风险。对于某些重大的风险，还要制订缓解计划。该旅游管理信息系统建设项目的风险可能结果和应对计划如表 10-5 所示。

表 10-5　风险的可能结果和应对计划

风 险 来 源	可能的结果	应 对 计 划
资金来源不足或者形成亏损	项目解散最终失败 需求者对于系统的可信度减少 系统的功能实现减少	筹集基金、寻找和获取其他资金来源
系统及系统服务的连续性	服务无人知晓、系统解散	开发持久性计划
系统在实施过程中的安全性	黑客侵入 正常的交易不能进行 失去商业合作伙伴	分配内容维护和更新的责任 确保最新的本地驱动内容 实施常规的旅游管理信息系统安全 管理日常系统和文档的备份程序 开发执行可接受的使用策略 使用防火墙技术
项目人员的更换	系统项目中断 技术服务中断	维持日常工作的职责和种类 要求培训和再教育时间

续表

风 险 来 源	可能的结果	应 对 计 划
项目人员的更换	提供的服务不足、稀缺 数据、系统完整性损失	利用在岗培训的机会
网络和网络服务中断或者出现故障	系统所支持的正常业务中断 用户最终不满	管理日常系统和文档备份程序 进行安全系统的日常测试 使用防火墙软件
合伙人撤资	资金来源损失 损失大量的本地驱动内容 技术和管理技能的损失	取得保证信函
组织冲突	失去合伙人 失去项目成员 失去资金来源	明确定义相关角色（合伙人、项目成员）和责任 制定冲突缓解政策
所选用的技术设备过时	不能最终完成系统项目	测定硬件和软件的生命周期 开发移植计划和替代策略 考察服务协议

项目风险管理的研究和推广对促进我国经济稳定、持续、快速的发展具有重大的现实意义。本章以旅游业为切入点，应用项目管理的相关理论，结合具体案例，对旅游管理信息系统建设项目风险管理的相关问题进行研究分析，其研究结论对于其他行业有一定的启迪、借鉴作用。

本章小结

- 风险管理是指经济单位对可能遇到的风险进行预测、识别、评估、分析，并在此基础上有效地处置风险，以最低成本实现最大安全保障的科学管理方法。
- 制订旅游管理信息系统建设项目的风险管理计划，是指规划和设计如何进行项目风险管理活动的过程。用于描述旅游管理信息系统建设项目的整个生命周期内，项目组和成员如何组织和执行风险识别、风险评估、风险量化、风险应对计划及风险监控等风险管理的活动。

综合练习

一、单项选择题

1. （　　）是一项为了达到一个特殊目的而进行的临时性活动。

A. 项目　　B. 项目管理　　C. 风险　　D. 风险管理

2. （　　）是在一个确定的时间范围内，为了完成一个既定的目标，并通过特殊形式的临时性组织运行机制，通过有效的计划、组织、领导与控制，充分利用既定有限资源的一种系统管理方法。

A. 项目　　B. 项目管理　　C. 风险　　D. 风险管理

3. (　　) 是人们因对未来行为的决策及客观条件的不确定性而可能引起的后果与预定目标发生多种负偏离的综合。

A. 项目　　B. 项目管理　　C. 风险　　D. 风险管理

4. (　　) 是指经济单位对可能遇到的风险进行预测、识别、评估、分析，并在此基础上有效地处置风险，以最低成本实现最大安全保障的科学管理方法。

A. 项目　　B. 项目管理　　C. 风险　　D. 风险管理

5. (　　) 依据风险管理计划、风险应对计划、附加风险识别和分析、项目审计，利用核对表、定期项目风险评估、附加风险应对计划和独立风险分析，得出工作计划、纠正计划、项目变更请求、风险应对计划更新等成果。

A. 风险识别　　B. 风险评估　　C. 风险应对措施的确定　　D. 风险监控

6. (　　) 中的一个重要的风险就是项目决策时所确定的项目范围、时间与费用之间的矛盾。

A. 阶段性风险　　B. 决策风险　　C. 组织风险　　D. 外部风险

7. 旅游管理信息系统建设项目风险评估的 (　　) 是对项目管理的整个过程中可能的风险进行识别、确认和分析并进行评价的过程。

A. 风险影响　　B. 风险值　　C. 定性分析　　D. 定量分析

8. (　　) 主要是分析和估计项目风险的后果严重程度。

A. 风险的影响和损失的分析　　B. 风险发生的可能性分析

C. 风险影响　　D. 风险值

9. 当项目的风险潜在威胁发生的可能性太大，但是没有其他措施可以减轻或消除这种风险时，主动放弃项目或者是改变项目目标即 (　　)。

A. 风险转移　　B. 风险回避　　C. 风险自留　　D. 风险缓解

10. (　　) 的依据主要有风险管理计划、风险应对计划、项目沟通、附加的风险识别和分析、项目评审等。

A. 风险识别　　B. 风险评估　　C. 风险应对措施的确定　　D. 风险监控

二、多项选择题

1. 按风险的潜在损失形态可将风险分为 (　　)。

A. 财产风险　　B. 投机风险　　C. 人身风险　　D. 责任风险

2. 项目风险的特点包括 (　　)。

A. 风险存在的客观性和普遍性　　B. 大量风险发生的偶然性

C. 风险的可变性　　D. 风险的多样性和多层次性

3. 旅游管理信息系统建设项目风险管理的主要内容包括 (　　)。

A. 风险识别　　B. 风险评估　　C. 风险应对措施的确定　　D. 风险监控

4. 旅游管理信息系统建设项目的风险管理计划制订的依据包括 (　　)。

A. 风险应对计划　　B. 项目承担者的风险管理政策和方针

C. 可获得的数据及管理系统的情况　　D. 相应的法律、法规和相应的标准

5. 旅游管理信息系统建设项目在实施阶段的程序性风险包括 (　　)。

A. 旅游管理信息系统建设项目运行的风险　B. 旅游管理信息系统的维护风险
C. 适当性风险　D. 旅游管理信息系统导入阶段的决策风险

6. 旅游管理信息系统建设项目的决策风险包括（　　）。
A. 旅游管理信息系统建设项目运行的风险　B. 旅游管理信息系统的维护风险
C. 适当性风险　D. 旅游管理信息系统导入阶段的决策风险

7. 旅游管理信息系统建设项目风险评估定性分析的目的包括（　　）。
A. 确认风险来源的性质　B. 确保风险发生的后果
C. 分析和确认风险的性质　D. 明确风险的影响范围与程度

8. 旅游管理信息系统建设项目风险应对的措施种类包括（　　）。
A. 风险转移　B. 风险回避　C. 风险自留　D. 风险缓解

9. 项目风险监控的主要内容包括（　　）。
A. 反复进行项目风险的识别和度量　B. 监测项目风险发生的征兆
C. 减轻项目风险事件的后果　D. 实施项目风险管理计划

10. 风险监控依据（　　），利用核对表、定期项目风险评估、附加风险应对计划和独立风险分析，得出工作计划、纠正计划、项目变更请求、风险应对计划更新等成果。
A. 风险管理计划　B. 风险应对计划　C. 附加风险识别和分析　D. 项目审计

三、判断题

1. 风险管理是在一个确定的时间范围内，为了完成一个既定的目标，并通过特殊形式的临时性组织运行机制，通过有效的计划、组织、领导与控制，充分利用既定有限资源的一种系统管理方法。（　　）

2. 现代项目管理的概念起源于德国。（　　）

3. 风险是人们因对未来行为的决策及客观条件的不确定性而可能引起的后果与预定目标发生多种负偏离的综合。（　　）

4. 旅游管理信息系统建设项目的风险管理计划用于描述旅游管理信息系统建设项目的整个生命周期内，项目组和成员如何组织和执行风险识别、风险评估、风险量化、风险应对计划及风险监控等风险管理的活动。（　　）

5. 风险识别是指在对过去损失资料分析的基础上，运用概率论和数理统计的方法，对某一（或某几个）特定风险事故发生的概率及风险发生后所造成的损失作出的定量分析，从而预测出比较精确的结果的过程。（　　）

6. 风险监控是针对风险定性与定量分析的结果，为了降低项目风险带来的不良后果而制定的相关应对措施。（　　）

7. 项目风险识别的过程一般可以分为五个步骤：确定目标、明确最重要的参与者、收集资料、估计项目风险习惯形势及根据直接和间接的症状将潜在的项目风险识别出来。（　　）

8. 项目组织风险主要是指项目的政治、经济环境的变化，包括与项目相关的规章或标准的变化、自然灾害、组织中雇佣关系的变化，如公司并购等。（　　）

9. 风险回避是将项目本身面临的损失风险转移给个人或单位去承担的行为，它的目的不是为了降低风险发生的概率和不利后果的大小，而是在风险发生之后将风险转移到项目以外的第三方身上。（　　）

10. 风险自留是指项目组自己承担风险发生以后造成的损失。（　　）

四、简答题

1. 项目风险具有哪些主要特点？
2. 旅游管理信息系统建设项目的决策风险包括哪些内容？
3. 为什么要对旅游管理信息系统建设项目风险评估进行定性分析？
4. 旅游管理信息系统建设项目的程序性风险措施包括哪些内容？
5. 为什么要对旅游管理信息系统建设项目进行风险监控？

五、论述题

1. 请论述旅游管理信息系统建设项目风险管理的主要内容。
2. 请叙述旅游管理信息系统建设项目风险应对的措施种类。

参 考 文 献

1．宫小全，裴劲松，王壹．旅游管理信息系统[M]．北京：清华大学出版社，北京交通大学出版社，2011．

2．周春林，梁中．旅游管理信息系统[M]．北京：科学出版社，2006．

3．王真慧． 旅游信息系统管理[M]．杭州：浙江大学出版社，2007．

4．贾鸿雁．旅游信息管理与信息系统[M]．北京：化学工业出版社，2007．

5．查良松．旅游管理信息系统[M]．北京：高等教育出版社，2006．

6．杜文才，胡涛，顾剑．新编旅游管理信息系统[M]．天津：南开大学出版社，2008．

7．周贺来．旅游信息化简明教程[M]．北京：中国水利水电出版社，2005．

8．章牧．旅游电子商务[M]．北京：中国水利水电出版社，2008．

9．朱若男．旅游电子商务[M]．北京：中国旅游出版社，2008．

10．杨路明．现代旅游电子商务教程[M]．第 2 版．北京：电子工业出版社，2007．

11．巫宁．旅游信息化与电子商务经典案例[M]．北京：旅游教育出版社，2006．

12．杜文才．旅游电子商务[M]．北京：清华大学出版社，2006．

13．雷曼伊．拯救 IT：运用风险管理终止 IT 项目失败[M]．北京：机械工业出版社，2002．

14．邱菀华．现代项目风险管理方法与实践[M]．北京：科学出版社，2003．

15．施瓦尔贝．IT 项目管理[M]．北京：机械工业出版社，2002．

16．陈文力．酒店管理信息系统[M]．北京：机械工业出版社，2012．

17．石应平，冷奇君．酒店管理信息系统[M]．北京：高等教育出版社，2011．

18．李作敏．现代汽车运输企业管理[M]．北京：北京交通出版社，2004．

19．夏琛珍．旅游信息系统[M]．北京：中国林业出版社，北京大学出版社，2009．

20．禹贡，胡丽芳．旅游景区景点营销[M]．北京：旅游教育出版社，2006．

21．罗朝辉．Access 数据库应用技术[M]．北京：高等教育出版社，2006．

22．郑晓霞，韩咏，刘超．电子商务与电子政务[M]．北京：中国水利水电出版社，2010．

23．李传军．电子政务[M]．上海：复旦大学出版社，2011．

24．赵亮，王忠伟，李洪娜．旅游电子商务运营模式及其发展趋势[J]．改革与战略，2012（4）：159-161．

25．于平，逯燕玲．我国旅游电子商务模式创新研究与平台设想[J]．计算机与现代化，2011（7）：179-182．

26．彭征，廖和平，黄易禄，熊祥强．旅行社旅游信息系统研究[J]．西南师范大学学报（自然科学版），2006（3）：130-133．

27．毛津宝．旅行社互联网信息发展的潜力探析[J]．中国商贸，2011（14）：175．

28．高鹏．信息网络时代下旅行社的发展[J]．太原大学学报，2008（34）：68-70．

29．李志杰．基于 WEB 的旅行社管理信息系统设计[J]．知识经济，2012（10）．

30．吴西燕，袁国刚，韩芳．旅行社管理信息系统设计与实现[J]．电脑编程技巧与维护，2013（2）．

31．吴刚. 旅游交通研究的现状趋势及其启示[J]. 四川师范大学学报，2009（6）：119-125.

32．卢松．旅游交通研究进展及启示[J]．热带地理，2009（4）：394-399．

33．宫连虎，余青．旅游交通研究现状与趋势探析[J]．旅游论坛，2010（3）：330-334．

附录A　旅游管理信息系统实验指导

学习目标

- 了解旅行社管理信息系统的基本业务功能
- 了解旅游管理信息系统的开发过程
- 熟悉 Access 软件的开发工具
- 掌握建立各种查询、数据表、报表、窗体的设计方法
- 能够独自开发小型信息系统

导言

Access 是一种关系型桌面数据库管理信息系统，完全面向对象，并采用事件驱动机制，使得数据库的应用开发更加便捷、灵活；系统内置了大量函数，提供了许多宏操作。用户可以通过 Access 构造应用程序来存储和归档数据，并可以使用多种方式进行数据的筛选、分类和查询，即使没有编程经验的人，也可以通过可视化操作完成大部分数据库管理和开发工作，这为信息系统开发提供了灵活易用的开发平台。

A.1　概　　述

A.1.1　实验的目的

1．了解旅游管理信息系统开发的主要过程，体会在系统开发中系统实施的主要步骤。

2．掌握使用 Access 系统中的表、查询、窗体、报表等工具开发一个小型旅游管理信息系统的主要方法。

3．通过此系统的开发实践，理解数据库的基础知识、软件开发工具的知识以及旅游管理信息系统的知识，了解如何将它们融会贯通。同时通过实践培养学生综合运用知识和开发应用系统的能力。

A.1.2　实验的基本要求

1．在八个学时（四个实验）下完成一个用 Access 开发的小型信息系统。

2．信息系统要具备主要的输入、查询、输出信息的基本功能，并将这些功能集成在一起。

A.1.3　实验的主要内容

1．系统开发背景

环球旅行社是一家提供入境旅游、出境旅游、国内旅游及会议商务、差旅管理等全方位旅游服务的旅行社。它的具体业务详细描述如下。

（1）根据特定时期需求策划旅游线路。

（2）发布和落实旅游团的接待计划和变更通知，按要求安排旅游团的吃、住、行、游、购、娱等事项，并负责客房自订项目的验证与落实。

（3）监督接待计划的实施和协助处理旅游团在途中遇到的各种问题，必须做到下情上传、上情下达、通力协作。

（4）为旅游者代办出入境和签证手续，接待旅游者，为旅游者安排食宿等有偿服务。

（5）协助相关合作单位的选择和评审工作，协助不合格服务的处理。

（6）要与接待旅游团队的酒店、餐馆、旅游车队及合作的地接社等洽谈接待费用。

2．系统开发的主要功能（需求）

（1）对旅行社所设计的线路、行程安排、客户、费用等的信息进行输入与管理（主要是原有信息修改、删除工作）。

（2）可以进行信息的查询。

（3）能够输出报表。

（4）建立主窗体以集成所有功能。

A.1.4　系统开发的主要安排

1．实验一：设计并建立数据库及表（两个学时）

根据实际业务流程，画出数据流程图、建立数据字典，并且完成数据库的设计；根据设计好的数据库结构，在 Access 中建立数据库以及数据表。

2. 实验二：建立查询（两个学时）

根据系统功能分析在Access中设计并建立查询，以完成系统查询信息的要求。

3. 实验三：开发报表（两个学时）

根据系统的功能要求在Access中设计并建立各种报表。

4. 实验四：系统窗体设计以及系统集成（两个学时）

（1）设计并建立必要的输入窗体。

（2）集成各个部分，设计并建立一个系统主面板。

A.2　<实验1>设计并建立数据库及表

A.2.1　实验目的及要求

1. 实验目的

不论采用何种方法开发旅游管理信息系统，系统分析都是必要且十分重要的环节，系统分析的好坏决定系统的成败，而分析的具体方法和详尽程度可能不尽相同，最常用的系统分析工具就是数据流程图和数据字典。本实验将帮助学生学会使用一些常见的系统分析工具，并根据分析结果设计出数据库及表，熟练掌握在Access中建立数据库及表的方法。

2. 实验要求

本实验要求学生以数据流程图和数据字典为工具，完成环球旅行社管理信息系统的系统分析；根据分析结果，设计系统的数据库结构和表结构；在Access中建立环球旅行社管理信息系统数据库和表，录入相应的表数据。

A.2.2　实验内容

1. 绘制数据流程图

通过对前面业务内容的分析，我们可以分析得到环球旅行社的主要业务流程。根据环球旅行社业务流程，我们画出相应的数据流程图如附图A-1所示。

2. 建立数据字典

在数据流图的基础上，还需要对其中的每一个数据流、文件和数据项加以定义，我们把这些定义所组成的集合称为数据字典。数据流图是系统的大框架，而数据字典则是对数据流图中每个成分的精确描述。它们有着密切的联系，必须结合使用。以下简单示范三个条目的写法，如附表A-1～附表A-3所示。

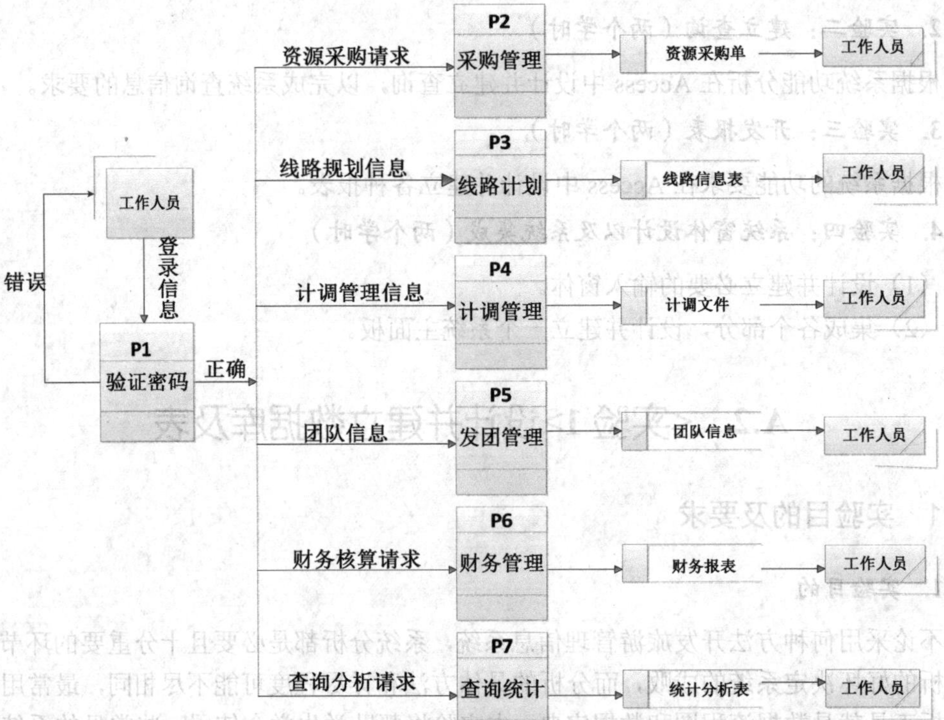

附图 A-1　系统数据流图一级细化图

附表 A-1　D4 线路策划请求条目

数据 / 名称	D3 资源采购结果
别名	无
组成	资源类别+资源代码+资源名称+采购数量+采购部门+申请部门+供应商名称+采购日期+价格
注释	无

附表 A-2　线路计划表条目

文件 / 名称	资源采购清单
编号	F4
组成	资源类别+资源代码+资源名称+采购数量+采购部门+申请部门+供应商名称+采购日期+价格
结构	以线路号为关键字、索引存取
注释	无

附表 A-3 “资源采购清单”中数据项条目

数据项名	代码	类型	长度	小数位	注释
资源类别	ZYLB	字符型	20		
资源代码	ZYDM	字符型	6		
资源名称	ZYMC	字符型	20		
采购数量	CGSL	数值型	10		
采购部门	CGBM	字符型	20		
申请部门	SQBM	字符型	20		
供应商名称	GYSMC	字符型	20		
采购日期	CGRQ	日期型	8		
价格	JG	数值型	6		

3. 设计并建立数据库及表

根据数据流程图和数据字典，我们对环球旅行社管理信息系统需要用到的数据库及表结构设计如附表 A-4～附表 A-8 所示。

附表 A-4 同行线路价格表表结构设计

字段名称	数据类型	字段长度	备注
线路号	文本	50	主键
线路名称	文本	60	
旅行社名	文本	20	
价格	货币		单位：¥

附表 A-5 线路计划表表结构设计

字段名称	数据类型	字段长度	备注
线路号	文本	50	主键
线路名称	文本	60	
航班号	文本	50	
行程安排	文本	150	
酒店名称	文本	20	
价格	货币		单位：¥
出行天数	数字	整型	

附表 A-6 线路策划表表结构设计

字段名称	数据类型	字段长度	备注
线路号	文本	50	主键
线路名称	文本	60	

续表

字段名称	数据类型	字段长度	备注
景点信息	文本	150	
价格	货币		单位：￥

附表 A-7　费用信息表表结构设计

字段名称	数据类型	字段长度	备注
线路号	文本	50	主键
线路名称	文本	60	
费用信息	货币		单位：￥
折扣信息	数字	双精度	格式：百分比

附表 A-8　航班信息表表结构设计

字段名称	数据类型	字段长度	备注
航班号	文本	50	主键
航空公司	文本	20	
出发城市	文本	20	
到达城市	文本	20	
航班量	数字	整型	

完成了数据库及数据库表结构的设计后，需要在 Access 数据库中建立实际的环球旅行社管理信息系统数据库及表。

步骤 1： 从“开始”菜单中选择“所有程序”选项，在 Microsoft Office 软件组的子菜单中选择 Microsoft Office Access 2007 命令，如附图 A-2 所示。

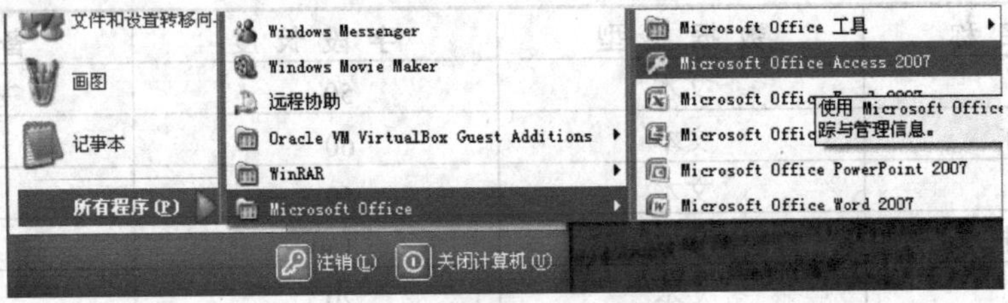

附图 A-2　打开 Access 软件

步骤 2： 单击“打开”按钮，选择“新建”命令建立一个空数据库，以“环球旅行社管理信息系统”命名将数据库保存到适当的位置。

步骤 3： 打开新建的“环球旅行社管理信息系统”数据库，选择“创建”/“表”组，单击“表”或“表设计”按钮，然后选择“视图”组中的“设计视图”，进入设计视图，并保存表，如附图 A-3 所示。

步骤 4：建立字段和字段的数据类型。打开设计视图，以“同行线路价格表”的建立过程为例，介绍数据表的建立过程。在设计视图中输入各字段的名称，单击字段名称右边的数据类型，可在下拉列表框中选择字段类型，如附图 A-4 所示。

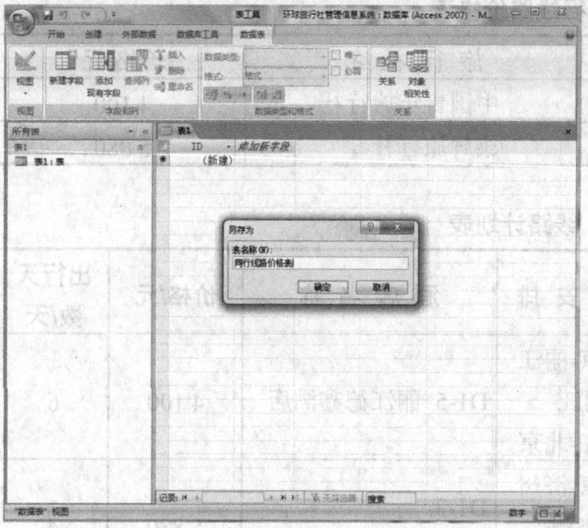

附图 A-3　打开表的设计视图

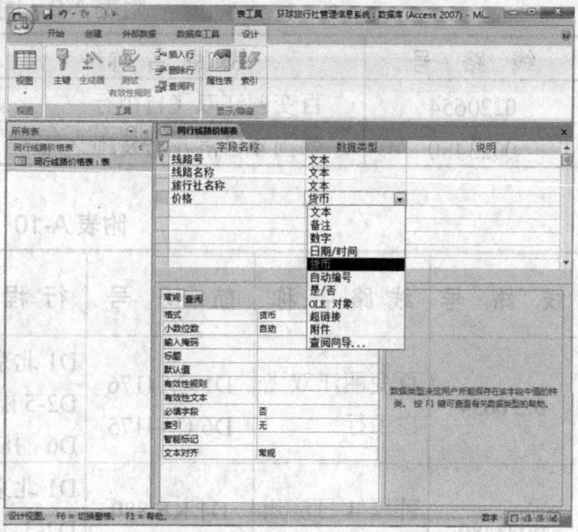

附图 A-4　修改字段的数据类型

步骤 5：修改字段属性。字段的属性也要根据事先的设计进行修改。选中要修改属性的字段，在“字段属性”栏中选中要修改的属性，根据要求修改属性值，如附图 A-5 所示。

步骤 6：设置主键。选中要作为主键（关键字）的属性，选择“设计”/“工具”组，单击“主键”按钮，这样这个属性就被定义为该表的主键，如附图 A-6 所示。

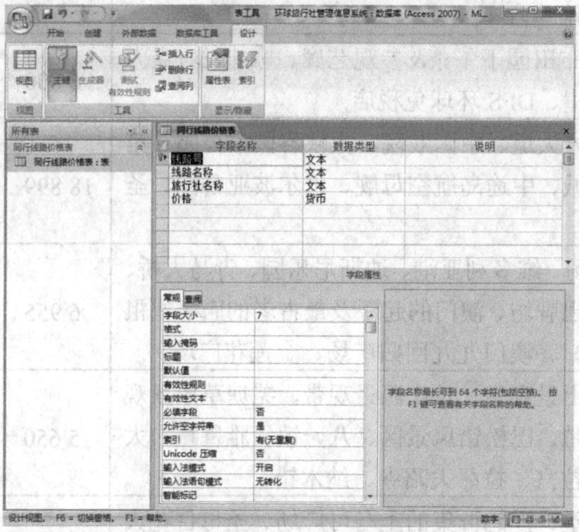

附图 A-5　修改字段属性

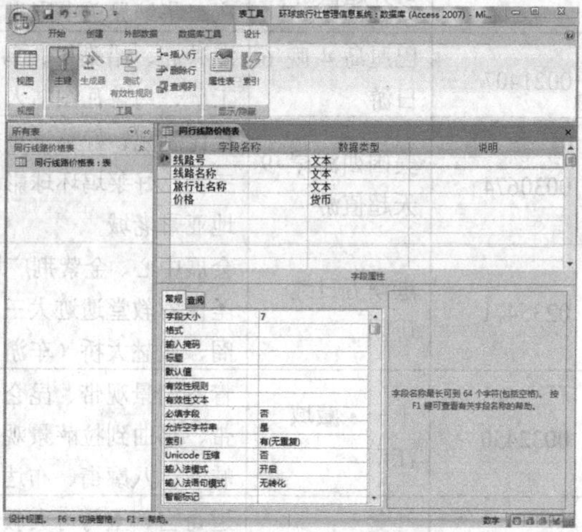

附图 A-6　设置表的主键

步骤 7：保存表设置。单击“保存”按钮，这样就完成了表的建立和设置过程。

4. 录入数据表格

向数据库中的数据表内录入以下表格数据，如附表A-9～附表A-13所示。

附表A-9　同行线路价格表

线路号	线路名称	旅行社名	价格/元
0220654	百变丽江双飞自由行	中国青年旅行社	4 100
0023480	韩国4日济州新发现之旅	康辉旅行社	5 880

附表A-10　线路计划表

线路号	线路名称	航班号	行程安排	酒店名称	价格/元	出行天数/天
0220654	百变丽江双飞自由行	D1 CA4176 D6 CA4175	D1 北京-丽江 D2-5 丽江 D6 丽江-北京	D1-5 丽江德鑫酒店	4 100	6
0023480	韩国4日济州新发现之旅	D1 KE 880 D4 KE 879	D1 北京-济州 D2-3 济州 D4 济州-北京	D1-3 韩国5花特二级酒店	5 880	4

附表A-11　线路策划结果

线路号	线路名称	景点信息	价格/元
0032045	澳大利亚8日奇异超值游	皇家植物园、悉尼歌剧院、海港大桥、海德公园、圣玛丽亚大教堂、邦迪海滩、热带雨林、布里斯班河、南岸公园、天堂农庄、华纳兄弟电影世界	17 710
0021407	巴厘岛4晚6日游	海神庙、蜡染村、乌布田园下午茶&参观艺廊、咖啡&巧克力工厂、乌鲁瓦图情人崖、DFS环球免税店	6 800
0030674	美国西海岸9天超值游	杜比剧院、好莱坞星光大道、中国戏院、大峡谷国家公园、第三街、好莱坞环球影城、中途岛航空母舰、巴尔波亚公园、圣地亚哥老城	18 899
0235471	港澳五日纯玩团	会展中心、金紫荆广场、维多利亚港、迪斯尼乐园、青马大桥、圣保罗教堂遗迹大三巴牌坊、澳门的起源及最古老的庙宇妈祖阁、澳氹大桥（车游）、澳门九九回归广场、金莲花广场	6 955
0032450	十一·藏域江南	青海湖景观带、昆仑山景观带、长江源景观带、羌塘草原景观带、那曲到拉萨景观带、巴松错风景区、八一镇、雅鲁藏布大峡谷、八廓街、布达拉宫、拉萨大昭寺、纳木错	5 650
0038901	意大利梵蒂冈游轮	道奇宫、圣马可大教堂、祥鸽群集的圣马可广场、圣母百花大教堂、米开朗基罗广场、圣彼得大教堂、圣彼得广场、西班牙广场、许愿泉、古罗马斗兽场外观、古罗马市集废墟、君士坦丁凯旋门	14 788

续表

线　路　号	线 路 名 称	景 点 信 息	价格/元
0124020	福建-纯精选	日光岩、菽庄花园、皓月园、郑成功纪念馆、菽庄花园集美学村、南普陀寺　胡里山炮台、厦门大学	4 140
0215015	云南四天	丽江、大研古城、玉龙雪山、虎跳峡、束河古镇、拉市海黑龙潭	2 040

附表 A-12　费用信息

线　路　号	线 路 名 称	具体费用/元	折 扣 信 息
0032045	澳大利亚 8 日奇异超值游	17 710	5%
0021407	巴厘岛 4 晚 6 日游	6 800	5%
0030674	美国西海岸 9 天超值游	18 899	10%
0235471	港澳五日纯玩团	6 955	5%
0032450	十一・藏域江南	5 650	5%
0038901	意大利梵蒂冈游轮	14 788	0
0124020	福建-纯精选	4 140	0
0215015	云南四天	2 040	3%

附表 A-13　航班信息表

航　班　号	航 空 公 司	出 发 城 市	到 达 城 市	航　班　量
UA942	美国联合航空公司	芝加哥	巴黎	
MU7469	中国东方航空公司	北京	暹粒	1
LH721	德国汉莎航空公司	北京	法兰克福	1
CA4122	中国国际航空公司	北京	黄龙	1
HU7165	中国海南航空公司	北京	昆明	1
CA1380	中国国际航空公司	海口	北京	1
CA939	中国国际航空公司	北京	罗马	1
CA979	中国国际航空公司	北京	曼谷	1
CA925	中国国际航空公司	北京	东京	1
CA123	中国国际航空公司	北京	首尔	1

录入数据的方法很简单，步骤如下：

步骤 1： 选中已经建好的表，单击鼠标右键，在弹出的快捷菜单中选择“打开”命令，如附图 A-7 所示。

步骤 2： 在打开的数据视图中，按给定的数据输入即可，如附图 A-8 所示。

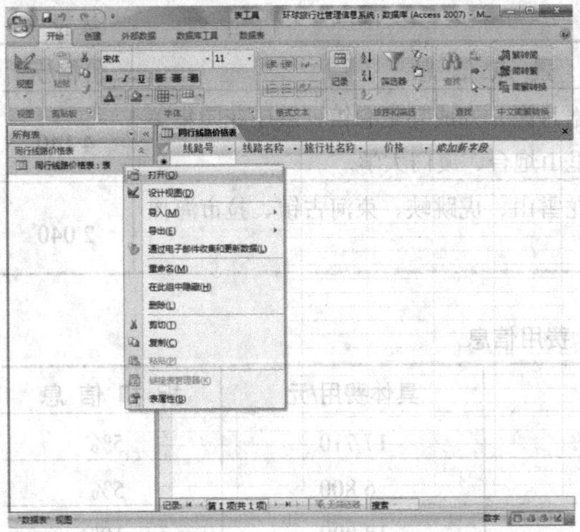

附图 A-7　打开数据视图

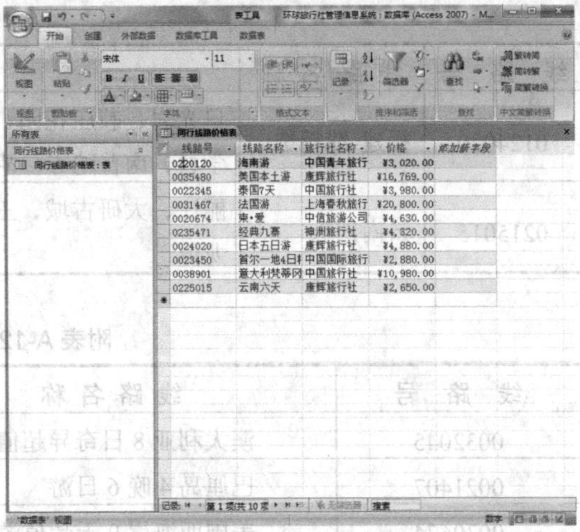

附图 A-8　输入数据

A.3　<实验 2>建立查询

A.3.1　实验目的及要求

1. 实验目的

数据查询是管理信息系统提供的最常见的功能，用户往往需要从管理信息系统的这一功能中获得有价值的数据信息。本实验将帮助学生掌握根据实际需求设计查询的能力，并且帮助学生了解在 Access 数据库中建立查询的方法。

2. 实验要求

本实验要求学生能够正确理解建立查询视图的意义，了解查询视图的特点及其与数据库表的区别；学生应能根据业务中的实际需要，设计出合适、便捷的查询；并能熟练掌握在 Access 数据库中建立查询的方法。

A.3.2　实验内容

本实验要求根据实际需求的需要，对“环球旅行社管理信息系统”数据库建立相关查询，具体包括：线路查询、价格查询、折扣信息查询、旅行社名称查询及旅行社相关线路价格查询、行程安排查询及出行时间查询、航班号查询、酒店名称查询、线路中景点信息查询和全部信息查询。Access 提供了两种建立查询的方式，分别是在设计视图中创建查询和使用向导建立查询。

1. 通过设计视图建立查询

下面以“指定线路查询”为例，通过设计视图介绍建立查询的具体步骤。

本查询要求输入一个线路号，通过这个编号对该线路进行查询操作，查询出这条线路所有的基本信息，主要包括线路号、线路名称、景点信息、销售价格、行程安排。

步骤 1：在打开了“环球旅行社管理信息系统”数据库后，在顶层的“设计”选项卡中选择“查询设计”，出现“显示表”对话框，如附图 A-9 所示。

步骤 2：在“显示表”对话框中选择“航班信息”和“线路计划表”选项，添加到查询视图中，则在查询设计视图中，自动生成两张表的连接。将光标移动到字段的第一列中，在下拉菜单中选择“线路计划表.线路号”选项，则字段的第一列中会自动出现“线路号”，表的第一列中会自动出现“线路计划表”，显示中会自动打勾，然后在条件中输入“[请输入线路号:]”，如附图 A-10 所示。

附图 A-9 “显示表”对话框

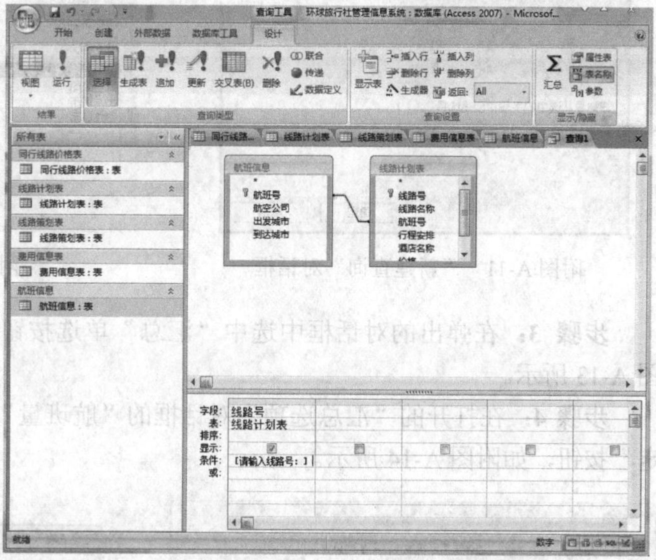

附图 A-10 选择查询：线路查询对话框

步骤 3：在字段第三列中选择“线路计划表.线路名称”，则字段中自动显示“线路名称”，表中显示“线路表”，显示中自动打勾。

同样地，在以下各列中完成对线路计划表中的线路名称、航班号、酒店名称、价格、出行天数，以及航班信息表中的航空公司，具体操作过程不再一一赘述。

单击“保存”按钮，在弹出的“另存为”对话框中输入查询的名称“指定线路查询”，单击“确定”按钮即可。

这样，就完成了对线路相关信息查询的编辑，只有当输入某一正确的线路号时，才可以查询线路的相关信息。

2. 通过向导建立查询

下面以“航空公司航班量查询”为例，介绍通过向导方式建立查询的具体步骤。

本查询要求在航班信息表中按每个航空公司进行分组查询，统计每个航空公司提供的航班总数。

步骤 1：在打开了“环球旅行社管理信息系统”数据库后，在“设计”选项卡中选择“查询设计”，在弹出的对话框中双击“简单查询向导”选项，如附图 A-11 所示。

步骤 2：在弹出的“简单查询向导”对话框中选择要建立查询表的查询字段，单击“下一步”按钮，如附图 A-12 所示。

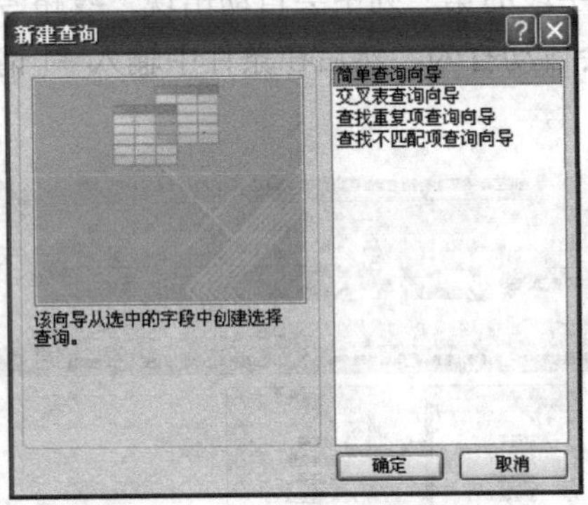

附图 A-11 “新建查询”对话框

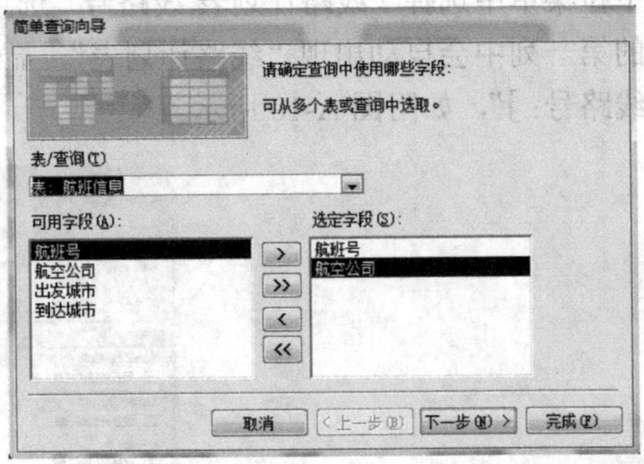

附图 A-12 选择查询字段

步骤 3：在弹出的对话框中选中“汇总”单选按钮，单击“汇总选项”按钮，如附图 A-13 所示。

步骤 4：在打开的“汇总选项”对话框的“航班量”中选中“汇总”选项，单击“确定”按钮，如附图 A-14 所示。

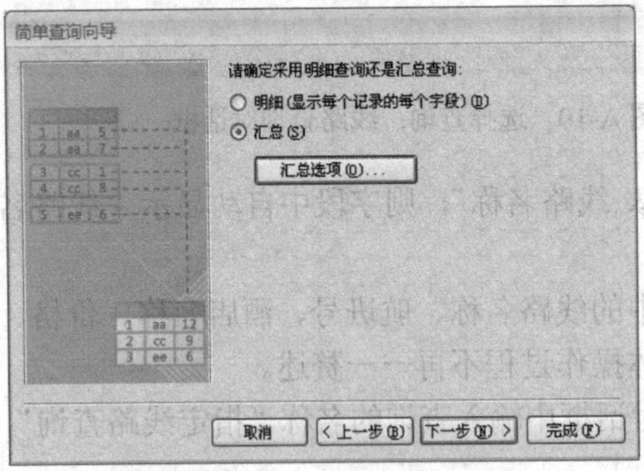

附图 A-13 设置查询条件

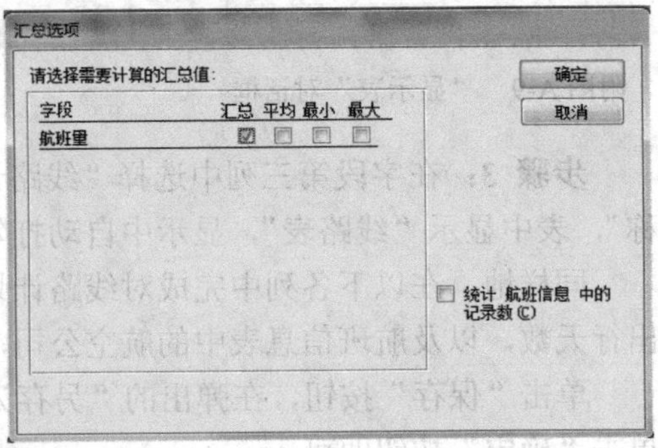

附图 A-14 “汇总选项”对话框

步骤 5：为查询指定标题“航空公司航班量查询”，选中“打开查询查看信息”单选按钮，单击“完成”按钮，如附图 A-15 所示，打开查询结果，如附图 A-16 所示。

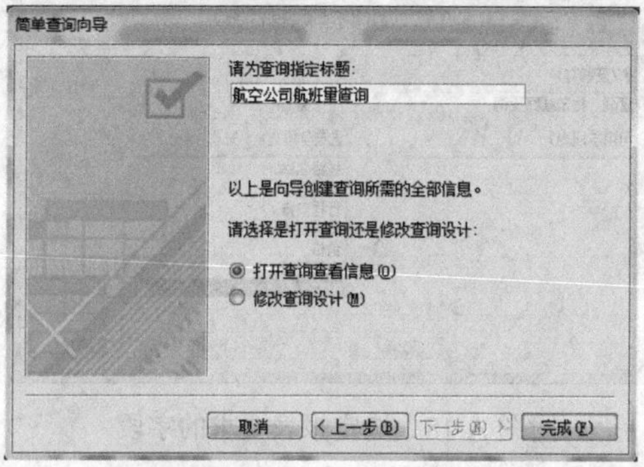

附图 A-15 指定标题

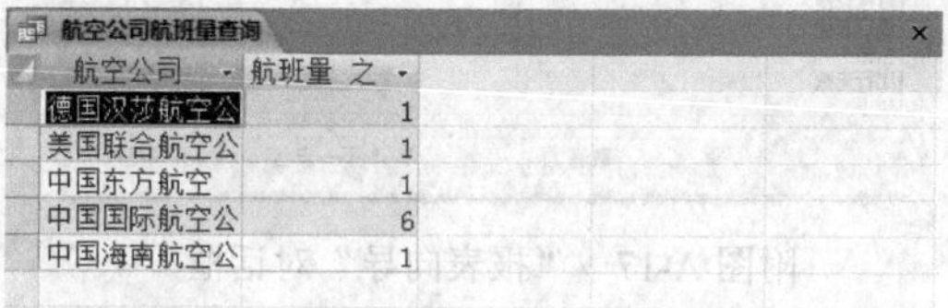

附图 A-16 查询结果

A.4 <实验 3>开发报表

A.4.1 实验目的及要求

1. 实验目的

报表是管理信息系统向用户提供数据信息的主要方式，将报表打印后可以将数据以纸张形式固化下来。本实验将帮助学生掌握根据实际需求设计报表的能力，并且帮助学生了解在 Access 数据库中建立报表的方法，以及根据美观调整报表格式的技能。

2. 实验要求

本实验要求学生能够根据业务中的实际需要，设计出合适、便捷的报表；并能熟练掌握在 Access 数据库中开发报表的方法。要求学生能利用报表向导工具创建实验中要求的所有报表，并在报表设计视图中对报表格式进行修改设计。

A.4.2 实验内容

在本实验中，我们介绍一种简便的建立报表对象的方法，利用 Microsoft Access 提供的报表向导工具建立一个报表对象。以建立“指定线路报表”为例，建立基于查询对象的“指定线路报表”对象，用于输出线路报表的各种信息。

步骤 1：打开 Microsoft Access，选择“创建”/“报表”组，单击“报表向导”按钮，打开“报表向导”对话框，如附图 A-17 所示。

步骤 2：在“表/查询”下拉列表框中选择“查询：指定线路查询”选项，通过对话框中间的方向箭头，选中报表中需要的字段。该“线路报表”要求包括“线路查询”中所有的可用字段，如附图 A-18 所示。

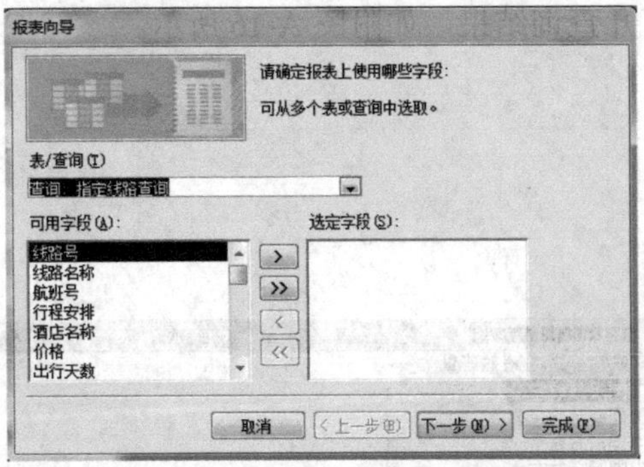

附图 A-17 “报表向导”对话框

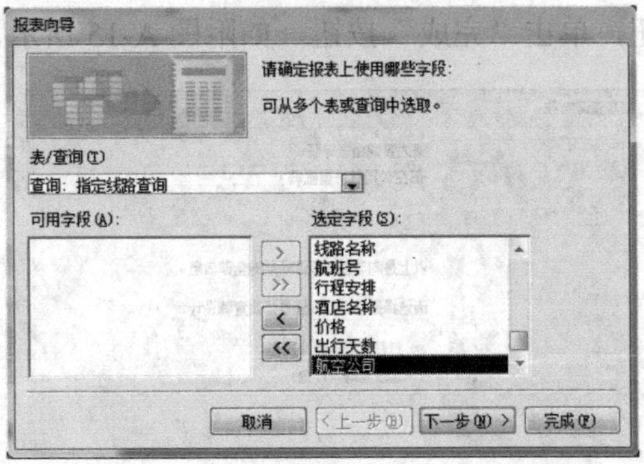

附图 A-18 选定报表要求的字段

步骤3：单击“下一步”按钮，进入添加分组级别对话框，如附图A-19所示。

利用报表向导，用户可以设置多达十步的分组。要想报表按照某一字段进行分组，在左边的列表框中选择此字段，此时在右边的预览框中将显示分组后的显示。在本例中，我们不用分组，单击“下一步”按钮，进入报表向导排序对话框，如附图A-20所示。

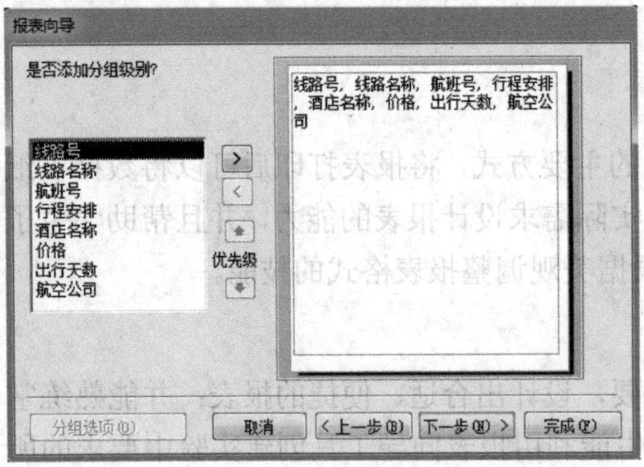

附图 A-19 添加分组级别对话框

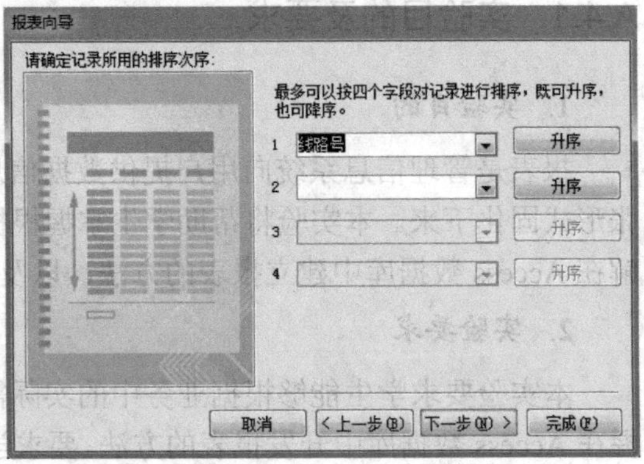

附图 A-20 报表向导排序对话框

步骤4：在排序对话框中可以选择排序参照字段，如要按照“线路号”进行排序，则可以在标有1的文本框中单击下拉箭头，然后选择线路号字段名，按照升序或者降序排列。在报表中，利用向导可以最多按照四个字段对记录进行排序，可根据自己的需要，按顺序定义对话框中的带1、2、3、4的文本框即可。本例不要求排序。

步骤5：单击“下一步”按钮，进入报表布局对话框，可以根据实际需要选择合理的布局，本例使用默认选项，即应用“表格”布局，方向为“纵向”，如附图A-21所示。

步骤6：单击“下一步”按钮，打开报表样式对话框，选择合适的报表样式。用户可以在右边的列表框中用鼠标选择样式，左边的图形框中会显示相应的报表样式示例，如附图A-22所示。

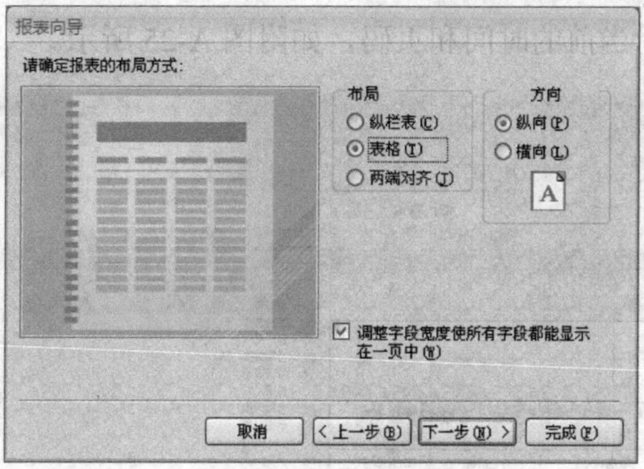

附图 A-21　报表布局

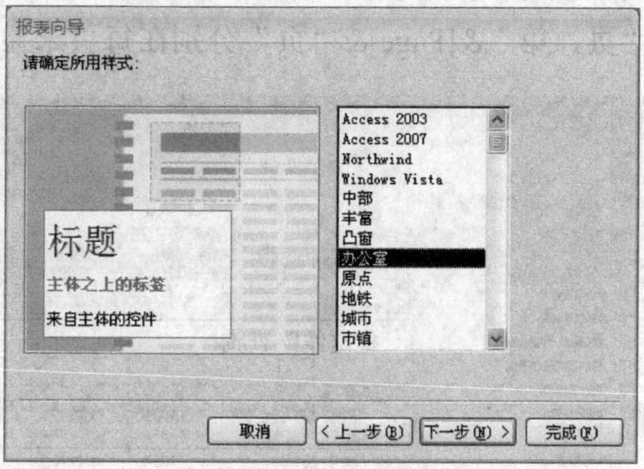

附图 A-22　报表样式

步骤 7：单击“下一步”按钮，进入报表向导最后一个对话框，在此对话框中输入报表名称，在完成设计前还可以进行预览报表或修改报表设计操作。选中“预览报表”单选按钮，则单击“完成”按钮以后将进入预览视图；如果选中“修改报表设计”单选按钮，则单击“完成”按钮以后将直接进入报表设计视图，可以对报表进行修改，如附图 A-23 所示。

步骤 8：利用报表向导创建出来的报表往往比较乱，可以打开设计视图对报表进行设计，如附图 A-24 所示。

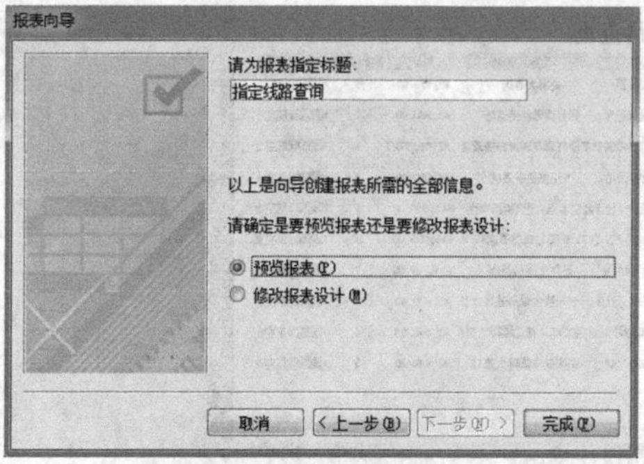

附图 A-23　输入报表名字

附图 A-24　打开设计视图

步骤 9：打开设计视图，进入报表设计窗口，可以对报表进行设计和编辑。拖动各标签可以重新设置各标签的位置。选中标签，可以对其字体、字号、字体颜色等进行修改，以达到使报表美观的效果。页面页脚处的两个文本控制“=Now ()”和=“共”& [Pages] &

“页，第”&[Page]&“页”分别在每页末显示当前的时间和页码，如附图 A-25 所示。

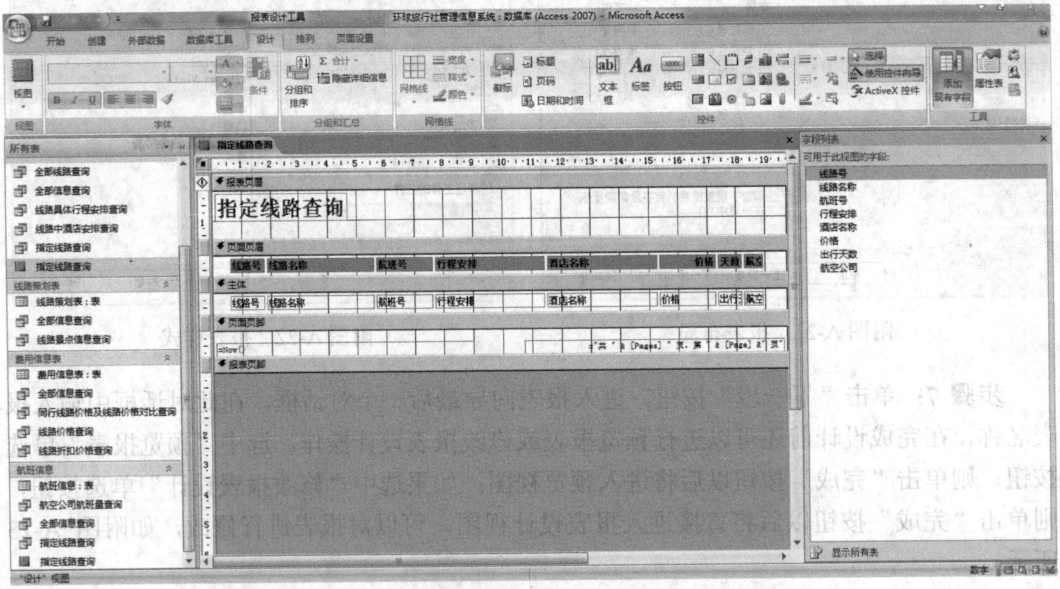

附图 A-25　设计视图

步骤 10：设计修改完成以后，可以预览报表，如附图 A-26 所示。

附图 A-26　预览报表

这样，就可以生成一份可用于查询某一指定线路信息的报表。报表的生成很简单，学生还可尝试直接用设计视图创建报表。

A.5　<实验 4>系统窗体设计以及系统集成

A.5.1　实验目的及要求

1. 实验目的

我们在前两个实验中建立起来的查询和报表，都只能完成一些独立的功能。一个完整的系统，应该将这些独立功能集成起来，使之成为一个整体。本章将帮助学生了解系统集成的意义和方法，并了解在系统集成过程中窗体的作用及其设计方法。

2. 实验要求

在本实验中，要求学生能深刻理解系统集成的意义和方法，并通过窗体之间的调用将系统的独立查询功能、生成报表功能以及数据的添加、更新、删除功能整合起来。学生需要设计的窗体包括系统主界面、报表生成界面、查询界面、数据维护界面（包括数据添加界面、数据更新界面、数据删除界面）等。

A.5.2　实验内容

在本实验中，我们将对系统的功能进行整合，同时增加一些数据维护的新功能。在 Access 中创建窗体有两种方法：一种是在设计视图中创建窗体，另一种是使用向导创建窗体。此实验中，我们将根据各窗体的不同功能，分别采用不同的方法设计出系统所需的功能窗体。

1. 创建具有查询功能的窗体

下面介绍如何在设计视图中创建窗体，并用这种方法建立查询窗体。

步骤 1：打开 Microsoft Access，选择“创建”/“窗体”组，单击“窗体设计”按钮，如附图 A-27 所示。

步骤 2：单击工具箱中的命令按钮，在主体中画出该控件，如附图 A-28 所示。

步骤 3：在弹出的“命令按钮向导”对话框中，选中“类别”栏中的“杂项”选项和“操作”栏中的“运行查询”选项，单击“下一步”按钮，如附图 A-29 所示。

步骤 4：选择“指定线路查询”作为将运行的查询，单击“下一步”按钮，如附图 A-30 所示。

步骤 5：选中“图片”单选按钮，选取图片“MS Access 查询”作为按钮上的显示图片，单击“下一步”按钮，如附图 A-31 所示。

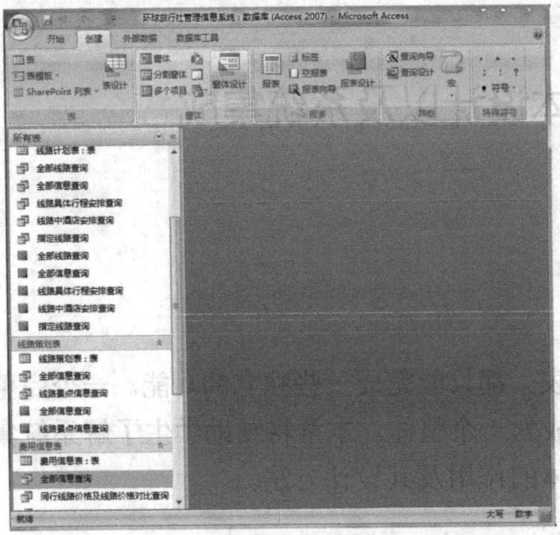

附图 A-27　使用设计视图创建窗体

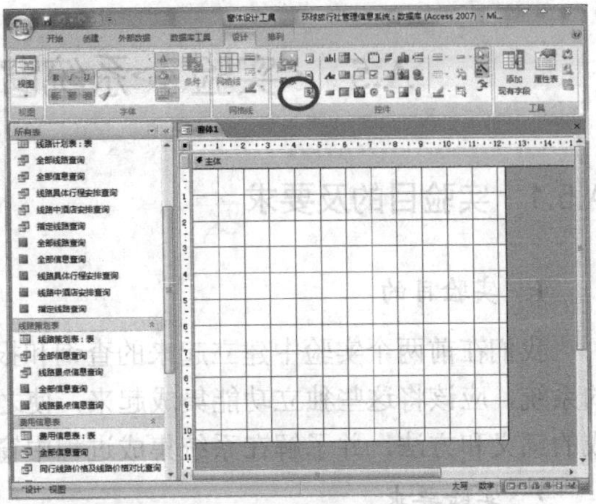

附图 A-28　向窗体中添加控件

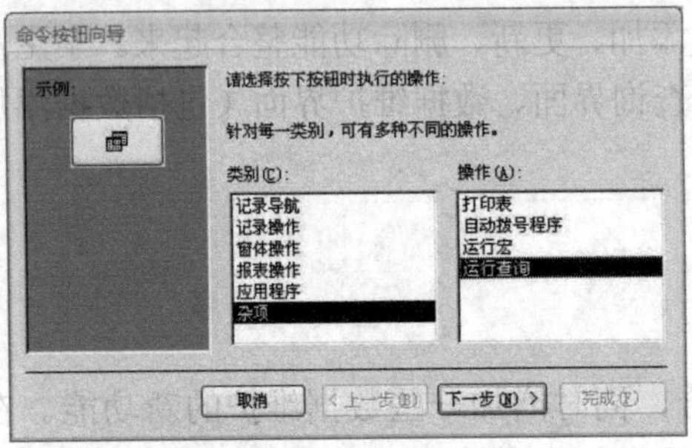

附图 A-29　选择运行查询

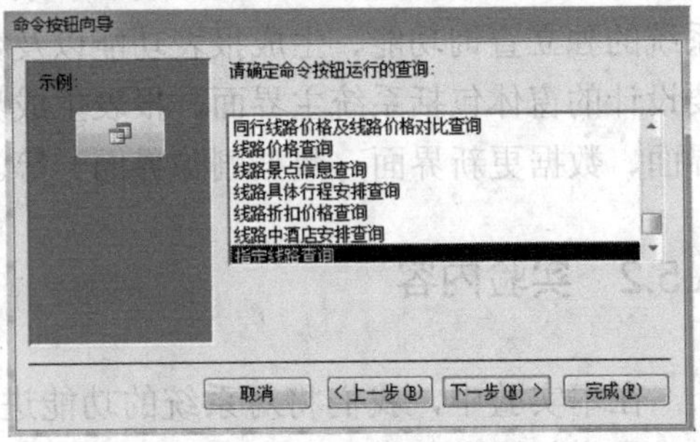

附图 A-30　选择将运行的查询

步骤 6：将控件命名为“指定线路查询”，单击“完成”按钮，如附图 A-32 所示。

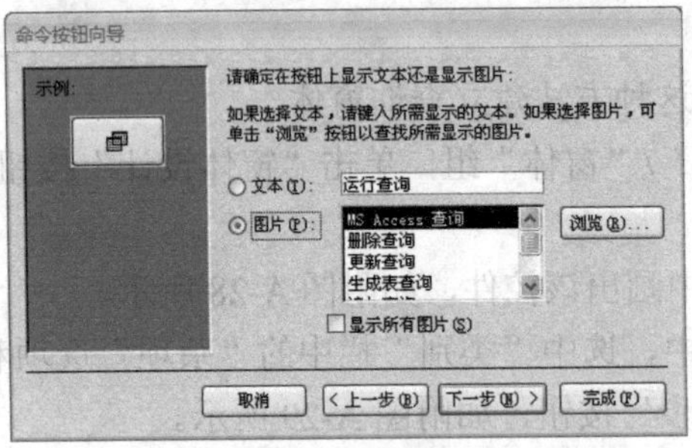

附图 A-31　选择按钮显示图片

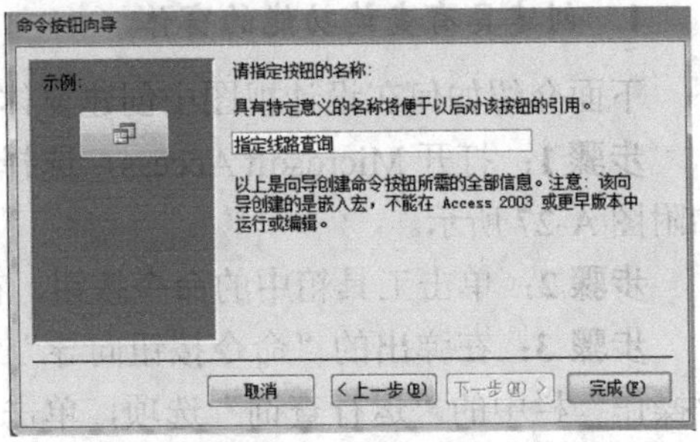

附图 A-32　指定按钮的名称

步骤 7：单击工具箱中的标签按钮，在主体中将控件画在对应的按钮右边，这样就为每个命令按钮增加了对应的说明，在标签控件中写入“指定线路查询”，如附图 A-33 所示。

步骤 8：保存该窗体，将窗体命名为“查询子窗体”，如附图 A-34 所示。

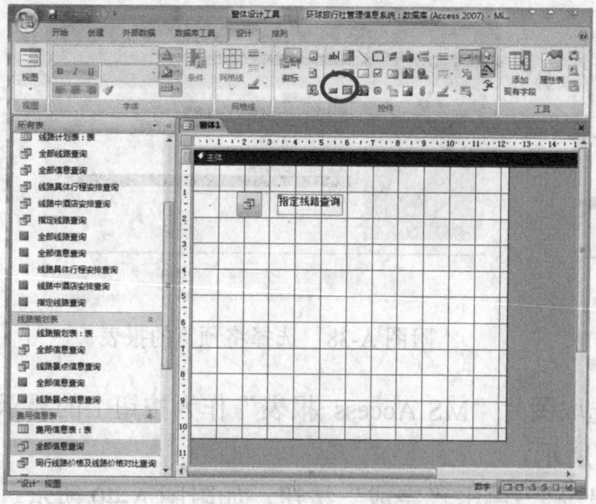

附图 A-33　插入标签控件

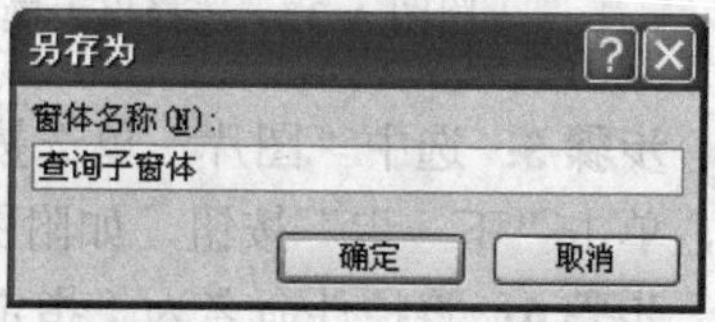

附图 A-34　保存查询窗体

2. 创建具有报表功能的窗体

下面介绍如何在设计视图中创建窗体，并用这种方法建立报表窗体。

步骤 1： 打开 Microsoft Access，选择“创建”/“窗体”组，单击“窗体设计”按钮，如附图 A-35 所示。

步骤 2： 单击工具箱中的命令按钮，在主体中画出该控件，如附图 A-36 所示。

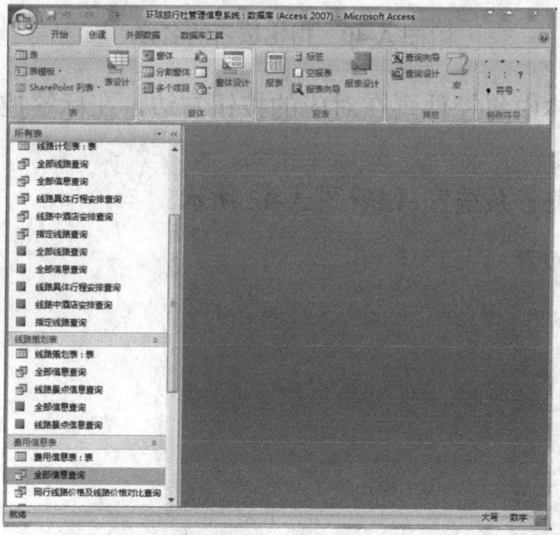

附图 A-35　使用设计视图创建窗体

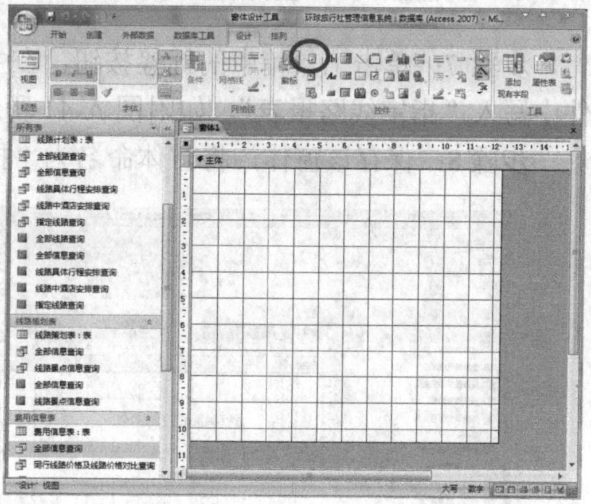

附图 A-36　向窗体中添加控件

步骤 3： 在弹出的“命令按钮向导”对话框中，选中“类别”栏中的“报表操作”选项和“操作”栏中的“预览报表”选项，单击“下一步”按钮，如附图 A-37 所示。

步骤 4： 选择“指定线路报表”作为将预览的报表，单击“下一步”按钮，如附图 A-38 所示。

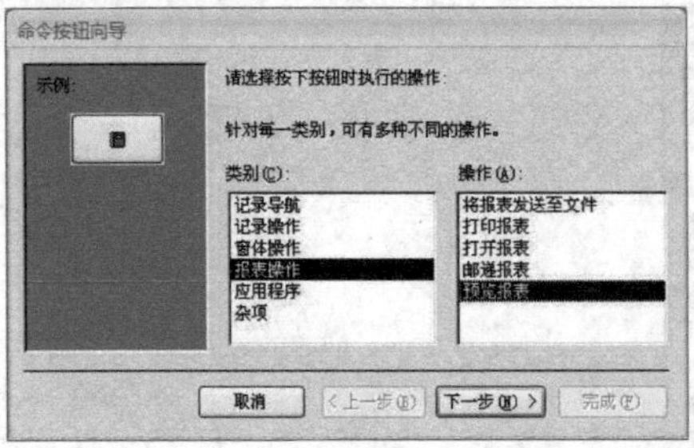

附图 A-37　选择报表操作

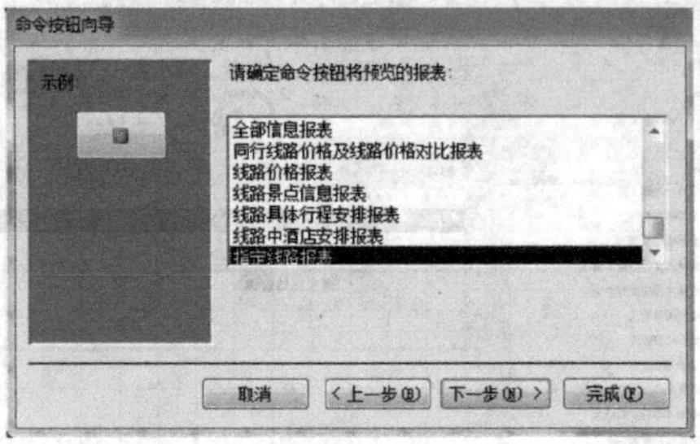

附图 A-38　选择将预览的报表

步骤 5：选中“图片”单选按钮，选取图片“MS Access 报表”作为按钮上的显示图片，单击“下一步”按钮，如附图 A-39 所示。

步骤 6：将控件命名为“指定线路报表”，单击“完成”按钮，如附图 A-40 所示。

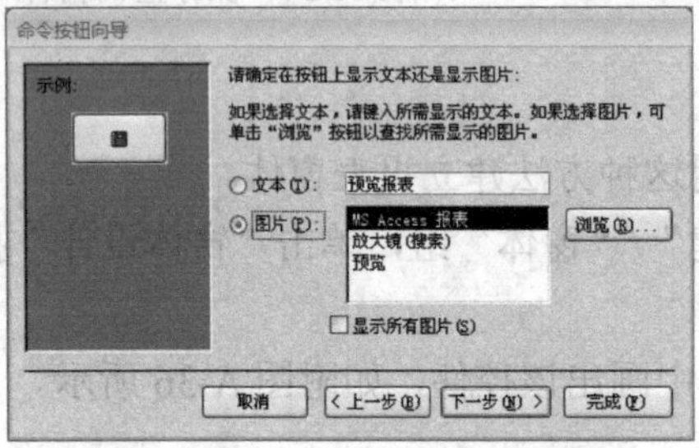

附图 A-39　选择按钮显示图片

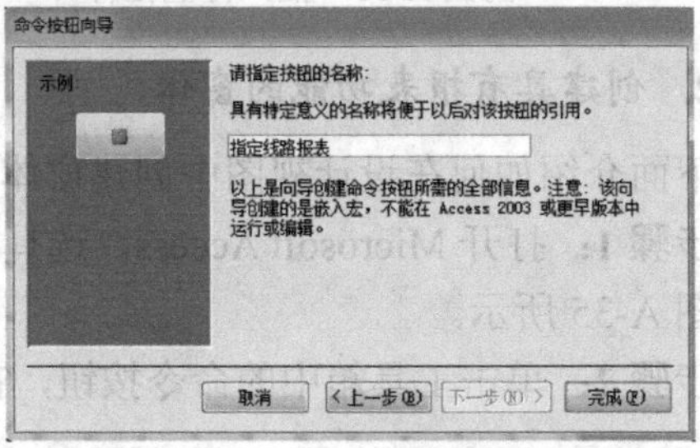

附图 A-40　指定按钮的名称

步骤 7：单击工具箱中的标签按钮，在主体中将控件画在对应的按钮右边，在标签控件中写入“指定线路报表”，如附图 A-41 所示。

步骤 8：保存该窗体，将窗体命名为“报表子系统”，如附图 A-42 所示。

附图 A-41　插入标签控件

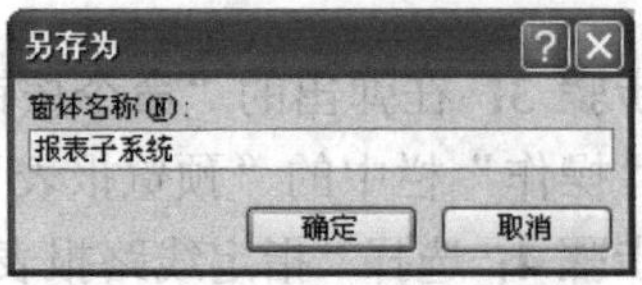

附图 A-42　保存报表窗体

3. 创建数据维护窗体

介绍了查询窗体和报表窗体的创建方法之后，下面将介绍创建数据添加窗体的方法，使得用户可以通过该窗体向数据库中添加数据。

步骤 1：在设计视图中创建窗体时，在窗体的主体中将控件适当布局，窗体中除了标题使用的是标签控件外，其他布局控件都是由文本框和命令按钮组成的。根据线路表的字段名，在窗体中将控件布局如附图 A-43 所示。

步骤 2：打开窗体属性，在“数据”选项卡中设置“记录源”为“线路策划表”，“数据输入”为“是”，如附图 A-44 所示。

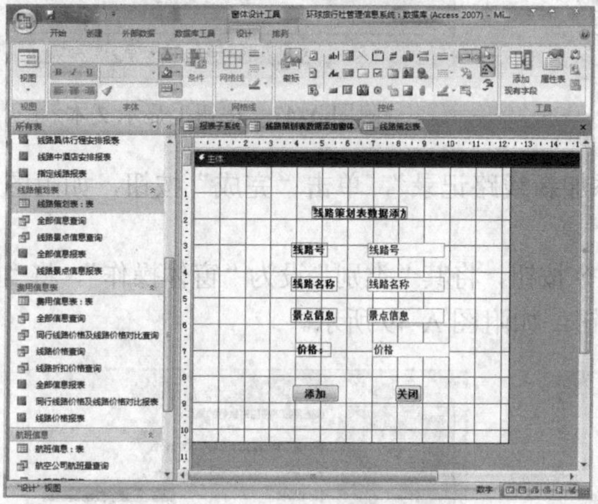

附图 A-43　数据添加窗体布局

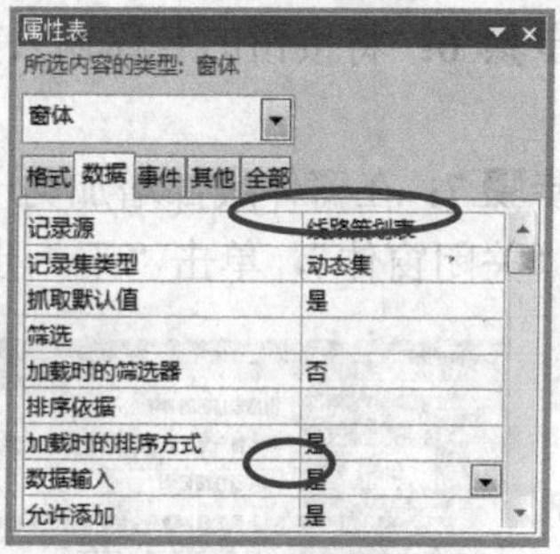

附图 A-44　设置窗体的数据属性

步骤 3：打开各个文本框的属性，设置“数据”选项卡的“控件来源”选项为文本框所对应的字段名称，如附图 A-45 所示。

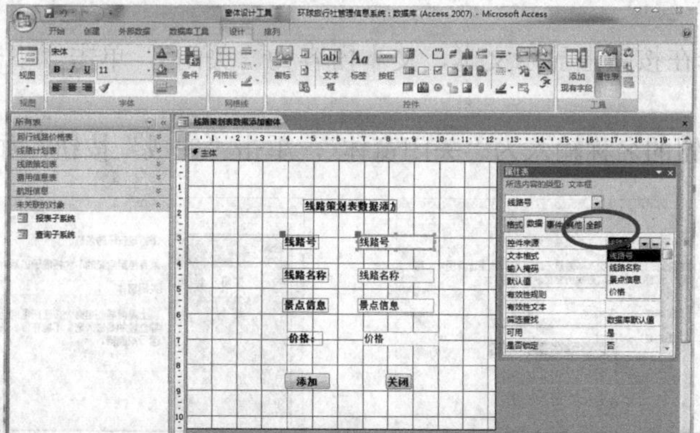

附图 A-45　设置文本框的数据属性

步骤 4：在窗体底部增加一个命令按钮，将其“类别”设为“记录操作”，将“操作”设为“添加新记录”，单击“下一步”按钮，如附图 A-46 所示。

步骤 5：选择在按钮上显示文本，文本内容为“添加”，单击“下一步”按钮，如附图 A-47 所示。

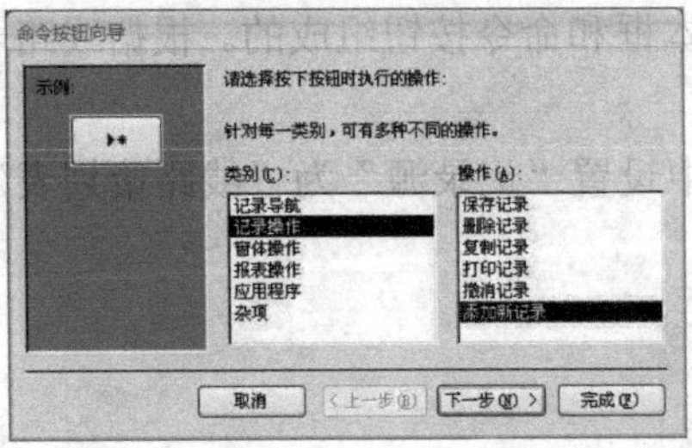

附图 A-46　设置按钮类别

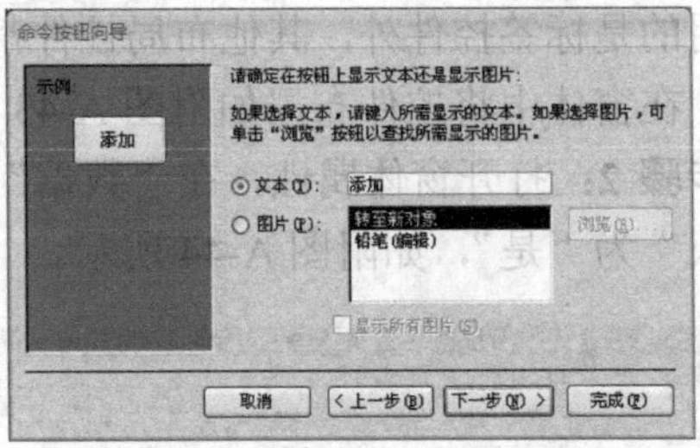

附图 A-47　按钮上显示文本

步骤 6：将按钮的名称输入为“添加新线路记录”，单击“完成”按钮，如附图 A-48 所示。

步骤 7：在窗体底部增加另一个命令按钮，将其“类别”设为“窗体操作”，将“操作”设为“关闭窗体”，单击“下一步”按钮，如附图 A-49 所示。

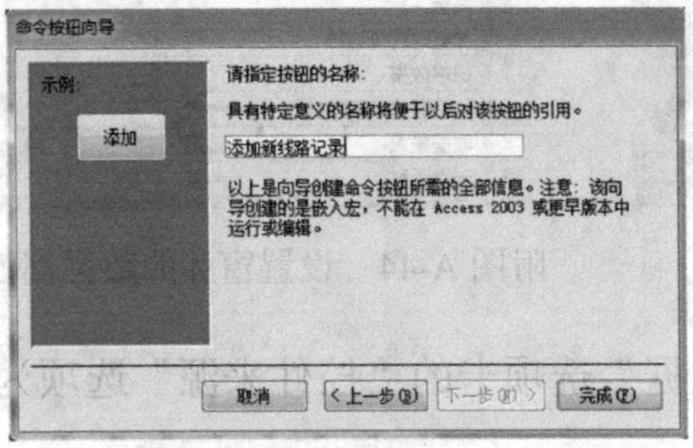

附图 A-48　为按钮指定名称

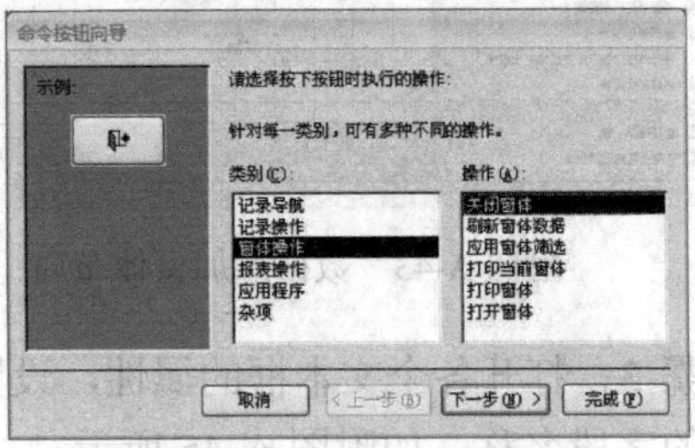

附图 A-49　设置按钮类别

步骤 8：选择在按钮上显示文本，文本内容为“关闭”，单击“下一步”按钮，如附图 A-50 所示。

步骤 9：将按钮的名称输入为“关闭窗体”，单击“完成”按钮，如附图 A-51 所示。

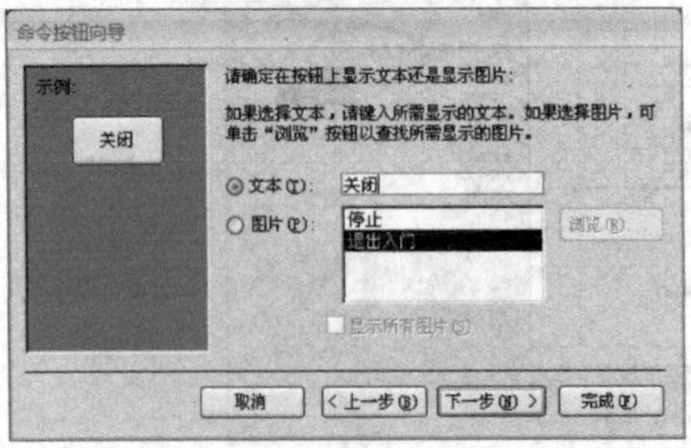

附图 A-50　按钮上显示文本

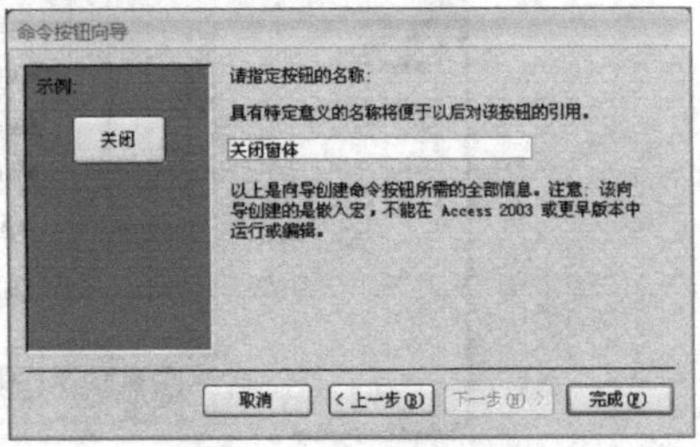

附图 A-51　为按钮指定名称

步骤 10：保存窗体，将窗体命名为“线路策划表数据添加窗体”，打开窗体后如附图 A-52 所示。

建立了数据添加窗体之后，现在介绍建立线路策划表数据更新窗体的方法。具体方法和步骤如下。

步骤 11：在设计视图中创建窗体时，在窗体的主体中将控件适当布局，标签和文本框的布局方式与线路策划表数据添加窗体一样。窗体和文本框的数据源设置也和线路策划表数据添加窗体一样，但是窗体属性的数据选项中“数据输入”设为“否”，而不要改为“是”。具体的布局方法如附图 A-53 所示。

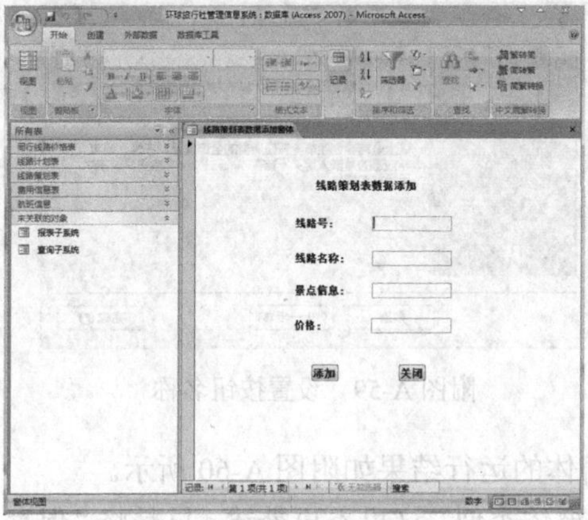

附图 A-52　线路表数据添加窗体

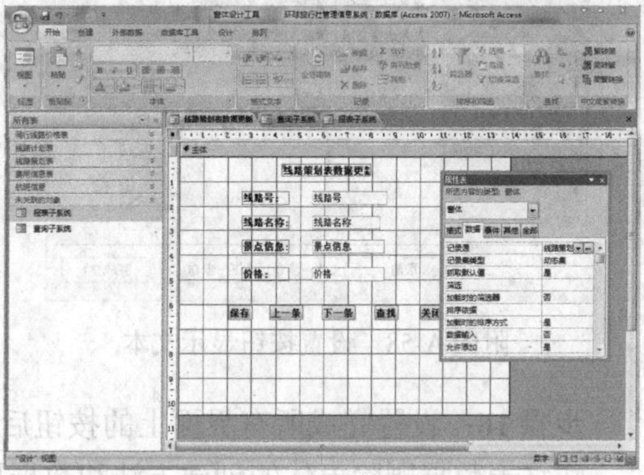

附图 A-53　线路表数据更新窗体布局

步骤 12：窗体中“保存”按钮的向导设置方法如附图 A-54～附图 A-56 所示。

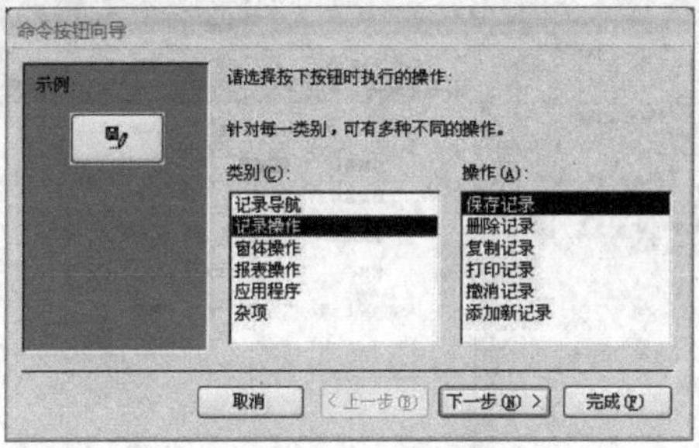

附图 A-54　设置按钮类别

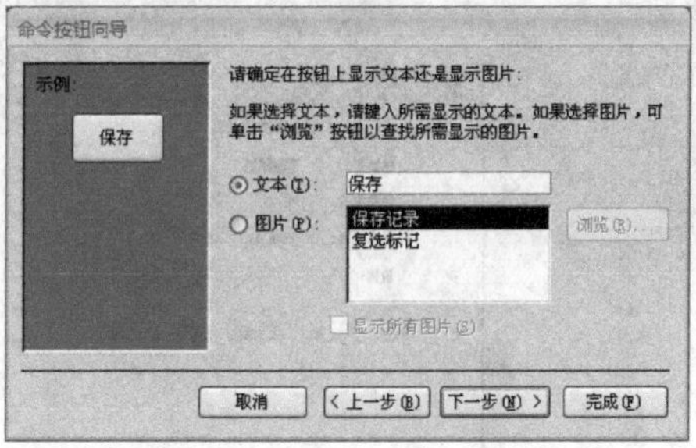

附图 A-55　设置按钮显示文本

步骤 13：窗体中“上一条”按钮的向导设置方法如附图 A-57～附图 A-59 所示。

步骤 14：“下一条”按钮的设置方法和“上一条”按钮设置方法一样，只是在设置按钮类别时，要将“操作”选为“转至下一项记录”。

步骤 15：“查找”按钮的设置方法和“上一条”按钮设置方法一样，只是在设置按钮类别时，要将“操作”选为“查找记录”。

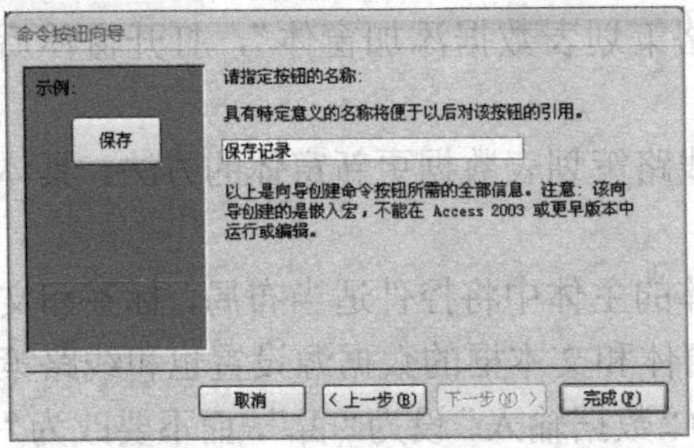

附图 A-56　设置按钮名称

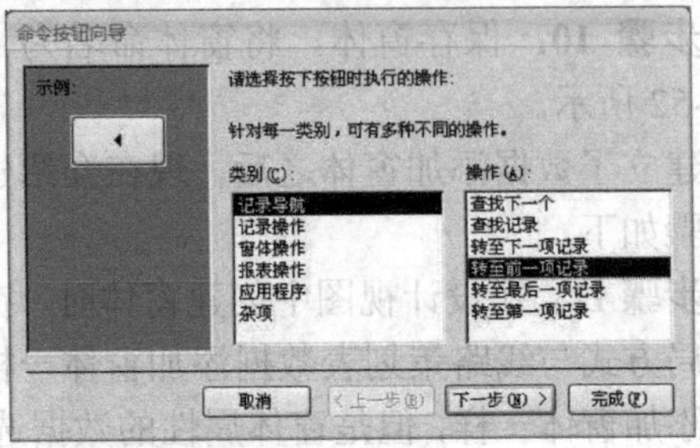

附图 A-57　设置按钮类别

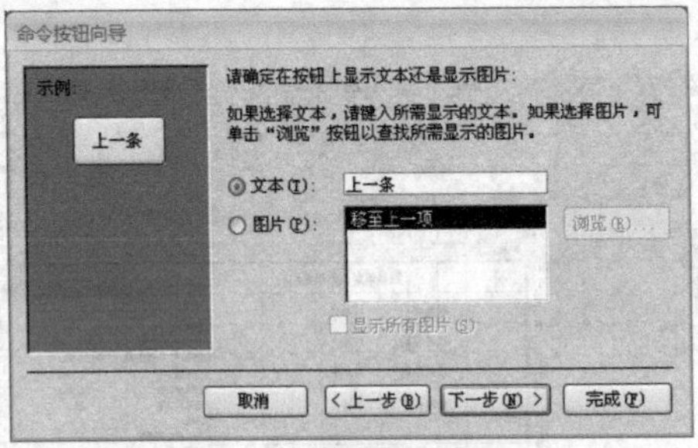

附图 A-58　设置按钮显示文本

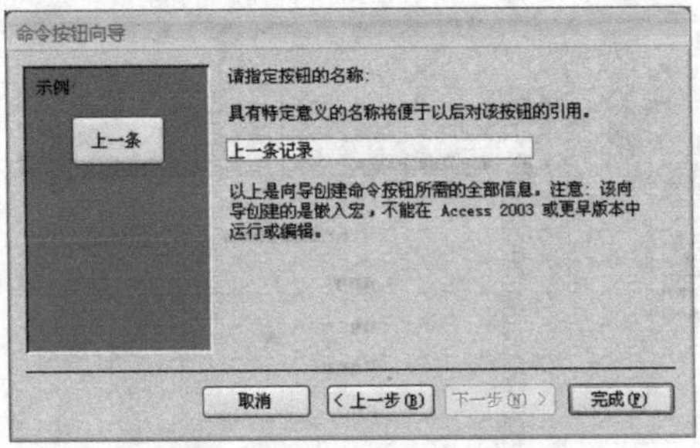

附图 A-59　设置按钮名称

步骤 16： 设置完成所有界面上的按钮后，窗体的运行结果如附图 A-60 所示。

线路表数据删除窗体的创建方法和数据更新窗体类似，这里不再赘述，只是将“保存”按钮换为“删除”按钮。线路表数据删除窗体运行界面截图如附图 A-61 所示。

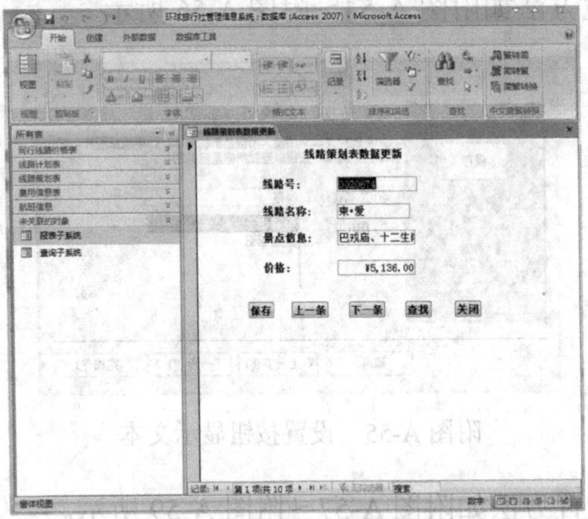

附图 A-60　线路表数据更新界面截图

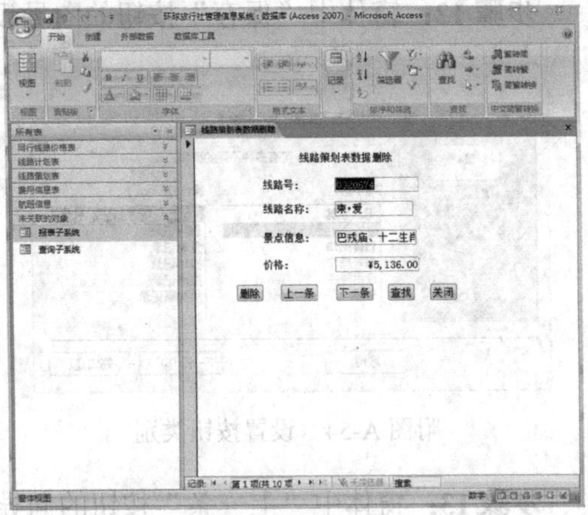

附图 A-61　线路表数据删除窗体界面

4. 窗体的集成

在完成了“查询子系统”窗体、“报表子系统”窗体、“数据维护子系统”窗体后，需要将各个子窗体集成起来，使它们成为一个功能完整的系统。

步骤 1：在设计视图中创建窗体时，在窗体的主体中将控件适当布局，窗体中的标题使用的是标签控件，其他布局控件都是由命令按钮组成，各个控件在窗体中布局如附图 A-62 所示。最后将窗体以“主窗体”为名称，保存窗体。

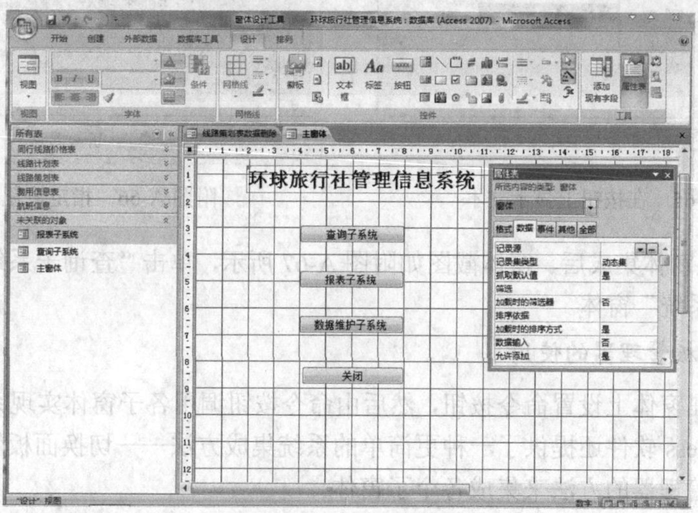

附图 A-62　主窗体的布局

步骤 2：下面以查询子系统与主窗体的集成为例，展示如何进行窗体间的集成。在“查询子系统”命令按钮的向导中，设置“类别”为“窗体操作”，“操作”为“打开窗体”，单击“下一步”按钮，如附图 A-63 所示。

步骤 3：选择按钮要打开的窗体为“查询子系统”窗体，单击“下一步”按钮，如附图 A-64 所示。

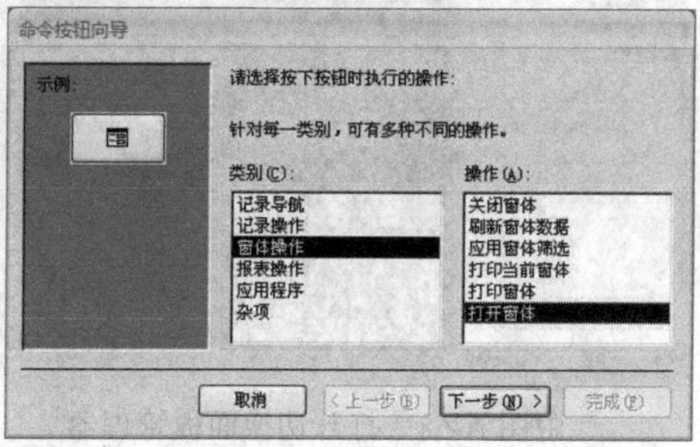

附图 A-63　设置按钮的动作

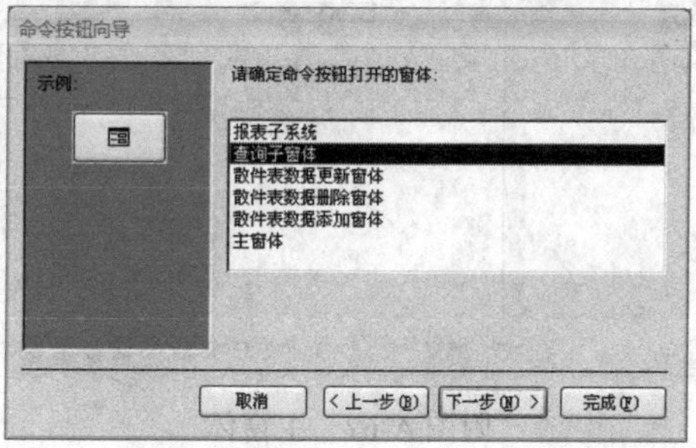

附图 A-64　选择要打开的窗体

步骤 4：在按钮上显示文本，文本内容为“查询子系统”，单击“下一步”按钮，如附图 A-65 所示。

步骤 5：输入按钮名称为“查询子系统”，单击“完成”按钮，如附图 A-66 所示。

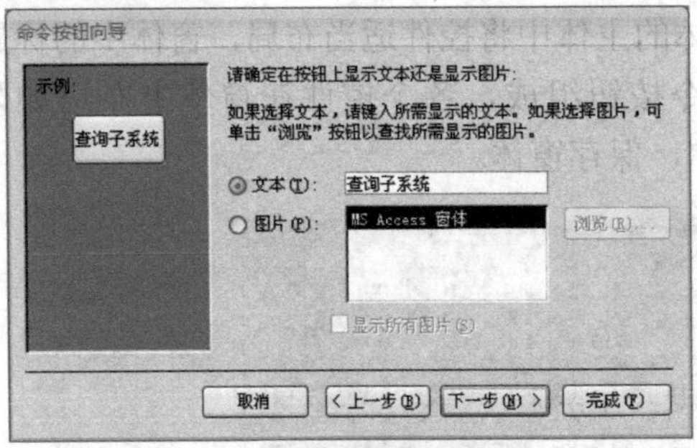

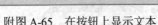

附图 A-65　在按钮上显示文本

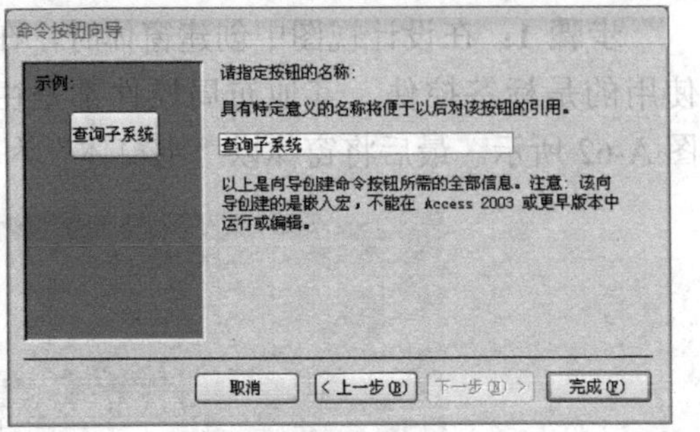

附图 A-66　指定按钮的名称

步骤 6：主窗体集成后，窗体截图如附图 A-67 所示，单击“查询子系统”按钮就可以调用“查询子系统”窗体。

5. 切换面板管理器的使用

除了通过在窗体上设置命令按钮，然后由命令按钮调用各子窗体实现系统的集成这个方法之外，Access 软件还提供了一种更简单的系统集成方法——切换面板管理器。下面介绍用切换面板管理器的方法来集成各个子窗体。

步骤 1：选择“数据库工具”/“数据库工具”组，单击“切换面板管理器”按钮，打开切换面板管理器，如附图 A-68 所示。

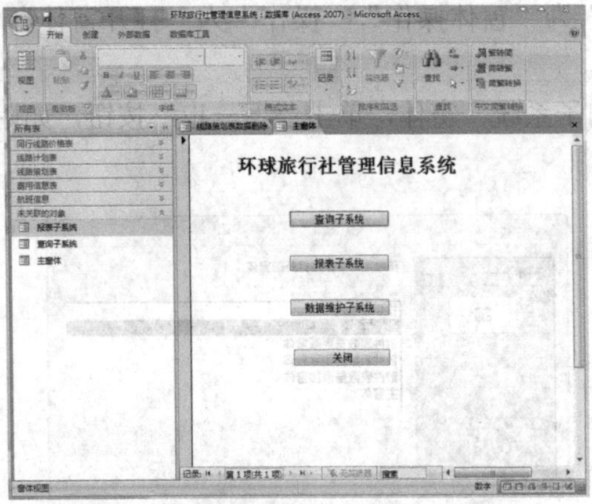

附图 A-67　主窗体

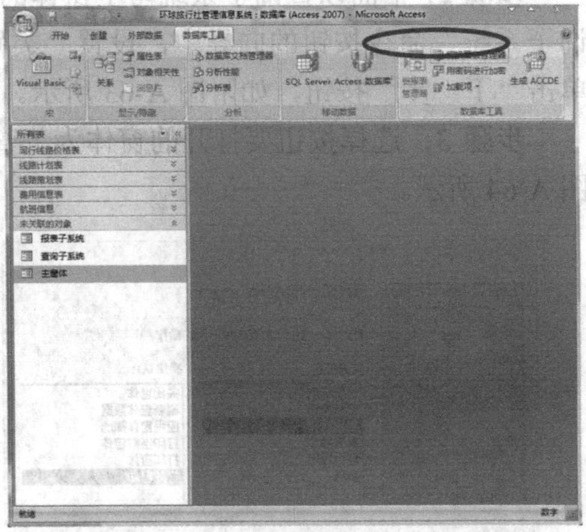

附图 A-68　打开切换面板管理器

步骤 2：第一次打开切换面板管理器时，会出现提示询问是否创建一个有效的切换面板，单击“是”按钮，如附图 A-69 所示。

附图 A-69　提示创建切换面板

步骤 3：切换面板管理器中有一个默认的主切换面板，选中它并单击“编辑”按钮为它修改名称，如附图 A-70 所示。

步骤 4：将原来主切换面板的名称改为“环球旅行社管理信息系统”，单击“关闭”按钮，如附图 A-71 所示。

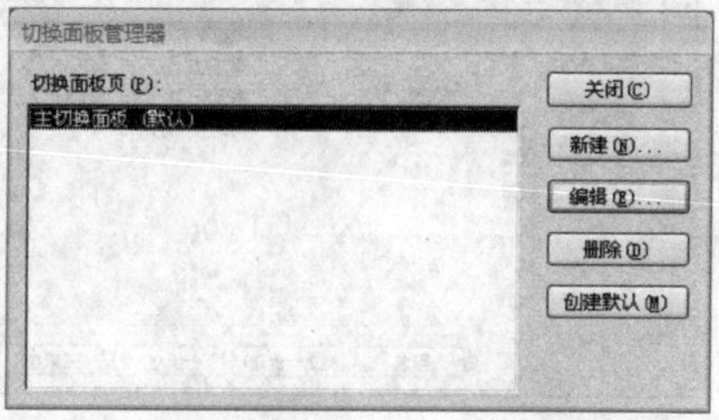

附图 A-70　编辑主切换面板

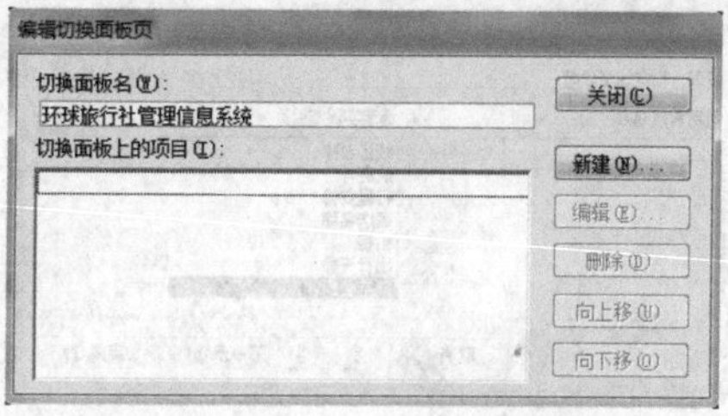

附图 A-71　修改主切换面板名称

步骤 5：在使用切换面板管理器集成系统之前，先准备一些必要的窗体，使用向导创建一个查询窗体。选择“创建”/“窗体”组，单击“其他窗体”按钮，在弹出的下拉菜单中选择“窗体向导”选项，打开设计视图，如附图 A-72 所示。

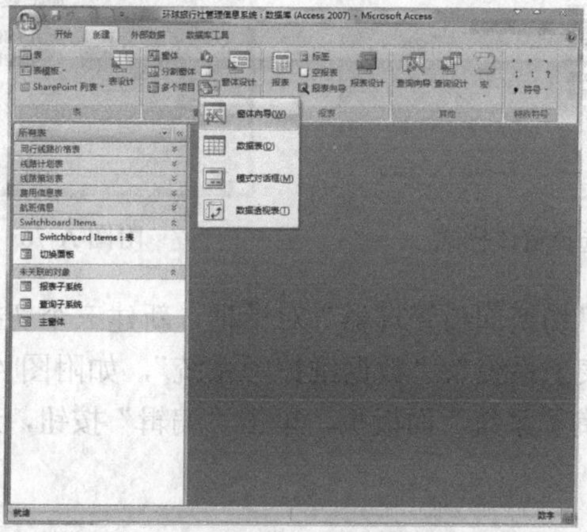

附图 A-72　使用向导创建查询窗体

步骤 6：选择“指定线路查询”作为窗体要运行的查询，将所有的字段都选中，单击“下一步”按钮，如附图 A-73 所示。

步骤 7：选中“纵栏表”单选按钮作为窗体的布局，单击“下一步”按钮，如附图 A-74 所示。

步骤 8：选择窗体的样式为“办公室”，单击“下一步”按钮，如附图 A-75 所示。

步骤 9：输入窗体标题为“指定线路查询面板窗体”，单击“完成”按钮，如附图 A-76 所示。

步骤 10：同样用向导方法再创建“线路策划表面板窗体”，这时第一步要选择“表：线路策划表”及其所有字段，将窗体命名为“线路策划表面板窗体”。具体过程不再一一赘述。

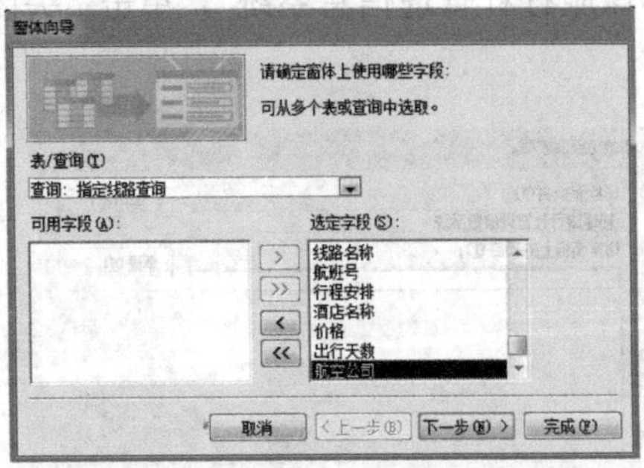

附图 A-73　选中要运行的查询和字段

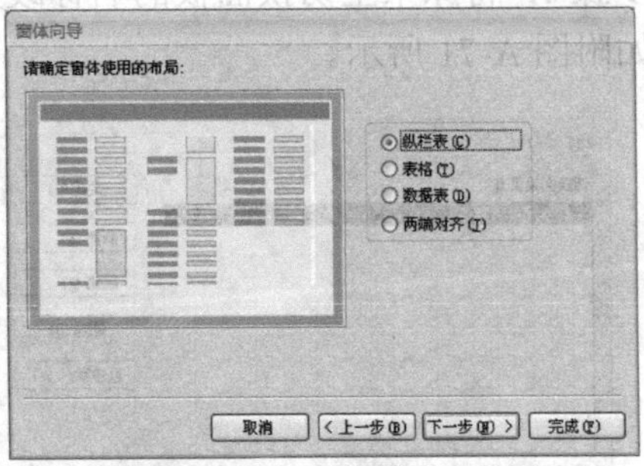

附图 A-74　选择窗体的布局

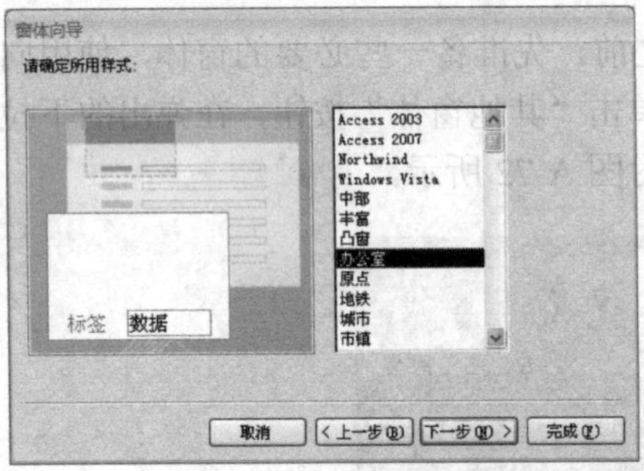

附图 A-75　选择窗体样式

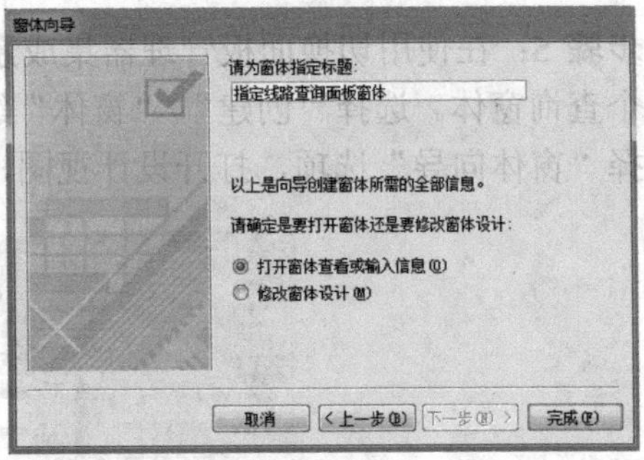

附图 A-76　为窗体指定标题

步骤 11： 再次打开“切换面板管理器”对话框，新建三个切换面板页，分别将其命名为“查询子系统”、“报表子系统”、“数据维护子系统”，如附图 A-77 所示。

步骤 12： 选中“查询子系统”面板页，单击“编辑”按钮，进入面板的编辑页面，如附图 A-78 所示。

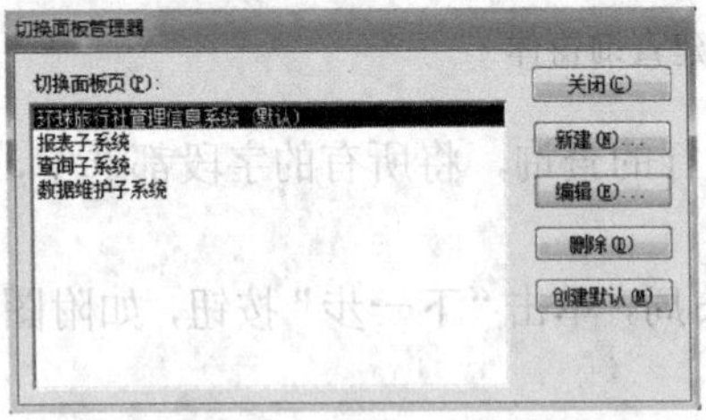

附图 A-77　新建切换面板页

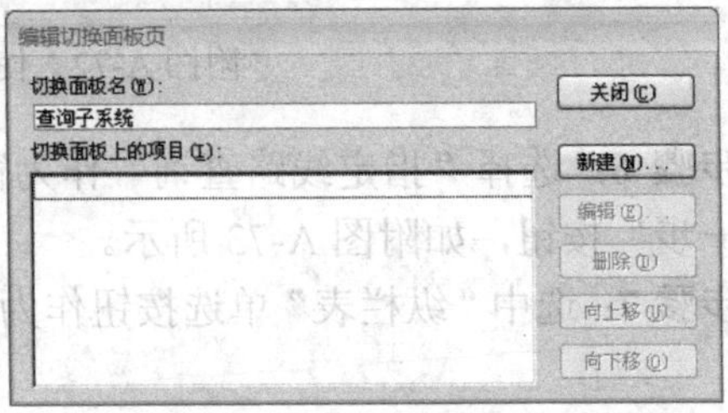

附图 A-78　切换面板页的编辑窗口

步骤 13： 在面板编辑窗口上单击“新建”按钮，即可建立切换面板上的项目。这时会出现“编辑切换面板项目”对话框，在“文本”文本框中输入“指定线路查询”，在“命令”下拉列表框中选择“在‘编辑’模式下打开窗体”，在“窗体”下拉列表框中选择“指定线路查询面板窗体”，单击“确定”按钮，如附图 A-79 所示。这样“查询子系统”面板上就加入了“指定线路查询”这个项目。

步骤 14： 用同样的方法编辑“报表子系统”，要在“报表子系统”面板上添加的项目文本为“指定线路报表”，命令为“打开报表”，具体报表为“指定线路报表”，如附图 A-80 所示。

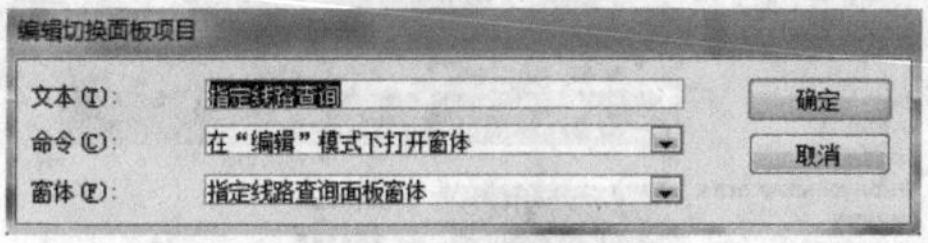

附图 A-79 “编辑切换面板项目”对话框

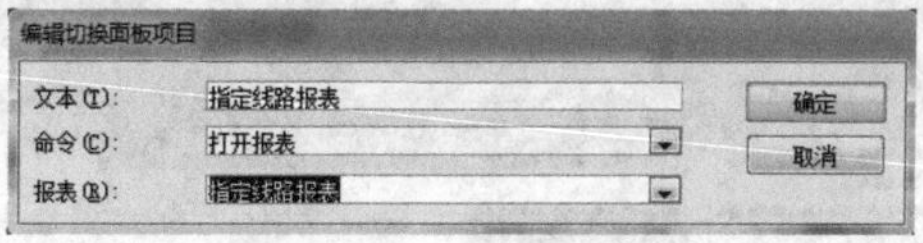

附图 A-80 编辑报表子系统的项目条

步骤 15： 为“数据维护子系统”面板创建两个项目，分别是“线路策划表数据添加”和“线路策划表数据更新”，具体的项目编辑方法如附图 A-81 和附图 A-82 所示。

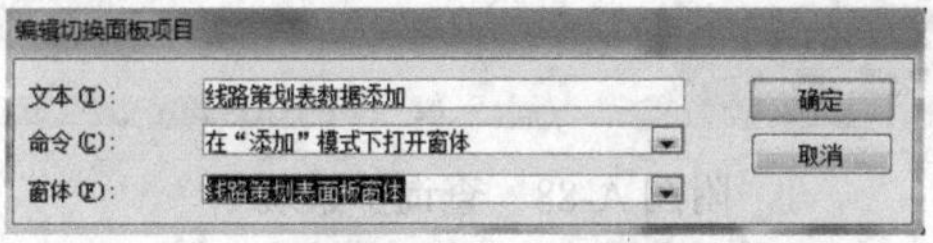

附图 A-81 “线路策划表数据添加”项的编辑

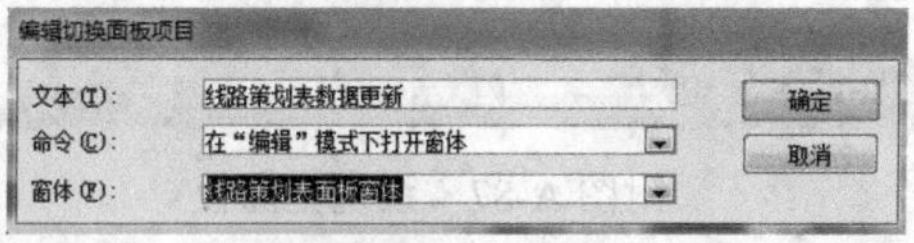

附图 A-82 “线路策划表数据更新”项的编辑

步骤 16： 下面将这三个子系统集成起来。对“环球旅行社管理信息系统”面板进行编辑，为该面板添加三个项目，分别为“查询子系统”、“报表子系统”和“数据维护子系统”，如附图 A-83 所示。

步骤 17： 这三个项目的编辑方法如附图 A-84～附图 A-86 所示。值得说明的是，“转至‘切换面板’”命令可以帮助用户转到想要到达的面板，还可以用该命令来实现“返回”功能，这里不再一一赘述，请同学们在扩展实验中自行完成。

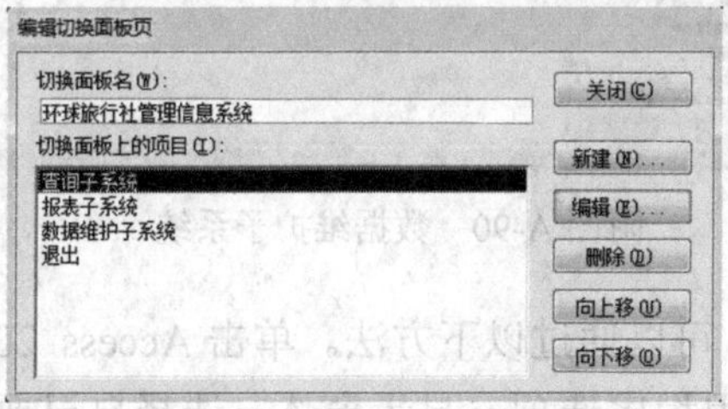

附图 A-83 为面板页添加项目

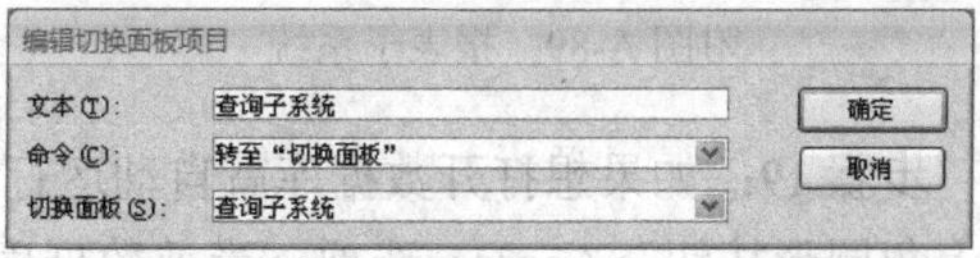

附图 A-84 “查询子系统”项的编辑

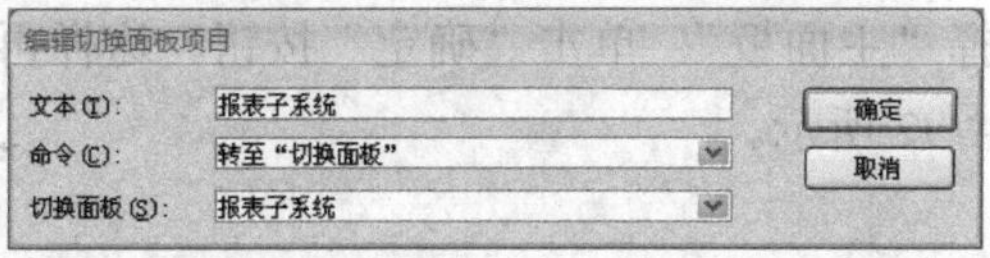

附图 A-85 “报表子系统”项的编辑

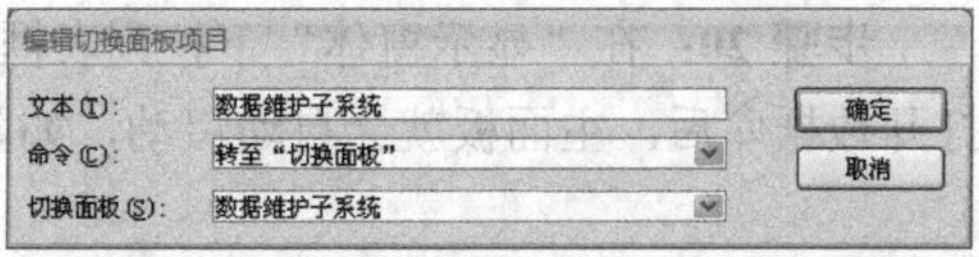

附图 A-86 “数据维护子系统”项的编辑

步骤 18：关闭切换面板管理器后，可以看到多了一个叫“切换面板”的窗体，将其重命名为“主面板”，打开该主面板即可看到集成后的系统，如附图 A-87 所示，“查询子系统”、“报表子系统”和“数据维护子系统”的窗体如附图 A-88～附图 A-90 所示。

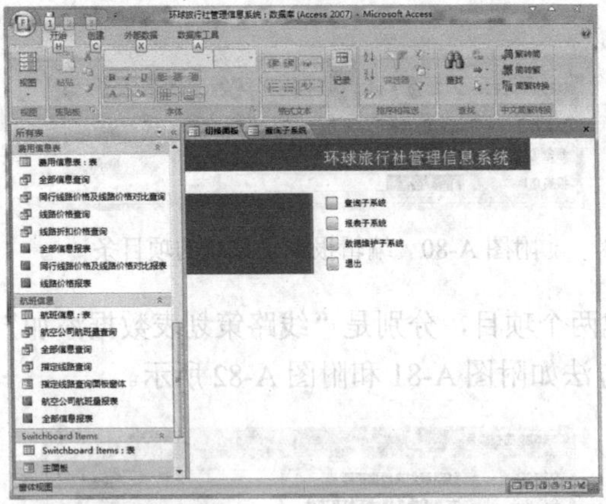

附图 A-87　系统主面板

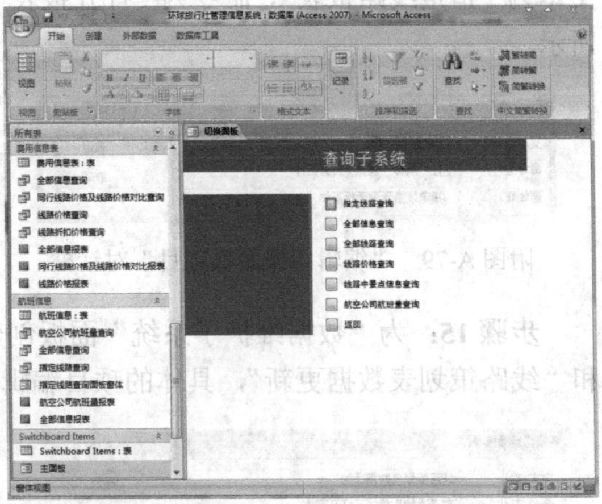

附图 A-88　查询子系统

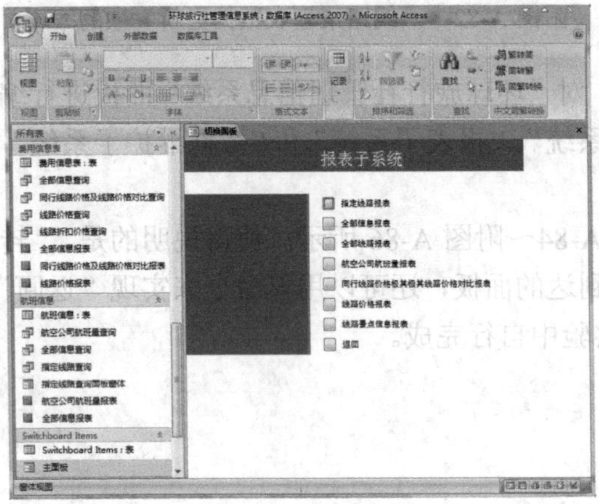

附图 A-89　报表子系统

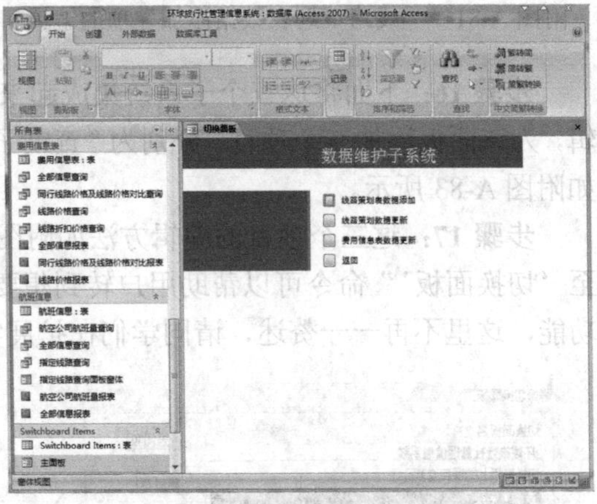

附图 A-90　数据维护子系统

步骤 19：如果想打开数据库就自动运行系统，可以通过以下方法。单击 Access 2007 左上角圆形按钮→Access 选项→当前数据库→应用程序选项→显示窗体→选择自己要启动的窗体即可，如附图 A-91 所示。

步骤 20：在“显示窗体”下拉列表框中选择“主面板”，单击“确定”按钮。这样再打开数据库后，主面板就会自动启动，如附图 A-92 所示。

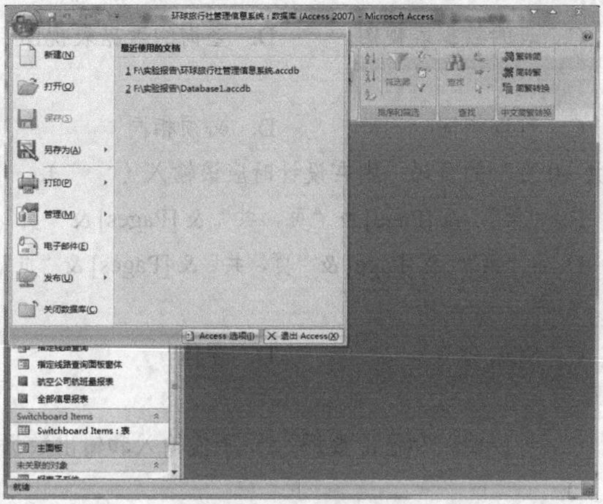

附图 A-91　窗体的启动命令

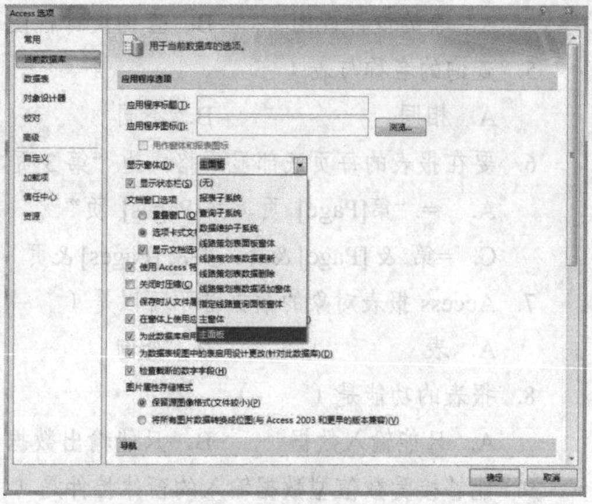

附图 A-92　自动启动主面板

本附录小结

旅游管理信息系统的详细设计过程包括数据库的设计、查询设计、窗体设计和报表设计以及这些设计的集成设计。

数据查询是管理信息系统提供的最常见的功能，用户往往需要从管理信息系统的这一功能中获得有价值的数据信息。

报表是管理信息系统向用户提供数据信息的主要方式，将报表打印后可以将数据以纸张形式固化下来。

在 Access 中创建窗体有两种方法：一是在设计视图中创建窗体，二是使用向导创建窗体。

除了通过在窗体上设置命令按钮，然后由命令按钮调用各子窗体实现系统的集成这个方法之外，Access 软件还提供了一种更简单的系统集成方法——切换面板管理器。

综合练习

一、单项选择题

1. Access 2007 所提供的对象存放在扩展名为（　　）的文件中。

A. MDB　　B. DBF　　C. ACCDB　　D. DBC

2. 下列数据类型中，可设置“字段大小”属性的是（　　）。

A. 备注　　B. 日期/时间　　C. 文本　　D. 货币

3. Access 提供的数据类型不包括（　　）。

A. 数字　　B. 文本　　C. 日期/时间　　D. 字符

4. 设计主关键字是在（　　）中实现的。

A. 表的设计视图　　B. 查询设计视图　　C. 表的数据表视图　　D. 查询的数据表视图

5. 查询的名称与表（　　）。

A. 相同　　B. 不同　　C. 可以相同　　D. 必须相同

6. 要在报表的每页底部显示格式为“第3页，共10页”的页码，则在设计时应该输入（　　）。

A. =“第[Page] 页，共[Pages] 页”　　B. “第” & [Page] & “页，共” & [Pages] & “页”

C. =第 & [Page] &页，共& [Pages] &页　　D. =“第” & [Page] & “页，共” & [Pages] & “页”

7. Access 报表对象的数据源不可以是（　　）。

A. 表　　B. 查询　　C. SQL 命令　　D. 窗体

8. 报表的功能是（　　）。

A. 只能输入数据　　B. 只能输出数据　　C. 可以输入和输出数据　　D. 不能输入和输出数据

9. 能够接受数值型数据输入的窗体控件是（　　）。

A. 图形　　B. 文本框　　C. 标签　　D. 命令按钮

10. 在窗体的（　　）视图中可以设计窗体的结构、布局和属性。

A. 数据表　　B. 布局　　C. 设计　　D. 窗体

二、多项选择题

1. 报表主要的视图方式有（　　）。

A. 报表视图　　B. 布局视图　　C. 设计视图　　D. 数据表视图

2. 使用窗体向导创建窗体时，窗体布局有（　　）。

A. 纵栏表　　B. 表格　　C. 数据表　　D. 两端对齐

3. 在 Access 中创建窗体有两种方法，包括（　　）。

A. 在数据表视图创建窗体　　B. 在数据图视图创建窗体

C. 在设计视图中创建窗体　　D. 使用向导创建窗体

4. Access 提供的数据类型包括（　　）。

A. 数字　　B. 文本　　C. 日期/时间　　D. 货币

5. 创建 Access 查询可以使用（　　）。

A. 查询向导　　B. 查询设计器　　C. SQL 查询　　D. 手动查询

6. 数据字典包括（　　）。

A. 加工处理　　B. 数据流条目　　C. 文件条目　　D. 数据项条目

7. 新建查询向导有（　　）。

A. 简单查询向导　　B. 交叉表查询向导

C. 查找重复项查询向导　　D. 查找不匹配项查询向导

8. 设计查询子系统时用到的控件包括（　　）。

A. 文本框　　B. 标签　　C. 命令　　D. 图片

9. 使各窗体实现集成的方法有（　　）。

A. 通过在窗体上设置命令按钮，然后由命令按钮调用各子窗体实现系统的集成这个方法

B. 通过报表查询

C. 切换面板管理

D. 不能实现集成

10. 窗体的基本功能有（ ）。

A. 显示数据 B. 显示图表 C. 打印图表 D. 编辑数据

三、判断题

1. 查询结果随记录源中的记录的变动而变动。（ ）
2. 一个查询不能作为另一个查询的数据源。（ ）
3. 窗体的数据源可以是表，也可以是查询。（ ）
4. 报表可以对数据源中的数据进行编辑修改（ ）
5. 第一次打开切换面板管理器时，会出现提示询问是否创建一个有效的切换面板。（ ）
6. “查找记录”命令按钮的操作类别是记录操作。（ ）
7. 利用报表向导用户只能设置十步的分组。（ ）
8. 报表是管理信息系统向用户提供数据信息的主要方式，将报表打印后可以将数据以纸张形式固化下来。（ ）
9. 数据查询是管理信息系统提供的最常见的功能，用户往往需要从管理信息系统的这一功能中获得有价值的数据信息。（ ）
10. 货币类型的数据可以设置字段大小。（ ）

四、实验题

1. 根据已经给出的一级数据流图，将“线路计划”的业务进一步细化，画出细化了的数据流程图。
2. 使用“向导查询”，建立“全部线路价格查询”，对费用信息表中的所有线路价格进行查询。
3. 以“费用信息表”为数据源，建立全部线路价格报表。
4. 以“航班信息表”为数据源，建立“航班信息表数据添加窗体”。
5. 创建“费用信息表数据删除窗体”。

五、实验设计题

某大学是一所综合性大学，学校设有经济学院、艺术学院、信息工程学院、外语学院、会计学院等11个学院。学校现有教职工近1 400人、学生18 000多人。

学校的主要教学管理工作有：

（1）制定全校本专科教学工作计划、各课程教学大纲、教材建设和各种教学文件。

（2）编制每学年（期）教学任务安排，包括教师排课、学生选课、教师安排等。

（3）学生成绩统计及补考安排。

（4）教师工作量统计。

随着信息量的增加、教学管理工作越来越复杂，人工管理的弊端日益显露，为了提高教学管理的质量和工作效率，实现教学管理的信息化，特开发“教学管理信息系统”。

学生表、课程表、成绩表的表结构设计及数据如附表A-14～附表A-19所示。

附表 A-14　学生表表结构设计

字段名称	数据类型	字段长度	备注
学号	文本	20	主键
姓名	文本	50	
性别	文本	2	
出生日期	日期/时间	8	
政治面貌	文本	50	

附表 A-15　课程表表结构设计

字段名称	数据类型	字段长度	备注
课程号	文本	20	主键
课程名称	文本	50	
课程类别	文本	50	
学分	整型	4	

附表 A-16　成绩表表结构设计

字段名称	数据类型	字段长度	备注
学号	文本	20	主键
课程号	文本	20	
分数	整型	4	

附表 A-17　学生表

学号	姓名	性别	出生日期	政治面貌
20060201	李明	男	1988-08-18	中共党员
20060202	王琳	女	1988-01-25	中共党员
20060203	卫兰	女	1989-12-10	群众
20060204	马海	男	1990-05-10	中共党员
20060205	朱平	女	1988-02-03	群众

附表 A-18　课程表

课程号	课程名称	课程类别	学分
CJ001	微积分	基础课	4
CZ001	会计学基础	专业课	4

附表 A-19　成绩表

学　号	课程编号	分　数	学　号	课程编号	分　数
20060201	CJ001	95	20060203	CZ001	87
20060201	CZ001	85	20060204	CJ001	86
20060202	CJ001	90	20060204	CZ001	65
20060202	CZ001	78	20060205	CJ001	74
20060203	CJ001	93	20060205	CZ001	63

试回答以下问题:

1. 在 Access 中建立上述数据表，并建立“学生成绩查询”。
2. 建立“学生报表”、“课程报表”、“成绩报表”。
3. 建立“学生窗体”、“课程窗体”、“成绩窗体”。